Müller, Lutz / Müller, Anette (Hrsg.)

Quintessenz – Wozu es sich lohnt zu leben

Band 1 – Therapeuten*innen ziehen Bilanz

Müller, Lutz / Müller, Anette

(Hrsg.)

Quintessenz –
Wozu es sich lohnt zu leben

Band 1

Therapeut*innen ziehen Bilanz

opus magnum

Bibliografische Information der Deutschen Nationalbibliothek
Die Deutsche Nationalbibliothek verzeichnet diese Publikation in der
Deutschen Nationalbibliografie; detaillierte bibliografische Daten sind
im Internet über dnb.d-nb.de abrufbar
© 2020 by opus magnum, Stuttgart (opus-magnum.de)
Erstauflage, Version 1.02
Grafik und Layout: Dr. Lutz Müller
Herstellung: BOD – Books on Demand GmbH., Norderstedt
Alle Rechte vorbehalten
ISBN 978-3-95612-025-1

Inhalt

Vorwort

In dem Maße als man, dem eigenen Gesetz untreu,
nicht zur Persönlichkeit wird, hat man den Sinn seines Lebens verpaßt.
(C. G. Jung, GW 17, § 314)

Liebe Leserin, lieber Leser,

Sie halten ein erstaunliches und spannendes Buch in Händen, geschrieben von Menschen, die ihr Leben lang auf die eine oder andere Weise den Fragen nach dem Sinn und dem guten, gelingenden Leben nachgegangen sind und die bereit waren, uns ihre persönlichen Erfahrungen und authentischen Ansichten darüber mitzuteilen. Wie ist das geglückt?

Wir haben Freund*innen, Kolleg*innen, Autor*innen und Menschen, die uns aus unserem psychologischen und psychotherapeutischen Umfeld bekannt und vertraut waren, gebeten, zwei Fragen in persönlicher Weise zu beantworten.

Die erste Frage war, was sie aufgrund ihrer Lebenserfahrungen für eine Bilanz ziehen im Hinblick auf das, wozu es sich lohnt zu leben, was ihnen das Leben lebenswert gemacht, was ihnen Sinn gegeben hat und – die zweite Frage –, was sie davon als wesentliche Einsichten gerne an ihre Mit- und Nachwelt weitergeben würden. Und viele, die wir gefragt haben, haben gerne und zustimmend geantwortet.

Da wir – die Herausgeber – uns selber einen Großteil unseres Lebens im Bereich der Psychologie und Psychotherapie bewegt haben, ist es naheliegend, dass auch die Menschen, die wir gefragt haben und die wir persönlich oder durch ihr Werk kannten, einen ähnlichen Hintergrund haben.

Insbesondere wird Ihnen der Name C. G. Jung mehr als einmal in unseren Texten begegnen. Das hängt damit zusammen, dass C. G. Jung als einer der ersten Pioniere der Tiefenpsychologie die Sinnfrage und den Individuationsprozess des Menschen in den Mittelpunkt seines Interesses gestellt hat. Mit Individuation ist die Verwirklichung des *SELBST*, die ganzheitliche Entwicklung eines jeden Menschen und seiner Potenziale gemeint. Sie wird als ein lebenslanger schöpferischer Prozess vestanden, der immer auch in engster Wechsel-Beziehung zur öko-sozio-kulturellen Mit- und Umwelt geschieht. Wenn man sich also von psychologischer Seite her der Sinnfrage nähert, kommt man fairerweise an C. G. Jung nicht vorbei.

Dieses für uns Heutige eigentlich selbstverständliche Konzept ist erstaunlicherweise noch recht neu. Vorgedacht von den Weisheitslehrern, den Künstlern, Dichtern und Philosophen (in der Neuzeit insbesondere von Kant, Schopenhauer und Nietzsche), wurde die Idee der Selbstverwirklichung erst im letzten Jahrhundert durch die Psychologie (insbesondere Tiefenpsychologie und Humanistische Psychologie) nachdrücklich ins Bewusstsein gehoben und für breitere Bevölkerungsschichten relevant.

Der Idee der Selbstverwirklichung und Potenzialentfaltung wird gelegentlich vorgeworfen, sie fördere eine narzisstische, asoziale und unpolitische Einstellung des Menschen, indem sie ihn in den egozentrischen Mittelpunkt seines Interesses stelle. Bei dieser Kritik wird oft nicht genau genug zwischen Individualismus und Individuation unterschieden. Je tiefer die Selbsterkenntnis im Individuationsprozess reicht, desto deutlicher wird die wechselseitige Beziehung und Verbundenheit des Menschen zum „Großen Ganzen" erfahren und bewusst. Der Mensch ist ein Teil einer umfassenden kulturellen und sozialen, einer technischen und medialen und einer ökonomischen und ökologischen Mit- und Umwelt, auf die er bis ins Allerkleinste angewiesen ist. Jede Vorstellung einer grandiosen, narzisstischen Unabhängigkeit von diesem „Großen Ganzen" erweist sich früher oder später als eine Form der Psychopathie und Selbstzerstörung.

Gleichzeitig gilt auch: Unsere Welt wird von Menschen mitgestaltet. Sie befindet sich in einem ständigen Wandlungsprozess, in dem es immer auch auf die schöpferischen Einzelnen ankommt, die den Mut haben, ihren Visionen zu folgen, ihren eigenen Weg zu gehen, das notwendig Neue zu sagen und zu wagen.

Wie konkret gelebtes Leben mit den großen Fragen des Lebens verbunden werden kann, das zeigen die Beiträge dieses Bandes, für die wir den Verfasserinnen und Verfassern ganz herzlich danken.

Ihre
Anette und Lutz Müller

P. S.

Ursprünglich hatten wir vor, auch noch die Ansichten der „großen" Philosophen der Antike und Neuzeit wie auch der bekannten „großen" Psychologen wie Freud, Adler, Jung, Fromm. Rogers usw. in dieses Buch aufzunehmen. Dann wurde rasch klar, dass diese Idee wegen des Umfangs, den dieses Buch haben würde, nicht realisierbar war. So haben wir uns entschlossen, diesem ersten Band noch einen zweiten Band mit eben diesen Autoren folgen zu lassen.

Klaus-Uwe Adam, Dr. med., Jahrgang 1949, Kassel.
Psychiater, Facharzt für Psychotherapeutische Medizin, Analytischer
Psychotherapeut, Ärztlicher Leiter im gMVZ Heilhaus Kassel.
Homepage: opus-magnum.com > Autoren

Veröffentlichungen u. a.:
Adam, K.-U. (2019). *Die Psyche der Deutschen: wie wir denken, fühlen und handeln* (2. überarbeitete Auflage.). Stuttgart: opus magnum.
Adam, K.-U. (2011). *Therapeutisches Arbeiten mit dem Ich: Denken, Fühlen, Empfinden, Intuieren – die vier Orientierungsfunktionen.* Stuttgart: Opus Magnum.
Adam, K.-U. (2010). *Therapeutisches Arbeiten mit Träumen: Theorie und Praxis der Traumarbeit:* Heidelberg: Springer.

Klaus-Uwe Adam

Erfahrungen, Erkenntnisse und Aufgaben – Auf dem Weg, mich selbst zu finden

Niemals aufgeben!

Wenn ich mich frage, welche bedeutenden Erfahrungen ich in meinem Leben gemacht habe, dann ist eine der wichtigsten diejenige, die in dem Satz mündet: „Gib niemals auf!"

Bei mir ging es dabei ums nackte Überleben, erst einmal gar nicht um ein hehres Ziel oder eine große Vision. Aufgrund einer schweren Erkrankung war ich lange Zeit am Abgrund zu sterben, einige Male sehr knapp daran. Hätte ich nur im geringsten aufgegeben, hätte ich es nicht geschafft.

Mit zweiundvierzig Jahren bekam ich eine virale Enzephalitis und Meningitis, und als ich mich mit Doppelbildern, Rauschen im Kopf und einer unglaublichen Sinnesüberreiztheit ins Krankenhaus fahren ließ, ahnte ich, dass ich nicht ohne Folgen davonkommen würde. Dass es zum Glück keine Lähmungen sein würden, sondern ein jahrzehntelanges „Schwächesyndrom", das wusste ich da noch nicht.

Ich musste lernen, die Schwäche zu akzeptieren und ihr nachzugeben. Einmal wollte ich dieses Gefängnis knacken und arbeitete mich einfach zur Dusche vor, um seit langer Zeit mal wieder unter der Brause zu sein. Ich merkte die Verschlechterung schon während der Aktion, fand mit Hilfe zurück ins Bett, wo ich wochenlang gar nicht mehr aufstehen sollte. Nach fünf Tagen war der Gipfel der Verschlechterung, es stand Spitz auf Knopf, etwas hielt stand – ich hatte damals schon die Heilerin kennengelernt, die mich unterstützte und von der ich gleich erzählen werde –, es kippte nicht weiter, sondern langsam erholte ich mich wieder bis zu dem bisherigen reduzierten Zustand, wo ich dann wenigstens wieder eine Zeitlang am Tag aufsitzen konnte.

Als mein Zustand in den Jahren vor 2000 phasenweise immer schlechter wurde, wurde mir klar, dass diese Erkrankung wahrscheinlich zum Tode führt, ich könnte so achtsam sein, wie ich wollte. Ich hatte alles probiert, was an Therapien möglich war. Die Schulmedizin konnte schon lange nicht mehr helfen, es gab keine Tabletten und keine medizinischen Strategien gegen diese heimtückische Krankheit. Auch alternativmedizinischen Maßnahmen brachten keinen Erfolg, egal ob Homöopathie, Akupunktur, Qi Gong, Versuche von Heilpraktikern usw.

Zwischendurch gab es bei größter geübter Vorsicht und Langsamkeit kleine Verbesserungsphasen, in denen ich etwas besser dran war und auch mal ein paar Schritte aus dem Haus konnte. Aber der nächste Schub würde mit Sicherheit kommen, zu groß und zahlreich waren die Gefahrenquellen. Viele Faktoren konnten den nächsten Schub auslösen, in dem sich sofort alle Reizschwellen erniedrigten und ich fast nie schnell genug zurückschalten konnte, um den Negativstrudel aufzufangen.

In einer dieser kleinen gebesserten Zustände lernte ich bei einer Geburtstagsfeier eine Kollegin kennen, mit der ich ins Gespräch kam. Sie bekam nach einigen Wochen mit, dass ich wieder in einem Schub war und gab mir den Hinweis auf eine Heilerin in Kassel. Sie sei die einzige, die mir noch helfen könne, war auch ihre Ansicht. So lernte ich Ursa Paul kennen, die in Kassel das Heilhaus aufgebaut hat und die sich mein Anliegen anhörte. Ich spürte ihr Zögern, denn sie wusste wahrscheinlich gleich, worauf sie sich einlassen würde, sie wartete sozusagen eine Weisung von „höherer Stelle" ab, bis sie sich entschied, meine Behandlung und Begleitung zu übernehmen, die bis heute andauert und immer noch weitere Verbesserung bringt.

Deshalb ist eine Botschaft, die ich weitergeben möchte: „Gib niemals auf! Dann bekommst du auch Hilfe." So wie Hölderlin sagt: „Wo Gefahr ist, wächst das Rettende auch." Dazu ist es unabdingbar, Vertrauen in das Leben, in eine Führung, in Gott und in mich selber zu haben.

Fühlen!

Was ich erfahren durfte oder musste: Das Fühlen ist mitunter das Wichtigste im Leben. Ohne Fühlen ist alles nichts. Zwar sind auch die anderen Orientierungsfunktionen (Denken, Empfinden und Intuition) wichtig oder sie sind in bestimmten Entwicklungsphasen „dran", aber ohne Fühlen oder ohne Herz ist das Leben nicht lebenswert. Das musste ich u. a. durch meine Erkrankung lernen, die mir keine andere Wahl mehr ließ. Und schon bei meiner Lehranalytikern Ursula Eschenbach wurde ich immer wieder auf die Notwendigkeit der Entwicklung meiner introvertierten Fühlfunktion hingewiesen, und sie arbeitete anhand von Träumen entsprechend mit mir. Als Mensch mit einer extravertierten Denkfunktion war mir in erster Linie dieses Denken vertraut, es war geübt, und es hatte mich nach meiner Meinung gut durchs Leben gebracht und mir viele Erfolge ermöglicht. Doch in existenziellen Situationen bedeutet dies alles nichts oder wenig, das Fühlen und Spüren ist das Sinn-Vermittelnde. Dies lernte ich dann immer mehr bei meiner spirituellen Lehrerin in Kassel. Ich erfuhr, dass die Gefühle und das Fühlen nicht von den Chakren zu trennen sind, mit denen C. G. Jung ja schon gearbeitet hatte. Das zweite Chakra ist „das Labor der Gefühle", wie meine Lehrerin es ausdrückte, hier finden wir Lebendigkeit, Gefühlsausdruck und Lebensfreude. Die feineren Qualitäten des Fühlens sind im Herzchakra angesiedelt. Hier finden sich Mitgefühl, Wohlwollen, Liebe, Güte und respektvolle Achtsamkeit.

Mein Herz mehr zu öffnen, war und ist die große Aufgabe, eine Bewusstseinserweiterung, die das Leben intensiver, lebendiger und bedeutsamer macht. Ich bin froh und dankbar, dass ich das erfahren und lernen durfte, ja ich muss sagen, dass ich da noch weiter auf dem Weg bin.

Ich glaube auch, dass das Fühlen-Lernen der Sinn von Erkrankungen wie Demenz oder Parkinson sind. Besonders Alzheimer-Patienten können nicht mehr souverän über ihre Denkfunktion und über ihre Erinnerungen verfügen, sie sind ganz auf das Hier und Jetzt angewiesen. Wir können beobachten, wie sie im Moment ganz im Kontakt da sein können, fühlend erleben, wenn auch sonst wenig möglich ist. Liegt der Sinn dieser furchtbaren Erkrankungen vielleicht darin, sich ganz auf das Fühlen zu konzentrieren, um diesen Lebensbereich weiter zu entwickeln und im spirituellen Sinne zu „erforschen", mehr als es ihnen in ihrem bisherigen Leben möglich war?

Das Fühlen zu differenzieren und das Herz zu öffnen ist keine einfache Angelegenheit. Entweder wir neigen dazu, das Herz zu weit aufzumachen und schwelgen dann im Gefühlspathos, sind aber nicht mit uns und unserem Körper verbunden, oder wir verschließen unser Herz zu sehr und können dann kaum mitschwingen und uns auf Situationen und Menschen nicht wirklich einlassen. Der goldene Mittelweg ist hier gefragt, was eben nur bei einem differenzierten Fühlen geht.

Das Leben ist ein Pilgerweg

Zu diesem Satz und zu dieser lebbaren Einsicht bin ich erst spät gekommen, auch wenn ich früher schon Derartiges gelesen hatte. Die Empfehlung, das Leben als einen Pilgerweg zu betrachten, ist ja nicht neu. Aber was heißt das denn in aller Konsequenz? Es bedeutet, alles auf unserem Lebensweg anzunehmen und es als sinnvolles Geschehen zu betrachten. Das ist natürlich viel schwerer getan als gesagt. Während wir die schönen und guten Dinge des Leben gern entgegennehmen und da sofort eine Akzeptanz haben, fällt es uns bei den Widrigkeiten des Lebens und vor allem bei Krankheit und Schicksalsschlägen bestimmt nicht leicht. Hier sind wir – das kann ich aus eigener Erfahrung sagen – erst einmal und meistens lange im Widerstand, im Hadern und in der Ablehnung.

Ich persönlich bin zu einer annehmenden Haltung immer mehr durch meine „Seelenführerinnen" gekommen, erst durch Ursula Eschenbach, meine Lehranalytikerin, die immer im festen Glauben an den tieferen Sinn in allem war, und dann durch meine Begegnung mit Ursa Paul, die mir die Sinnhaftigkeit aller Lebenserschwernisse anschaulich durch ihr Beispiel, durch ihre intuitiven Wissensäußerungen und ihre bedingungslose Liebe vermittelt hat.

Es führt zu einer anderen Einstellung, wenn wir das Leben und jede Kleinigkeit darin in dieser Weise betrachten, dass es Stationen auf unserem Lebenspilgerweg sind. Wir hören schneller auf, uns aufzuregen, zu ärgern und uns dagegen zu sperren. Die Gefühlsäußerungen von Ärger, Wut und Verzweiflung sind in der ersten Phase ganz wichtig, doch sie spiegeln noch keine Annahme des uns Begegnenden. Erst wenn wir ganz tief in uns das uns Geschickte (daher „Schicksal") bejahen, kann sich mit der Zeit der Sinn entfalten. Allerdings kann es sein, dass wir den Sinn in dem Dunklen lange nicht sehen können, und über diese Phase hilft uns nur Glauben.

Das Dunkle im Leben genauso annehmen und lieben wie das Lichte

Ich bin nun folgerichtig bei diesem Satz angelangt, der sich aus dem letzten Abschnitt, das Leben als Pilgerweg zu sehen, unmittelbar ergibt. Für all diese Erkenntnisse bin ich C. G. Jung sehr dankbar, durch den ich das erste Mal einen Zugang zu diesen Einsichten gefunden hatte, und ich bin im Folgenden besonders meinen weiblichen Psychopompoi dankbar, den schon genannten Seelengeleiterinnen, besonders der erleuchteten Heilerin, die in ihren Lehren immer wieder betont, dass der Weg durch die Dunkelheit genauso zum Ziel führt wie der Weg durch das Helle und dass beide Wege völlig gleichwertig sind.

Zum Dunklen gehört der Schatten, dem wir nicht ausweichen dürfen, sondern den es mehr und mehr zu integrieren gilt. Ich bin auch nicht drum herum gekommen, meinen Schatten zu begegnen, musste mich ihnen stellen und mich mit ihnen auseinandersetzen. Bei mir ist ein Schattenanteil der Gewalttäter in der Tiefe, gut getarnt durch eine eigentlich sanftmütige Persona, durch vielfältige, mir im Laufe des Lebens

angeeignete Konfliktbewältigungsstrategien und zu oft bereitwilliges Entgegen-
kommen auf der äußeren Ebene. Ich wurde mit diesem Gewalttäter in Traum- und
visionären Bildern konfrontiert und wusste intuitiv: „Das bin ich." Ich bin mir selbst
begegnet. Als ich diesen Schattenanteil kennengelernt und als eigenen erkannt hatte,
war ich entlastet und erleichtert. Und paradoxerweise war ich nun zu mehr konstruktiven Konflikten und mehr die Atmosphäre klärenden Wutäußerungen in der Lage
als vorher.

Dies ist nur ein Beispiel. Ich durfte oder musste in meinen Prozessen rund um
meine Erkrankung verschiedene Höllenschichten durchwandern, wo mir dysmorphe
Gestalten und andere, im Dämmerlicht hausende Kreaturen begegneten und wo ich
selber eine Zeitlang herumirrte. Dabei war die „Hölle" nicht rabenschwarz dunkel,
sondern hatte ihr eigenes gedämpftes und eigenartiges Licht.

So ist die Empfehlung, die ich aussprechen möchte, sich mit dem eigenen
Schatten auseinanderzusetzen, die verschiedenen Schattenanteile von einem selbst
wahrzunehmen, sie nicht auszublenden oder weiter zu verdrängen. Wir können einen
Zugang zu den Schattenaspekten über unsere Träume und über unser Verhalten
bekommen. Bei letzterem bekommen wir in der Regel reichlich Spiegelungen von
anderen, wenn wir sie ernst nehmen. Und die Träume subjektstufig zu verstehen,
ist ebenfalls eine reichhaltige Quelle, an die eigenen Dunkelstellen, blinden Flecken
und Schatten heranzukommen. Die Schattenanteile können in den Bereich von Gier,
Verachtung, Sexismus, Gewalt, Neid, Hass und vieles mehr gehen.

Die Träume ernst nehmen

Schon als junger Mensch habe ich mich für Träume und Symbolik interessiert. Die
Traumbilder und -szenen erschienen mir immer geheimnisvoll, tiefgehend und
bedeutungsvoll. Es war so kein Wunder, dass ich bei der Literatur von C. G. Jung
landete, eine jungsche Ausbildung machte und zu meinen Lehrerinnen fand, die sich
beide intuitiv tief mit der Traumsymbolik auskannten bzw. auskennen. Die Erkenntnisse und Ansätze, die ich erstmals durch Jung erfuhr, haben mich mein ganzes Leben
begleitet und erfüllt und tun es weiterhin.

Ich habe die Traumaussagen immer als für mein Leben wichtig genommen, auch
wenn ich sie nicht immer verstanden habe. Ich bin darüber in faszinierende und, wie
schon erwähnt, nicht immer nur helle und angenehme Welten gelangt. Aber ich möchte
diese Erfahrungen niemals missen. Auch die erschreckenden Bilder haben mich beein-

druckt und geführt. Dazu brauchen wir in der Regel einen Mentor oder eine Mentorin, die ich zum Glück immer gehabt habe.

Ich rate dazu, die Träume aufzuschreiben, sich erst seine Gefühle im Traum und beim Aufschreiben bewusst zu machen, Assoziationen und Bezüge zum eigenen Leben herauszufinden, kollektives Erfahrungs- und Mythengut hinzuzunehmen und erst viel später sich über die Inhalte Gedanken zu machen im Sinne einer Interpretation oder Analyse. Allein diese Beschäftigung mit den Trauminhalten wird etwas bewirken und uns manchmal blitzartige Erkenntnisse vermitteln.

Mir haben meine Träume auch den Mut gegeben, schwierigste Phasen durchzuhalten, die Hoffnung zu bewahren und den spirituellen Weg nicht aus dem Auge zu verlieren. Denn auch die Träume können wir als Stationen unseres Pilgerweges nehmen. Oftmals stellen sie kleine, auf die engsten Verhältnisse bezogene Rückmeldungen dar, doch manchmal geben sie als archetypische Träume weite Wegstrecken überspannende Hinweise und Ausblicke. Ich kenne beides und bin dabei auch karmischen Situationen aus früheren Leben begegnet.

Ein Beispiel eines Jahrzehnte vorausleuchtenden Traums von mir ist folgender, den ich erzählen möchte und den ich lange vor meiner Erkrankung zu Beginn oder noch vor der Ausbildung am C. G. Jung-Institut Stuttgart gehabt hatte.

Ich stand da und sah in der Ferne über Häusern Rauch. Ich richtete meine Hände dorthin und der Rauch zerstob. Dann sah ich einen Vogelschwarm. Wieder richtete ich meine Finger in seine Richtung und der Schwarm stob auseinander. Neben mir war ein Sufi, mein Mentor. Daneben waren noch andere Menschen. Schüler? Der Sufi drehte mich im Kreis, bis ich plötzlich nach vorne schoss über einen Kanal hinweg und im ersten Stock eines Gebäudes landete, offenbar meine Wohnung.

Dieser Traum hatte mich lange begleitet und mir auch das Nicht-Aufgeben erleichtert, denn er gab mir die Hoffnung, dass ich einmal mit Hilfe eines erfahrenen Menschen auf einer anderen Stufung ankommen würde. Ich möchte den Traum nicht noch weiter interpretieren, sondern ihn für sich sprechen lassen.

Neben diesem „positiven" Traum hatte ich eben auch viele Schatten- und sogar Höllenträume, die mich mit den unschönen Seiten meiner Persönlichkeit konfrontierten.

Die Chakren als Stufenweg

Ziemlich früh stieß ich auch beim Studium der Werke C. G. Jungs auf *Die Psychologie des Kundalini-Yoga*, ein Buch, eigentlich eine Seminarmitschrift, das mich zusammen mit den *Visions*, ebenfalls solche veröffentlichte Mitschriften, stark beeinflusste. Die symbolische Sichtweise der Chakren, diesem alten indischen Modell, das die Entwicklung der Persönlichkeit bis hin zu den höchsten transpersonalen Stufen des Bewusstseins beschreibt, hat mir viel gegeben, und ich schätze sie sehr. Sie hat mir viel für meine eigene Entwicklung gebracht – dazu gleich mehr – und sie hat meine therapeutischen Arbeitsmöglichkeiten mit Patienten stark erweitert. Die Berücksichtigung der Träume, der vier Orientierungsfunktionen und der Entwicklungsstufen, die sich im Chakren-System darstellen, sind für meine psychotherapeutische Arbeit sehr hilfreich geworden.

Bei mir ging es bei meiner schweren Erkrankung viele Jahre zuerst um die – symbolisch gesprochen – Stabilisierung des ersten Chakras, das – wenn es gut arbeitet – für eine robuste Gesundheit und eine Verankerung im Körper und im Leben steht. An dieser Stelle war viel Heilarbeit nötig, bis sich mein Gesundheitszustand deutlich verbesserte und eine gewisse Konstanz im Normalbefinden eintrat. Das Wurzelchakra oder Muladhara, wie es auch heißt, hat auch mit dem Körperbewusstsein, also dem Kontakt zu sich selbst, zu tun. Im Körper zu sein, den Körper zu spüren und ihn in allem präsent zu haben, sind ja auch nur andere Ausdrücke für Geerdet-Sein.

Inzwischen ist bei mir das zweite Chakra wichtig geworden und steht im Fokus. Hier geht es um den Ausdruck der Gefühle, um Lebendigkeit, Lebensfreude, Sexualität und sinnlichen Genuss, um nur einige der Qualitäten aus der Chakrenlehre zu nennen. Für mich war es auf dieser Stufe wichtig und ist es noch, mir unterschwellige Kränkungen, Irritationen und allgemein Gefühlssituationen bewusst zu machen und die zugrunde liegenden Gefühle dem Anderen gegenüber auszudrücken. Wenn ich das in der Vergangenheit aufgrund von Unbewusstheit versäumt habe, musste ich oft eine körperliche Verschlechterung in Kauf nehmen, die mir dann allerdings wiederum ein Fingerzeig war, nach den nicht zugelassenen Gefühlen zu suchen.

Ich könnte die Reihe der Chakren so weiter fortsetzen, möchte aber nur noch kurz auf ein weiteres Chakra, das sechste Chakra, das auch das Dritte Auge genannt wird, eingehen. Hier durfte ich im Zusammenhang des spirituellen Geführt-Seins in meinem Krankheitsprozess – eine Schwächung durch Krankheit ist manchmal ein Türöffner für sonst verschlossene Erlebnisse – etwas erfahren, was sich als eine

Öffnung des Dritten Auges interpretieren lässt, indem ich eine Nacht lang und schwächer noch in den nächsten Tagen eine Fülle von visionären Bildern erhielt, Bilder der Naturelemente und vieles mehr, tief beeindruckend und erfüllend. Dabei war die visionäre Bildkraft stärker als die Außenwahrnehmung, d. h. es war egal, ob ich die Augen offen hatte oder sie schloss, die Visionen waren in gleicher Stärke und in eindrucksvoller „Realität" da.

Dieses Beispiel legt noch einmal nahe, dass wir beim fortgeschrittenen eigenen Arbeiten mit energetisch hoch aufgeladenen Prozessen einer Begleitung bedürfen, denn der Weg kann gefahrvoll sein. Für die Eigenerfahrung und für die Anwendung in Therapien ist das Arbeiten mit der Chakrensymbolik, wenn sie vorsichtig und kenntnisreich geführt wird, meiner Erfahrung nach aber eine oft fruchtbare und weiterbringende Möglichkeit. Sich selbst zu erkennen, zu spüren, welche psychischen Energiefelder in meinem Leben gerade besonders aktiv sind und welche der zugehörigen Eigenschaften es gerade zu entfalten gilt, ist eine wunderbare Unterstützung auf unserem Individuationsweg, sodass ich diese Betrachtungsweise nur jedem ans Herz legen kann.

Last but not least möchte ich zwei große Sinnquellen meines Lebens nennen, das sind meine Kinder und meine Frau. Die Kinder haben mir viel gegeben, ich habe mich in ihnen in den verschiedenen Altersstufen selbst erkannt, sie waren meine Lehrmeister darin, dass ich meine Affekte und Egoismen bezähmen musste, und sie sind einfach wunderbare Wesen mit eigener schöpferischer Kraft. Meine heutige Partnerschaft hat mich erleben lassen, dass nur die Liebe heilt und ich bin meiner Frau sehr verbunden, dass sie es als eine spirituelle Aufgabe genommen hat und nimmt, auch in Krisen und schlimmen Schüben an meiner Seite zu sein.

Was also bleibt als Quintessenz, sind Liebe und Dankbarkeit, den Kindern, meiner Frau, meiner spirituellen Lehrerin und Gott oder der Schöpfung gegenüber.

Klaus Aichele, Jahrgang 1940, Stuttgart.
Theologe, Pädagoge, Analytischer Kinder- und Jugendlichen-
Psychotherapeut, Dozent, Supervisor und Mitarbeiter am
C. G. Jung-Institut Stuttgart.

Veröffentlichungen u. a.:

Aichele, K. (2015). *„Hie kann nit sein ein böser Mut...".* *Warum es gut ist, in einem Chor zu singen.* In: Jung-Journal, Heft 33: Musik – Klang der Seele. S. 77-80.

Aichele, K. (2008). *Nicht sterben wollen, heißt nicht leben wollen. Traum und Tod im Leben C. G. Jungs.* In: Jung-Journal. Heft 19/20: Stirb und Werde. S. 17-22.

Aichele, K./Volk, G. (1992). *Kinder in Psychotherapie: eine Einführung.* Waiblingen-Hohenacker: Bonz.

Klaus Aichele

Quintessenz – Wozu es sich lohnt zu leben

Wozu es sich lohnt zu leben?

Wann habe ich mir diese Frage zum ersten Mal in meinem Leben gestellt? Ich weiß es nicht mehr, bin aber ziemlich sicher, dass es nicht im Kindesalter war. Da war Kriegs – und Nachkriegszeit. Da war es wichtig, mit anderen zu spielen, mit meinem älteren Bruder im Garten, mit Freunden aus der Nachbarschaft auf der Straße vor dem Haus, Fußball zu spielen, Fahrrad zu fahren. Oder in der Schule einigermaßen gut durchzukommen.

In meinem Beruf als Kinder- und Jugendlichen-Psychotherapeut habe ich erfahren, dass auch Kinder schon fragen können, ob es sich zu leben lohnt, wenn sie ihre Eltern verlieren durch Tod oder auf der Flucht, wenn sie unter der Trennung der Eltern oder unter der Ablehnung durch ihre Eltern oder unter deren gewalttätigem Verhalten leiden. Diese Frage ist dann oft hinter ihren Ängsten verborgen, deretwegen sie in die Psychotherapie kommen. Und doch habe ich auch dies oft erlebt – sowohl in der Praxis wie in der Gruppe von Flüchtlingskindern im Container –, dass Kinder leben wollen, mit anderen zusammen spielen wollen.

... angesichts der Berufswahl

Zum ersten Mal wurde für mich die Frage, wozu es sich lohnt zu leben, in der Oberstufe deutlicher, als es um die Berufswahl ging. Nach einigem Hin und Her entschied ich mich für das Studium der evangelischen Theologie. Ein Freund aus dem Jugendkreis der Kirchengemeinde hatte mir von seinen Erfahrungen aus den ersten Semestern berichtet, und nach einigen Gesprächen mit meinen Eltern und dem Gemeindepfarrer schien mir dieser Beruf „lohnend". Ich würde damit nicht reich werden, aber wohl auch nicht arbeitslos. Dafür würde es sich lohnen zu leben.

Im Laufe des Studiums und in ständigem Austausch mit meinen Studienfreunden war es immer wieder diese Frage, die uns beschäftigte, wozu es sich zu leben lohnt – oder eben auch die Frage nach dem Sinn des Lebens.

In der Bibel, bei den Kirchenvätern und Theologen und auch bei den Philosophen der vergangenen Jahrhunderte suchten wir nach Antworten. Am meisten überzeugte uns als Antwort die Botschaft des Jesus von Nazareth, die Aufforderung zur Nächstenliebe, die Jesus so überzeugend lebte. Das war eine gute Antwort, wozu es sich zu leben lohnte, die Nächstenliebe wollten wir auch leben – so gut wir es eben konnten – in unsrem persönlichen Umfeld, aber auch in den gesellschaftlichen und politischen Fragen, in der Welt, in der Millionen Menschen unter Hunger, Armut, Diktatoren, Kriegen leiden mussten.

Darin sahen wir den „großen" Sinn des Lebens: die Welt menschlicher und friedlicher zu machen – oder wenigstens dazu beizutragen. Wir engagierten uns bei Kirchentagen, beim Ostermarsch, in der Friedensbewegung, gegen die Atomwaffen ... .

Davon waren dann auch meine ersten Berufsjahre bestimmt, in der eigenen Familie mit inzwischen drei Kindern, im Kreis der Freunde und Kollegen, in der Arbeit in der Kirchengemeinde. Ich glaube, wir haben aber dann doch ziemlich bald gespürt, dass es schon Veränderungen in der Welt geben kann, aber dass – wie wir damals sagten – die Welt leider „nicht die beste aller Welten" ist.

Neue Richtungen entwickeln sich

Die Veränderungen in den folgenden Jahren gingen für mich in zwei Richtungen: Zum Einen meldeten sich bei mir zunehmend kritische Gedanken im Blick auf die Frage, ob Gott – wie es in der Bibel heißt – die Welt wirklich so geschaffen hat, wie wir es im christlichen Glaubensbekenntnis sprechen. Was ist dann mit all der Unmenschlichkeit, mit all dem unverschuldeten Leiden der Menschen? Es war die „alte Theodizee-Frage", auf die ich keine Antwort mehr fand.

Erst Jahre später, als ich dann die Schriften und Gedanken C. G. Jungs kennenlernte und seine Autobiografie *Erinnerungen, Träume, Gedanken* (Jung/Jaffé, 1962) las, habe ich eine Antwort gefunden und ein neues Verständnis von Religion, Glaube, Gott. Eine Äußerung Jungs hat für mich das Problem des Glaubens an Gott letztlich gelöst, wenn er – sinngemäß – schreibt, dass Gott ein Geheimnis sei, und dass alles, was wir von ihm sagen, in unsrer menschlichen Sprache gesagt sei – wie er oder sie oder es aber in Wirklichkeit ist, wissen wir nicht.

Die andere Richtung, in die in den folgenden Jahren meine Gedanken und Fragen gingen, war die Frage nach der Seele. Was wissen wir eigentlich von der Seele? Was ist seelisch? Was ist seelisches Leiden? Ich wollte ja als Pfarrer auch „Seelsorger" sein, hatte aber das Gefühl, dass ich von der Seele nicht viel verstand. Als ich dann bei der Telefonseelsorge mitzuarbeiten begann, wurde ich sehr deutlich mit seelischem Leiden, das sich in Konflikten, Depressionen oder suizidalen Absichten der Anrufer äußerte, konfrontiert. Die Menschen, die mich anriefen, waren in für sie unlösbare Situationen gekommen oder konnten keinen Sinn mehr im Leben sehen.

Die Ausbildung am C. G. Jung-Institut in Stuttgart und die Berufsjahre als Kinder- und Jugendlichen-Psychotherapeut haben dann allmählich mein Leben verändert. Ich fand Zugang zu einem tieferen Verstehen der Seele, den seelischen Vorgängen, die von den Träumen bis zu den seelischen Leiden und Erkrankungen reichen.

> Obschon man es sich nicht kann träumen lassen, das Geheimnis der Seele je auszuschöpfen, so scheint es mir doch zu den vornehmsten Aufgaben des menschlichen Geistes zu gehören, unermüdlich um eine stets sich vertiefende Erkenntnis des seelischen Wesens sich zu bemühen.
> (C. G. Jung, GW 18/II, § 1729)

Dass ich damit sozusagen eine „Wendung nach Innen" erlebte, wurde mir zunehmend bewusst, hielt mich aber nicht davon ab, mich mit den „äußeren" Situationen und Verhältnissen intensiv zu beschäftigen, sozusagen das „Individuelle" und das „Kollektive" im Blick zu haben.

Erkenne Dich selbst

Um wieder auf unsere Frage, wozu es sich zu leben lohnt, zurückzukommen, möchte ich für meine Antwort heute den uralten Satz der alten Weisen, zitieren: „Gnothi seauton" – „Erkenne Dich selbst." Diese Aufforderung wurde bereits dem griechischen Gott Apollon, dem Gott des Lichts, der Heilung und der Künste, zugeschrieben. Das stand auch im Zentrum des Lebenswerks von C. G. Jung: Er wollte in das innerste Geheimnis der menschlichen Seele vordringen und hat von daher immer wieder auf die Notwendigkeit der Selbsterkenntnis hingewiesen, z. B. in seinen Briefen (C. G. Jung, Briefe III, S. 284): „Das einzige, was wirklich hilft, ist die Selbsterkenntnis und die dadurch bewirkte Änderung der geistigen und moralischen Einstellung."
Und in seinem Spätwerk *Mysterium Coniunctionis* (C. G. Jung, GW 14/II, § 298): „Selbsterkenntnis ist ein Abenteuer, das in unerwartete Weiten und Tiefen führt."

Dass man mit der Selbsterkenntnis nie zu Ende ist, versteht sich von selbst – es ist vielmehr ein Weg, auf den man sich einlässt. Deshalb könnte man auch von Schritten zur Selbsterkenntnis sprechen. Etwas von der Seele verstehen, Schritte zur Selbsterkenntnis zu gehen, bedeutet zugleich, Schritte auf dem Weg, selbst zu werden, zu gehen.

Jung hat dies beschrieben als Individuationsprozess: „Individuation bedeutet, zum Einzelwesen zu werden, und insofern wir unter Individualität unsere innerste, letzte und unvergleichbare Einzigartigkeit verstehen, zum eigenen Selbst zu werden." (C. G. Jung, GW VII, § 266)

Es hat einige Zeit gedauert, bis ich in meinem Leben ein Gefühl dafür bekommen konnte, ein individueller Mensch zu sein, mich von anderen Menschen unterscheiden zu können und zu dürfen, die Verschiedenheit der Menschen zu akzeptieren. Zugleich erlebte ich für mich eine zunehmende Eigenständigkeit in meinen Gedanken und meinem Verhalten, eine zunehmende Unabhängigkeit von anderen Menschen, fühlte mich nicht mehr wie früher abhängig von der Meinung oder dem Verhalten anderer, gewann letztlich größere „innere und äußere Freiheit".

„In creation you are created ..."

In verschiedener Hinsicht zeigte sich dies in neuen Schritten in meinem weiteren Leben. Zum Einen begann ich meine eigenen schöpferischen und kreativen Möglichkeiten und Fähigkeiten deutlicher zu erkennen und zu erleben, indem ich begann, zu malen, zuhause oder in Malkursen im Freien. Dabei erlebte ich, was Jung zu sagen pflegte: „In creation you are created." Oder ich beschäftigte mich mit Bildern von alten und neuen Malern und besuchte mit meiner Familie Kunstausstellungen in den verschiedensten Ländern. Dies führte wohl auch dazu, dass unser ältester Sohn sich dann dem Studium der Malerei und Kunsterziehung zuwandte.

Sodann begann ich, nachdem ich schon als Jugendlicher Klavier- und Orgelunterricht hatte, mich wieder mehr der Musik zuzuwenden, besuchte viele Konzerte und begann, selbst in einem Chor mitzusingen, der sich den Aufführungen großer Messen von Beethoven, Mendelsohn oder auch McCartney widmete. Dass das Hören von Musik und besonders das Singen die Menschen glücklich macht, weniger einsam und gelangweilt, hat inzwischen auch die neurowissenschaftliche Forschung (vgl. Spitzer, 2004) bestätigt.

Und da ich von früher Kindheit an immer gern spielte, damals schon Regelspiele wie Mühle oder Dame, aber vor allem auch draußen mit anderen Kindern, meist

Fußball usw., hatte ich dann das Glück, auch in meinem Beruf als Kinder- und Jugendlichen-Psychotherapeut beruflich spielen zu dürfen – und das überwiegend mit großer Freude.

C. G. Jung schien es ähnlich gegangen zu sein, als er entdeckte, wie hilfreich es für ihn war, am Ufer des Zürichsees mit Sand und Steinen einfach nur zu spielen:

> Aha, sagte ich mir, hier ist Leben! Der kleine Junge ist noch da und besitzt ein schöpferisches Leben, das mir fehlt. Aber wie kann ich dazu gelangen? Wollte ich aber den Kontakt mit jener Zeit wieder herstellen, so blieb mir nichts anderes übrig, als wieder dorthin zurückzukehren und das Kind mit seinen kindlichen Spielen auf gut Glück wieder aufzunehmen. Dieser Augenblick war ein Wendepunkt in meinem Schicksal, denn nach unendlichem Widerstreben ergab ich mich schließlich darein zu spielen. Dabei klärten sich meine Gedanken.
> (Jung/Jaffé, 1962, S. 177)

... und die Arbeit am eigenen Schatten

Die Entdeckung – oder Wiederentdeckung – der eigenen schöpferischen und kreativen Möglichkeiten und Fähigkeiten, die wir später vielleicht gar nicht mehr zu haben glauben, ist nur eine Seite dessen, was wir in der Arbeit an unserer Selbsterkenntnis entdecken. Eine weitere Seite ist unser Schatten: Das sind Eigenschaften oder Verhaltensweisen, die wir an uns nicht mögen, und auch nicht vor uns selbst oder anderen zugeben wollen – und die wir in der Regel auf andere Menschen projizieren, d. h. sie dann bei anderen sehen und meist auch kritisieren oder ablehnen. Viele Konflikte zwischen Menschen haben hier ihren Grund. So gehört es zu den notwendigen und wiederholten Schritten der Selbsterkenntnis, sich mit seinem Schatten zu befassen, sich mit ihm auseinanderzusetzen, damit er, wie wir heute sagen, „integriert", das heißt bewusst gemacht, angenommen und verantwortlich mit ihm umgegangen werden kann. Das ist nicht so einfach, wie es jetzt klingt. Denn:

> Solch ein Mensch weiß, daß, was immer in der Welt verkehrt ist, auch in ihm selber ist, und wenn er nur lernt, mit seinem eigenen Schatten fertig zu werden, dann hat er etwas Wirkliches für die Welt getan.
> (C. G. Jung, GW 11, § 140)

Es ist von daher auch ein wichtiger Teil der psychotherapeutischen Behandlung, dass in diesem geschützten Raum und in der Begleitung durch den Psychotherapeuten die Auseinandersetzung mit den eigenen Schattenseiten erfolgen kann. Meist gibt es dann auch keinen Grund mehr für eine überhebliche oder abwertende Einstellung gegenüber anderen Menschen – was aber nicht ausschließt, dass man an einzelnen Meinungen, Äußerungen oder Verhaltensweisen anderer Menschen Kritik üben kann.

Die Arbeit am eigenen Schatten kann dann auch zu einem neuen Gefühl der Gemeinsamkeit oder auch Gemeinschaft aller Menschen, zu einer neuen Beziehung und Bezogenheit zu den Mitmenschen – trotz aller Verschiedenheit – führen. Das würde bedeuten, dass wir uns den Menschen zuwenden, mit denen wir leben, die unsre Aufmerksamkeit und auch unsre konkrete Hilfe brauchen – ganz im Sinne übrigens auch der Nächstenliebe des Jesus von Nazareth. Und dass wir auch sehr wachsam sind, wenn Menschen unter der Macht und Gewalt anderer leiden. „Wo die Liebe herrscht, da gibt es keinen Machtwillen. Wo die Macht den Vorrang hat, da fehlt die Liebe. Das eine ist der Schatten des anderen." (C. G. Jung, GW 7, § 78)

Das Leben ausschöpfen – und loslassen

Wozu hat es sich gelohnt, zu leben – so frage ich mich in meinem Alter und in immer deutlicherem Bewusstsein, dass alles so vergänglich und fortwährend sich wandelnd ist. Ich finde diese Frage notwendig, sie hilft uns, zurückzublicken – aber auch den Abschied vorzubereiten. Zurückzublicken auf Augenblicke oder Zeiten, in denen es uns gut ging, uns etwas oder viel gelungen ist – aber auch auf Vorkommnisse, die wir im Nachhinein nicht gut fanden, wo wir etwas Wichtiges versäumt haben oder nicht geklärt haben. Aber das alles werden wir loslassen müssen.

Auf alle Fälle: Wir werden Spuren hinterlassen bei den Menschen, die mit uns gelebt haben, denen wir begegneten – sie werden sich an uns erinnern. Bis dahin lebe ich nach dem guten Rat aus Ingrid Riedels Buch *Die innere Freiheit des Alters* (2009, S. 30) „Das Leben ausschöpfen – und loslassen."

Irene Berkenbusch-Erbe, Dr. phil., Jahrgang 1944, Ludwigshafen.
Analytische Psychotherapeutin (DGAP, IAAP) in freier Praxis,
Dozentin und Lehranalytikerin am ISAP Zürich und am
C. G. Jung-Institut Stuttgart.

Veröffentlichungen u. a.

Berkenbusch-Erbe, I. (2018). *Traumerfahrungen in der Literatur (bei Thomas Mann, Marie Luise Kaschnitz und Bernhard Schlink).* In: Jung-Journal. Heft 40: Träume, S. 79-85.

Berkenbusch-Erbe, I. (2018). *Jakob, der Lügner – Verbreiter von Fake News?* In: Jung-Journal, Heft 39: Lüge und Wahrheit. S. 19-24.

Berkenbusch-Erbe, I. (2017). *Kulturelle Komplexe im östlichen Mitteleuropa.* Analytische Psychologie, 187, S.44-61.

Irene Berkenbusch

Antigone und Co oder „Man sieht nur mit dem Herzen gut, das Wesentliche ist für die Augen unsichtbar.“[1]

Antigone, Hildegard von Bingen und Hannah Arendt sind drei bemerkenswerte Frauen aus unterschiedlichen Jahrhunderten und gesellschaftlichen Kontexten, eine davon, Antigone, ist allerdings nur eine literarische Figur. Warum erwähne ich sie gleich zu Beginn meiner Gedanken? Alle drei zeigen eine Haltung von Selbstbestimmtheit, Authentizität und Unabhängigkeit von Autoritäten und absolutistischen Meinungen.

Antigone hat mich seit meiner Schulzeit nicht mehr losgelassen. Sie ist für mich eine archetypische Gestalt. In der Tragödie von Sophokles wird sie als eine Frau gezeigt, die sich gegen den absolutistisch, machtbesessen und inhuman regierenden Herrscher Kreon auflehnt, der zudem noch ihr Onkel ist. Sie gehorcht einem von ihm erlassenen Gesetz nicht, da es gegen göttliches Gebot und Menschenrecht geht, das für sie in diesem Fall allein Gültigkeit besitzt. So sagt sie zu Kreon, dem Sterblichen: „So groß schien dein Befehl mir nicht, dass er die ungeschriebenen Gottgebote, die wandellosen, konnte übertreffen […] An ihnen wollt ich nicht, weil Menschenstolz mich schreckte, schuldig werden […].“ (Sophokles, 2016) Ihren Ungehorsam muss sie mit ihrem Leben bezahlen.

Vor dem Hintergrund der zur Zeit unserer Schullektüre noch nicht allzu lange zurückliegenden Nazi-Diktatur spielte dieser Text eine besondere Rolle bei der Erziehung zu Wachsamkeit und zu Verantwortungsbewusstsein, was meine damalige Deutschlehrerin eindrücklich vertrat. Sie ist mir bis heute ein Vorbild. Hinzu kommt, dass sie tiefenpsychologische Gedanken in den Unterricht einbrachte, z. B. die Existenz eines kollektiven Unbewussten erwähnte und auf die Bedeutsamkeit der Träume hinwies. Durch sie begegnete ich der Psychologie C. G. Jungs zum ersten Mal, was offensichtlich bis heute nicht ohne Wirkung blieb.

Auch Hildegard von Bingen (1098-1179) war eine rebellische, ganzheitlich denkende Frau, trat mit ihrer Meinung und ihren Ermahnungen mutig gegen Könige, Kaiser und selbst gegen Päpste auf. Für ihre Zeit war sie eine bemerkenswert

---

1 Antoine de Saint-Exupéry, Der kleine Prinz.

autonome und tatkräftige Frau, die tiefgeistliche Texte, aber ebenso Texte über Freiheit und Verantwortung schrieb, und auch eine Klostergründung geht auf sie zurück.

Hannah Arendt (1906-1975) führt uns nunmehr ins 20. Jahrhundert und ist uns daher noch sehr nah. Auch sie verkörpert eine Haltung von Selbstbestimmtheit, Unerschrockenheit und unabhängigem Denken, das in ihrer Jugend zu heftigen Konflikten mit ihrer Mutter führte, sie aber befähigte, sich aus dem Mutterkomplex zu befreien und ihre eigene Persönlichkeit zu entwickeln. Sie sprach immer wieder von der *Tugend des Selbstdenkens* und ihrer geistigen Bemühung um ein *Denken ohne Geländer*, ohne die eigene Meinung zu verabsolutieren.

Ein Zitat von ihr, das mir sehr aktuell erscheint, möchte ich hier erwähnen, in dem sie die Entstehung des Nationalsozialismus nicht in erster Linie aus *„einer speziellen deutschen Charakteranlage oder aus deutscher Tradition"* erklärt, sondern konstatiert, dass eine wesentliche Ursache die *„Verneinung und Zerstörung aller deutschen oder europäischen Traditionen"* darstellt, verbunden mit dem *„Zusammenbruch der sozialen und politischen Strukturierung Europas" (Hervorhebung von mir)* (Arendt, 2005). Auch wenn wir nicht vor einem Zusammenbruch der europäischen Idee stehen, so ist ihr Erhalt doch gerade heute gefährdet.

Diese drei so verschiedenen Persönlichkeiten sind Vorbilder für mich, und wenn C. G. Jung die Frage stellt, welcher Mythos der Architekt unsres Lebens ist, was für jeden Menschen eine wichtige Frage darstellt, dann gehören diese drei genannten Gestalten und ihre Lebensprinzipien sicherlich für mich dazu, auch wenn zur Erfahrung und Verwirklichung dieses „Mythos" ein langer Individuationsprozess beitragen musste und nach wie vor beiträgt.

Mut, Profil und Engagement entwickeln

Gerade in der heutigen Zeit erscheinen mir die Haltungen des eigenständigen Denkens, der Selbstbestimmtheit und Realitätsbezogenheit als unverzichtbare Voraussetzungen, den Herausforderungen durch den neuen Nationalismus, den Fake-News und der Verführbarkeit durch vermeintliche Heilsbringer zu begegnen. Daher wünsche ich den jungen Menschen von heute vor allem Selbstvertrauen, Kritikfähigkeit und die Bereitschaft, sich für Humanität, Demokratie und Toleranz zu engagieren. Das schließt die politische und soziale Verantwortung für das gemeinsame Ganze, für unser Gemeinwesen mit ein, womit für mich vor allem auch das Engagement für den friedlichen Zusammenhalt in Europa gemeint ist.

Dazu gehört der Mut, Profil zu entwickeln, sich selbst zu zeigen, aber auch, sich angreifbar zu machen. Das fällt uns nicht leicht, wir zeigen uns nicht gerne, denn das schließt unsere Schattenseiten mit ein. Auch die drei oben genannten Frauengestalten hatten ihre Fehler, sie waren nicht vollkommen und zeigten die berühmten „blinden Flecken" in ihrer Selbst- und Realitätswahrnehmung. Auch erlebten sie Momente des Scheiterns und Brüche in ihrer Biografie und begegneten ihrer eigenen dunklen Nacht der Seele, was ihnen aber zu vertiefter Selbsterkenntnis und neuen schöpferischen Möglichkeiten verhalf.

Erkenntnis und Akzeptanz des eigenen Schattens

Die Erkenntnis und Akzeptanz des eigenen Schattens scheint mir das Geheimnis eines starken Selbstbewusstseins zu sein. Das klingt paradox, denn beinhaltet der Schatten nicht gerade die Seiten an uns, die wir an uns nicht mögen, die wir als minderwertig, böse und bedrohlich ausgegrenzt haben und die wir vor anderen verstecken wollen? Der Begriff des Schattens stammt von C. G. Jung und bezeichnet alle ungelebten Anteile und dunklen Seiten in uns, die wir nicht wahrhaben wollen. Gehört zum Schatten nicht auch unsere innere Ambivalenz? Sind wir nicht sehr oft „Ja *und* Nein", erleben wir uns nicht immer wieder in Konflikten und zwischen den beiden Polen von Liebe und Hass, Aggression und Versöhnlichkeit, Widerstand und Ergebung?

Wenn wir aber unseren Schatten verdrängen, wird er uns ständig verfolgen. Ich selbst habe immer wieder die Annahme des Schattens – ein lebenslanger Prozess – als befreiend und stärkend erlebt. Viel Energie wurde freigesetzt. Es war die Erfahrung, dass auch die dunklen, abgelehnten Seiten sein dürfen, wodurch das Gefühl von Ganzheit entstand und der Mut, zu meinen Schwächen zu stehen. Die Vorstellung vom Schatten war die erste exisenzielle und befreiende Berührung mit der Analytischen Psychologie C. G. Jungs, viele weitere sollten folgen.

Individuation

Auch die Idee der Individuation begegnete mir in literarischer Form bereits in der Schule durch die Lektüre von Franz Kafkas *Vor dem Gesetz*, einer Parabel aus dem Roman *Der Prozess* (1977, S. 156). Es geht hier um einen Mann, der den Eingang in das Gesetz verlangt und dabei einem Türhüter begegnet, der ihm diesen Eingang verwehrt. Der Mann will sich damit nicht zufrieden geben, versucht, einen Blick in das Gesetz zu erhaschen, erhält aber den Hinweis darauf, dass nach diesem Türhüter viele weitere folgen, einer mächtiger als der andere, somit der Versuch eines Eintritts vergeblich sei. Das schüchtert den Mann ein, und er beschließt, auf andere Menschen zu warten, die ebenfalls Eingang in das Gesetz verlangen. Das jahrelange Warten, sein zunehmendes Alter und das Gefühl seines nahenden Todes veranlassen ihn zu der Frage, warum in all den Jahren, wo doch sämtliche Menschen nach dem Gesetz streben, nie jemand vorbeigekommen sei, um Einlass zu verlangen. Der Türhüter antwortet ihm: „Hier konnte niemand sonst Einlass erhalten, denn dieser Eingang war nur für dich bestimmt. Ich gehe jetzt und schließe ihn."

Ein erschreckender Schluss, der mich als siebzehnjährige Schülerin bleibend ergriffen hat. Sicherlich ist die Parabel vielfältig zu interpretieren, aber für mich war klar, dass es hier um die Suche nach dem eigenen Selbst, der unverwechselbaren eigenen Persönlichkeit ging und dass ich diese Suche keinesfalls verpassen oder verfehlen durfte, wie es offenbar dem Mann in der Parabel geschehen ist. Und dass es darum auch zu kämpfen gilt, was der Mann in Kafkas Geschichte offensichtlich versäumt hat. Es zeigte sich in mir im Grunde schon das Gespür für die Aufforderung des uralten „Werde, der du bist" als meine Lebensaufgabe, die sich bis heute immer wieder neu stellt. Es geht um den bereits erwähnten Weg der Individuation, womit die Suche nach dem wahren Selbst und die Entdeckung unseres inneren unverwechselbaren, wahren Wesenskerns gemeint ist, den wir in unserem Leben zur Entfaltung bringen sollen.

Das beinhaltet für mich auch eine Antwort auf die Frage nach dem Sinn des Lebens, die spirituelle und schöpferische Suche nach unserem wahren Wesen. Der Prozess der Individuation wäre aber missverstanden, wenn es dabei nur um ein Kreisen um die eigene Seele und um narzisstische Selbstbespiegelung ginge. Beziehungsfähig zu werden und soziale Kompetenz zu entwickeln ist ein wesentliches Ziel der eigenen Individuation, was auch für die therapeutische Praxis unverzichtbar ist.

Der Mensch – homo religiosus

In einer bestimmten Phase meines Lebens war für mich die Verbindung zwischen christlicher Seelsorge und Psychotherapie schwer herstellbar. Heilen Gott, Jesus oder der Glaube den Menschen oder der Therapeut mit seinen erlernten Methoden? Beide Ansätze waren für mich nicht vereinbar. Durch meine Teilnahme an der Pastoralpsychologischen Fortbildung in Freiburg und mein Studium der Analytischen Psychologie in Zürich erweiterte sich aber mein enger theologischer Horizont. Außerdem stieß ich auf ein kleines Büchlein aus dem Herder-Verlag mit dem Titel *Psychologie hilft glauben* und dem Untertitel *Durch seelisches Reifen zum spirituellen Erwachen* (1990). Die Kluft und die Kontroverse zwischen Theologie und Psychologie hob sich in gewisser Weise für mich auf, da deutlich wurde, dass die Psychoanalyse ein wertvolles Instrumentarium zur Verfügung stellt, um die Seele zu stabilisieren und für spirituelle Erfahrungen bereit zu machen. Selbsterkenntnis, die bereits erwähnte Schattenbegegnung, gefördert in der Psychotherapie, bereitet den Weg zu seelischer Gesundheit, da aus dem Schatten, der auch von Gott akzeptiert ist, verborgene Kraft und kreative Möglichkeiten zu schöpfen sind.

Auch vor Gott darf der Schatten sein, gehört zum Gottesbild nicht auch dessen Gegensätzlichkeit von Hell und Dunkel? Das Innewerden dessen ließ bei mir viel Gelassenheit und Lebendigkeit entstehen. Auch die Schriften der Bibel ließen sich nun von der Psychologie her neu lesen. Für mich eröffnete sich ein neues, weites Feld im Verständnis der Verbindung zwischen Religion und Psychologie.

C. G. Jung bezeichnet den Menschen als *homo religiosus*, womit er meint, dass der spirituelle Kern das tiefste Zentrum der Person ist und die eigentliche Suche des Menschen dahin geht, seinen Sinn im Leben zu finden. Welche Rolle spielen dabei die Religion und Gott? Es ist wichtig, darauf eine Antwort zu finden, die sich im Laufe des Lebens immer wieder wandeln kann, vielleicht auch muss. Für mich bedeutete das, aus einem christlich-protestantischen Elternhaus stammend, ein dogmatisch eingeengtes, konfessionsgebundenes Glaubensverständnis und alte vermittelte „fromme" Denkstrukturen zu verlassen, Gott als den Unbegreifbaren zu sehen, von dem ich mich aber dennoch in meiner Existenz gehalten fühle.

Die Grenze zwischen sichtbarer und unsichtbarer Wirklichkeit ist für mich sehr dünn, und „es scheint (im Universum) einen Rest Geheimnis zu geben, der sich durch die Wissenschaft nicht auflösen lässt", sagt Steven Weinberg, Nobelpreisträger und bekennender Atheist. Könnte dieses Restgeheimnis der Kosmologie „Gott" sein? Vielleicht ist dies auch eine Quintessenz des Älterwerdens, dass die Verwunderung über Naturerscheinungen zunimmt und einem nicht mehr so vieles selbstverständlich erscheint, wie dies in jüngeren Jahren der Fall war. Sich wundern und staunen zu können, bereichert das Leben, es macht bescheiden, und es sollte sich jeder Mensch jeglichen Alters bewahren.

Der sichtbare Ausschnitt unserer Wirklichkeit ist außerordentlich beschränkt, wir können nur in den Grenzen von Raum und Zeit denken, weder Unendlichkeit noch Ewigkeit können wir denken, auch Gott können wir nicht denken. Wer ist „Gott"? Eine Person? Energie, Kraft, der Weltgeist, wie Hermann Hesse ihn nennt, das Numinose? Da wir die Geheimnisse des Weltalls nicht beweisen können, können wir das Geheimnis „Gott" erst recht nicht beweisen und brauchen es auch nicht. In der Bibel heißt es: „In ihm leben, weben und sind wir" (Apg. 17, 28). Für mich heißt das, dass Gott nicht nur hinter allem oder hinter dem Horizont steht, sondern dass er in der Welt präsent ist, die Welt und somit auch unser Inneres durchwirkt.

C. G. Jung verbindet diese Erfahrung mit dem Selbst, das als „Gefäß" für die Emanation des Göttlichen, des Numinosen verstanden werden kann.

Kulturelles Gedächtnis und Erinnerungskultur

Kürzlich wurde der Studentenbewegung vor fünfzig Jahren gedacht. Sicher sind diese Zeit und die Aktionen der vorwiegend linken Studenten damals nach wie vor als sehr zwiespältig zu bewerten. Im Nachhinein erscheint mir aber als bleibend wichtig und positiv, dass die 68er Bewegung mit Vehemenz die Bearbeitung der national-sozialistischen Gewaltherrschaft mit ihren Verbrechen angestoßen und die Mauer des Schweigens in der Elterngeneration zumindest eingerissen hat.

Was im Holocaust, hebräisch Shoah, geschehen war, wurde zum ersten Mal in der Gesellschaft thematisiert. Erinnerung und Gedenkarbeit wurden wichtig. Ein Wort aus dem Talmud lautet: „Das Vergessen-Wollen verlängert das Exil, und das Geheimnis der Erlösung heißt Erinnerung." Ähnlich formuliert es der spanisch-amerikanische Philosoph und Schriftsteller George de Santayana (1863-1952), wenn er sagt: „Wer sich nicht an die Vergangenheit erinnern kann, ist dazu verdammt, sie zu wiederholen." Und Herma Brandenburger, im Deutschlandfunk-Kultur am 14.07.2013: „Kein menschliches Leben ohne Erinnerungen. Sie sind die Bausteine, die das Fundament unserer Persönlichkeit prägen. Sie dürfen nicht verloren gehen, weil wir ansonsten wie Pflanzen ohne Wurzeln dastehen würden."

Das Zitat drückt den Wert der Erinnerung in seiner Allgemeingültigkeit, auch für unser persönliches Leben, sehr treffend aus. Besonders im Hinblick auf unsere jüngere deutsche Geschichte ist es sehr wichtig, die Erinnerung wach zu halten und bezüglich gegenwärtiger Strömungen in der Gesellschaft wachsam zu sein.

Es gibt viele Möglichkeiten, Formen des Gedenkens zu finden. Für mich hieß das vor vielen Jahren, Mitglied zu werden in der Gesellschaft für christlich-jüdische Zusammenarbeit, und seit einiger Zeit engagiere ich mich in der Gedenkarbeit im

Zusammenhang mit der 1992 begonnenen Stolperstein-Aktion des Kölner Künstlers Gunter Demnig. Stolpersteine sind kleine, würfelförmig in den Boden verlegte und mit Messing überzogene Gedenktafeln, mit denen an das Schicksal der Menschen erinnert werden soll, die in der Zeit des Nationalsozialismus verfolgt, deportiert, ermordet, vertrieben oder in den Suizid getrieben wurden. Es geht darum aufzumerken und sozusagen innerlich zu stolpern, damit nicht in Vergessenheit gerät, was niemals wieder geschehen darf.

Das bezieht sich nicht nur auf die damalige jüdische Bevölkerung, sondern auch die Sinti und Roma und unliebsame Minderheiten in der Gesellschaft waren betroffen und wurden verfolgt. Darüber hinaus haben unsere europäischen Nachbarn, ich denke dabei vor allem an Polen und Russland, ungeheuer unter der brutalen militärischen Aggression der Nazis zu leiden gehabt. Generell ist es lebenswichtig, transnationale Beziehungen zu pflegen, über kollektive Traumata und deren Heilungsmöglichkeiten zu sprechen, was in meinem Fall vor allem mit den polnischen Kolleginnen und Kollegen geschieht, mit denen inzwischen bereichernde Freundschaften entstanden sind. Auch hier geht der Blick über nationale Grenzen hinaus, wir begegnen uns als Polen und Deutsche in einem als gemeinsam empfundenen Europa, ohne das die politischen Veränderungen im jeweiligen Land 1989 gar nicht möglich gewesen wären.

Was mir wichtig ist

Zum Schluss noch einmal ein Blick darauf, was mir wichtig ist für mich, meine Familie und Freunde, für unsere Gesellschaft und vor allem für die junge Generation? Ich denke, es sind:

- Neugier,
- über das Leben staunen können,
- Selbstvertrauen und Mut,
- Verantwortungsbewusstsein und Engagement,
- Respekt vor dem anderen Menschen, gleich welcher Religion, Nationalität oder Hautfarbe er oder sie ist,
- Offenheit für alles Fremde,
- geistige Horizonterweiterung bezüglich anderer Länder, Menschen und Kulturen,
- und vor allem gute Freundinnen und Freunde.

Dabei denke ich noch einmal zurück: Ohne eine Reise nach Florenz vor vielen Jahren, den Begegnungen mit den Menschen dort, vor allem mit der Kunst der Renaissance, die in ihren Bildern Heiliges und Natürliches miteinander zu verbinden vermag, hätte ich nicht den Impuls erhalten, mich aus meiner bis dahin restriktiven christlichen Lebensform und einem strengen Gottes- und Menschenbild einer evangelischen Ordensgemeinschaft zu lösen. Der Mensch ist eine Legierung aus Geist und Natur, Rationalem und Emotionalem, apollinisches und dionysisches Lebensprinzip gehören zusammen. Das wurde für mich auf dieser Florenzreise erfahrbar und gab mir eine neue Freiheit.

Zur Frage, welchen Auftrag ich im Leben für wichtig erachte, fand ich kürzlich ein paar Sätze in meinem sog. „Bildungsgang", den man zu meiner Zeit vor dem Abitur zu schreiben hatte und die auch heute noch für mich eine Bedeutung haben. Ich formulierte es damals so: „Zwei Bücher von Thornton Wilder (1897-1975) *Die Alkestiade* und *Die Brücke von San Luis Rey* beeindruckten mich besonders. In beiden Büchern hält Wilder die Liebe für den höchsten Wert, wenn er sagt: „Da ist ein Land der Lebenden und ein Land der Toten, und die Brücke zwischen ihnen ist die Liebe – das einzig Bleibende, der einzige Sinn." (Wilder, 1955, S. 194)

Ich meine, er hat Recht damit. Denn jeder Mensch sehnt sich danach, zu lieben und geliebt zu werden, er kann sich nur in der Liebe entfalten. Durch die Liebe geben sich die Menschen, wie Wilder sagt, gegenseitig Bedeutung und Sinn. Damit gab mir der Autor zunächst eine Antwort auf die Frage nach dem Sinn meines Lebens: die Liebe und die Achtung vor dem Leben besitzen den höchsten Wert.

Martin Buber spricht in ähnlicher Weise vom dialogischen Prinzip, vom Sinn, der sich im über die Grenzen hinausweisenden Dialog zwischen Ich und Du offenbart. Ohne diesen Dialog sind das menschliche Leben und auch unsere therapeutische Arbeit nicht möglich.

Im Rückblick auf das Resümée am Ende meiner Schulzeit begleiten mich die bereits damals als wesentlich empfundenen Überzeugungen bis heute in meiner zunächst pädagogischen, seit vielen Jahren nunmehr therapeutischen Arbeit. Darüber hinaus denke ich an viele Menschen, die mich begleitet haben und bis heute begleiten und an den Reichtum von Freundschaften, der durch nichts ersetzt werden kann.

Otto Betz, Prof. Dr., Jahrgang 1927, Passau.
Studium der Philosophie und Theologie, Germanistik und Pädagogik.
Von 1964 bis 1985 lehrte und forschte er als Professor für allgemeine
Erziehungswissenschaft und Pädagogik an der Universität Hamburg.

Veröffentlichungen u.a.

Betz, O. (2017). *Atem holen in der Welt der Poesie*. München: Verlag Neue
    Stadt.
Betz, O. (2015). *Freundschaften sind wie Heimat: eine Einladung*. Kevelaer:
    topos plus.
Betz, O. (2015). *Weiter als die letzte Ferne: mit Rainer Maria Rilke die Welt
    meditieren*. Kevelaer: topos plus.

Otto Betz

Nur ein Fragment?

Selten genug können sich in unseren Tagen Menschen auf ein Resumée besinnen, auf ein „Ergebnis" ihrer Lebenszeit, eher können sie auf Leerstellen hinweisen, die sie noch ausfüllen müssten, um von einer runden Lebensgestalt sprechen zu können. Oft ist es ein Gefühl für etwas, was noch fehlt. Der Mangel ist etwas Gravierendes, es ist ein entscheidendes Gebilde, das gar nicht genau beschrieben werden kann, es ist eine Leerstelle, eine offene Wunde, die sich nicht schließen will, ein Darüber-hinaus, was dem Ganzen einen geheimen Sinn geben könnte. Michel de Certeau sagt, „Mystiker ist, wer nicht aufhören kann zu wandern und wer in der Gewissheit dessen, was ihm fehlt, von jedem Objekt weiß: Das ist es nicht."

Selbst große Geister, das müssen wir zugeben, haben ihre Werke nicht vollenden können, es blieb häufig genug nur bei einem großen Entwurf. Leonardo da Vinci hat seine Bilder häufig nicht zu Ende geführt, sie blieben Fragment. Und Michelangelo hat manches Werk aufgegeben, er hatte den Eindruck, dass ihm die letzte Meisterschaft nicht gelungen war. Und wir stehen trotzdem staunend vor seinen Torso gebliebenen Werken und bleiben im Bann seiner Genialität.

Mir hat Dietrich Bonhoeffer geholfen, zu einer neuen Sicht auf das Fragment zu kommen. Als er in der Haft saß, aus der er nicht mehr herauskam, erreichten ihn viele Nachrichten vom Tod seiner begabtesten Studenten auf den Schlachtfeldern. Er schrieb in einem Brief vom 22. Februar 1944: „Ein Leben, das sich im Beruflichen und Persönlichen voll entfalten kann und so zu einem ausgeglichenen und erfüllten Ganzen noch möglich war, gehört wohl nicht mehr zu den Ansprüchen, die unsere Generation stellen darf."

Und nach dieser nüchtern konstatierenden Bemerkung fährt er weiter fort: „Das Unvollendete, Fragmentarische unseres Lebens empfinden wir darum wohl besonders stark. Aber gerade das Fragment kann ja wohl auch wieder auf eine menschlich nicht mehr zu leistende höhere Vollendung hinweisen."

Dieser Text hatte für mich eine geradezu befreiende Wirkung: Von mir wird nicht unbedingt ein vollkommenes Werk und der „große Durchblick" erwartet, sondern das ehrliche Bemühen, auf dem Wege zu bleiben und dem Blick auf das Mitgegebene treu zu bleiben. Und noch ein Nachsatz Bonhoeffers hatte tröstlichen Charakter: „So soll doch möglichst noch sichtbar bleiben, wie das Ganze geplant und gedacht war, und mindestens wird immer noch zu erkennen sein, aus welchem Material hier gebaut wurde oder werden sollte."

Der Torso-Charakter unseres Lebens ist also kein Unglück, sondern der „Normalfall" eines menschlichen Schicksals. Wir sind ergänzungsbedürftig und ergänzungsfähig, und das in jeder Beziehung und in alle Richtungen. Der einzelne Mensch sollte auch gar nicht isoliert betrachten, er steht immer in größeren Zusammenhängen. Wir haben uns angewöhnt, ein Einzelwesen als isolierte Existenz zu betrachten und vergessen zumeist die Verknüpfung geistiger Zusammenhänge.

Wir stehen immer auf den Schulter unserer Vorfahren und Vordenker. Das Einzelleben ist zumeist gar nicht zu denken ohne diese offenen und verborgenen Faktoren. Ich stehe auf dem Boden vieler Menschen, die vor mir gelebt haben und neben mir ihre Lebensentwürfe entwickelt haben. Und ganz konkret: Was wäre ich ohne meine Frau und ohne meine Kinder; und ohne meine Freunde kann ich mir die eigene Gestalt gar nicht vorstellen. Die wichtigsten Begegnungen sind oft auch mit einem Neubeginn verbunden.

Es ist manchmal ganz hilfreich, sich hie und da an Menschen zu erinnern, von denen wir wichtige Gedanken als Impulse empfangen haben. Wir sind abhängig von diesen Querverbindungen und sollten uns nicht so viel einbilden auf unsere eigene Denkfähigkeit und Urteilskraft.

Ein Gefühl der Dankbarkeit sollte uns überfallen für die Überfülle an Angeboten, die uns geschenkt werden durch diese Anteilnahme, wir haben sie als eine Art Mitgift zu begreifen. Jedes Werk hat viele Väter und Mütter und es ist eine lange Reihe zu denken, die nötig war, um zu einer tiefen Einsicht zu kommen. Einer hat auf dem anderen gebaut, ohne zu fragen, ob er das darf, und ein anderer hat weitergebaut, ohne zu fragen, wohin das führt. Es waren oft nur Gedankensplitter, die hängen geblieben sind oder Lektürefetzen, die ihre eigene Wirkung nicht verfehlten. Und wie oft musste ich feststellen, dass ich über die Quellen meiner „Überzeugung" keinen Grund angeben konnte, ich hätte eine unendliche Reihe von mehr oder weniger anonymen Zeugen benennen müssen.

Aber es sind ja nicht nur fremde Gedanken, die in uns lebendig geblieben und wirksam geworden sind, sondern auch eigene Erfahrungen und Erlebnisse, die sich tief eingeprägt haben und unvergesslich geblieben sind. Eigentlich jeder kann sich an Ereignisse erinnern, von denen er den Eindruck hatte, auf eine andere Ebene geführt zu werden und auf einmal eine Art Neugeburt zu erleben. Das mag mit einer Begegnung zu tun haben, durch die uns „neue Augen" geschenkt wurden. Plötzlich haben wir Dinge wahrgenommen, für die uns das Sehvermögen bisher verschlossen war.

Die Wirklichkeit hat viele Schichten und Dimensionen, und uns muss manchmal eine Art Blindheit genommen werden, um mit Überraschung festzustellen, dass eine tiefere Dimension, die wir bisher noch gar nicht wahrgenommen haben, sich erstmals „zeigt". Es ist möglich, ein Musikstück ganz neu aufzunehmen und von einem Glücksgefühl durchstrahlt zu werden, wie wir es noch nie verspürt haben. Oder wir werden von einer Dichtung so persönlich getroffen, sodass unser eigenes Leben sich plötzlich eröffnet und sich uns neu erschließt. Es muss sich so etwas wie eine „Hohe oder eine offene Stunde" einstellen, in der sich gewissermaßen eine weite Landschaft öffnet und ein Blick in größere Weiten möglich ist.

Der polnische Dichter Czeslaw Milosz (2001, S. 33) muss eine solche offene Stunde erlebt haben, und er versuchte, dieses Erlebnis in seinem Text *Erwacht* in Worte zu fassen.

> In fortgeschrittenem Alter, als es mit meiner Gesundheit immer schlechter stand, erwachte ich einmal mitten in der Nacht und da habe ich es erfahren: Es war ein derartig überwältigendes und vollkommenes Glücksgefühl, dass alles in meinem bisherigen Leben nur die Voraussetzung dafür gewesen war. Und dieses Glück hatte überhaupt keinen Grund. Es hatte mein Bewusstsein nicht ausgelöscht und meine Vergangenheit, die doch zusammen mit meiner Bitterkeit in mir war, nicht fortgewischt. Letztere war jetzt plötzlich ein notwendiger Teil des Ganzen geworden. Als hätte eine Stimme gesagt: „Mach dir keine Sorgen, alles ist so gekommen, wie es kommen musste, du hast getan, was dir bestimmt war, und jetzt musst du nicht mehr an Vergangenes denken."

Es ist auffällig, wie stark Milosz betont, dass diese Erfahrung nicht von seinem Alter oder seinem Gesundheitszustand abhängt und dass dieser Glückszustand völlig plötzlich und unerwartet eingetreten ist. Er wird als Zustand der Sorglosigkeit gekennzeichnet und einer letzten Heilheit. Und der Text endet mit den Worten: „Mir war klar, dass ich ein unerwartetes Geschenk erhalten hatte, und ich konnte nicht fassen, warum gerade mir diese Gnade zuteil worden war."

Ob wir vielleicht trotz unseres gebrochenen Lebenslaufs und in unseren verwirrten und verdunkelten Zeiten irgendwann solch einen Blick in staunenswerter Klarheit geschenkt bekommen?

Manchmal mag uns die Möglichkeit gewährt werden, dass die Ahnung von einer runden und richtigen Welt vor uns auftaucht?

Und weil wir so selten mit uns im Gleichgewicht sind und ein Blick auf das Ganze uns nicht gewährt ist, haben wir auf eine solche „offene Stunde" – gleichsam auf Widerruf – dankbar zu reagieren: Plötzlich scheint die Welt nicht mehr zugesperrt zu sein, es hat sich ein Spalt geöffnet, und wir haben ein weites offenes Feld vor uns. Und selbst, wenn ich sagen muss: „Das ist es nicht", wird ein Weg plötzlich sichtbar, der ins Offene weist.

Brigitte Dorst, Prof. Dr. phil., Jahrgang 1947, Münster.
Dipl.-Psychologin, Professorin für Psychologie, Analytische
Psychotherapeutin in eigener Praxis, Dozentin, Supervisorin und
Lehranalytikerin am C. G. Jung-Institut Stuttgart und Dozentin
an den C. G. Jung-Instituten Zürich und München, langjährige
1. Vorsitzende der C. G. Jung-Gesellschaft Köln, bis 2017
wissenschaftliche Leiterin der Internationalen Gesellschaft für
Tiefenpsychologie e.V., Leiterin des Sophia-Zentrums für
Meditation und Spirituelle Psychologie in Münster.
Homepage: sophia-zentrum.de

Veröffentlichungen u. a.

Dorst, B. (2018). *Alles beginnt mit Sehnsucht und Suche: Herzensbildung auf
    dem Sufi-Weg.* Ostfildern: Patmos Verlag.
Dorst, B. (2015). *Therapeutisches Arbeiten mit Symbolen: Wege in die innere
    Bilderwelt* (2., aktualisierte und erw. Aufl.). Stuttgart: Kohlhammer.
Dorst, B. (2015). *Resilienz: seelische Widerstandskräfte stärken.* Ostfildern:
    Patmos-Verlag.

Brigitte Dorst

Auf der Suche nach der Weisheit des Herzens

Einleitung

Mit einem Wort von C. G. Jung aus *Erinnerungen, Träume, Gedanken* (Jung/Jaffé, 1962, S. 10 f.) möchte ich mich auf diesen Essay (Versuch) einlassen:

> Man ist ein psychischer Ablauf, den man nicht beherrscht, oder doch nur zum Teil. Infolgedessen hat man kein abgeschlossenes Urteil über sich oder über sein Leben. Sonst wüsste man alles darüber, aber das bildet man sich höchstens ein. Im Grunde genommen weiß man nie, wie alles gekommen ist.

Ich weiß auch nicht, wie es gekommen ist – entgegen meinen Lebensplänen: Das Leben stellte mir schon während der gemeinsamen Studienzeit einen Gefährten zur Seite. So war es möglich, in einer Halt gebenden Beziehung Mängel und Beschädigungen der Kindheit zu überwachsen, wurde daraus die Lebensform Ehe als Co-Individuation, durch verschiedene Lebensphasen hindurch bis zur jetzigen Phase des Alters.

Drei Themen aus meinem Leben bieten sich mir besonders an beim Nachdenken über das, wozu es sich zu leben lohnt:

- Lernen und Lehren
- Liebe als heilende Kraft: der therapeutische Eros
- Weisheitssuche auf dem Sufi-Pfad.

1. Lernen und Lehren

Für das Kind, das ich war, war das Entdecken der geistigen Welt mit dem Lesen-Können eine überlebenswichtige Fähigkeit. Lesen, etwas erkennen, verstehen, neue Worte entdecken, war ein Abenteuer.

Eine frühe Erinnerung bricht beim Schreiben auf: die Freude des Lesens, Buchstaben und Worte entziffern und bilden; vor einer Apotheke stehend buchstabiere ich, füge es zu einem Wort zusammen und weiß: Dieses Geschäft heißt APOTHEKE.

Was bedeutet Lesen? Die Erfindung der Kunst des Buchdruckens halte ich für eine der bedeutsamsten Entdeckungen. Erst die Kunst des Lesens verwandelt Druckerschwärze und Tinte in Bedeutung und Sinn.

Lesen und Schreiben sind Kunst, tiefe Befriedigung. Vieles an der Art, wie ich gebildet wurde, Bildung betrieben habe, wird vielleicht bald überholt sein. Immer aber wird es wohl eine geistige Welt geben, die den menschlichen Geist entwickeln hilft, und sind Bücher geistige Nahrung! Die Ehrfurcht vor dem gedruckten Wort, vor den Büchern, ist mir lebenslang geblieben.

Lesen, das ist: in der vertrauten Sprache schriftlich aufgezeichnete Gedanken, Gefühle, Erkenntnisse aufnehmen und verstehen, Wörter, Sätze erkennen, Sinn erfassen, Bedeutungsinhalte aufnehmen – gierig, begierig nach mehr –, das Gelesene bedenken, sich hineinversetzen in andere Welten, andere Zeiten, andere Menschen, vertraut werden mit Dichtern und Gestalten der Literatur.

Lesen: nicht einfach als das Aufsaugen von Wissen wie ein Schwamm (das auch), sondern, wie E. Fromm (1999, S. 328) formuliert,

> [...] so lesen, daß ich nicht nur das, was der Autor sagt, in mich aufnehme, sondern daß dabei in mir selbst etwas zum Leben kommt, daß mir neue Gedanken kommen. Dann setze ich mich mit dem Buch tatsächlich auseinander und bin ein veränderter Mensch, wenn ich das Buch gelesen habe.

Mit selbst verdientem Geld sich Bücher kaufen, sie sammeln, Schätze in Buchläden, auf Flohmärkten entdecken, Lieblingsbücher immer wieder aus den Regalen holen, sich in die Werke von Dichter*innen und Autor*innen erneut vertiefen, die Lebensbegleiter wurden – all dies ist sinnvolle Lebenszeit.

Von den früh von mir entdeckten Dichtern, denen ich in den verschiedenen Lebensphasen treu geblieben bin, möchte ich vor allem zwei nennen: Das sind Hermann Hesse und Rainer Maria Rilke.

Es ist bis heute ein sinnliches Erlebnis, ein schön gebundenes Buch in die Hand zu nehmen, das einlädt durch Aufmachung, Titelbild bzw. Gestaltung, sorgfältige

Machart, und ich bin voller Vorfreude beim ersten Lesen des Inhaltsverzeichnisses, beim Anlesen und Hineinspüren in die Sprache des Buches.

Aus dem Lesen und Verstehen für mich selbst (alles, was ich in die Finger bekam) und der Lust, anderen etwas zu erklären, wurden beim Heranwachsen für mich Rollen: Gruppenleiterin bei den Pfadfinderinnen, erstes Geldverdienen mit Nachhilfestunden und als studentische Hilfskraft und Tutorin, nach dem Examen in Psychologie die erste Stelle als Dozentin an einer Akademie für Erwachsenenbildung – viel jünger als die meisten der Teilnehmenden in meinen Kursen, es ausgleichend durch viel Wissen, gründliches Vorbereiten, Lehren durch Lernen, ernsthaft, streng.

Die Alma mater, die Universität als geistige nährende Mutter, nahm mich auf, als ich mit neunzehn Jahren das Studium von Psychologie, Pädagogik und Philosophie begann, voller Lernbegierde, begeistert für alles, was sie mir an geistiger Nahrung und an Wirkungsmöglichkeiten bot. Und in ihrem Wirkungsfeld bin ich geblieben, in diesem Sinne eine Tochter der Alma mater, aufgeklärt durch feministische Erkenntnistheorie und Mitarbeit in vielen Frauenprojekten.

Das Lehren begann mit den ersten Lehraufträgen ab 1972, mit der Berufung zur Professorin an die Fachhochschule Köln 1978, mit Lehrtätigkeiten an verschiedenen Hochschulen, Akademien und Ausbildungsinstituten, bis zu meiner Emeritierung 2013, d. h. es umspann fünfunddreißig Jahre. Lernen und Lehren, lehrendes Lernen, ist eine Hauptaktivität meines Lebens gewesen – und ist dies noch. Es war mir immer Lebenszeit und Lebensenergie wert.

Eine besondere Form des Lernens, und genauso spannend wie die Arbeit mit Gruppen in der Erwachsenenbildung, war die klinische Ausbildung in Psychotherapie an der Universität. Ich begann meine therapeutische Arbeit auf der Basis von Verhaltenstherapie und Gesprächspsychotherapie, lernte durch Carl Rogers Einfühlung, verwendete Trainingskonzepte der Verhaltenstherapie und war völlig überzeugt von der Humanistischen Psychologie. Die Tiefenpsychologie, gegenüber der ich übernommene akademische Vorurteile hatte, kam erst später dazu, dafür wurde sie dann zur existenziellen Lebensorientierung.

Ich war schon fast zehn Jahre Professorin, als ich zugleich Studentin und Ausbildungskandidatin am C. G. Jung-Institut Zürich wurde – sieben Jahre lang eine interessante Zweigleisigkeit.

Das Lehren und das Planen und Gestalten von Lernsituationen unterschiedlicher Art – Selbsterfahrungsseminare, Workshops, Retreats – fordert in besonderer

Weise immer wieder meine Kreativität heraus: beim Formulieren von Texten, beim Erstellen von Arbeitsmaterialien. Besonders gern arbeite ich mit Gruppen. Es ist mir eine große Freude, die geistigen, emotionalen, intellektuellen Kräfte von Menschen anzusprechen, sie anzuregen, ihre eigene Lebenssituation als Lernmaterial zu nutzen, ihre Erfahrungsschätze mitzuteilen, sie in Gruppensituationen einzubringen, in denen es um gemeinsames Lernen, Verstehen, Erkennen geht – und das auf der Basis all dessen, was die Psychologie den Menschen anzubieten hat.

Mit Begeisterung suche ich nach passenden Symbolen, Geschichten und Textstellen, verknüpfe sie mit Lernaufgaben für Einzelarbeit und den Austausch in kleinen Gruppen. Ich lehre, erzähle, erkläre gern. Es ist eine Freude zu sehen, wie etwas, das mir wichtig ist, wie ein Samenkorn im Geist der Lernenden aufgeht. Es gibt etwas Schöpferisches im Lehren und Lernen: die Entwicklung jedes Einzelnen vor allem in der Begegnung mit C. G. Jung und seinen Texten so anzuregen, dass das Bewusstsein in schöpferischen Kontakt mit dem Unbewussten kommen kann, mit Einsichten in die geheimnisvolle Welt des Seelischen, und so der Individuationsprozess gefördert wird.

Für Jung ist das Schöpferische etwas ganz Entscheidendes. Im Zarathustra-Seminar sagt er: „In creation you are created." (C. G. Jung, 1998, S. 653) So kann meine Kreativität im Gestalten von Lernprozessen zu mehr Bewusstheit und Selbsterkenntnis in gemeinsamen Prozessen führen – bei mir selbst und den Lernenden. Diese Art Kreativität, so sagt Verena Kast (2002, S. 24), „ist ein dialogischer Prozess, im Neuen scheint das Alte durch, in der Resonanz zwischen dem Alten und dem Neuen, im Dazwischen, entsteht das Andere, die Entwicklung."

Sich in ein Thema hineinzuarbeiten, im Medium der Sprache etwas zu gestalten, ist sehr befriedigend, vor allem, wenn die Inspiration spontan zu Hilfe kommt und „es fließt". Aber manche Schreibphasen sind auch Dürrezeiten, wenn das Geschriebene nicht stimmig werden will, Form, Worte und Sinn nicht zueinander passen und es ein Ringen um die richtigen Worte und ein nächtelanges Brüten an widerspenstigen Texten gibt. Manche Bücher können so durchaus schwierige Schwangerschaften sein, Zeiten geduldigen, langsamen Wachsens von Etwas, bis zum fertigen Buch.

2. Liebe als heilende Kraft: der therapeutische Eros

Ein wesentlicher anderer Teil meiner Identität und beruflichen Arbeit steht unter dem Einfluss eines anderen Archetyps, dem des Heilers/der Heilerin.

Klinische Psychologie und Psychotherapie waren Schwerpunkte meiner psychologischen Ausbildung. Diese waren vor allem die von Carl Rogers entwickelte Gesprächspsychotherapie, Konzepte der Verhaltenstherapie und Ansätze der Humanistischen Psychologie.

Aber was bewirkt Heilung? Was hat sie mit Liebe zu tun? Schon Paracelsus lehrte: „Der höchste Grund der Arznei ist die Liebe." Psychotherapie als Heilkunst steht unter der Wirkmacht des Eros – die Liebe ist die entscheidende Heilkraft. Ich kann Psychotherapie auch als eine Art Ritual verstehen, bei dem wir der Urkraft des Lebens selbst die Möglichkeit eröffnen, im therapeutischen Beziehungsraum wirksam zu werden, auf einer tiefen Ebene von Einheit und Verbundenheit.

Ein wesentlicher Teil der psychotherapeutischen Arbeit hat zu tun mit der Lebens- und Liebesfähigkeit eines Menschen. Wenn die Selbstannahme und Selbstliebe gestört und beeinträchtigt sind und ebenso die Beziehungen zu anderen immer wieder leidvoll misslingen, Körper und Seele sich in Symptomen melden, dann suchen Menschen Hilfe in der Psychotherapie.

Frühe Erfahrungen, Enttäuschungen, Bindungsängste, leidvoll erfahrene Ablehnungen und Verletzungen erschweren es Menschen, sich auf ihr Potenzial zu lieben einzulassen, sich selbst anzunehmen, ihr Leben mit seinen Krisen und Anforderungen zu bewältigen.

Überall da, wo es um Heilung und Entwicklung geht, ist die entscheidende Heilkraft die Liebe als therapeutischer Eros. Dieses Thema ist mir auch als Lehranalytikerin in der Ausbildung von Psychotherapeut*innen besonders wichtig. Gehen wir zunächst auf die griechische Bedeutung des Wortes Therapie ein. Das Verb *therapeúein* bedeutet: dienen, Dienst tun, pflegen, sorgfältig behandeln, aufwarten, begleiten, gut für etwas sorgen. Ein Psychotherapeut, eine Psychotherapeutin ist also ein Mensch, der die Seele pflegt und behandelt und auch ein Weggefährte oder eine Weggefährtin ist.

Die therapeutische Gefährtenschaft ist jeweils etwas sehr Besonderes. Manche Therapien habe ich als einen Kampf mit Patient*innen um ihr Leben, ihr Lebensrecht und ihre Lebensmöglichkeiten erlebt, manche als ein gemeinsames Ringen mit einem Mutterdrachen oder einem Vaterungeheuer im Hintergrund. Manche Passagen in der

Begleitung eines Patienten oder einer Klientin waren eher philosophisch-sokratische Gespräche über die rechte Lebenskunst und den Sinn des Lebens, in anderen war es eine Art Flick- und Webearbeit, die verworrenen und abgerissenen Lebensfäden eines Menschen mit ihm zusammen wieder zu ordnen und im Gewebe seines Lebens neu zu verknüpfen, mit alten Wunden so umzugehen, dass etwas verheilen konnte unter bleibenden Narben.

Welche Inhalte auch immer die Zusammenarbeit und die zeitweise Begleitung eines Menschen auf seinem Lebensweg hat, immer wieder auch unter dem Druck von Übertragungen – alles steht unter dem Einfluss von Eros (oder lat. Amor), dem Gott der Liebe.

Der therapeutische Eros ist eine Form der Bezogenheit, die sich auf Seiten des Therapeuten, der Therapeutin als eine fürsorgliche, ermutigende, schützende und Halt gebende Begleitung zeigt. Der Begleiter stellt sich in den Dienst des Selbst des Patienten.

Der therapeutische Eros bestimmt das je förderliche Maß an Nähe und Distanz, an „Holding" und auch an herausfordernder Konfrontation; er gibt den Raum für Entwicklung und Nachreifung. Ingrid Riedel (1992, S. 28) beschreibt diese Bezogenheit als ein „Mutterfeld", und es bedeutet für sie: „ein Raum des Seins, einer fraglosen, selbstvergessenen Teilhabe am Leben [...], einer Zugehörigkeit, die noch vor allem Leistungsanspruch besteht und die es ermöglicht, die heilenden Lebenskräfte aus dem Unbewußten aufsteigen zu lassen."

Auf Seiten des Patienten geht es um „das Gefühl eines primären Getragenseins" (Riedel, 1992, S. 28), darum, einem Menschen zu vertrauen, sich anzuvertrauen. Der therapeutische Eros entsteht im Zwischenraum zwischen Therapeut*in und Patient*in. Von Seiten des Patienten, der Patientin wird er durch das Sich-Einlassen auf die Therapie und die Person des Therapeuten, der Therapeutin ermöglicht – nicht ohne Angst, Ambivalenzen und Widerständigkeit, in einem gewissen „Dennoch will ich's mit ihr oder ihm versuchen".

Es wird heute allgemein von den verschiedenen therapeutischen Schulen und Richtungen akzeptiert, dass die therapeutische Beziehung das Herzstück einer Therapie ist.

Die Rolle der Therapeutin ist die der Expertin, die ihr Wissen, ihre professionelle Kompetenz und ihr Erfahrungswissen einbringt und sich engagiert, um Patient*innen bei der Auseinandersetzung mit ihrer Lebensgeschichte, ihrer Lebensgestaltung, ihren Problem- und Konfliktthemen sowie bei ihren weiteren Schritten in Richtung Entwicklung und Reifung zu helfen, die schöpferischen Kräfte der Seele im Sinne des Individuationskonzepts der Analytischen Psychologie wieder in Fluss zu bringen.

Nebenbei: Zu einem guten Therapeuten, einer guten Therapeutin gehört auch die selbstreflexive Achtsamkeit für das eigene Befinden, das Umgehen mit den spezifischen psychischen Belastungen und kommunikativen Anforderungen dieses Berufes, mit Idealisierungen und Entwertungen. Für den Schutz vor Burnout ist die Balance durch ein persönlich erfüllendes Leben wesentlich.

Beide, Therapeut*in und Patient*in, konstruieren die therapeutische Beziehung. Der Therapeut stellt den Raum dafür zur Verfügung. Das Unbewusste und Bewusste von beiden bestimmt und gestaltet die Beziehung.

An zahlreichen Stellen in seinem Gesamtwerk beschäftigt sich Jung mit der Rolle des Arztes bzw. des Psychotherapeuten und seinen Aufgaben und macht Aussagen, die auch heute noch wegweisend sind für die therapeutische Praxis und die Ausbildung im therapeutischen Beruf. So formuliert er (GW 16, § 198): „Jeder Psychotherapeut hat nicht nur seine Methode: *er selber ist sie.* […] Der große Heilfaktor der Psychotherapie ist die Persönlichkeit des Arztes […]."

An anderer Stelle (GW 18/I, § 518) schreibt er:

> Alles hängt davon ab, ob ich die Sprache des Patienten erlernen kann und dem tastenden Suchen seines Unbewußten nach einem Weg zum Licht zu folgen vermag. Der eine braucht dies, und der andere das Gegenteil davon. Solcher Art sind die Unterschiede zwischen den Individuen.

Wichtig ist Jung, die Begegnung und die Arbeit mit jedem Menschen wirklich als etwas Neues zu beginnen. So sagt er an dieser Stelle weiter: „Meine im Lauf von sechzig Jahren gesammelte Erfahrung und Menschenkenntnis hat mich gelehrt, jeden einzelnen Fall als ein neues Erlebnis zu betrachten, bei dem es zuallererst darauf ankommt, den individuellen Zugang zu finden."

Jung hat für die therapeutische Beziehung das Symbol des *vas hermeticum* aus der Alchemie benutzt und damit darauf hingewiesen, dass in diesem geschlossenen Gefäß beide, Therapeut*in und Patient*in, wesentlich beeinflusst und verändert, regelrecht durchgeschüttelt werden.

Es gibt immer wieder besondere Momente, die das „Geheimnis des Lebens, das zwischen Zweien verborgen ist" (vgl. Jung, Briefe 3, S. 328), ausmachen können, wo zwei „auf einer Wellenlänge" sind und der Therapieraum zum *temenos*, zum heiligen Bezirk wird, in dem sich etwas Heilendes, Heiliges ereignet, spontan und unvorhersehbar, ohne dass es als etwas Großartiges daherkommt.

Wie können wir uns dem Geheimnis des therapeutischen Eros annähern, der transformierenden Kraft der Liebe?

Wir können darum wissen, weil wir es existenziell erfahren, jenseits der Grenzen des Intellekts. In seiner kleinen, noch immer kostbaren Schrift *Die Kunst des Liebens* hilft Erich Fromm, es vielleicht besser zu verstehen. Fromm (1956, S. 53) schreibt, „daß wir das Geheimnis des Menschen und das des Universums niemals intellektuell begreifen werden, daß wir es jedoch trotzdem im Akt der Liebe erfassen können."

Und so kann die Psychotherapie als Begleiten und Helfen und Arbeiten an Veränderung und Heilung letztlich als Form der Liebe gesehen werden. Für Erich Fromm ist die Liebe „die letzte Konsequenz der Psychologie". Er formuliert dies so (Fromm, 1953, S. 53): „Die Psychologie als Wissenschaft hat ihre Grenzen, und wie die logische Konsequenz der Theologie die Mystik ist, so ist die letzte Konsequenz der Psychologie die Liebe."

3. Sufismus und Weisheit

Im Rückblick auf mein Leben und auf das, was mein Leben bestimmt hat, ist ein drittes Wort unter der Fragestellung nach der Quintessenz bedeutend: Weisheit. Die spirituelle Sehnsucht und Suche hat mich zu einem Weisheitsweg gebracht, der einer der mystischen Unterströmungen der universalen Philosophia perennis ist: zum Sufismus. Für mich wurde der Sufismus in seiner Mystik, Tiefe und Essenz die spirituelle Lebensorientierung, als transkonfessioneller mystischer Weg, in seinen Ausdrucksformen passend ins Spektrum der Spiritualität des 21. Jahrhunderts.

Sufismus ist ein Weg innerer Erfahrung, bei dem es um Herzensöffnung geht, um Bewusstheit und das menschliche Potenzial an Liebesfähigkeit. Er versucht, die Menschen ins Herz zu führen und sie mit Hilfe der Liebe dazu zu bringen, die zu werden, die sie sind. Die Liebe, die in der Meditation geweckt wird, ist die entscheidende transformative Kraft. So sagt Idries Shah (1981, S. 33): „Der Sufismus gründet sich in der Liebe, wirkt durch die Dynamik der Liebe und manifestiert sich durch das ganz gewöhnliche menschliche Leben."

Die vom Sufismus intendierte Unterstützung eines persönlichen Entwicklungs-wegs hat mit dem Individuationskonzept der Analytischen Psychologie viele Gemein-samkeiten: die psychologische Arbeit an Selbsterkenntnis, das Streben nach größerer Bewusstheit, die Ausrichtung auf Göttliches in Immanenz und Transzendenz. In den Sufi-Traditionen wird nicht ein bestimmtes Wissen vermittelt, sondern vor allem Formen des Lernens und der Entwicklung sowie der Zugang zur inneren Stille in verschiedenen Formen der Meditation. Die Zugehörigkeit zu einer spirituellen Gruppe hilft Menschen, ihre religiös-spirituelle Ausrichtung mit anderen zusammen zu entfalten.

Im Sophia-Zentrum in Münster gebe ich seit vielen Jahren weiter, was ich selbst von meiner spirituellen Lehrerin, Irina Tweedie, auf diesem Weg bekommen habe. Das Sophia-Zentrum will einen Raum der Stille anbieten, wo Menschen gemeinsam meditieren und spirituelle Erfahrungen machen können. Es wird dort eine spirituelle Schulung vermittelt, die Menschen zu mehr SELBST-Erkenntnis und Herzensbil-dung verhilft.

Herzensbildung bedeutet, entsprechend unserer ursprünglichen Natur gütige, warmherzigere Menschen zu werden. Es geht darum, das Herz in seinen Qualitäten der Liebesfähigkeit, des Mitgefühls und der Verantwortung für das Leben zu entwi-ckeln und zu lernen, das Leben selbst als eine Schule der Liebe, der Selbsttransforma-tion und der SELBST-Verwirklichung anzunehmen und zu leben.

Ich verstehe diese Arbeit der Herzensbildung als Ausdruck von Weisheit, wie Menschen sie seit Jahrtausenden gesucht und vermittelt haben und wie sie heute in neuen Formen globaler Spiritualität in Erscheinung tritt.

Das Sophia-Zentrum ist ein Ort, an dem Menschen – unterstützt durch die psychologischen Hilfsmittel unserer Zeit – miteinander neue Wege des ganzheitli-chen spirituellen Lernens gehen. Das Ziel ist, sich selbst in einem spirituellen Trans-formationsprozess zu erfahren, in der Gemeinschaft mit anderen zu wachsen und an sich selbst zu arbeiten.

Das bedeutet auch, einen Lebensstil zu entwickeln, der sich orientiert an unserem Wissen um die heutigen Umweltprobleme, die weltweite Ungerechtigkeit in der Verteilung der Güter dieser Erde und die Folgen verschwenderischen Konsums. Es geht um eine Lebensweise, die bestimmt wird von mitfühlender Verantwortlichkeit und der Bereitschaft, sich für weltweite Veränderungen zu engagieren.

Die Meditationsform ist eine stille Form der Herzensmeditation, sie führt in die innere Stille, ins tiefe Schweigen, dahin, wo die Präsenz des Göttlichen gesucht werden kann: im Herz des Herzens. Es geht darum, im Schweigen das Herz zu öffnen, das Bewusstsein zu leeren und zu weiten, um hinter der Vielfalt der Erscheinungen das immanente und transzendente Göttliche zu erkennen.

Die Meditationsgruppe ist eine spirituelle Gemeinschaft in der Entwicklung. Jede/r lebt frei das eigene Leben – individuell, verantwortlich auf seinem/ihrem Platz in der menschlichen Gemeinschaft.

Als Name und Ausdrucksgestalt für eine solche zeitgemäße Spiritualität steht Sophia, die weibliche Weisheit in Frauen und Männern. Sophia-Spiritualität ist Wissen, Erfahrung und Erkenntnis des Herzens, fühlendes Denken, denkendes Fühlen, Verbundenheit mit allem, in Liebe zu dem EINEN. Sie muss sich zeigen im liebevollen Umgang miteinander, in Aufmerksamkeit und Verantwortungsbewusstsein für alles, was mit uns lebt, in aktiven Formen sozialer, gesellschaftlicher und weltweiter Verantwortung.

Zu den Arbeitsformen der Gruppe in den Retreats, Workshops und Gruppentreffen gehören neben der gemeinsamen Meditation spezifische psychospirituelle Gruppenarbeit mit Träumen, Symbolen und Bildern, Studium von Weisheitstexten der universellen Mystik, meditativer Tanz und Körperübungen wie Yoga und Qi Gong. Dabei ist die spirituelle Arbeit orientiert an den Erkenntnissen der Transpersonalen Psychologie und der Analytischen Psychologie C. G. Jungs, an den Weisheitstraditionen und Erfahrungsschätzen der christlichen Mystik und anderer spiritueller Wege.

Natürlich gehört zu einem spirituellen Weg Übungspraxis, eine regelmäßige Zeit der Einkehr in die eigene Mitte, Zeiten, um durchlässiger zu werden für die inneren Wirklichkeiten. Meditation lässt die innere Wahrnehmungsfähigkeit erwachen, die Intuition – also das, was von innen her Weisheit, Erkennen, Wissen gibt und uns belehrt („Intui-tion is tuition from within"). Für heutige Menschen ist es wichtig, einen spirituellen Weg zu finden, der für sie passend ist, und wenn das Herz dazu Ja sagt, beständig dabei zu bleiben.

Schluss

Erich Neumann (1955, S. 261) hat einmal voller Dankbarkeit über C. G. Jung gesagt, er habe ihm „über drei Jahrzehnte immer neuen Lebensstoff gegeben" und dass er ihm „wie von höherem Orte her den Mut gegeben hat, sich selber zu sein".

Mein Dank an C. G. Jung wird durch die Weisheiten und Erkenntnisse geweckt, die ich immer wieder in seinem Gesamtwerk entdecke, einen „lebenslangen Lernstoff", und der Ausdruck meines Danks besteht darin, mit Freude und Lust anderen Menschen den Weg zu seinen Erkenntnissen zu eröffnen, unsere heutigen Formen von Analytischer Psychologie zu vermitteln.

Sabine Grumann, Jahrgang 1967, Stuttgart.
Dipl.-Päd., Dipl.-Theol., Analytische Kinder- und Jugendlichen-
Psychotherapeutin in eigener Praxis, Dozentin am C. G. Jung-Institut in
Stuttgart, über viele Jahre Arbeit als Pastoralreferentin mit Schwerpunkt
in der Trauer-, Krisen- und Krankenseelsorge, zahlreiche Seminare und
Fortbildungen im Bereich der Musik und des Tanzes.
Homepage: opus-magnum.com > Autoren

Veröffentlichungen u.a.:
Grumann, S. (2019). *Nach Lebensfreude sehnt sich die Erde: eine spirituelle
  Herausforderung.* Stuttgart: opus magnum.
Grumann, S. (2018). *Hannas Verwandlung: von der spirituellen Symbolik des
  weiblichen Körpers.* Stuttgart: opus magnum.
Grumann, S. (2014). *Öffne dem Wunder Dein Ohr: mit Musik und Tanz dem
  Fluss des Lebens folgen.* Stuttgart: opus magnum.

Sabine Grumann

Umarmung des Lebens –
„Göttliche Künstler und Künstlerinnen"

Ich muss noch sehr jung gewesen sein, als etwas in mir bereits begriffen hatte, dass das Leben beides ist: schwer und leicht. Offenbar war es mir bereits in die Wiege gelegt worden. Ich brach in Tränen aus, als mein Hamster plötzlich tot im Käfig lag. Ich konnte nicht verstehen, warum der Zahnarzt mir so weh tun musste. Ich war sprachlos, als meine Großmutter nach schwerer Krankheit verstarb. Es tat mir so leid mitzuerleben, wie traurig meine Mutter darüber war. Gleichzeitig liebte ich es, barfuß und ohne Schirm durch den Sommerregen zu gehen. Ich mochte Eiscreme und Spaghetti über alles und meine Freundinnen und Freunde, meine Geschwister und Eltern. Ich hing an meiner „Rausgeh-Hose", in die ich bald jeden Tag nach der Schule hinein schlüpfte.

Schwer und leicht
Die unberechenbaren Wechsel von schwer und leicht machten mir Angst. Und sie ließen eine innere Unruhe in mir entstehen. Ich wusste manchmal nicht, ob ich der Welt eher entfliehen, lieber in meinen Fantasien und Träumen zu Hause sein, oder ob ich gerade und voller Leidenschaft in diese von extremen Schwankungen geprägte Welt hinein tauchen wollte.

Gerne zog ich mich zurück auf einen Quittenbaum, der in einer Streuobstwiese auf der anderen Straßenseite des Hauses stand, in dem ich groß geworden bin. Inmitten seiner golden leuchtenden Äpfel, wie sie in der Antike sowohl mit der Liebesgöttin Aphrodite, als auch mit der Frucht der Erkenntnis in Verbindung gebracht worden sind, konnte ich stundenlang sitzen, in mich hinein spüren und nachdenken. Ich hatte mir vorgenommen, das Rätsel des Lebens zu lösen. Manchmal schaute ich von meinem Platz auf dem Baum aus auch lieber in den weiten Himmel und beobachtete die unterschiedlichen Wolkenformationen, die manchmal schneller, manchmal langsamer dahin zogen. Oder ich schloss die Augen und träumte vor mich hin.

Ich entdeckte bald, dass ich in meinen Träumen und Fantasien die Welt so gestalten konnte, wie ich sie mir ersehnte, nämlich voller Wärme, Licht, Liebe und

Geborgenheit, glanzvoller Schönheit. Hierbei wurde ich nicht so schnell und plötzlich erschreckt von den beständigen Wechseln, die bisweilen eine ganz andere Welt
zeichneten als die ersehnte. Es gab auch Tage, da schmiedete ich große Pläne, wie
ich die Welt retten könnte. Ich wollte vor allem etwas tun gegen die Angst, die mich
manchmal beschlich. Denn ich ahnte, dass es den anderen Menschen möglicherweise
gar nicht so viel anders erging als mir.

Was konnte ich beitragen, damit die Welt fröhlich und bunt, schön, harmonisch,
heil und hell sein würde? Diese Frage erschien mir doch sehr wesentlich, gerade weil
mir das Leben neben allem, wozu ich es liebte, immer wieder auch so schwer und
traurig, dunkel, widerwärtig und ängstigend, so wechselhaft, widersprüchlich und
unberechenbar vorkam.

Ende und Anfang

Manchmal erschien mir die Nacht bedrohlicher als der Tag. Das konnte vorkommen,
wenn es im Dunkeln in meinem Zimmer laut knackte und ich nicht wusste, ob es der
Schrank war oder irgendjemand ins Zimmer geschlichen kam. Manchmal erschien
mir der Tag bedrohlicher als die Nacht. Ich mochte es gar nicht, wenn der eingangs
erwähnte Zahnarzt mit seinem großen Bohrer in meinen Mund hinein fuhr und
mein ganzer Kopf zu dröhnen begann von dem lauten Bohrgeräusch.

Es konnte auch umgekehrt sein. Manchmal erschien mir die Nacht faszinierender als der Tag. Ich liebte es, wenn alles unscharf wurde, nebulös und geheimnisvoll, wenn klare Konturen in der Dämmerung zu verwischen begannen. Manchmal
erschien mir der Tag faszinierender als die Nacht. Es beeindruckte mich, wenn ich
dem Buntspecht bei uns hinterm Haus zuschaute und hörte, wie er laut ein Loch in
den Stamm des alten Baumes klopfte.

Also beschloss ich, mein Augenmerk künftig auf beide Pole zu lenken. Denn ich
ahnte zunehmend, dass die Lösung des Rätsels mit beiden etwas zu tun haben würde.
Dass dies in mir zu einer Spannung führen würde, die ich irgendwann kaum mehr
auszuhalten schaffte, offenbarte sich mir erst später.

Wo ich Not, Angst und Bedrohung wahrnahm, versuchte ich zu helfen. Ich fühlte
und litt mit den Menschen, Tieren, Pflanzen, mit der Erde. Das Schicksal anderer
berührte mich, vor allem das Schicksal derer, die mir nahe standen. Ich konnte das
Leid der Welt und seinen Sinn nicht wirklich verstehen. Die Antworten, die ich von
den „Großen" bekam, halfen mir kaum weiter. Also versuchte ich, alles Leid, das

anderen wie mir selbst widerfuhr, so weit als möglich abzuwenden oder wenigstens zu lindern.

Gleichzeitig ließ ich meiner kreativen Veranlagung zunehmend freien Lauf, ganz besonders, aber bei Weitem nicht nur, der Musik und später dann auch dem Tanz und dem Schreiben. Im schöpferischen Tun erlebte ich einen ganz eigenen Gestaltungsraum, der mir ermöglichte, etwas von meiner Sehnsucht nach Ganzwerdung, nach Schönheit, Liebe und Geborgenheit, nach Frieden und Heil zum Ausdruck zu bringen. Zugleich ermöglichte es mir, meine Ohnmacht, Wut, bisweilen auch Ekligkeit und Ungenießbarkeit, meine Angst und Traurigkeit auszudrücken, die mich manchmal plötzlich beschlichen.

Ich stürzte mich leidenschaftlich mitten ins pure Leben hinein. Denn ich war ein ausgesprochen neugieriger und abenteuerlustiger junger Mensch. Und ich wusste ja schon, dass morgen alles ganz anders sein konnte. Also musste ich heute leben, meinem Forschungsdrang nachgehen und hier und jetzt um so mehr auch die schönen, angenehmen Seiten des Lebens genießen.

Als mein Alter dafür gekommen war, suchte ich nach einem Beruf, in dem ich die verschiedenen Aspekte, die mir nach wie vor wesentlich erschienen, miteinander verbinden und leben konnte. Nur so würde ich im Einklang mit mir sein können. Und Treue gehörte in einer ganz eigenen Weise ebenfalls zu den Dingen, die mir im Leben bedeutsam erschienen. So kam ich durch einige Zufälle und einem grundschulpädagogischen Vorspiel zum Theologiestudium.

Für die Religionen der Welt hatte ich mich schon früh interessiert, insbesondere für ihre mystischen Ausrichtungen. Durch die Wahl blieb ich bei aller Faszination für das Fremde meinen abendländischen Wurzeln ein Stück weit verbunden. An das Theologiestudium schloss sich ein Pädagogikstudium mit Schwerpunkt in der Erwachsenenbildung an. Dahinter verbarg sich u. a. das offene Bedürfnis nach einem weiteren Standbein. Ich wollte mich mit dem Theologiestudium in den jungen Jahren nicht allzu sehr festlegen.

Als Erstberuf ergab sich dann doch ein kirchlicher. Ich wurde Pastoralreferentin. Hierin kristallisierte sich bald mein Schwerpunkt in der Trauer-, Krisen-, Kranken- und Notfallseelsorge heraus. Der andere Pol, an dem ich mich in meinem Beruf schwerpunktmäßig engagierte, waren die Taufkatechese und die Kindergartenpastoral. Beide Pole zeugten von Anfang und Ende. Alle anderen Arbeitsfelder, die in gewissem Sinne dazwischen lagen, machte ich durchaus gerne. Doch sie waren im tiefen Inneren nicht so sehr die meinen.

Umgekehrt beschäftigte ich mich auch mit dem Feld, in dem es kaum noch ein Dazwischen gab, in dem Tod und Leben beinahe ineinander fallen. Es waren die Kinderkrankenseelsorge, insbesondere die Onkologie, die Totgeburten und deren Beerdigungen. Ich blieb fest entschlossen, mich auf meine ganz eigene Weise für Leid und Ungerechtigkeit in der Welt und ihre Überwindung einsetzen zu wollen. In einem Elfenbeinturm oder Luftschloss wollte ich nicht leben. Vielmehr wollte ich die Welt verbessern und erneuern.

Neben meinem sozialen und pastoralen Engagement und dem mit ihm verbundenen Aufbau verschiedener Projekte bewegte mich die spirituelle Begleitung von Menschen. Ich fühlte eine besondere Nähe zu allen Menschen, die offenbar ähnlich wie ich das Geheimnis des Lebens zu ergründen suchten. Ich mochte es, einen offenen Raum entstehen zu lassen zwischen Menschen, in dem alle Fragen, Ahnungen, Hoffnungen, Sehnsüchte, Ängste, Traurigkeiten, Schmerzen, Enttäuschungen, Erfolg und Scheitern, aller Groll, Widerwärtigkeiten, Gemeinheiten, Licht und Dunkel lebendig werden durften.

Noch viel mehr mochte ich es, wenn in dem offenen Beziehungsraum plötzlich etwas aufzuleuchten begann, das bis zum Schluss irgendwie verhüllt blieb und zugleich von großer Klarheit war. Es kam mir in solchen Momenten vor, als ob ganz plötzlich die Antwort auf alles Fragen, Suchen und Sehnen da war und doch unaussprechlich blieb. Ein Zwischenraum war geheimnisvoll entstanden, in dem Ende und Anfang, Tod und Leben, Leichtes und Schweres, Licht und Dunkel, die Welt der Sehnsüchte und Träume wie die nackte Realität sich kurzzeitig zu berühren, gewissermaßen eins zu werden schienen. Derartige Momente erinnerten mich an Martin Bubers Worte, dass alles wirkliche Leben Begegnung sei.

Ich erlebte solche Momente des öfteren in der intensiven Begegnung mit einzelnen Menschen wie in Gruppen, in der Begegnung mit Tieren und Pflanzen, der Natur, im Rahmen kultureller Veranstaltungen, im eigenen kreativen und geistigen Erschaffen, in „heiligen Räumen", wenn ich mich auf sie einlassen konnte, in der Stille. Kaum versuchte ich diese Augenblicke zu greifen und festzuhalten, waren sie auch schon entschwunden. Was blieb, war einzig, aber doch die Erinnerung.

Da-zwischen-sein

Versuchte ich ihren Klängen zu lauschen, kam es mir vor, als hörte ich lauter Töne, Rufe, die aus dem Dazwischen zu mir sprachen, mein innerstes Wesen berührten. Es war, als riefen sie mir in unterschiedlicher Lautstärke, Tonhöhe und Geschwindigkeit zu. Ich fühlte mich angesprochen und gemeint.

Und mir kamen Worte in den Sinn, die dem Dichter Franz Werfel zugeschrieben werden. Ihre genaue Textquelle kenne ich nicht. In ihnen beschrieb er den Menschen als eine Melodie: „Jeder Mensch ist eine Melodie. Lieben heißt: sie innehaben. Ich bin für dich, du bist für mich ein Lied."

Mir schien, als ob meine Existenz auf dieser Erde etwas mit dem Dazwischen zu tun haben musste. In dieser Zeit verstärkte sich mein Interesse an C. G. Jung und der Analytischen Psychologie. Ich fühlte mich angesprochen von seiner Äußerung bezüglich seiner Briefe, dass das lebendige Geheimnis des Lebens immer zwischen Zweien verborgen liege. Es drängte mich zunehmend, für mich klären zu wollen, ob das, was Jung mit dem Gewinnen einer symbolischen Haltung zum Leben meinte, etwas mit dem zu tun haben könnte, was ich da immer wieder auch spürte.

Bisher war mir das Dazwischen allerdings oft leer und hohl erschienen. Mein äußeres, zum Teil auch inneres Leben spielte sich vorwiegend an den Polen ab, an den Grenzen. Die Mitte war, bis auf eben die Momente, in denen sie im Kontext unterschiedlichster Arten von Begegnung plötzlich aufzuleuchten schien, mehr oder weniger brach liegen geblieben. In meinem Eifer war ich ständig damit beschäftigt gewesen, sie zu überspringen, um rechtzeitig wieder am anderen Pol anzukommen. Ich fühlte mich getrieben von etwas, von dem ich nicht wusste, was es war, und war besorgt, mir würde die Zeit nicht reichen für alles, was es für mich noch zu tun gab in der Welt und was ich noch in Erfahrung bringen und leben wollte. Die Mitte, die Leere, die Stille wagte ich in Bewusstheit kaum zu betreten.

Eines Tages kam sie von sich aus auf mich zu. Es war nicht mehr die Not der anderen, sondern meine eigene, die in der Gestalt einer schweren Erkrankung plötzlich hervorbrach und mich von einem Tag auf den anderen ohnmächtig, hilf- und wehrlos werden ließ. Nackte Angst brach aus mir hervor. Für die großen Sprünge von einem Pol zum anderen blieb keine Kraft mehr. Was, wenn es das war? Wenn es hier und jetzt zu Ende gehen würde? Wenn des Rätsels Lösung der dunkle Abgrund, das Nichts nur wäre? Wer war ich denn wirklich? Was war meine Aufgabe? Hatte ich sie gelebt oder hatte ich mein Leben lang an ihr vorbei gelebt? Hatte ich mich genug eingesetzt für diese Welt? Oder hatte ich mich von meinem Abenteuer- und Forschungsdrang, meiner Genusssucht und meinen egozentrischen Interessen zu sehr leiten lassen? Wer oder was war überhaupt die Welt? Inwiefern hing ich mit ihr zusammen? Wie war sie mir gegenüber gestimmt? Was war das Leben, was der Tod? Wo war mein Zuhause? Alle meine Fragen waren wieder da, diesmal nackter und schreiender denn je.

Mir kam es vor, als brach alles in mir und ich selbst unter der Last des Lebens zusammen. Es erschien mir, als ob ich mir mit einem Mal zu viel geworden wäre, zu maßlos, zu anstrengend. Die Freude wich aus meinen Gliedern. Lebensliebe und Lebenskraft zogen sich zurück. Übrig blieb ein kraftloser, gesundheitlich stark angeschlagener Körper, der dringender Aufmerksamkeit, Sorge und Pflege bedurfte.

Mit einem Mal wurde mir bewusst, dass ich mich nie hinreichend um ihn gekümmert hatte, dass ich ihn bis über seine Grenzen hinaus strapaziert, vermutlich zu viel von ihm verlangt hatte. Auch wenn ich mich mein Leben lang mit diesen Themen und Fragen beschäftigte, schien mir erst jetzt wirklich bewusst zu werden, dass der Körper und seine Gesundheit im Hier und Jetzt das höchste Gut des Menschen sind. Ohne ihn vermag der Mensch in seinem Dasein auf dieser Erde nichts. Sein Leben hängt ab von der Gesundheit und Funktionsfähigkeit seines Körpers. Der Mensch kann in seiner Wesenheit einzig im Haus seines Körpers nur existieren.

So kam es dann auch, dass ich auf zum Teil recht intensive und überraschende Weise bekannt wurde mit verschiedenen Wegen der Medizin, mit schulmedizinischen und alternativen. In der Begegnung mit ihnen machte ich ganz unterschiedliche Erfahrungen. Auch hier stieß ich auf hell und dunkel, hilfreich und weniger hilfreich, auf Brüchiges und Durchwachsenes, genau so, wie ich mich selbst und die ganze Welt von Kindheit an erlebte.

JA!-Sagen und einfach Da-Sein

Nun war bereits mein halbes, vielleicht auch beinahe schon mein ganzes Leben vorüber und ich hatte nie wirklich JA gesagt: JA zu meinem unumgänglich begrenzten Körper, JA zu einer durch und durch brüchigen Welt, JA zu dieser bedrohlichen und bedrohten Erde, die in ihren ganz eigenen Gesetzmäßigkeiten da zu sein schien. Weder der Welt, noch der Erde, noch mir selbst hatte ich bis dahin in ihrem Sosein eine echte Existenzberechtigung gegeben. Immer hatte ich das Gefühl gehabt, es muss anders werden, ich muss große Veränderung bewirken, um in Liebe, Freiheit und Frieden mit aller Kreatur leben zu können. Nun spürte ich mit einem Mal, dass ich gar nichts musste.

Viel mehr schien es mir plötzlich und einzig darum zu gehen, wirklich da sein zu wollen. Es ging einfach darum zu leben ohne Druck, ohne Zeitnot, ohne Berechnung und Kontrolle, ohne zu werten und zu urteilen, ohne mich selbst zu wichtig zu nehmen, ohne allzu große Sicherheit und allzu große Unsicherheit und Infragestellung. Ich nahm mir vor, viel mehr im Augenblick präsent sein zu wollen. Die Fragen nach dem Warum und Wozu wollte ich nicht mehr stellen. Ich wollte in Ruhe und Wachheit geschehen lassen, wollte es dem Leben überlassen, ob es meinen Körper nochmals mit Kraft und mein Wesen nochmals mit Freude und Liebe füllen oder ob es mich und mein Leben bereits an diesem Punkt schon abrunden wollte.

Tatsächlich begann sich mein Körper nach langem Warten, wiederkehrenden Einbrüchen, geduldiger, zugewandter und kompetenter Unterstützung zahlreicher Menschen nochmals mit Kraft zu füllen. Meine Seele begann sich wieder zu öffnen und dem Leben erneut zuzuneigen. Etwas fühlte sich dabei anders an. Mein ganzes Wesen schien sich irgendwie neu verorten, auf neue Weise in Raum und Zeit hinein stellen zu wollen. Es war die Mitte, die ich nun mehr zu spüren begann.

Es fühlte sich an, als sei ich in meinem menschlichen Dasein so etwas wie ein Bindeglied zwischen den Polen, als liege meine Lebensaufgabe darin, diese Verbindung wachzurufen, für das *Da* Sorge zu tragen, wo ich und du *sein* dürfen. Es fühlte sich an, als habe mein Leben vor allem etwas mit Balance zu tun, mit Kooperation anstatt mit Wettbewerb, mit Rücksicht auf das Umfeld, ohne mich dabei selbst aufzugeben. Mir kam es vor, als verstehe ich ganz neu, was es bedeutet, wirklich zu geben und wirklich zu nehmen, wirklich zu helfen und sich wirklich auch helfen zu lassen. Ich verstand auf ganz neue Weise, was es bedeuten könnte, Welten, Dinge, Menschen, ganze Lebensphasen in mir zu verbinden, das Gewordene und Werdende in mir im Einklang zu wissen. Ich bekam eine neue Ahnung davon, was es heißen könnte, mich selbst und mit bzw. in mir die kosmischen Kräfte zusammenzuhalten.

Etwas Ruhigeres, Friedlicheres, Freundlicheres und Dankbareres begann in mich einzuziehen. Mit einem Mal wuchs verstärkt mein Bedürfnis, das, was mir für mich und mein Leben wesentlich geworden war, an andere weitergeben zu wollen, insbesondere auch an die nachfolgende Generation, die Kinder und Jugendlichen. So gewann mein Zweitberuf als Kinder- und Jugendlichen-Psychotherapeutin nochmals an eigenem Wert für mich. Und ich verstand rückwirkend meinen ursprünglichen Einstieg in das Studium der Grund- und Hauptschulpädagogik wie neu. Im Kontext derartiger Berufe konnte ich junge Menschen darin unterstützen, sich eine gute, tragfähige, Verbindung schaffende Grundlage aufzubauen, auf deren Basis ihr persönliches Leben gelingen konnte und sie darüber hinaus durch ihre jeweils einzigartige Existenz das Leben und die Welt sowie den Erhalt der Erde in ihrer Ganzheit und Fülle weiter befördern konnten.

Ausgespannt zwischen Himmel und Erde

Alles zusammen, was ich plötzlich ganz neu zu spüren begann, fühlte sich beinahe an wie eine Umarmung, so, als wolle das Leben mich umarmen und ebenso gerne und intensiv von mir umarmt werden gleichsam dem Vers 5 aus dem 139. Psalm des Alten Testamentes der Bibel: „Du umschließt mich von allen Seiten und legst Deine Hand auf mich." Obwohl Körper, Seele und Geist noch fragiler geworden waren, mein gesundheitlicher Einbruch deutliche und bleibende Spuren hinterlassen hatte, kam es mir vor, als ob sich etwas in mir ganz langsam und auf geheimnisvolle Weise mit einem Mal aufzurichten begann.

Es verstärkte sich in mir die Gewissheit, dass ich aus irgendeinem Urgrund heraus so erschaffen worden war, wie und was ich geworden war – neben meiner ganz individuellen Ausprägung vor allem ein Mensch – als Kreatur dieser Erde, der es möglich war, sich aufzurichten, sich mit den Füßen fest und standhaft auf den Boden ihres Daseins zu stellen, gleichzeitig mit dem Kopf die geistigen Sphären des Himmels zu berühren, sich mit den Armen und Händen in der Welt zu verankern, gefühlvoll und tatkräftig.

In der frühen Symbolik bereits findet sich das Pentagramm. Aus der abendländischen Kultur kommende Menschen wie Hildegard von Bingen, Leonardo Da Vinci, Rudolf Steiner beispielsweise haben es aufgegriffen, um genau dieses Hineingestelltsein des Menschen in den großen Kosmos und das Universum als ihre Haltung zum Leben schöpferisch zu veranschaulichen.

Seit mir das noch spürbarer geworden ist, fühle ich auch klarer, dass mir meine Existenzberechtigung als Mensch von Anfang an geschenkt worden ist, dass ich in meinem Dasein „gesegnet" bin vor all meinem Tun. Als Mensch bilde ich selbst das Dazwischen von Himmel und Erde. In meinem Körper bin ich so etwas wie ein offener Gestaltungsraum, in dem das Leben immer wieder neu heranwächst, bis es so reif ist, dass es von mir ausgetragen und weitergegeben werden kann und möchte.

Tiefen Anklang in mir fand vor gar nicht allzu langer Zeit ein Gedicht von Friedrich Rückert (1882):

Alles ist im Keim enthalten.
Alles Wachstum ein Entfalten.
Leises Auseinanderrücken,
was sich selber könnte schmücken,
was zusammen ward gezogen.
Stiel an Stiel so streb' nach oben.
Blüt' an Blüte rage weiter,
sieh' es an und lerne heiter,
zu entwickeln, zu entfalten,
was im Herzen ist enthalten.

Der in meinen Urgrund hineingelegte Keim möchte immer wieder neu zur Entfaltung gebracht werden, ganz ohne Entfaltungsdruck und Erwartung, einfach so. Ich bin Hüterin und Gebärerin des Lebens, bin Geschöpf der Erde und geistige Idee. Mein Körper ist „Tempel des Göttlichen", ist „heilig". Meine Existenz übersteigt mich, ist viel mehr, als das, was ich gegriffen bekomme, ist von Anfang an auf Unendliches bezogen.

Heute scheint mir all dies in dem manchmal plötzlichen Aufblitzen dieses Etwas zu liegen, das ich von Kindheit an kenne und in dem, wenn es mal kürzer, mal länger im Zwischenraum der Begegnung da ist, alle Antwort liegt. Ich spüre verstärkt, dass es für mich und mein Leben immer mehr darum geht, mich hinein fallen zu lassen in das mich augenscheinlich „umarmende göttliche Mysterium", mich „durchströmen" zu lassen von seiner mächtigen und liebevollen Kraft, durchlässig zu werden für das Geheimnis des Lebens. Ich spüre, dass es mehr denn je darum geht, Vertrauen zu lernen in dieses ganz und gar Vertraute und ebenso sehr Unbekannte.

Da es mir, auch wenn ein Teil meiner selbst es noch so gerne würde, vermutlich kaum möglich werden wird, dieses, das mir schon immer begegnet, wissenschaftlich rational irgendwann hinreichend beweisen zu können, will ich zumindest meinen Glauben daran stark und sicher wissen. Seit ich mich entsinnen kann, bin ich gewiss, dass es Größeres und Bedeutsameres für mich und mein Leben kaum wird geben können. Dabei geht es nicht um etwas, das ich irgendwie machen könnte. Vielmehr geht es um etwas, das ich als „Geschenk", als „Gnade" bezeichnen möchte. Immer wieder begegnen mir gerade auch Menschen, durch die etwas hindurch strahlt, durch welche dieses, das ich zu beschreiben versuche, in besonderer Weise sichtbar wird. Ich könnte mir vorstellen, es hat mit dem zu tun, über das Saint-Exúpery in seinem Buch „Der kleine Prinz" ganz einfach schreibt: „Man sieht nur mit dem Herzen gut. Das Wesentliche ist für die Augen unsichtbar."

Das Leben umarmen

Gerne möchte ich nochmals zusammenfassen, wozu es sich meiner eigenen Wesenskenntnis nach zu leben lohnt. Es ist die Umarmung des Lebens, das Umarmtwerden vom Leben genauso wie das Umarmen des Lebens, so wie es auf den einzelnen Menschen zukommt und sich aus ihm heraus entfalten möchte. Dabei ist er in seiner Aufrichtung und seinem Sein als Mensch das Dazwischen, das Bindeglied zwischen Himmel und Erde. Er ist das Herz, die Mitte. Durch ihn und seine körperliche Existenz hindurch ergießt sich das Geheimnis des Lebens in diese Welt hinein.

Der unerschütterliche Glaube daran kann jeden Menschen zum Hoffnungsträger und zum Trostspender für die Welt werden lassen. Je tiefer Ruhe und Frieden in ihn selbst einziehen, desto friedvoller, dankbarer und freundlicher kann seine Ausstrahlung in die Welt hinein wirksam werden. Dazu bedarf es einzig seines JA zum Leben, seines Daseinwollens in dieser Welt, so wie er geworden ist und wie die Welt geworden ist und wie beide weiter werden wollen. Es bedarf des inneren Wissens um sein Aufgerichtetsein als Wesen Mensch, um sein Mittendrinsein zwischen Himmel und Erde, um sein Füllesein, das sich in die Leere des Dazwischenseins hinein ergießt.

Neben der intensiven Begegnung mit allem Geschaffenen, wie es sich tagtäglich auf ganz unterschiedliche Weise privat und beruflich ereignet, kann der Tanz des Lebens zu einer intensiven Begegnung des Menschen mit sich selbst in seinem vergänglichen, wundersamen Körper werden. Jede künstlerische und heilsame Tanz- und Bewegungsform lassen ihn konkret Gestalt annehmen. Sie ermöglicht, das „Berufensein" des Menschen als Bindeglied zwischen Himmel und Erde in besonders klarer und schöner Weise zu spüren und auszudrücken. Und sie vermag Glauben und Hoffnung zu stärken, immer schon viel mehr zu sein, als das, was der Mensch von sich jeweils gegriffen bekommt, im tiefen Grunde so etwas wie ein „göttlicher Künstler", eine „göttliche Künstlerin".

Von vielen möglichen Zugangswegen hat mich mein Leben, so es bis hier und heute geworden ist, bislang an einzelne herangeführt. In der aus der Anthroposophie heraus entstandenen Eurythmie wie in der auf Nanni Kloke zurück gehenden „Meditation der Gebärde" kann der Mensch die Verbundenheit mit sich selbst und sein Dasein im eigenen Körper bewusster wahrnehmen. Sie lässt ihn im Einklang sein mit den guten, heilsamen Lebensrhythmen und stärkt seine Aufrichtung wie die beständig neu auszulotende Balance in ihm.

Die „Meditation des Tanzes – Sacred Dance", wie sie von Bernhard Wosien begründet wurde und vornehmlich in Friedel Kloke-Eibl wie auch ihrer Tochter Saskia Kloke bis heute eine eindrückliche Fortentwicklung erfährt, vermag den Menschen in ihrer spirituellen Tiefe besonders die wechselseitige Umarmung des Lebens, dieses geheimnisvollen und schöpferischen Mysteriums, spüren zu lassen. Die kulturelle Vielseitigkeit und Vielschichtigkeit der Völker der Erde, mit denen sich auch C. G. Jung Zeit seines Lebens intensiv beschäftigte, können den Menschen durch das Erfahren ihrer tradierten und neu geschaffenen Tänze in seinem Dasein zwischen Himmel und Erde und seiner damit einhergehenden Lebensaufgabe bekräftigen. Gerade in seiner Gebrochenheit ist er Bindeglied einer von lauter brüchigen, bunten Fäden durchwobenen Welt, so wie sich dies in der Symbolik des Pentagramms eindrücklich ausdrückt.

Reichtum und Fülle des Lebens

Je älter ich werde, desto mehr steigt in mir der Wunsch, diesen Reichtum, der im Laufe der Jahre immer weiter herangewachsen und reifer geworden ist und auf unbestimmte Zeit augenscheinlich noch ein wenig weiter wachsen und reifen möchte, auch zu ernten, zu genießen, mitunter zu beschmunzeln und weiter zu schenken.

In diesem Sinne will ich meinen Text schließen mit einem Segen aus Afrika (genaue Quelle unbekannt). Dabei möchte ich das Wort „Herr" gerne durch die Quelle des Lebens ersetzen.

Die Quelle des Lebens segne dich.

Sie erfülle deine Füße mit Tanz und deine Arme mit Kraft.

Sie erfülle dein Herz mit Zärtlichkeit und deine Augen mit Lachen.

Sie erfülle deine Ohren mit Musik und deine Nase mit Wohlgerüchen.

Sie erfülle deinen Mund mit Jubel und dein Herz mit Freude.

Sie schenke dir immer neu die Gnade der Wüste:

Stilles, frisches Wasser und neue Hoffnung.

Sie gebe uns allen immer neu die Kraft, der Hoffnung ein Gesicht zu geben.

Es segne dich die Quelle des Lebens.

Allan Guggenbühl, Prof. Dr., Jahrgang 1952, Zürich.
Analytischer Psychotherapeut in freier Praxis, Dozent am C. G. Jung Institut, Küsnacht, Lehranalytiker am ISAP (Internationales Seminar für Analytische Psychologie), Zürich, Gründer und Direktor des Instituts für Konfliktmanagement & Mythodrama, IKM Guggenbühl AG in Zürich.
Homepage: ikm.ch

Veröffentlichungen u.a.

Guggenbühl, A. (2018). *Für mein Kind nur das Beste: wie wir unseren Kindern die Kindheit rauben.* Zürich: Orell Füssli.

Guggenbühl, A. (2016). *Die vergessene Klugheit: wie Normen uns am Denken hindern.* Bern: Hogrefe.

Guggenbühl, A. (2012). *Pubertät echt ätzend.* Freiburg i.B.: Herder.

Allan Guggenbühl

Meine Quintessenz des Lebens

Erinnerung: Ein wunderbarer Sommertag

Ein wunderbarer Sommertag. Ich stehe auf einer Fußgängerbrücke, die einen schmalen Fluss überquert und blicke in die Tiefe. Unter der Wasseroberfläche erkenne ich schwarze, rote und einige graue Steine. Sie liegen am Boden des Flussbettes. Das Wasser umfließt die runden Steine. Die Sonnenstrahlen widerspiegeln sich funkelnd auf der Wasseroberfläche, der Duft von Moos liegt in der Luft und im Hintergrund hört man den Motor eines Dieselbusses. Ich stelle mir vor, dass das Wasser die Steine schon seit Hunderten von Jahren bearbeitet, und es weitere Jahrzehnte lang tun wird, auch in meinem Erwachsenenalter. Ich fixiere meinen Blick auf die großen und kleinen Steine und versuche das Bild in mir festzuhalten. Ich möchte das Bild für „immer und ewig" in mir archivieren und starre deshalb fünf Minuten lang auf den Flussboden. Anschließend schließe die Augen und imaginiere das soeben Gesehene. Schließlich ruft mein Großvater mich zu sich und teilt mir mit, dass wir nach Aberdeen zurückfahren.

Das Bild des Flussbettes kann ich bis heute aus meinem Gedächtnis abrufen, als wäre es gestern gewesen. Ich wollte als neunjähriger Junge die Zeit zum stehen bringen und eine klare Erinnerung ins Erwachsenenalter hinüberretten. Das Bild des Wassers, das über die Steine floss, belebte mich, ankerte mich in der damaligen Lebenswelt. Ich realisierte, dass die Kindheit vorbeigeht und ich fast alles wieder vergessen werde.

Nachdenken über die Quintessenz

Inzwischen ist viel geschehen. Bin ich gescheitert? Vielleicht nur angepasster und komplizierter. Die Frage nach der Quintessenz, also nach dem wesentlichen Kern des Lebens beantworte ich nicht mehr spontan mit einem Bild aus der Natur. Es geht um die Identifikation des Eigentlichen, Wahren oder Wesentlichen.

Wenn wir über die Quintessenz des Lebens nachdenken, dann mischen sich persönliche und allgemeine Gedanken. Gerade aufgrund dieser individuellen

Mischung bleibt eine Beschreibung der Quintessenz subjektiv. Denken wir über das Leben nach, dann verstehen wir es als ein Gegenüber – ein Thema, über das wir objektivieren können. Dies ist jedoch schwierig, da wir bei diesem Thema sowohl Objekt, wie auch Subjekt sind. Unsere Gedanken und Empfindungen sind selbst Ausdruck und wesentliche Bestandteile des Lebens. Um darüber nachzudenken, müssten wir das Phänomen unserer Substantivierung klären, uns selbst verstehen.

Über die Quintessenz des Lebens nachzudenken, zeugt von einer mentalen Leistung, zu der wahrscheinlich nur wir Menschen fähig sind. Wir lösen uns von der Selbstverständlichkeit unseres Daseins und versuchen Gesetzmäßigkeiten oder typische Dynamiken des Seins von einer Metaebene aus zu bestimmen. Dennoch bleiben wir beim Nachdenken über die Quintessenz des Lebens gefangen in der Wirklichkeit unseres subjektiven Seins.

Drei Wege der Selbstreflektion

Wenn wir über uns reflektieren, dann stehen uns drei Wege offen. Wir können den Blick nach Außen wenden. Wir erklären damit die objektive oder empirische Welt zur relevanten Referenz. Wir reflektieren dann als Beobachter die Szenen, in denen sich das Leben äußert. Wir studieren die Dynamik der Familie, in der wir aufgewachsen sind, analysieren die Gesellschaft, die uns geprägt hat und identifizieren Kernereignisse, die uns beeindruckt haben. Unsere Beobachtungen bilden die Basis von Schlussfolgerungen. Wenn wir eine solche Außenschau betreiben, dann sehen wir uns selber als Produkt von äußeren Geschehnissen: Wir erkennen uns als ein typisches 68er Kind, ziehen Schlüsse aus gescheiterten Beziehungen, identifizieren Höhepunkte und Erfolge. Wir verstehen das Leben als Schauspiel, in dem wir selbst die Hauptrolle einnehmen.

Ein anderer Weg ist die Innenschau. Der Referenzpunkt unserer Überlegungen ist dann unser Innenleben. Damit sind die Gedanken, Gefühle und Fantasien gemeint, die sich innerlich in uns aufdrängen, und die wir vor unseren inneren Augen und Ohren erleben. Es ist die subjektive Eigenwelt, in der wir alle zeitlebens gefangen sind. Sie ist voll von Fantasien, Erinnerungen, Emotionen, wunderschönen und schrecklichen Bildern. Sie bleibt privat. Nur ein ganz kleiner Bruchteil wird anderen Menschen kommuniziert oder findet eine adäquate Darstellung in der Außenwelt.

Wichtig ist jedoch: Die Fantasien, Emotionen, Gedanken, Assoziationen, die wir nur mit uns selbst teilen, beeinflussen unsere Handlungen. Sie irritieren Pläne, welche die Außenwelt entworfen hat und durchbrechen Konventionen, welche die Gesellschaft aufstellt. Die Innenwelt bleibt, auch wenn wir uns der Außenwelt fügen wollen, anarchisch und unbezähmbar. Sie ist Quelle der Erneuerungen oder Störfaktor. Sie generiert Begehrlichkeiten, welche die Normalität des Alltags stören oder befruchten. Die Innenwelt ist schwer kontrollierbar. Ahnungen, Wünsche, Emotionen erleben wir als real, auch wenn sie mit äußeren Wirklichkeiten kontrastieren.

Innen- und Außenschau sind miteinander verflochten. Ein Wesen mit Geist zu sein bedeutet, dass das Sein im Dasein aufgeht. Die inneren Bilder dienen als Vorgabe, um die Außenwelt zu durchdringen und umgekehrt. Äußere Realitäten werden durch innere Bilder, Gedanken und Erinnerungen bereichert. Sie verhelfen zu einem tieferen Verständnis dessen, was wir erleben.

Die Schlüsse dieses Vergleichs sorgen für Überraschungen oder Irritationen. Wir treffen zum Beispiel eine Person, die durch ihren sicheren und bestimmten Auftritt beeindruckt. Ihr Habitus kommuniziert Bedeutung und Macht; gemäß gesellschaftlichen Konventionen eine Autorität. Ob dies jedoch bei uns auch so ankommt, ist offen. Möglicherweise drängt sich von Innen her eine andere Assoziation auf: das Bild eines hilflosen Bübchens oder vielleicht einer giftigen Schlange. Beides hat nichts mit dem faktischen Status der Person zu tun, sondern mit der Wahrnehmung aus der Innenwelt-Perspektive. Die Assoziation verhilft eventuell zu einem anderen, verzerrten oder vertieften Verständnis dessen, was man erlebt.

Diesen und ähnlich komplexen Vorgängen unterliegen wir, wenn wir über die Quintessenz des Lebens nachdenken. Wir richten uns nicht nur nach äußeren Realitäten, sondern sind zugleich Objekt und Subjekt des Denkprozesses. Die Resultate eines solchen Vorgangs haben dadurch zwangsläufig eine ephemere Qualität und sind nicht objektivierbar. Es handelt sich um Hypothesen, die von inneren Bildern abgeleitet werden. Es gibt jedoch ein Dilemma, mit dem wir konfrontiert werden, wenn wir über die Quintessenz des Lebens nachdenken.

In die Zukunft schreiten wir vorwärts, doch verstehen tun wir das Leben rückwärts. Einsichten kommen im Nachhinein. Selten und nur in einem beschränkten Umfeld passiert genau das, was wir uns vorher im Kopf ausgedacht haben. Wir erleben darum immer wieder eine Diskrepanz zwischen unseren Vorstellungen und unserem Alltag. Wir versuchen zwar, durch Planung und die richtigen Entscheidungen die Zukunft in den Griff zu bekommen, doch gelingt uns dies immer nur partiell. Überraschungen, Brüche und Krisen sind unausweichlich. Lebensweisheiten werden darum immer wieder in Frage gestellt. Diese Tatsache löst in uns Ohnmachtsgefühle, Hilflosigkeit, Verwirrung, doch auch Demut aus.

Erfahren wir je die Geheimnisse des Lebens? Es gibt keine Gebrauchsanleitung für das richtige Leben, sondern lediglich persönliche Schlussfolgerungen und Leitgedanken. Sie basieren auf den eigenen Erinnerungen und Erfahrungen. Wir suchen nach Zusammenhängen, die helfen, das Mysterium Leben zu entschlüsseln. Wir entwickeln Einsichten, die für uns persönlich Sinn machen. Sie haben diese Qualität, weil sie das Resultat einer Tiefenreflexion sind, in der Innenschau und Außenbetrachtung sich ergänzen. Das Subjektive durchdringt äußere Realitäten. Solche Einsichten präsentieren sich oft in unserer Sprache. Wir halten sie in Kernsätzen fest, die unsere persönliche Reflexion widerspiegeln.

In den folgenden Abschnitten stelle ich drei Kernsätze vor, die für mich persönlich bedeutungsvoll sind und Folgen von Überraschungen und Krisen meines Lebens.

Life is like a Shakespeare play

„Life is like a Shakespeare play; there is a lot of joy and laughter, but also tragedy and pain. We are bound to a script, which we did not write!" So antwortete meine Mutter, wenn ich als Kind Schwierigkeiten in der Schule, Streit mit Kollegen oder sonst ein schmerzliches Erlebnis hatte. Als Kind war ich oft irritiert, weil sie sich nicht zum konkreten Vorfall äußerte oder für eine Partei Stellung nahm. Sie übernahm nicht automatisch meine Schuldzuweisungen, wenn ich mich über eine „total ungerechte Lehrerin" beklagte oder als ein Nachbarsjunge meine Seifenkiste zerstört hatte. Sie tröstete mich, doch gleichzeitig stellte sie mein Erlebnis in einen anderen Kontext. Es ging nicht mehr nur um mich, die doofe Lehrerin oder den Schläger der Loorenstraße, sondern das Leben an sich, das sich in meiner kleinen privaten Welt darstellte. Ihre Botschaft war: Um diese zu verstehen, muss man die Nabelschau verlassen und sich der Literatur zuwenden.

Diese verhilft zu einer Gesamtsicht und ermöglicht uns, die Motive von Menschen zu verstehen, die uns das Leben schwierig machen. Oft handelt es sich nicht einfach um ,böse Menschen', sondern sie sind in ihrer Rolle gefangen. Oft sind es die Umstände, die Geschichte oder die Politik, die eine bestimmte Einstellung oder Tat zur Folge haben.

Wir sind Teil eines archetypischen Dramas, in dem wir nicht alles bestimmen können. Die Dramen des Lebens zeichnen sich durch Vielfalt aus. In Shakespeare tritt der zögernde Hamlet, der hedonistische Falstaff oder der machtgierige Macbeth auf. Wenn wir uns Shakespeare oder anderen Schriftstellern zuwenden, dann hilft uns dies, die Rätsel des Lebens zu entschlüsseln. Im Leben geht es nicht nur um uns und unsere persönliche Befindlichkeit, sondern auch um die Zuwendung zu den Leistungen unserer Kultur.

Mit den positiven Energien mitgehen

Ärger gehört zum Leben. Er löst in uns Wut oder Verzweiflung aus. Die Frage ist jedoch, wie reagieren, wenn man ungerecht behandelt wird oder sich über die Worte oder Taten von Mitmenschen entsetzt? Sollen wir auf Angriffsmodus schalten? Sollen wir zu einem Empörungsbürger werden, der die Leserbriefspalten von Zeitungen füllt, eine Gegenintrige starten, wenn man gemobbt wird, eine Klage einreichen, wenn uns jemand betrügt oder eine Informationskampagne starten, wenn jemand eine „falsche" Meinung vertritt.

Sich zu wehren ist wichtig. Tatsache ist jedoch auch, dass das Leben ungerecht ist und unser Einfluss, das zu ändern, beschränkt. Wichtig ist darum, dass wir unsere Kräfte dort einsetzen, wo Aussicht auf Erfolg besteht. Vielleicht gründet die eigene Empörung in einem persönlichen Komplex? Statt selber destruktiv zu werden, gilt es sich zu überlegen, ob der Kontrahent nicht auch eine Eigenschaft hat, die hilft sich zu versöhnen und einen konstruktiven Weg einzuschlagen. Handelt es sich bei solchen Leitsätzen nicht um Psychogeschwätz? Schöne Worte, durch die die Schwierigkeiten des Lebens nicht verschwinden?

Wir werden immer wieder von Emotionen überschwemmt, reagieren wütend und verständnislos. Wie kann man dann nach positiven Energien Ausschau halten? Leitsätze, die das Positive herausstreichen, sind jedoch wichtig im Leben. Auch wenn es nicht immer gelingt, uns nach ihnen zu richten, sie sind eine wichtige Referenz, wenn wir mit Herausforderungen konfrontiert werden. Sie geben uns Energien und eine innere Überzeugung, dass es uns vielleicht doch hie und da gelingt, über uns hinaus zu wachsen.

Wenn man sich sagt, dass man versuchen soll, sich nach den positiven Energien zu orientieren, dann besteht die Chance, dass das Destruktive eingedämmt wird. Wir distanzieren uns mental von unserer Wut und analysieren die Situation nüchtern. Vielleicht gelingt es uns dann, die Situation aus einer anderen, archetypischen Perspektive zu betrachten und Alternativen zu erkennen.

Rückwärts fahren verboten

Der letzte Leitsatz stammt von meinem Urgroßvater. Er war Bauingenieur und Politiker. In seinem Leben hat er sich für politischen Ausgleich, die Verbesserung der Kanalisation der Städte, seine Familie und seine Firma eingesetzt. Er hat verschiedene schwierige Situationen erlebt, den Krieg, den Generalstreik und familiäre Herausforderungen. Er war bekannt für seine pragmatische, unsentimentale Einstellung dem Leben gegenüber; große Worte lagen ihm nicht. In seinen kurzen Memoiren, nüchtern und rapportartig verfasst, verrät er am Schluss seine wichtigste Lebensweisheit: „Rückwärts fahren verboten!"

Der Satz stammt nicht von ihm, sondern er hat ihn von der Tafel, die an der Zürcher Quaibrücke am Bellevue stand und Autofahrer darauf hinwies, dass man die Brücke nur in einer Richtung überfahren durfte. Für ihn drückte dieser Satz die Quintessenz des Lebens aus: Was auch geschieht, die Zukunft ist wichtiger als die Vergangenheit. Im Gegensatz zur Vergangenheit hat sie ihre Geheimnisse noch nicht verraten. Mit anderen Worten: Es ist wichtig, dass man loslässt und für die Überraschungen der Zukunft bereit ist.

Der Satz ist mir geblieben. In Gedanken spreche ich ihn aus, wenn mir eine Situation über den Kopf wächst oder ich Mühe habe, von etwas Abschied zu nehmen. Er drückt einen grundsätzlichen Optimismus dem Leben gegenüber aus.

Drei Leitsätze habe ich zitiert, als ich über die Kernfrage dieses Buches nachdachte. Sie sind Teil meiner persönlichen Quintessenz des Lebens. Es braucht jedoch auch einen anderen Zugang.

Die Quintessenz des Lebens können auch Erlebnisse sein, in denen wir uns eins mit unserer Umgebung fühlen und sie ganz in uns aufnehmen, so wie ich es beim Spaziergang als Kind erlebte. Vielleicht habe ich dies damals realisiert, während mir als gebildeter Erwachsener die Kultur eine Brille aufsetzt, die den direkten Zugang zum Sein hier auf Erden erschwert.

Wolfgang Hofsommer, Prof. Dr., Stuhr, Jahrgang 1933.
Dipl.-Psych., Prof. em. für Angewandte Psychologie an der Universität
Essen, Tätigkeit als Gutachter, Berater und Dozent in Industrie und
Verwaltung, Arbeits- und Lebensthemen: Psychische Gesundheit am
Arbeitsplatz, Psychotherapie und Spiritualität.

Veröffentlichungen u.a.:

Hofsommer, W. (2015). *Was ist eigentlich Mystik?* Eigendruck.

Hofsommer, W. (2000). *Der Berater als Person oder: Ich als Berater:
Themenschwerpunkt: Organisationsberatung mit Gefühl.* Mannheim.

Hofsommer, W. (1997). *Organisationsentwicklung lehren und lernen: ein
Beitrag zur Didaktik im Fach Organisationspsychologie.* Mannheim.

Wolfgang Hofsommer

... Danach steht mir der Sinn!

Dankbarkeit

„Dankbarkeit gibt dem Leben einen wunderbaren Geschmack." So hat es Anselm Grün einmal gesagt. Schon seit vielen Jahren habe ich erfahren – je älter ich werde, desto mehr – wie wahr diese Einsicht ist, wie auch immer meine innere und äußere Lebenssituation ausschauen mag.

Schon früh hatte ich im Kindergottesdienst und später in Predigten immer wieder die Worte des Paulus „Seid dankbar in allen Dingen" gehört – ohne damit zunächst etwas anderes anfangen zu können, als das brave anerzogene „Danke"-Sagen. Erst später begriff ich mehr und mehr und besonders jetzt im Alter, dass das Danken keine moralische Pflicht für Rechtschaffende oder Religiöse ist, sondern vielmehr aus einer inneren Grundhaltung, aus einer Qualität des Herzens erwächst, aus einem liebe-vollen JA zum Leben, zu mir selbst und anderen.

Dankbarkeit spüre ich, wenn ich einstimme in des Lebens Grundmelodie, wenn ich meinen kleinen persönlichen Ton in der großen göttlichen Symphonie gefunden habe, wenn ich wage, auf meine Geborgenheit im Dasein zu vertrauen, wenn ich das Getragenwerden von „guten Mächten" riskiere – und zwar manchmal gerade dann, wenn es mir schwerfällt, mich loszulassen, gelassen zu sein.

Das echte Danken erfahre ich ganz konkret in einem Sichöffnen und Wahrnehmen mit allen Sinnen, aus dem Sichhingeben und Empfangen, Genießen und Sichfreuen – vor allem auch in den täglichen und selbstverständlichen Dingen des Lebens. Es ist einfach im Herzen und wächst letztlich nur auf dem Grund einer lebensbejahenden Seele.

Die Dankbarkeit ist, wie alle wertvollen inneren Güter, wahrhaftig nicht in der Konservendose zu finden, die ich nach Bedarf öffnen und schließen kann. Ich habe jedoch in der Meditation gelernt, dass ich mich in eine dankbare Grundhaltung einüben kann – bisweilen mühsam, aber immer wieder neu. Ich freue mich über jeden kleinen Lernschritt auf diesem Weg. – Auf die Meditation komme ich später nochmal zurück.

Im Danken schaue ich vor allem auf das, was ich habe, und weniger auf das, was mir fehlt. Ich begreife überhaupt, dass „alles gut ist, was mit Dank empfangen wird", wie es im Neuen Testament heißt.

Dass ich sogar in Traurigkeit und Leid zutiefst dankbar werden kann für mein Leben und mir durch dieses Einstimmen ins Dasein Trost und Kraft zuströmt, das war für mich schon mehrfach eine tröstende und stärkende Erfahrung – einfach ein wunderbares Geschenk.

Im Dankbarsein für mein Leben fühle ich mich nicht zuletzt verbunden mit allen Menschen, die es mit mir gut meinten: die mich verstanden und angenommen haben, zu mir offen waren und mir die Wahrheit gesagt haben, mit allen, mit denen ich meine Freude und meine Not teilen konnte.

Dass ich heute mit dieser Einstellung täglich zu leben versuche, habe ich zuerst meinen Eltern zu verdanken. Sie haben dafür den Grund in mir gelegt, indem sie mir das Dankbarsein vorgelebt haben – in Gesten und Worten, im Liedersingen und Musizieren, im Umgang mit anderen Menschen und Gütern.

Ich bin in einem evangelisch-freikirchlichen Elternhaus aufgewachsen und gehörte damit zu einer sehr strengen und in allerlei Hinsicht recht hinterweltlichen „Brüdergemeinde". Zum Beispiel: Als ich mich 1953 nach dem Abitur entschloss, Psychologie zu studieren, warnte mich der „Älteste" meiner Gemeinde vor einer solchen „Heirat mit dem Teufel". Er wusste sicher nicht recht, was Psychologie ist – das wusste ich selbst ja auch nur ganz ungefähr und wollte es erst erfahren, – aber er hatte vermutlich etwas davon läuten hören, dass es in der Psychoanalyse eher atheistisch als christlich zuging.

Meine Eltern waren zutiefst gläubige Christen. Zu meinem Glück waren sie nicht hart und dogmatisch, sondern lebensfroh, warmherzig und tolerant. Sie weckten meine Liebe zur Natur und zur Musik. Sie ließen mich meinen Weg suchen und finden. Sie akzeptierten auch meinen Wunsch, Psychologie zu studieren, obwohl es damals noch schwer war, sich vorzustellen, dass man damit Geld verdienen und davon leben kann.

Ihr Vertrauen in mich hat mich in meiner Kindheit und Jugend vor schlimmeren Ängsten und seelischen Verkrümmungen bewahrt und mir später Freiheit und Kraft gegeben, mich gegen die moralische und intellektuelle Repression aufzulehnen, der ich mich in meiner engen, pietistischen Gemeinde ausgesetzt fühlte, zu der sie ja auch gehörten und mit der sie – am meisten mein gutmütiger und zugleich impulsiver Vater – auch ihre eigenen Probleme hatten.

Befreiung

Ich habe mich in einem jahrelangen inneren Prozess aus einem engen Pietismus befreien können. Ich habe Liberalität und geistige Offenheit ersehnt und schrittweise gewonnen. Ich war immer auf der Suche nach dem Innersten und der Weite, nach dem Eigentlichen, dem Großen-Ganzen des Daseins. Ich spürte als junger Mensch deutlich, wie weit entfernt ich von diesem Ziel noch war und wie wenig es mir geholfen hatte, um die Vergebung meiner Sünden gebetet und mich schließlich „bekehrt" zu haben, was man damals in meiner Gemeinde zu tun hatte, um erlöst zu werden. Welch ein Irrtum war allein schon die damalige Vorstellung, dass dies in einem einmaligen Entscheidungsvorgang zu geschehen hat, während es doch in Wahrheit ein ständiges Suchen und damit Irren und Finden auf einem lebenslangen Individuationsweg ist.

Gymnasium, Psychologiestudium, Interesse für Philosophie, meine Liebe zur Natur und nicht zuletzt mein Ergriffensein von der Musik halfen mir, an der Fülle des Lebens zu schnuppern und *meinen* Weg zu finden.

Verbinden statt trennen

Immer mehr wurde mir klar, dass mein Lebensthema eigentlich ist, alles zusammen zu bringen, was die Fülle des Lebens ausmacht, Gegensätze zu verbinden und Zusammenhänge zu erkennen. Das Motto von Bundespräsident Rau „Versöhnen statt spalten" sagte mir später sehr zu und war für mich wie ein Lebensprogramm, ein Skript. Mir schwebte vor, über alle gelernten Eingrenzungen hinweg das Wesentliche und Gemeinsame unserer menschlichen Existenz zu finden.

So ergab es sich aus meiner Lebensgeschichte, dass ich vor allem Psychologie und Psychotherapie hier und Theologie und Seelsorge dort miteinander verbinden wollte, weil mir beide immer mehr als verschiedene Seiten ein und derselben Medaille erschienen. Beide „Lager" verhielten sich ja zunächst – vor allem in der Frühzeit der Psychoanalyse, aber auch noch bis in die 1970er Jahre hinein – wie zwei „feindliche Brüder" zueinander. Sie miteinander zu versöhnen war für mich ein wichtiges Anliegen, gleichsam ein Integrationsprozess in mir selber.

Auf diesem Weg fand ich damals zahlreiche Begleiter in der einschlägigen Literatur. Ich las mit Begeisterung das Buch des Züricher Pfarrers Oskar Pfister *Analytische Seelsorge* (1927). Pfister war der erste Theologe, der bei Freud in Wien eine eigene Psychoanalyse machte. Dann entdeckte ich Joachim Scharfenbergs Studie *Sigmund Freud und seine Religionskritik als Herausforderung für den christlichen Glauben* (1970). Das führte mich weiter zu Josef Goldbrunners *Personale Seelsorge* (1955), durch den ich mit C. G. Jungs *Psychologie und Religion* bekannt wurde. Schließlich las ich mit großem Interesse u. a. die Arbeiten von Gerhard Brunnert *Glaubenserfahrung und Psychotherapie – Predigten eines Psychoanalytikers* (1973), von Hanna Wolff *Jesus als Psychotherapeut* (1978) und von Murray Stein *Leiden an Gott Vater – C. G. Jungs Therapiekonzept für das Christentum* (1988). Nicht zu vergessen einige der vielen Arbeiten von Eugen Drewermann, der als katholischer Theologe und Psychoanalytiker nicht müde wurde, das Christentum als eine Liebesreligion und damit als eine „genuin therapeutische Religion" darzustellen.

Eine große Bereicherung und zugleich Befreiung von dogmatischem Denken war für mich die tiefenpsychologische und symbolpsycholgische Exegese biblischer Texte wie ich sie bei Drewermann und ebenso in der jungschen Psychologie (z. B. bei Maria Kassel *Biblische Urbilder – Tiefenpsychologische Auslegung nach C. G. Jung*) vorfand.

Es gab damals in den 1970er Jahren eine erstaunlich große Anzahl von Theologen, welche sich der Psychoanalyse zuwandten, sich darin ausbildeten und dann als Analytiker praktizierten.

Über alles Lesen und geistige Arbeiten zum Thema hinaus war das für mich Tragende in dieser und der folgenden Zeit vor allem die persönliche Erfahrung einer eigenen Analyse sowohl der jungschen und viele Jahre später, nach einer längeren Krisenzeit, nochmal der freudschen Prägung. Ohne diese Erfahrungen wäre ich nicht zu mir selbst gekommen und hätte auch das Wesentliche des Heilwerdens nicht erleben und verstehen können, ganz gleich, ob es auf dem Weg der Psychotherapie oder dem des Glaubens bzw. der Spiritualität geschieht. Es wurde mir sehr deutlich, dass beide Seiten sich um die Seele von Menschen sorgen, die in innerer Not sind. Beide praktizieren „Seelsorge" auf ihre je eigene Weise und bei näherem Hinsehen sogar in erstaunlicher Übereinstimmung ihrer Grundprinzipien.

In der Psychotherapie geht es um das Aufdecken und Bewusstwerden lebenshemmender Prozesse und im christlichen Glauben ums Ehrlich- und Wahrhaftigwerden. Die Freudsche Trias „Erinnern, Wiederholen, Durcharbeiten" findet ihre spirituelle Entsprechung darin, sein inneres Getrenntsein (Sündigsein) zu erkennen, einen Prozess der Läuterung oder Reinigung durchzumachen und zur Versöhnung, zum Heil- oder Ganzwerden in sich und mit seiner Welt zu kommen. Analog zum Geschehen in der Analyse formuliert Johannes vom Kreuz: „Mit der Wahrheit in die Tiefen der eigenen Seele vorzudringen und dabei auf Widerstände zu stoßen, ist oft schmerzhaft, aber nur so kann der Weg frei werden für das Fließen der Liebe."

Schon Jesus hat sehr klar gesehen, dass in diesem Prozess der Selbsterkenntnis die Rücknahme von Projektionen sehr wichtig ist. Er brauchte dafür das bekannte, ebenso treffende wie geniale Bild: „Du Heuchler, ziehe zuerst den Balken aus deinem Auge und dann entferne den Splitter aus dem Auge deines Bruders!"

Noch eine Gemeinsamkeit von Psychotherapie und Seelsorge habe ich persönlich erfahren dürfen: Um sich Unangenehmes, Angst und Widrigkeiten einzugestehen, seinem „Schatten" in die Augen sehen und die Wahrheit über sich selbst aushalten zu können, bedürfen Menschen – und bedurfte ich – einer von Einfühlung und Verstehen geprägten vertrauensvollen Beziehung. Nur dadurch kann Angenommen- oder Akzeptiertsein und Wertschätzung vermittelt, Hoffnung und Zuversicht gestärkt und die Fähigkeit gefördert werden, zu lieben und Liebe anzunehmen.

Das ist ja in der Psychotherapieforschung eine ziemlich unbestrittene Erkenntnis. Zugleich ist dies ein Axiom in der geistlichen Seelsorge, wenngleich dessen Anwendung in der Praxis leider immer wieder durch eine moralisierende Grundhaltung gestört wird.

Mich hat es oft beeindruckt und auch bestürzt zu erleben, um wieviel mehr gerade auch atheistische, aber echt humanistische Psychotherapeuten das jesuanische Liebes- gebot praktizieren als es viele sog. fromme Christen tun.

Mystik

In den letzten Jahrzehnten habe ich in der Meditation, in der Mystik und vor allem im *Herzensgebet* meine innere Heimat gefunden. Das wäre nicht möglich gewesen, ohne dass mich zuvor Marie Luise von Franz durch die Auseinandersetzung mit meinem „Schatten" und später Johannes vom Kreuz durch meine „dunkle Nacht" begleitet hätten und dies im Geiste immer noch tun.

Ich kann sagen, dass ich zunächst allein durch die Psychotherapie meine Angst, unzureichend und minderwertig zu sein, überwinden konnte. Durch meine Analy- tiker bin ich zu der Freiheit und Offenheit, zu der Selbstakzeptanz und Lebensbejahung gelangt, die dann ein Sich-fallen-lassen und ein bedingungsloses Vertrauen auf gute göttliche Mächte für mich überhaupt erst möglich machten.

Es war die Psychotherapie, die mir half zu erkennen, dass der göttliche Geist nicht straft, sondern liebt. Das hatte ich vorher auch als christliche Lehre im Kopf, nun aber war es mehr in meinem Herzen angekommen, und ich konnte es erfahren und leben.

Ein besonderes unter mancherlei Lichtern, das mir im Laufe der Jahre dabei aufging, war die Verbindung zwischen Mystik und Analytischer Psychologie, spezieller: zwischen dem spanischen Mystiker Johannes vom Kreuz und C. G. Jung. Mich erstaunten die differenzierten und klaren tiefenpsychologischen Analysen des Johannes vom Kreuz – 300 Jahre vor Freud und Jung! Er nimmt die Fehlhaltungen der Frommen scharf aufs Korn und versteht, wie schon erwähnt, etwas vom schmerzlichen Weg des Menschen durchs Dunkel zum Licht zu kommen. C. G. Jung sieht in dessen Abhandlung *Die dunkle Nacht* den christlichen Weg der „Ganzwerdung des psychischen Menschen", also des Individuationsprozesses beschrieben.

Seitdem ich in der Welt der Mystik angekommen bin, habe ich nicht nur die religionsunabhängige Einheit des mystischen Denkens und Lebens mehr und mehr verstanden, die „unio mystica" (das Gemeinsame in Buddhismus, Christlicher Mystik, Sufismus und Kabbala), sondern ebenso, dass alles Leben eins ist, wie es etwa in dem Buch von Renée Weber *Alles Leben ist Eins – Die Begegnung von Quantenphysik und Mystik* entwickelt wird.

Durch eine langjährige Zusammenarbeit mit Per Mases, einem lutherischen Pastor in Schweden, kam ich in Kontakt mit dem Zen-Buddhismus. Per leitete ein christliches Kloster in Schweden und lehrte und praktizierte dort Zen-Meditation, die er in Japan gelernt hatte.

Im Rahmen unserer Seminare zum Thema *Psychotherapie und Glaube"* lernte ich von ihm den Zen, das „Sitzen". Dies führte mich in meine innere Stille und bedeutete für mich einen ganz neuen, direkteren und tieferen Zugang zum Göttlichen, eine Verlebendigung meines Gottvertrauens, wie ich es zuvor niemals für möglich gehalten hätte.

Ich wurde – um es in der Sprache von Johannes vom Kreuz zu sagen – „hellhöriger für die leise, zärtliche Sprache Gottes", „achtsamer für meine Innerlichkeit" – noch einmal in ganz anderer Art als in der Analyse! –, lernte mehr und mehr „einfach in liebender Aufmerksamkeit zu verweilen" und „dieses liebende Innewerden wie ein wärmendes Licht zu spüren", wie ein „Strom von Frieden und Liebe" in mir. Ich kam in der Stille der Erfahrung näher, dass sich Gegensätze – und sei es nur vorübergehend – aufheben können, dass Dualität verschwinden und sich eine Leere im Sinne der Befreiung von allem Denken, Wollen und Werten einstellen kann, die dann wiederum dazu befähigt, sowohl Gelassenheit zuzulassen als auch Lebensfülle aufzunehmen. Der amerikanische Philosoph und Buddhist Peter Fenner nennt diesen Zustand „Das reine Gewahrsein" (so auch der Titel seines Buches). Er meint damit einen nach allen Seiten hin gleichsam radial gerichteten, offenen und empfangsbereiten Geist. Es vollzieht sich in dieser Stille und Achtsamkeit ein wortloser Umgang mit dem Göttlichen, dem Numinosen, dem Heiligen, dem Transzendenten, dem „Umgreifenden" – wie Karl Jaspers es nennt –, der mein In-der-Welt-sein auf ungeahnte Weise geweitet und vertieft hat.

Ich verstand, was Meister Eckhart mit den Worten meinte, „dass alles Nachdenken und Reden über Gott an Gott vorbeigeht. Alles, was man von Gott denken kann, das ist er ganz und gar nicht." Da war er ganz einig mit dem, was Laotse über das Tao gesagt hatte: „Das Tao, das sich aussprechen lässt, ist nicht das ewige Tao" und „Der Wissende redet nicht. Der Redende weiß nicht."

Gespräche über Gott, die ich in meiner christlichen Welt erlebt hatte, waren für mich oft zermürbend, stifteten mehr Streit und Verwirrung, als dass sie mich zum Staunen über den Reichtum des Lebens und zum Ergriffen- und Dankbarsein führten. Wie unerquicklich und unergiebig und vor allem wie unangemessen ist es doch, sich über das, was wir Gott oder wie immer nennen, auf der Ebene dogmatischer Lehre und konfessioneller Positionen verständigen zu wollen.

Deshalb halte ich es mit Meister Eckart: „Lasst das Geschwätz von Gott!" Diese drastische Rede erschrak mich vor vielen Jahren als bibelgläubiger Christ, aber sie war befreiend und erlösend und bewirkte in mir Respekt und vor allem eine echtere Demut vor dem Unaussprechlichen, Heiligen.

Lieblings- und Liebesgeschichte

Auf der Suche nach Begegnung und mehr Vertrautheit mit diesem Unbegreiflichen hat mich von Kindheit an bis heute ein Gleichnis fasziniert. Es wird das *Gleichnis vom verlorenen Sohn* genannt, obwohl es für mich schon lange das „Vom gütigen Vater" geworden ist.

In meiner Kindheit und Jugend hatte ich viel Angst und fühlte mich oft verloren. Heute verstehe ich, warum diese Geschichte von früh an zu meiner Lieblings- und Lebensgeschichte wurde. Es war immer so, als hätte Jesus dieses Gleichnis für mich erzählt. Dadurch wurde Gott für mich wie (!) ein barmherziger und bedingungslos liebender Vater – ganz jenseits allen Patriarchats könnte ich auch das Bild einer liebenden Mutter oder liebender Eltern dafür einsetzen.

Die Geschichte steht im Lukasevangelium (Kapitel15). Ich möchte hier nochmal kurz erzählen, was mir daran so wichtig war und ist:

Mein reicher Vater gibt mir ein komfortables Erbe. Ich habe es verprasst, bin gescheitert und leide nun Hunger in der Fremde. Da gehe ich „in mich", gehe wieder „nach Hause". Unterwegs lege ich mir zurecht, dass ich meinem Vater meine Schuld bekennen, ihn um Vergebung bitten will und ebenso darum, mich wieder aufzunehmen und mich wenigstens als Tagelöhner auf seinem großen Hof zu beschäftigen.

Mein Vater sieht mich von Ferne kommen, abgewrackt wie ich bin, läuft mir mit offenen Armen entgegen und freut sich, dass ich wieder da bin. Er weist seine Diener an, ein Wiedersehensfest für mich vorzubereiten, und er kleidet mich neu ein und steckt mir einen wertvollen Ring an den Finger.

Das ist für mich die Essenz des Evangeliums und fasst mein Credo am treffendsten zusammen: Ich zerstöre mein Leben und komme wieder heim, wieder zu mir selbst, zu Gott in mir. Ich erlebe pure Freude und Liebe, keinerlei Anklage und Vorwurf, nicht einmal meine Selbstanklage und meine Reue sind von Bedeutung. Auch so etwas wie Worte der Vergebung werden nicht gesprochen. Ich erfahre einfach nur Wertschätzung und Würdigsein.

Wenn ich überhaupt eine Vorstellung von einem göttlichen Wesen habe, eine irgendwie geartete Gotteserfahrung, dann ist es diese, dass der göttliche Geist wie dieser Vater ist, nämlich Liebe. Und „dieser Liebe kannst du nicht entkommen, was immer du denkst und tust", so lehrte Meister Eckart dieselbe Botschaft als Mystiker im Mittelalter über 1200 Jahre später als Jesus. Dies verständlicherweise ganz zum Ärger seiner Kirche, und er musste es wie Jesus mit seinem Leben bezahlen.

In all meiner Angst und Verletzlichkeit, ja in aller Bodenlosigkeit, in die ich bisweilen gerate, fühle ich mich doch immer wieder geliebt, geborgen und getragen im Dasein. Das gibt mir Kraft, zu mir zu stehen, zu verantworten, was ich denke, sage und tue, im Zweifelsfall immer wieder zu lieben. Denn das ist für mich zu einer unerschütterbaren Einsicht geworden: Letztlich kann etwas Ungutes oder Ängstigendes nur durch Liebe gelöst und erlöst werden. Erst kürzlich bekam ich von Ang Lee Seifert ein Buch von Christina Kessler geschenkt. Es trägt den Titel: *Amo ergo sum*. Kürzer und bündiger könnte ich meine Lebensphilosophie, mein Credo, nicht ausdrücken.

Als Jesus, *Der Mystiker aus Nazareth* (so der Titel eines Buches von Monika Renz, welches mein Jesusverständnis wesentlich geprägt hat), nach der Hauptsache im Leben gefragt wurde, sagte er: „Du sollst deinen Gott lieben mit deinem ganzen Herzen und deiner ganzen Seele und deinen Nächsten wie dich selbst." (Math. 22)

Der Dalai Lama meinte dasselbe, wenn er immer wieder sagte und schrieb: „Ich glaube, dass die einzig wahre Religion darin besteht, ein gutes Herz zu haben."

Beide sprechen mir aus dem Herzen!

Was will ich noch ?

Wenn ich mich nun nach einem lebenslangen Nachdenken, Suchen, Irren und Finden frage „Was will ich noch ?", dann möchte ich im Sinne von Jörg Zink antworten, der in seinen „Ufergedanken" schrieb: „Ich möchte noch mein kleines Ich verabschieden. Ich will ihm für das, was es für mich getan hat, einen dankbaren Gruß mitgeben."

Dann könnte ich frei sein, um in einer Haltung der Andächtigkeit, welche „die Alten" Ehrfurcht nannten, zu leben. Nicht mehr egogebunden und kränkbar, sondern offen für ein Aufgehobensein dort, wo „alles in allem" ist. Es könnte das sein, was Jesus das „Reich Gottes" nannte. Und von dem sagte er ja schon zu seiner Zeit: „Es ist mitten unter euch", also nicht erst im Jenseits.

Als alter Mann muss ich nicht mehr tüchtig oder wichtig sein. Ich will auch nicht mehr viel erklären und begründen müssen, gar streiten – sei es über Religion, Politik, Wissenschaft oder was immer.

Ich will nur noch die Quintessenz meiner Erfahrungen mitteilen, mit anderen das teilen, wozu es sich für mich zu leben lohnt. Das ist: mit Freude zu leben, jeden Tag ein dankbares JA zu mir selbst und für mein Leben zu sagen, mich und andere zur Wahrhaftigkeit und zur Vergebung ermutigen, einfach nur wohlwollend und achtsam gegenwärtig und liebevoll sein können, Frieden haben in meinem Innersten und verbunden sein mit allem was ist ...

Danach steht mir der Sinn!

Gidon Horowitz, Jahrgang 1953, Freiburg.
Analytischer Psychotherapeut in eigener Praxis,
Märchenerzähler und Schriftsteller.
Homepage: maerchenschatz.de und gmlhorowitz.de

Veröffentlichungen u.a.:
Horowitz, G. (2012). *Der dunkle See*. Kirchzarten: Dreisam-Druck.

Horowitz, G. (2005). *Der Zauberteppich: Märchen von Heilung und Erlösung*.
   Kirchzarten: Dreisam-Druck.

Horowitz, G. (1986). *Aus den Tiefen des Zauberwaldes: Märchen des Erwachens
   und der Selbstfindung*. Interlaken: Ansata.

Gidon Horowitz

Das Leben erblühen lassen

„Eine Blume fragt nicht nach dem Sinn des Lebens – sie blüht."
Diesen Satz hat mir vor vielen Jahren ein Freund in ein Buch geschrieben, das er
mir schenkte. Die Frage nach dem Sinn des Lebens hat mich seit meiner Jugend
beschäftigt. Wozu bin ich auf der Welt? Was ist meine Aufgabe im Leben? Als Jugendlicher war ich keineswegs allein mit dieser Frage. Wir saßen oft im Freundeskreis
zusammen, zu dritt oder zu viert, und diskutierten stundenlang dazu, ohne zu einem
stimmigen Ergebnis zu kommen.

Aus heutiger Sicht, beinahe fünfzig Jahre später, finde ich es gut und weiterfüh-
rend, wenn Menschen in Übergangssituationen, und dazu gehören insbesondere
auch junge Menschen, sich solche Fragen stellen. Es sind sehr unbequeme, manchmal
sogar quälende Fragen. Sie sind auch nicht ungefährlich, sie können einen Menschen
in die Verzweiflung treiben oder in eine sehr zynische Lebenshaltung, die jeden Sinn
verneint. Sie können uns aber auch auf den Weg bringen, nach eigenen, individuellen Antworten zu suchen. Diese Suche nach eigenen Antworten auf die immer-
während en Fragen des Lebens gehört mit zu dem oft mühsamen, aber sinnstiftenden
Weg, den C. G. Jung Individuationsprozess genannt hat.

Als ich das Buch mit dem Spruch von der Blume bekam, war ich Anfang dreißig
und nach wie vor auf der Suche. Wie sollte ich mein Leben gestalten? Was war mein
Weg? Ich dachte: „Die Blume hat es leicht. Sie hat keine so große Auswahl wie ich, sie
blüht einfach." Wie aber sollte ich blühen? Mir war damals nicht bewusst, dass schon
Knospen da waren, einige hatten sich sogar schon geöffnet. Ich sehe das erst heute,
im Rückblick. Und ich weiß heute, dass es vielen Menschen so geht. Wir erkennen
oft nicht, was sich in uns entwickelt, weil es so ganz anders ist als die Vorstellungen,
die wir von uns selber haben.

Ich hatte Mathematik studiert mit dem Ziel, Hochschulprofessor zu werden. Ich
hatte mich seit vielen Jahren für Mathematik interessiert und das Studium an der
Universität ohne große Mühe mit ausgezeichneten Noten absolviert. Ich war Hoch-
schul-Assistent und wollte doktorieren. Mein Vater, ein erfolgreicher Geschäftsmann,

war stolz auf mich, voller Anerkennung und Bewunderung. Er hätte als junger Mann auch gerne Mathematik studiert, aber der Ausbruch des Zweiten Weltkriegs machte seine Pläne zunichte.

Doch keine drei Monate, nachdem ich das Diplom erhalten hatte, starb mein Vater an einem Herzinfarkt. Er wurde von einer Stunde auf die andere aus seinen Geschäften und aus dem Leben gerissen. Ich war allein mit ihm, als er starb. Diese Erfahrung hat mich zutiefst erschüttert und mein weiteres Leben geprägt.

Was machte noch Sinn angesichts des Todes, der uns von einem Augenblick auf den nächsten hinwegraffen kann? Mein Vater hatte sich zu Tode gearbeitet. Ich unterbrach für ein Jahr meine Hochschultätigkeit und regelte zusammen mit meinem jüngeren Bruder die Geschäfte, so weit es nötig war. Ich lernte die Welt des Geldes und der Geschäfte kennen, erlebte sie als eher abstoßend und wandte mich von ihr ab.

Als ich nach einem Jahr an die Hochschule zurückkehrte, begann ich mit einer Doktorarbeit, kam aber nicht wirklich weiter. Aus heutiger Sicht erkenne ich, dass mir damals die Kreativität fehlte. Ich konnte mathematische Gedankengänge und Beweise gut nachvollziehen, aber ich konnte nichts Neues erschaffen. Ich war auch nicht wirklich begeistert von der Mathematik, sie beherrschte nicht mein Denken und erfüllte mich nicht. Zudem fehlte mir der Ansporn durch die Anerkennung meines Vaters. Nach seinem Tod trug die nicht mehr.

Ich geriet in eine tiefe Krise und begann eine Psychotherapie. Es war eher ein Zufall, der mich zu einem Jungschen Analytiker führte – aus heutiger Sicht ein glücklicher Zufall. Im Laufe der Therapie begegnete ich den Märchen wieder, die mich in meiner Kindheit fasziniert hatten. Ich entdeckte darin tiefe Weisheiten und allgemeingültige Wahrheiten. Für mein Empfinden enthielten und enthalten sie viel umfassendere und tiefere Wahrheit als zum Beispiel die Zeitung.

Eines Tages sah ich im Kino den Film von Pier Paolo Pasolini zu den *Märchen aus 1001 Nacht*. Ich war fasziniert und ergriffen. Ich setzte mich danach in ein Café und begann zu schreiben. Es brach förmlich aus mir hervor, wie ich es noch nie erlebt hatte – der Anfang eines Märchens, das mich tief berührte. Damals begann ich zu schreiben, meistens Märchen, aber auch andere Geschichten. Schon bald tauchte der Wunsch in mir auf, das Geschriebene auch anderen vorzulesen. Ich begann im vertrauten Freundeskreis und machte die beglückende Erfahrung, dass die Zuhörenden nach mehr verlangten. Und als ich eines Abends kein Manuskript dabei hatte, erzählte ich frei und erlebte zum ersten Mal, wie manche der Zuhörenden an meinen Lippen hingen und die Worte der Geschichte förmlich aufsogen wie Bienen den Nektar.

Damit wären wir wieder bei der Blume. Als ich das Buch mit dem Spruch von der Blume bekam, hatte ich im Grunde schon Wesentliches gefunden. Ich ahnte es, aber ich wusste damals noch nicht so recht, wie ich es im Leben umsetzen konnte. Heute, mehr als dreißig Jahre später, blicke ich mit tiefer Dankbarkeit auf Jahre erfüllter Lebenszeit zurück, mit Märchen, Erzählen und Schreiben, mit psychotherapeutischer Tätigkeit und mit meiner Familie.

Grundbedürfnisse und Geschehen-Lassen

Ich sehe heute auch, wie viel Weisheit in dem Spruch von der Blume liegt. Eine Blume blüht ja nicht einfach so. Sie braucht entsprechende Lebensbedingungen – das richtige Maß an Licht und Wasser, günstige Lufttemperatur, genügend Nährstoffe im Boden. Wenn sie das in genügendem Maß bekommt, beginnt sie in der Regel von alleine zu blühen. Dabei kann sie eine erstaunliche Lebenskraft zeigen – manche Blumen erblühen in Mauerritzen oder brechen sogar durch den Asphalt hervor.

Aufs menschliche Leben übertragen: Es ist wichtig, dass die eigenen Grundbedürfnisse in genügendem Maß erfüllt sind – wobei dieses „genügende Maß" oft ziemlich bescheiden ist. Überfluss ist manchmal sogar störend, weil er vom Wesentlichen ablenken kann. Wenn das Überleben gesichert ist, bricht der kreative Impuls hervor – wenn wir ihm Raum geben.

So ist es auch mit der Blume: Wenn jemand findet, sie sei „Unkraut" und gehöre nicht an diesen Ort, sie entfernt oder die Knospe abreißt, dann kann sie nicht wachsen und blühen. Wie oft geschieht es im Leben vieler Menschen, dass kreative Impulse entwertet oder weggewischt werden mit Sätzen wie: „Das kannst du nicht!" oder „Das ist völlig unsinnig, überflüssig, wertlos!" oder „Wie willst du davon leben?" Dann kann das eigene Wesen nicht erblühen. Meist hören wir solche Sätze zunächst von uns nahestehenden Menschen wie Eltern oder Lehrer*innen. Wir verinnerlichen sie dann, in der Seele bilden sich negative, lebensfeindliche Komplexe, Energiezentren, die die eigene Entwicklung hemmen.

Es ist oft schwierig, sich gegen diese einengenden inneren Anteile zu wehren. Wir müssen sie zunächst überhaupt erkennen und von den lebensfördernden Impulsen unterscheiden lernen. Ich finde, dass die Analytische Psychologie C. G. Jungs dabei sehr hilfreich wirken kann. Sie weiß um die Wirksamkeit der inneren Bilder sowie um die Vielzahl und Macht der Komplexe. Sie kann Wege aufzeigen, hilfreiche Kräfte gegen die einengenden und hemmenden Anteile zu finden, und sie weiß um die Wirklichkeit des Selbst, des innersten Wesenskern, aus dem heraus sich das Leben entwickelt, wenn man es lässt – wie die Blume aus einem Samenkorn.

Wurzeln, Stängel und Blätter

Eine Blume besteht nicht nur aus Blüten – auch wenn die zunächst ins Auge fallen. Wurzeln, Stängel und Blätter sind für das Leben der Pflanze ebenso wichtig. Die Blätter wandeln die Energie des Sonnenlichts um, die Stängel geben der Pflanze Halt und befördern die Nährstoffe, die Wurzeln verankern die Pflanze im Boden und nehmen von dort Nährstoffe auf. Die Blume blüht auch keineswegs ständig, die Blüte ist für sie vor allem wichtig, um sich zu vermehren. Wo sind meine Wurzeln? Diese Frage beschäftigt mich seit Jahrzehnten immer wieder. Ich finde, es ist eine zentrale Frage des menschlichen Daseins. Zu meinen Wurzeln gehört sicherlich die jüdische Tradition, in der ich aufgewachsen bin. Aber was genau ist darunter zu verstehen?

Als junger Mann hielt ich mich eher ängstlich-zwanghaft an die religiösen Vorschriften, soweit sie mir bekannt waren. Ich hatte nur wenig Hintergrundwissen. Im Laufe meiner Analyse begegnete ich den chassidischen Erzählungen von Martin Buber. Hier fand ich eine Haltung, die mich tief berührte und mir entsprach. Ich kam zur Überzeugung, dass nicht in erster Linie das penible Einhalten von Vorschriften wesentlich ist, sondern die innere Verbundenheit mit dem großen Geheimnis, das wir Gott nennen.

Martin Buber betonte zudem, dass Gott den Menschen nicht zwingt, sondern ihm Freiheit lässt. Ich stellte fest, dass ich Gott nicht als Gesetzgeber sehen konnte, sondern als Schöpfer des Universums. Psychologisch gesprochen, änderte sich damals mein Gottesbild von einem eher traditionell und kollektiv geprägten zu einem sehr persönlichen.

Diese Änderung hatte eine nachhaltige Wirkung: Wenn all die Vorschriften nicht von Gott kamen, so waren sie von Menschen gemacht und konnten von mir in Frage gestellt werden. Das erlebte ich als grundlegende Befreiung. Ich entscheide selber, woran ich mich halte – auch wenn manche in einer solchen Einstellung einen Irrweg sehen. Das ermöglichte mir dann auch, meinem Herzen folgend, eine Frau zu heiraten, die aus einer katholischen Familie stammt, und damit ein gewichtiges Tabu der jüdischen

Gemeinschaft zu brechen. Es ist nicht einfach, ein Tabu zu brechen, aber manchmal ist es notwendig und stimmig.

Die Wurzel des Erzählens reicht aber noch viel tiefer. Die Chassidim liebten es, Geschichten zu erzählen, manche betrachteten das Erzählen sogar als eine Art Gottesdienst. Durch die Begegnung mit Erzählern aus Nordamerika und Schottland, die in der mündlichen Erzähltradition ihrer Gemeinschaften aufwuchsen und deren Geschichten bewahrten, konnte ich erfahren, wie uralt das Erzählen ist – vermutlich so alt wie die Menschheit selbst. Als Erzähler stehe ich in einer Kette, die über Jahrtausende reicht. Die Märchen und Geschichten sind Nahrung für die Seele. Sie regen die Fantasie an, vermitteln uns tiefe Lebensweisheit und bringen uns mit einer Fülle von Symbolen in Berührung. Diese sind Brücken zum Unbewussten, sie helfen uns, mehr von den tieferen Schichten unseres Seins zu erfahren.

Was gibt mir Halt im Leben? Ganz bestimmt die Märchen und Geschichten, die ich lese, schreibe und erzähle. Zudem meine Familie, in der übrigens das Erzählen von Geschichten auch sehr viel Raum hatte und hat. Und schließlich auch meine psychotherapeutische Arbeit. Ich habe die Ausbildung am C. G. Jung-Institut in Zürich begonnen, weil ich das Gefühl hatte, vom Schreiben und Erzählen allein finanziell nicht leben zu können. Ich brauchte noch eine Tätigkeit, die ein regelmäßiges Einkommen sicherte und die nicht, wie das Erzählen, mit ständigen Reisen verbunden war.

Die psychotherapeutische Arbeit war eine sehr stimmige Ergänzung zur künstlerischen Tätigkeit. Beide Tätigkeiten berühren die Seele und ergänzen sich. In der Psychotherapie höre ich vorwiegend zu, dem anderen Menschen und auch nach innen, beim Erzählen spreche ich – und höre auch nach innen. Die Psychotherapie schien mir auch wesentlich sinnvoller als die Mathematik. Sie brachte mich mit anderen Menschen zusammen, während ich mich in der Mathematik eher isoliert erlebt hatte. Zudem war auch die psychotherapeutische Tätigkeit ganz fraglos mit der chassidischen Wurzel verbunden. Viele der chassidischen Rabbis hatten auch psychotherapeutische Wirkung. Sie sprachen u. a. davon, die göttlichen Funken überall in der Welt zu finden und mit dem göttlichen Ursprung zu vereinen.

Ich sehe eine große Übereinstimmung zwischen diesen göttlichen Funken und dem Wesenskern des Menschen, dem Selbst in der Analytischen Psychologie C. G. Jungs. Das seelische Leiden und die Not der Menschen, die eine Psychotherapie beginnen, sind oft Ausdruck einer inneren Zerrissenheit. Im therapeutischen Prozess geht es dann darum, dass der Mensch mit dem eigenen Wesenskern in Verbindung kommt und es wagt, sein Leben so zu gestalten, dass es in größerem Einklang mit dem eigenen Wesen verläuft.

Hingabe und Dankbarkeit

Eine Blume, die blüht, gibt sich hin – dem, was gerade kommt, Biene, Hummel oder Schmetterling. Sie gibt den Insekten Nahrung, und diese wiederum sorgen für die Bestäubung und damit Fortpflanzung der Blume. Die Blume gibt und nimmt, sie ist verbunden mit vielen anderen Lebewesen. Die Hingabe scheint mir auch für das menschliche Leben sehr wichtig zu sein, wobei ich an dieser Stelle betonen möchte, dass Hingabe keineswegs Selbstaufgabe bedeutet. Im Gegenteil, es geht um Hingabe an das Selbst, an den eigenen Wesenskern. Dazu gehört das Loslassen all der Vorstellungen, die wir und andere von unserem Leben haben. Diese Hingabe braucht zunächst Verbindung mit dem Selbst und dann Vertrauen – Selbst-Vertrauen. Sie findet sich in jedem absichtslosen Tun, im Spiel des Kindes wie beim Schreiben, beim Erzählen oder bei der psychotherapeutischen Arbeit. Und sie lässt sich auch bei ganz alltäglichen Tätigkeiten z. B. im Haushalt finden. Wenn wir uns dem Selbst hingeben, dem göttlichen Funken in uns, dann erblüht das Leben, wir sind im Einklang mit uns selbst und die Frage nach dem Sinn stellt sich gar nicht mehr – wir sind dann im Sinn.

Nun könnte man einwenden, dass eine solche Haltung ja völlig unmoralisch und egozentrisch ist. Aber das Gegenteil ist der Fall. Das Selbst ist gerade nicht das Ego, das Ich mit seinen Wünschen und Vorstellungen, sondern etwas weit Größeres, das das Ich umfasst. Das Selbst, so zeigt die Erfahrung, hat in der Regel eine ganz eigene Ethik, die allgemein gültige Werte vertritt, die allerdings nicht immer im Einklang mit den gerade herrschenden Moralvorstellungen sind.

Der beglückende Zustand des Einklangs ist oft nicht dauerhaft. Viele Menschen erleben einen Wechsel zwischen dem absichtslosen Tun der Hingabe und dem zweckgerichteten alltäglichen Handeln. Dieser Wechsel erscheint manchmal verwirrend oder enttäuschend. Wenn ich an die Blume denke, sehe ich, dass sie auch nicht ständig blüht. Manche Blumen erblühen sogar nur für eine Nacht, und dann wieder lange nicht. Die Blüte braucht oft viel Kraft, und dann benötigt die Blume wieder Zeit, um neue Kraft zu sammeln. Diese Zeit ist ebenso wichtig wie die Blüte. Und die Wurzeln, Stängel und Blätter sind dafür lebensnotwendig.

Auf das menschliche Leben übertragen hieße das, dass wir das Blühen weder fordern noch erwarten können. Die beglückenden Stunden können nicht gemacht werden, sie sind Geschenke des Lebens. Wir können ihnen nur den Boden bereiten, indem wir uns liebevoll so annehmen, wie wir eben sind, jenseits all unserer Vorstellungen, und unsere Bedürfnisse berücksichtigen. Und indem wir um unsere Verbundenheit mit dem Unendlichen wissen, auch wenn der Alltag zuweilen mühsam ist und wir diese Verbundenheit dann nicht so intensiv wahrnehmen. Mit den Worten eines chassidischen Rabbis zu einem Schüler, der sich beklagte, dass Gott sich ihm manchmal verbirgt: „Weiß man, dass es ein Verbergen ist, dann ist es ja kein Verbergen mehr." (Buber, 1987, S. 224)

Daraus kann dann eine Haltung tiefer Dankbarkeit dem Leben gegenüber entstehen, Dankbarkeit für das bloße Dasein mit all seiner Schönheit und seiner Mühsal. Wenn diese Dankbarkeit das Leben durchströmt, dann spielt es nicht mehr so eine Rolle, ob gerade eine Blüte aufgeht oder nicht. Das Dasein ist dann erfüllt und voller Sinn.

Walter Jäger, Jahrgang 1940, Eichenberg.
Privatgelehrter für Astrophysik, Erkenntnistheorie und Psychologie.

Walter Jäger

Wie wirklich ist die Wirklichkeit?

Welche Themen für mich durchgängig von der Kindheit an wie im Erwachsenenalter von zentraler Bedeutung gewesen sind, ist leicht zu berichten.

Vorgeschichte

Wahrscheinlich mitbedingt durch die Erziehung meiner herzensguten, frommen Mutter in evangelisch christlicher Gläubigkeit, war ich bis etwa zu meinem fünfzehnten Lebensjahr unhinterfragbar religiös geprägt und hatte dann sehr bald ein ausgewachsenes Problem genau damit. Meine Interessen richteten sich stark auf den Fragenkomplex um die menschliche Existenz, vor allem um meine eigene. Meine christliche Prägung und die Aussagen der naturwissenschaftlichen Forschung erwiesen sich dabei als nicht recht kompatibel, zumal ich mich auch sehr stark für Astronomie und Astrophysik interessierte und nächtelang das Universum mit meinem Teleskop absuchte. Die dunkle Tiefe und Weite, aber auch Gleichgültigkeit und Kälte des Universums konnte ich schwer mit dem christlichen Gottesbild eines nahen, sich sorgenden und liebenden Vaters in Verbindung bringen.

Dieser Zwiespalt veranlasste mich, in den Aussagen anderer Religionen Rat zu suchen und auch, soweit es mir damals möglich war, in z. B. esoterischen und fernöstlichen Weisheiten nach tragfähigen Aussagen zu graben. Ich wurde relativ bald fündig: im Buddhismus. Dessen Beschreibung der Existenzsituation, in der wir uns als Menschen befinden und aus der Befreiung versprochen wird, erschien mir sehr plausibel.

Mein Streben zum Nirwana wurde jedoch bald wieder gestört, als ich Lutz Müller kennenlernte, damaliger Student der Psychologie, – etwas ausgeflippt, wie damals bei Psychologen häufig, ganz erfüllt vom Geist des New Age und allen möglichen Grenzbereichen der Psychologie gegenüber sehr aufgeschlossen.

Lutz stellte mir bei jeder Gelegenheit meine buddhistischen Ansichten den Aussagen zweier Herren, nämlich eines S. Freud und eines C. G. Jung gegenüber. Die buddhistischen Auffassungen einer gewissen Welt- und Triebverneinung und die eher trieb- und schattenfreundlichen Auffassungen der beiden tiefenpsychologischen Pioniere schienen mir irgendwie nicht ganz deckungsgleich zu sein.

Gemeinsam mit unseren Partnerinnen haben wir viele Wochenenden und Nächte mit den Fragen nach dem Sinn, dem Ich und dem Selbst, der Natur von Frauen und Männern, der Sexualität und höherer Bewusstseinszustände – oft kontrovers – verbracht, natürlich mit entsprechenden Selbsterfahrungsanteilen. Die lange und enge Freundschaft mit Lutz besteht nach ca. fünfzig Jahren noch immer. Ihm habe ich sehr viel zu verdanken. Er ist mit großem Abstand der wichtigste Förderer in meinen Bemühungen um Erkenntnisse. Ohne ihn hätte ich keinen für mich befriedigenden Punkt in meinen Forschungen über die menschliche Existenz erreichen können

„Der Not gehorchend, nicht dem eignen Trieb", begann ich allmählich meinen Horizont bezüglich der Erforschung der Grundfragen, also wer wir sind, was wir sind und wie wir funktionieren, zu erweitern.

Im Laufe der Jahre wurden für mich die Aussagen der wissenschaftlichen Naturforschung, insbesondere der Physik und Astrophysik, der Evolution, der Neurowissenschaften und der Psychologie zum hauptsächlichen Leitfaden in meinen Bemühungen. Es war für mich eine sehr große Erleichterung, als ich das Ziel meiner Suche von einer „Suche nach der absoluten Wahrheit" auf „Suche nach einer mit meinem Erleben ausreichend kompatiblen Beschreibung" umstellen konnte.

Ich hoffe nicht mehr, endgültige letzte Wahrheiten zu finden, sondern denke, dass derzeit solche nicht formuliert werden können. Heinz von Foerster, ein Pionier des Konstruktivismus, sagt dazu drastisch: „Wahrheit ist die Erfindung eines Lügners." Dieser Satz setzt ein hohes Maß an Selbsterkenntnis voraus. Der Sprecher akzeptiert, dass auch seine eigene Meinung zu allen denkbaren Sachverhalten keine Wahrheiten darstellen, sondern subjektive Ansichten sind. Sehr schön kommt dieses hohe Maß an Selbsterkenntnis auch in dem „Schlusswort" aus C. G. Jungs Erinnerungen (1962, S. 360) zum Ausdruck: „In nichts bin ich ganz sicher. Ich habe keine definitive Überzeugung – eigentlich von nichts." Dieser mutige Satz, von einem solchen Mann ausgesprochen, wird schwer zu toppen sein, denke ich.

Materie und Energie, Körper und Psyche, Unbewusstes und Bewusstes werden heute nicht mehr als Gegensätze gesehen, sondern als unterschiedliche Seiten, Aspekte des menschlichen gesamtheitlichen Organismus und aller anderen Lebewesen, die über eine solche oder ähnliche Struktur verfügen. Wir sind offenbar, wie alle anderen derzeitigen Phänomene des Lebens, das Ergebnis des evolutionären Prozesses. Wir sind kein abgeschlossener, fertiger Zustand, sondern eben ein Prozess und damit einer fortwährenden Veränderung unterworfen. In dieser Art der Betrachtung ist unser Bewusstsein, vor allem auch das Ich-Bewusstsein, ein ganz hervorragendes Werkzeug bei den Bemühungen um die Arterhaltung.

Eine für mich ausreichend kompatible Beschreibung: Die konstruktivistische Annahme

Die Beschreibung der menschlichen Existenz mit den Erkenntnissen der Psychologie, der Naturwissenschaften und ganz besonders des Konstruktivismus sind für mich heute die beste Antwort auf die Grundfragen meiner Existenz. Für beispielsweise den Hirnforscher Gerhard Roth ist die Frage des (neurobiologischen) Konstruktivismus positiv ausdiskutiert und wird im neurowissenschaftlichen Forschungsbereich allgemein anerkannt. Der Konstruktivismus geht davon aus, dass die gesamten psychischen bewussten und unbewussten Vorgänge das Ergebnis von Prozessen sind, die in unserem Gehirn ablaufen bzw. die eng mit neurologischen Vorgängen korrelieren. Das bedeutet, dass wir komplett in einer subjektiven Wahrnehmungswelt stecken.

Der Philosoph Thomas Metzinger wies vor etlichen Jahren in seinem provokanten Buch *Der Ego-Tunnel* nach, dass es so etwas wie ein Ich oder Selbst als autonomer und eigenständig steuernder Instanz gar nicht gibt. Wir leben vielmehr in einem virtuellen System, in dem unsere Vorstellungen von uns selber und der Welt lediglich Konstrukte sind. Das virtuelle Tunnel-System scheint notwendigerweise so „dicht" bzw. so „transparent" zu sein, dass wir nicht merken können, dass wir uns in einem solchen befinden. Und dabei scheint es paradox zu sein: Gerade unser Nicht-Wissen bzw. Nicht-Bemerken, dass wir uns in einem virtuellen Raum befinden, scheint eine Voraussetzung dafür zu sein, dass unser Bewusstsein und das damit verbundene Ich-Selbst-Erleben überhaupt optimal seine Funktion ausüben kann.

Zusätzlich erkennen wir heute durch indirekte Wahrnehmungs- und Beobachtungsprozesse im Gesamtsystem des Menschen einen gewaltigen unbewussten Bereich, der die Basis aller ins Bewusstsein tretenden Phänomene ist.

Damit werden viele Annahmen der Tiefenpsychologen zum Teil bestätigt und aber auch neu konzipiert. Die unbewussten Dynamiken verlaufen zu unserem Glück großenteils in halb- oder vollautomatischen, sich selbst organisierenden Routinen. Weitgehend unbewusst arbeiten auch die unzähligen Beeinflussungen, die den bewussten Teil unterschwellig mitsteuern und z. B. vergessenes Erleben aus unserem bisherigen Leben enthalten.

Interessant ist auch der Vorgang des Erinnerns eines früher erlebten Geschehens. Wird z. B. durch ein Gespräch ein Bezug zu einem früher Erlebten, aktuell aber vergessenen Geschehen hergestellt, wird nicht etwa die frühere Speicherung fotografisch genau wieder aufgerufen, sondern die alten Speicherungen dienen als Unterstützung für die neuen Eindrücke und beides zusammen ergibt eine neue Gesamtspeicherung. Dieser Vorgang erklärt gut die allgemeine Wahrnehmung, dass man sich weiteres Wissen in einem gut bekannten Interessengebiet sehr viel besser merken kann, als wenn es um eine völlig neue und unbekannte Sachlage geht.

Expertenwissen lässt sich gut ausbauen. Eine gute Sache auch für ältere Leute. Sie haben naturgemäß sehr viele solcher ausbaufähigen Bezirke im Gehirn gespeichert.

Was natürlich auch unbewusst in uns sehr wirkungsvoll mitarbeitet, ist das aus der Evolution Mitgebrachte, was C. G. Jung bekanntlich als „archetypisch" bezeichnet. Einen ganz großen Sprung nach vorne hat die Entdeckung und dann Erforschung der DNA vor einigen Jahrzehnten auf diesem Gebiet gebracht. Es geht dabei durchaus nicht nur um die körperlichen Erbprozesse, sondern auch um die Weitergabe von psychischen Funktionen und Mustern aus unserer evolutionären Ahnenreihe. Dies ist ein sehr gutes Beispiel dafür, wie durch neue Erkenntnisse der Naturwissenschaften Türen aufgehen können, die neue Fragen ermöglichen. Wie soll man etwas Sinnvolles über die Entstehung eines Menschen und den Sinn des Lebens sagen können, wenn man von den Gesetzmäßigkeiten, auf denen sie beruhen, keine wirkliche Ahnung hat? Ich vermute, dass es noch sehr viele solcher Türen zu öffnen gilt, ehe wir von einer einigermaßen adäquaten Beschreibung unserer Existenz sprechen können.

Relativierung des Ich

Die Postulierung, dass wir ausschließlich in subjektiv konstruierten Wahrnehmungen leben, beantwortet auch die oft gestellte Frage, wie denn die „wirkliche Wirklichkeit" „objektiv" aussieht. Wir können es nicht wissen, denn alles. was wir uns vorstellen können, ist subjektiv, ist konstruiert von unserem Gehirn. Es sind alles „Gehirnformate". Sogar die Vorstellung von einem Ich, wie wir gesehen haben.

Diese Form der Betrachtung führt direkt zu einem weiteren wichtigen Bestandteil meines heutigen Denkens, der Relativierung des Ichs. Im naiven realistischen Denken erleben wir eine im Wachbewusstsein bestehende, fast nicht hinterfragbare Ich-Instanz, um die sich unser gesamtes Erleben dreht. Das Ich erscheint uns als der Kapitän des Lebensschiffes. Er fühlt sich als Lenker und Denker und ist für alles verantwortlich. Im Konstruktivismus wird die zweifellos sehr wichtige Funktion des Ich-Erlebens aber relativiert. Der Ich-Bereich wird, wie alle Wahrnehmungen des Erlebens, als eine durch Gehirnprozesse konstruierte Instanz, als Teil des Gesamtsystems, verstanden.

Diese neue, völlig andere Art der Betrachtung der Funktion des Ich-Bewusstseins, führte bei mir zu einer großen Befreiung in allen Fragen, die das Denken um unsere Existenz betreffen. Es kam mir vor, als ob eine eigentlich untragbare Last von meinen Schultern genommen wurde, denn ich stand immer unter dem Druck, aus meiner kleinen Ich-Perspektive etwas über den Prozess zu sagen, der mich nach einer unvollstellbar langen evolutionären Zeit gerade eben erst hervorgebracht hatte.

Wie immer hat der Gewinn aber auch seinen Preis. Die bisher eingebildete Souveränität meines erlebten Ichs ging verloren. Das erschien mir anfangs als ziemlich schwierig, bis ich merkte, dass alles genauso gut, wenn nicht sogar besser lief, wenn ich diese Vorstellung losließ. Bewusstsein und Ich-Erleben sind etwas Großartiges – möglicherweise der bisher größte Schritt in der menschlichen Evolution – aber sie sind nicht der Steuermann. Der Steuermann oder die Steuerfrau ist das Gesamtsystem. C. G. Jung hätte wohl *Selbst* dazu gesagt.

Trotz aller Erfolge der Psychologie und Hirnforschung – wie die konstruktivistische Wahrnehmung unserer gesamten Bewusstseinswelt und die Relativierung der Ich-Instanz, um nur zwei Glanzlichter zu nennen – , bleibt ein zentrales Problem: Wie ist es möglich, dass ein scheinbar „materielles" Gehirn scheinbar „geistige" Bewusstseinsprozesse hervorbringt. Für Philosophen, Psychologen und Hirnforscher scheint das „des Pudels Kern" aller Fragestellungen zu sein, und es gibt noch keine rechten Antworten.

Es deutet sich für mich an, dass es sich bei unserer Unterscheidung von „materiell" und „psychisch" oder „geistig" vielleicht aber um ein Scheinproblem handelt, das damit zusammenhängt, dass wir auf einer bestimmten Stufe unserer Erkenntnismöglichkeiten darauf angewiesen sind, unser Welt- und Selbsterleben durch polar angeordnete Begrifflichkeiten zu beschreiben. Das ahnte wohl schon der alte Jung bezüglich des Leib-Seele-Problems:

> Das eine ist das andere, und der Zweifel befällt uns, ob nicht am Ende diese ganze Trennung von Seele und Körper nichts sei als eine zum Zwecke der Bewußtmachung getroffene Verstandesmaßnahme, eine für die Erkenntnis

unerläßliche Unterscheidung eines und desselben Tatbestandes in zwei Ansichten, denen wir unberechtigterweise sogar selbständige Wesenheit zugedacht haben. (C. G. Jung, GW 8, § 619)

Das Scheinproblem entsteht wohl auch dadurch, dass wir zu viele falsche Annahmen unsere Existenz im Kopf herumtragen und deshalb die richtigen Fragen noch nicht zu stellen vermögen. Die wissenschaftlichen Forschungen müssen tiefer in den Sachverhalt eindringen, damit eine zutreffendere Beschreibung zu den genannten Fragen formuliert werden kann. Die Tatsache, dass wir von vielfältigem Leben in allen denkbaren und undenkbaren Formen und Arten auf diesem Globus umgeben sind, deutet darauf hin, dass es sich dabei um einen grundsätzlich normalen Prozess handelt, der zu der uns umgebenden „wirklichen Wirklichkeit" zwanglos gehört. Er sollte natürlich, verständlich und selbstverständlich erscheinen – wenn wir ihn erst einmal richtig beschreiben können. Charles Darwin hat einen klugen und vermutlich richtigen Ansatz mit der Evolutionstheorie beschrieben. Ein Hinweis darauf ist gegeben, weil sie unterdessen doch schon eine gute Zeit besteht und sich immer mehr als passend erweist…

Wir sind dennoch Sinnsucher

Es erscheint mir höchst seltsam, dass wir einerseits mit unseren Forschungen so erfolgreich sind, andererseits aber keine Ahnung haben, welchen Gesamtsinn die ganze Veranstaltung des Lebens und der Welt haben könnte. Jedenfalls ist uns dieser bisher nicht offenbar geworden. Manche meinen, es sei ein Prozess ohne jeden tieferen oder höheren Sinn und Zweck. Er hätte sich einfach zufällig so ergeben. Mag sein. Aber wir befinden uns meiner Ansicht nach noch immer in einem Zustand des profunden Nicht-Wissens und Nicht-Verstehens unserer Existenz. Wir wissen nur, dass ein unvorstellbar komplexes Geschehen die Voraussetzung dafür ist. Wir, unser Ich-Bereich, ist aber ein Teil dieser unvorstellbaren Komplexität und nicht eine Instanz, die von einem souveränen Standpunkt aus einen perfekten Überblick über das Geschehen hat – keine gute Voraussetzung, um zu einer halbwegs zutreffenden Antwort auf die große Frage nach dem Sinn zu kommen. C. G. Jungs Schlusswort in seinen Erinnerungen „Ich existiere auf der Grundlage von etwas, das ich nicht kenne" ist mir lieber und lässt einiges offen.

Um aber nicht ganz und gar im Nichtssagenden zu bleiben, halte ich mich an die vielfach geäußerte Meinung, dass eine direkte Antwort auf die Sinnfrage zwar nicht möglich ist, dass es aber eventuell sinnvoll sein könnte, den Sinn im Leben eben im Leben und im Erleben zu sehen, weil es einfach nichts Anderes gibt. Den Sinn des Lebens könnte man dementsprechend darin sehen, dass wir „es", so gut es uns möglich ist, leben, „es" immer besser verstehen, dass wir uns gegenseitig darin unterstützen, unsere Potenziale zu entdecken und zu verwirklichen und uns wie dem ganzen Lebensprozess dabei nicht schaden.

In engem Zusammenhang mit der Sinnfrage steht die Überlegung, „für was es sich lohnt zu leben." Auch diese Frage scheint mir nicht direkt beantwortbar zu sein. Gäbe es eine befriedigende Antwort zur Sinnfrage, könnte man sagen, dass sich alles lohnt, was der Erfüllung dieses anerkannten Daseinszieles zuträglich ist. Weil ein solches aber nicht formuliert werden kann, müssen wir auf eine vorläufige Antwort ausweichen.

Quintessenz: Die Frage bleibt offen

Wenn wir von unserem natürlichen Empfinden ausgehen, scheint die Antwort recht klar. Lohnen tut sich alles, über was wir uns freuen können, was uns und anderen wohltut, uns stärkt, gesund hält, mit dem Leben und seiner Evolution übereinstimmt usw. Alles Gegensätzliche lohnt sich nicht, z. B. Leiden ertragen zu müssen, krank zu sein, verletzt zu werden, in Armut vegetieren zu müssen, gedemütigt zu werden, wichtige eigene Ziele nicht erreichen zu können, keinen Partner zu finden, zu sterben usw.

Diese einfache Antwort wird aber der Frage, für was es sich lohnt zu leben, nicht wirklich gerecht. Unter der konstruktivistischen Annahme, dass unser gesamtes bewusstes Erleben eine Eigenproduktion unseres Gehirns ist, gibt es für uns keine neutrale Instanz, die uns helfen könnte zu entscheiden, was sich für uns lohnt und was nicht. Bewusste und unbewusste Bereiche in unserem Gehirn treffen diese Entscheidungen gemäß ihrer jeweils gegebenen Situation, und das ebenfalls konstruierte scheinsouveräne Ich versucht im Rahmen seiner Möglichkeiten dieselben zu realisieren. Betrachtet man die diversen Lebensläufe der Völker, der Menschen und vielleicht auch den eigenen, dann hat man nicht den Eindruck, dass dabei immer das herauskommt, für was es sich lohnt zu leben.

Weil ich dieser Art der Betrachtung zuneige, habe ich keine formulierbaren „basalen Ratschläge" für andere Menschen und auch nicht für mich. Ich versuche allerdings, eine grundsätzlich positive Einstellung zum Lebensprozess insgesamt zu behalten. Auch wenn die vorstehend beschriebenen Einschränkungen bestehen, können wir unsere Existenz dennoch auch als großartig, wunderbar, ein Geschenk, Glücksfall etc. empfinden und betrachten. Die Tatsache, dass ich mein ganzes Leben lang darum bemüht war, es auch zu verstehen, ist der Beweis, dass es mir sehr wichtig war und ist. Diese grundsätzlich positive Einstellung führt mich dazu, dieser „Grundlage von etwas, das ich nicht kenne" soviel Aufmerksamkeit zu widmen, wie es mir möglich ist. Es ist eine Art von Sich-Einfühlen, von Erahnen-Wollen und natürlich immer von Versuchen zu Verstehen.

Diese Bemühung, die eigene Existenz als den kleinen Teil eines gewaltigen, großartigen, überraschenden und andauernden Prozesses zu sehen, der vor undenklich langer Zeit begonnen hat und wohl noch weitere unvorstellbar lange Zeit vor sich hat, führt mich nun im Alter auch zu einer gewissen Gelassenheit in Bezug auf die offen gebliebenen Fragestellungen. Es ist normal, dass es so ist. Der derzeit erreichte Stand der Forschung wird sich verändern und diese Veränderungen müssen nicht bekämpft und nicht bedauert werden. Alle Denkhorizonte können offen bleiben und die Menschheit wird eines Tages auch die richtigen Fragen stellen können, die dann zu befriedigenden Antworten führen werden. Ob es dahinter dann wieder neue Fragen gibt, bleibt offen.

Eine kleine Parabel fällt mir ein aus meiner Zeit, als ich die ersehnten Weisheiten im fernen Osten gesucht habe: Ein eifriger Sucher nach dem Garten der Erleuchtung findet denselben tatsächlich nach langer Bemühung und Wanderung. Der Garten ist aber von einer hohen Mauer umgeben, die nur an einer Stelle durch ein starkes eisernes Tor unterbrochen ist. Er lässt sich davor nieder und wartet darauf, dass ihm der Wächter die Türe öffnet. Er wartet und wartet, aber nichts geschieht. Schließlich stirbt er und findet sich zu Füßen des Allmächtigen wieder. Sofort hebt er zu einer Klage darüber an, dass er so lange und vergeblich auf seine Erleuchtung warten musste. Gott (darf sich nach persönlichem Geschmack vorgestellt werden) hört sich seine Rede an und meint dann: „Das Tor war nicht verschlossen."

Damals habe ich mir vorgenommen, mein Leben nicht mit Warten zu verbringen, und ich bin froh darüber. Die religiösen und idealistischen Überzeugungen meiner jungen Jahre haben sich als nicht tragfähig erwiesen und mussten aufgegeben werden. Projektionen mussten zurückgenommen werden. Die dafür erarbeiteten neuen Annahmen sind keine sicheren Überzeugungen mehr, sondern weit mehr nur noch offene Fragen. Aber es ist für mich doch auch befriedigend, dass ich nach einer lebenslangen Suchwanderung zu einer recht ähnlichen Einstellung gefunden habe, wie viele andere Menschen, die sich auf dem gleichen Weg befunden haben.

Franz Xaver Jans-Scheidegger, Jahrgang 1943, Adligenswil (Luzern).
Dipl.-Theologe und Analytischer Psychotherapeut in eigener Praxis.
Lehrtherapeut und Supervisor am Internationalen Seminar für
Analytische Psychologie (ISAP). Kontemplationslehrer, spiritueller
Leiter des Kontemplations- und Begegnungshauses VIA CORDIS-
Haus St. Dorothea
in CH-Flüeli-Ranft in der Nähe von Luzern.
Homepage: viacordis.net

Veröffentlichungen u.a.:

Schleicher, J., Jans-Scheidegger, F.-X. & Hoeg, T. (Hrsg.). (2014). *Mystik im Aufwind: Begegnung zwischen jüdischer und christlicher Mystik*. Münsterschwarzach: Vier-Türme.

Jans-Scheidegger, F.-X. (2002). *Worte – geboren aus Schweigen: Wegweiser in die Kontemplation*. München: Kösel.

Jans-Scheidegger, F.-X. (1994). *Das Tor zur Rückseite des Herzens: die große Rad-Vision des Nikolaus von Flüe als kontemplativer Weg*. Münsterschwarzach: Vier-Türme.

Franz-Xaver Jans-Scheidegger

Die Wirklichkeit hinter den „Wirks"

Es gibt eine Realität, die hinter den Erscheinungen von Raum und Zeit existiert und in das Erleben der jeweiligen Begrenzungen hineinwirkt. In dieser Aussage begegnet mir die Quintessenz meiner Erfahrung von Leben und lädt mich ein, dieses in seinen unterschiedlichen Erscheinungsweisen als einen ständigen, vernetzten, schwebenden Wandlungs- und Umgestaltungsprozess wahrzunehmen. Dieser wurzelt in einer Dynamik des Lösens und Verbindens, die das personale Bewusstsein zu einer konkreten Stellungnahme im Sinne einer Anreicherung und Ganzwerdung einlädt. Wer sich diesem Geschehen stellt, dient der eigenen Selbstentfaltung und jeder menschlichen Gemeinschaft durch die Aktivierung eines morphogenetischen Feldes, das durch jedes persönliche Bemühen angereichert wird und einen universellen Sinnzusammenhang spiegelt. In meinen Ausführungen werde ich diese Sichtweise mit „Blitzlichtern" aus meinem Leben beleuchten. Natürlich dürfen die Lesenden dieses Beitrages meine Erfahrungen mit ihrem eigenen Erleben amplifizieren...

Initiation in Lebensdimensionen

Seit meiner frühen Kindheit beschäftigen mich Erlebnisse, die parallel neben der sogenannten Alltagswirklichkeit liegen. Schaue ich zurück in meine Vergangenheit, umkreist mein Leben spiralförmig diese Achse eines Sinnzusammenhanges in meiner Auseinandersetzung mit den Erscheinungen in Raum und Zeit. Die Verwobenheiten und Vernetzungen weckten mein bewusstes Interesse seit meinem zweiten und dritten Lebensjahr. Ich erinnere mich an Erlebnisse beim Einschlafen in meinem Kinderbett. Plötzlich schwebte ich unter dem Dachvorsprung und konnte die Obstbäume unserer Liegenschaft aus der Vogelperspektive betrachten; auch leuchteten das Gras und die Sträucher in unterschiedlichen Farben. Anderntags erzähle ich dies den Erwachsenen. Nur meine Großtante, die bei uns den Lebensabend verbrachte, wusste mit meinem Erlebnis etwas anzufangen. Die Anderen waren überzeugt, dass ich geträumt habe oder sonst fantasiere. Für mich habe ich damals beschlossen: „Ich sage nicht mehr alles, was ich weiß, aber mit meiner Großtante kann ich alles besprechen..." Auch in meinem späteren Leben begegneten mir an Schaltstellen meines Lebens Frauen und

Männer, die einen Durchblick in eine Mehrdimensionalität der konkreten Existenz hatten. Sie eröffneten mir Sichtweisen, die meine Lebenshorizonte anreicherten und in mir eine Grundhaltung des Staunens weckten.

Diese Großtante, die für mich wie eine „große Mutter" neben meiner leiblichen Mutter war, gab mir mit fünf Jahren eine kindgemäße Hinführung zum Vorgang des Sterbens als einen Durchgang von einer Existenz in eine andere. Diese Unterweisung ein halbes Jahr vor ihrem Tod blieb für mich die Initiation in unterschiedliche Lebensdimensionen. Das Sterben war nicht mehr mit Schrecken verbunden. Sie hat mich animiert, solche Durch- und Übergangserfahrungen bis heute von verschiedenen Seiten her zu betrachten und zu studieren.

Erste Begegnungen mit Träumen und Synchronizitäten

Schon in der frühen Jugendzeit erzählten wir uns gegenseitig die Träume. Nach einem Besuch der Wohnstätten von Niklaus von Flüe (Bruder Klaus), kurz nach seiner Heiligsprechung im Sommer 1948, ich war gerade fünfeinhalb Jahre alt, erlebte ich ein Traumgeschehen, das mich tief berührte und bis heute eine Grundausrichtung in meinem Leben initiiert hat. Damals lud mich mein Taufpate zu einem Besuch der Wohnstätte von Bruder Klaus ein. Auf der Autofahrt nach Sachseln wurde mir kotzübel. So beschlossen wir, dem Stationenweg entlang zu Fuss aufwärts nach Flüeli-Ranft zu gehen, damit ich wieder Farbe im Gesicht bekommen würde, wie er sich ausdrückte. Wir wanderten auf dem Waldweg, der wie eine Baumgalerie direkt zu einem Freilichtaltar führt. Dort steht über dem Altar auf einem Sockel eine große Statue des segnenden Bruder Klaus. Seine Gestalt beeindruckte mich tief und meine Übelkeit wich der Faszination für dieses Standbild. Beim anschließenden Gang in die Ranftschlucht hat mich das Tosen der Melchaa ebenso erstaunt wie die Klause des Eremiten. In der kommenden Nacht träumte ich, wie Bruder Klaus meine Hand fasste und freundlich sagte: „Ich will dir etwas zeigen!" Er ging mit mir hinter den Freilichtaltar zu einem Tor, das in den Berg hineinführte. Aber bevor er dieses öffnete, verschwand er wieder auf den Sockel…

In den siebzig Jahren nach diesem Traum hat er mir viel gezeigt und mich manches gelehrt, was den kontemplativen Weg betrifft, besonders auch unter dem Aspekt der alchemistischen Wandlungsprozesse: „Was hindert und was fördert die Ganzwerdung des eigenen und kollektiven Menschseins?" Damit wurde in mir ein Impuls auf den Weg gebracht, der sich in der Auseinandersetzung mit der Frage des Lösens und

110

Verbindens auf dem Weg der Individuation immer wieder neu stellt. Später habe ich Dutzende Seminare zu dieser Problematik in Flüeli-Ranft begleitet, besonders auch unter dem Akzent der „Via purgativa" (Klärungs- und Reinigungsprozess) auf den spirituellen Wegen der unterschiedlichen mystischen Traditionen. Es ist letztlich eine Form der Schattenintegration, welche auch die Klärung der gegengeschlechtlichen Seelenbilder im Leben eines jeden Menschen beinhaltet.

Mein jüngerer Bruder und ich staunten über Synchronizitäten und Spukphänomene. Auch wenn die Erwachsenen unser Erleben oft anders interpretierten, machte uns dies wenig Eindruck. Es war uns geschenkt, einen Zugang zur „Anderswelt" zu bewahren. Die Begegnung mit einem Rutengänger, der für sein Dorf die Wasserquellen mutete, die heute noch für die Bewohner fließen, bestärkte uns in den eigenen Erfahrungen des „Übernatürlichen". Wir begannen in unserer Jugendzeit ebenfalls mit Pendel und Rute mit einigem Erfolg zu üben im Wissen der eigenen Begrenztheiten. Eine Klärungshilfe waren die Untersuchungen zum „siderischen Pendel" (Das „wissenschaftliche" Gegenstück dazu ist das „mathematische" Pendel.). Später habe ich meine Diplomthesis am C. G. Jung-Institut zum Phänomen des Pendelns und Rutengehens geschrieben. Bis es soweit war, brauchte es noch manche Umkehrbewegungen im Labyrinth meines Lebens. „Wie erlange ich mehr Erkenntnisse anderer Welten?", kristallisierte sich zur zentralen Frage. Mein religiös-katholischer Hintergrund reicherte sich an durch zusätzliche Erfahrungen aus den unterschiedlichen Religionen, auch durch den Kontakt mit Menschen, denen mystische Erfahrungen geschenkt worden sind. Mit elf Jahren wurde ich in ein weltanschauliches, offenes Gymnasium „gesteckt", weil der Primarlehrer in unserem Dorf sich mit mir überfordert fühlte. Diese Zäsur in meinem jungen Alter trennte mich von meinem Leben mit der Großfamilie, mit den Kleintieren, Bienen, Baumplantagen und den familieneigenen Waldgebieten.

Eintritt in neue Welten: Yoga, Kontemplation und Symbolik

Dieses Vakuum durfte ich durch eine „zufällige" Begegnung mit einem Buch ausfüllen. Die Frage, ob es noch weitere „unsichtbare" Bereiche der Wirklichkeit gibt, die einen bestimmenden Einfluss auf mein konkretes Leben hatten, trat in neuer Schärfe in den Horizont meines Bewusstseins. Ein Taschenbuchprospekt kam mir in die Hände, der mich auf den meditativen Weg des Yoga verwies. Mit dem Buch von J. N. Déchanet *Yoga für Christen* begann ich einen täglichen Übungsweg. Durch diese Einführung wurde mir eine Spur in die vergleichende Religionswissenschaft und ihre mystischen Versenkungswege gelegt. Die Asanas (Körperhaltungen) empfand ich als Zugang zu symbolischen Ausdrucksformen, die sich in meiner Körperhaltung spiegelten.

In der zweiten Gymnasialklasse fand eine Einkehrzeit mit einem Seelsorger und Professor für vergleichende Religionswissenschaft statt. Da ich sehr wissbegierig war, gab er mir einige Informationen zu meinem Yogaweg und sagte mir: „Es gibt in der Yoga-Tradition den Bhaktiyoga (Yoga der liebenden Hingabe). Die Körperstellungen sind ursprünglich Buchstabenübungen, die das kosmische Alphabet in den jeweiligen Körperhaltungen ausdrücken. Jeder Buchstabe ist ein Symbol für eine bestimmte Grundbefindlichkeit." (Ca. vierzig Jahre später erklärte mir ein indischer Lehrer, Guru der Bhaktiyoga-Tradition, der bei uns für einige Tage auf Besuch weilte, den gleichen Sachverhalt.) Ein analoger Weg dazu sei in der abendländischen christlichen Tradition der Hesychasmus (vgl. das Jesus-Gebet als mantrischer kontemplativer Weg des Westens in der Centurie des Calistos und Ignatius).

Das waren für mich vorerst interessante Informationen. Ich wünschte aber ebenso sehr einige Ausführungen zu Kundaliniyoga. Er meinte dazu, dies sei noch ein wenig zu früh für mich. Es könne hilfreich sein, wenn ich mich mit der Symbolik der Äskulapschlange gründlich auseinandersetzen würde. Beim Abschied sagte er mir: „Wenn du Fragen hast, kannst du dich zu jeder Zeit bei mir melden." Zum Abschied schenkte er mir die Herder Taschenbuchausgabe *Aufrichtige Erzählung eines russischen Pilgers* (Hrsg. Emmanuel Jungclaußen). Er empfahl mir meine Yogakörperhaltungen immer mit einer mantrischen Form des Herzensgebetes zu verbinden. „Herzensgebet ist die Einbettung in den Klang der Urgeborgenheit, der aus der Mitte des Menschseins ertönt", erklärte er mir. Das blieb für mich vorerst ein Buch mit sieben Siegeln.

Einige Jahre später entdeckte ich, dass dieser Uniprofessor auch ein spiritueller Lehrer des Hesychasmus war, also ein echter Starez des Herzensgebetes, und dazu ein Mitgründer des C. G. Jung-Institutes in Zürich. Er blieb zwölf Jahre bis zu seinem Tode und darüber hinaus mein Lehrer. Damit war ich auf die Spur des kontemplativen Hesychasmus verwiesen und gleichzeitig auf die vergleichende Symbolkunde, denn die Schlange ließ mich auch nicht mehr in Ruhe. In einem Lexikon suchte ich einen Beitrag zur Symbolik der Schlange. Dieser befriedigte mich aber gar nicht. In der Fußnote entdeckte ich einen Hinweis auf weiterführende Literatur von einem gewissen C. G. Jung mit dem Titel *Symbole der Wandlung*. Sofort spürte ich: Das ist ein ganz wichtiges Buch für mich. Nach einem halben Jahr hatte ich das gesparte Sackgeld beisammen und bestellte mir beim Walter Verlag dieses Buch.

Obwohl ich erst dreizehn Jahre alt war, faszinierten mich total die Ausführungen dieses C. G. Jung. Einer meiner Lehrer wollte mich von meiner Lesegier „befreien" und meinte, ich sei noch zu jung für diese Art der Literatur. Bei einer späteren Klassenzusammenkunft sagte mir dieser bereits pensionierte Gymnasiallehrer, ich hätte ihm geantwortet: „Wenn Jung ‚Jung' heißt, bin ich nicht zu jung für diesen ‚Jung'!" So las ich „meine Symbole der Wandlung" in Ruhe zu Ende. Diese Lektüre eröffnete mir einen gewaltigen Symbolhorizont, der sich noch immer weitet und anreichert. Bald galt ich unter meinen Mitschülern am Gymnasium und später auch unter den Studierenden an der Universität als „Traumdeuter". Mir selber öffneten die Träume einen weiteren Zugang zu einer Wirklichkeit hinter der Alltagswirklichkeit. „Welches ist nun die wahre und echte Wirklichkeit?", diese Frage beschäftigte mich ununterbrochen weiter und ließ mich einmal mehr an die Decke hinauf schweben...

In unterschiedlichsten Sportarten war ich erfolgreich und beteiligte mich auch an den Meisterschaften der Internatsgymnasien: Leichtathletik, Fußball, Handball, Hockey usw. Doch meinen Wettkampfaktivitäten wurde durch zwei Ereignisse ein Riegel vorgeschoben. Beim Skifahren brach ich das Fußgelenk und hinkte monatelang an den Krücken, bis ich wieder aufrecht gehen konnte. Ich hinkte damals einem Teil meiner jugendlichen Potenziale nach. Als ich wieder Fußball spielen konnte und das Tor hütete, verfehlte ein gegnerischer Stürmer den Ball und verwechselte ihn mit meinem Kopf. Der harte Tritt mit dem Fußballschuh katapultierte mich in den Kosmos. Ich sah mich von oben regungslos auf dem Boden liegen, den Ball mit meinen Händen an die Brust gedrückt. Meine nächste Wahrnehmung war, dass ich an der Decke des Schlafsaales über den Betten schwebte und mich gleichzeitig auf meinem Bett liegen sah. Zudem konnte ich durch die Decke in den Kosmos blicken, was mich sehr verwunderte, weil am helllichten Tag die Sterne durch diese Öffnung hindurch leuchteten. Irgendwie gab es keine Zeit. Von meinem Blickpunkt durch das „Loch" an der Decke schwebte ich in einem raum- und zeitlosen Bewusstsein. Ich schwebte im ganzen Schlafsaal herum.

Als ich wieder zurück über meinem Bett ankam, hörte ich, wie der Arzt sagte: „Er hat eine schwere ‚Hirnverschüttung' und wird dann wieder zum Bewusstsein erwachen, lassen Sie zwei seiner Kollegen hier, die bei ihm wachen". Ich sah mich zwar da unten liegen, aber mich interessierte mehr der wunderschön in allen Farben leuchtende Kosmos über mir, der durch das Loch in der Decke in den Schlafsaal hinein strahlte. Plötzlich erlosch alles und es wurde ganz dunkel. Ich erwachte mit gewaltigen Kopfschmerzen auf meinem Bett. Einmal mehr fragte ich mich als junger Mensch: „Was ist wirklich ‚wirklich'?"

Studium, Familie und Ausbildung

Nach der Matura war mir meine Studienrichtung klar: Philosophische Anthropologie, anschließend mystische Theologie mit Schwerpunkt vergleichende Religionswissenschaft und Symbolkunde. Ich wollte ja der hintergründigen Dimension auf die Spur kommen. Mein immer noch gleicher spiritueller Lehrer des Hesychasmus fand diese Wahl auch stimmig für mich. Aber eben... Die Nornen, Parzen und Moiren, oder wie „sie" alle heißen, stellten meine Planung total in Frage. Mein Vater starb mit sechsundfünfzig Jahren an einem Herzinfarkt. Ich musste mein begonnenes Studium für ein Jahr unterbrechen, um unseren Obst-Landwirtschaftsbetrieb, der auch z. T. ein kantonaler Staatsbetrieb war, wieder in einen privaten Betrieb zu überführen. Meine jüngste Schwester war gerade elf Jahre alt und alle anderen noch lebenden Geschwister in der Ausbildung. Wiederum kurz nach der Beerdigung des Vaters erlebte ich einen wegweisenden Traum:

Eine leuchtende Gestalt schwebt durch das Fenster meines Schlafzimmers, stellt sich neben mein Bett, bringt mich stützend in eine sitzende Haltung und zeichnet mir ein Lichtkreuz auf meinen Rücken. Dann weist sie wortlos auf den Gemüsegarten vor unserem Wohnhaus und die dahinter liegende Obstplantage. Aus ihrer Hand gehen Strahlenblitze und lassen die beiden Orte eine kurze Zeit aufleuchten. Dann entfernt sie sich wieder schwebend durch das gleiche Fenster, durch das sie eingetreten war, entschwindet leuchtend über dem Garten und der Obstanlage. Ich starre sitzend zum Fenster hin und erwache in dieser Haltung mit einem sanften, brennenden Schmerz in meinem Rücken.

Ich sank zurück in einen tiefen Schlaf und erhob mich ziemlich benommen am nächsten Morgen. Eines war mir deutlich klar: Du musst dein Studium und deine Aufgabe für deine Geschwister und die noch schockierte Mutter in ein Gleichgewicht bringen. So wurde ich ein „Werkstudent". Die eine Hälfte des Tages besuchte ich die Vorlesungen an der Hochschule, in der anderen besorgte ich die nötigen

Arbeiten auf dem Obstbaubetrieb. Es begegnete mir viel Unterstützung von meinen Mitstudierenden, besonders bei der Obsternte. Auch meine Professoren erlaubten mir, alle verlangten Seminararbeiten aus dem Bereich der vergleichenden Symbolkunde zu verfassen. Nach dem Philosophiestudium verstarb auch „mein" langjähriger Starez.

Dadurch war aber unsere Beziehung nicht beendet sondern ging auf einer anderen Ebene weiter. In kritischen Situationen des späteren Lebens tauchte er in meinen Träumen auf und gab mir Wegweisung. Das geschah auch nach der ersten Begegnung mit meiner Lebenspartnerin. Ich sah sie auf einer Treppe stehen. „ES" durchfuhr mich wie ein Blitz: Diese junge Frau wird meine Lebenspartnerin! In der Nacht hörte ich (s)eine Stimme, die schlicht sagte: „Du hast gewählt! Punkt!" Auch für meine spirituelle Wegsuche begegneten mir neue Gestalten, die für mich wichtig wurden: Edith Stein, Theresa von Avila, Paul Tillich, Karl und Hugo Rahner, der Zenmeister P. Enomiya Lassalle, der mich später in der Zen-Tradition schulte, und besonders auch Meister Eckhart, Hildegard von Bingen und ganz zentral Niklaus von Flüe mit seinem Meditationsmandala.

Kurz vor Abschluss meines Uni-Studiums war ich nicht sicher, ob ich noch eine Dissertation schreiben soll. „Vorsichtshalber" meldete ich meinen Wunsch zu dissertieren bei einem Professor für Judaistik an. Zuvor ließ ich mich am Institut für angewandte Psychologie in Zürich auf meine Eignungen und Neigungen testen. Es ergab ein völlig paradoxes Resultat. Der Testpsychologe empfahl mir, eine Lehranalyse bei Analytikerinnen des C. G. Jung-Institutes zu beginnen und mich weiterhin in die vergleichende Religionswissenschaft und Symbolkunde zu vertiefen. „So können Sie in Ihrem künftigen Leben mit den Begabungen wirken, die Ihnen geschenkt sind, weil Sie nach Außen in einer anerkannten Persona auftreten (Tiefenpsychologie und Theologie)", meinte er ziemlich kurz angebunden. Nach meinem Universitätsdiplom bewarb ich mich sofort am C. G. Jung-Institut in Zürich und erhielt einen Studienplatz. Meine Suche nach der hintergründigen Wirklichkeit ging weiter. Ich hatte den „Stein der Weisen" noch nicht gefunden, aber einen anderen, auf den mich wieder ein Traum hinwies:

Ich stehe auf einem großen Platz, auf dem ein schönes Standbild aufgerichtet ist. Ich werde erwartet. Da kommt ein Hinkender auf mich zu und trägt in seiner Hand einen seltsamen Gegenstand. Er begrüßt mich freundlich, kehrt sich um und schleudert diesen

Gegenstand auf diese Statue, die unter der Wucht des Wurfes in zahllose Stücke zerfällt.
Dann hinkt er auf den Schutthaufen zu, holt unter diesem einen Hammer hervor und
weist auf einen Felsblock hinter mir, gibt mir den Hammer und sagt ganz schlicht:
„Arbeit wartet auf dich!" Dann hinkt er über den Platz davon. Als ich den Felsklotz
näher betrachte, sehe ich, dass dieser eine angedeutete, menschliche Form zeigt, die
sich nach Bearbeitung sehnt. Am Boden neben dem Klotz liegt ein Meißel. Ich denke:
„Dieser gehört zum Hammer" und erwache mit dem Satz: „Und jetzt beginnt die
Arbeit am Stein neu!" Ich bin erstaunt, dass ich total aufgerichtet in meinem Bett sitze.

In dieser Zeit der analytischen Weiterbildung heiratete ich. Innerhalb von vier Jahren wurden wir Eltern von drei Töchtern. Die Animation durch „meine" vier Frauen wurde zu einer echten Herausforderung für meine inspirative männliche Seite. Sie spiegelte sich auch in meiner Auseinandersetzung mit der Alchemie und die damit verbundene Aktive Imagination, die zu einem zentralen Forschungsgebiet meiner therapeutischen Tätigkeit wurde. Es öffneten sich neue Tore in der Begegnung mit der „Anderswelt" und gleichzeitig spitzte sich die Frage zu: Welche Wirklichkeit geht mich und die von mir begleiteten Menschen unbedingt an? Wie zeigt sich dieser Hintergrund des Lebens oder wie lässt sich „diese Wirklichkeit" erspüren, wo ich keine Bedingungen mehr stelle, und wie wirkt „SIE" sich im konkreten Alltag aus?

C. G. Jung gab mir zwar dazu eine Hilfestellung mit seiner Aussage: „Wirklich ist, was wirkt." Dieser Satz löste in mir weitere Fragen aus und brachte mich tiefer in die Auseinandersetzung mit der Mystik. Da gibt es einen Ausspruch von Meister Eckhart (Predigt 15), der für mich zu einer Grundausrichtung meiner persönlichen und therapeutischen Arbeit geworden ist: „Wer kommen will in Gottes Grund, in sein Innerstes, muss zuvor kommen in seinen eigenen Grund, in sein eigenes Innerstes, denn niemand kann Gott erkennen, er muss zuvor sich selbst erkennen."

Selbsterkenntnis heißt für mich „Wahrnehmung der eigenen Potenziale" und bleibt stets verbunden mit der Integration der Schattenanteile. „Ich soll mich mit der Symbolik der Äskulapschlange auseinandersetzen", empfahl mir damals mein spiritueller Lehrer. Ziemlich genau zwanzig Jahre später nach diesem Hinweis zu Beginn meiner analytischen und therapeutischen Arbeit, erwachte ich aus einem sehr berührenden Traum mit dem Wort: „Äskulapschlange"! In damaligen Traumerleben bat mich eine Riesenschlange, ihre fünf Jungen zu füttern, was ich auch mit viel Mitgefühl tat.

Berufliche Tätigkeit und neue Tore in die Anderswelt

Bei der Betrachtung dieses Traumes sagte mir mein Analytiker: „Jetzt ist es Zeit, dass Sie eine eigene therapeutische Praxis eröffnen." Die Aussage von Meister Eckhart: „...Niemand kann Gott erkennen, er muss zuvor sich selbst erkennen...", wurde in Verbindung mit der Frage: „Was heißt Analytische Psychotherapie nach C. G. Jung" zu meinem Koan der eigenen therapeutischen Arbeit in Hinblick auf die Individuationsbegleitung suchender Menschen. (Ein Koan ist in der Zen-Tradition ein paradoxer Satz oder eine paradoxe Geschichte, die eine Wirklichkeit hinter der Wirklichkeit anleuchtet und letztlich nur durch ein analoges Wahrnehmen und Denken einen Sinn ergibt. Wir finden solche Unterweisungen in allen spirituellen Traditionen, vgl. Apophthegmata der Wüstenmütter und -väter in der christlichen Tradition.)

Ich ging auf Spurensuche und begegnete dem Meditationsmandala von Bruder Klaus (Niklaus von Flüe) in einer neuen Weise; es verband sich auch mit seiner Brunnenvision. In der Kombination von beidem entdeckte ich einen Wandlungsprozess, wie er mir ebenso in den sieben Transformationsstufen der Alchemie begegnet ist, und mir einen einsichtigen Weg für suchende und verletzte Personen in der gegenwärtigen Zeit eröffnet hat.

So zog ich dann mit meiner Familie nach Luzern, weil dort ein großer Mangel an analytischen Therapeuten herrschte. Innerhalb kurzer Zeit war meine Praxis mit Suchtkranken überlaufen. Das entsprach nicht unbedingt meiner „Vision" der analytischen Arbeit. Einer der ersten betreuten Fixerinnen sagte: „Eines sag ich dir: Erstens habe ich kein Geld, um irgendeine Therapie zu bezahlen, und zweitens bin ich ein seelenpflege-bedürftiger Junkie, der von dieser gottverdammten Sucht wegkommen will." Damit wir auch mittellosen Menschen Hilfe anbieten konnten, eröffneten meine Frau und ich in Zusammenarbeit mit einer Apothekerin, einem Arzt und dem Sanitätsdepartement des Kantons ein Dropin für harte Fixer. Daraus entstand das „Drogen Forum Innerschweiz" mit allen Stationen einer Therapiekette und mein Einsatz für die Gründung des schweizerischen Psychotherapeutenverbandes.

Die Träume und Imaginationen dieser Suchtkranken mit ihrer Symbolwelt weckten mein besonderes Interesse. In den gemeinsamen Einzel- und Gruppengesprächen fühlten sie sich in ihren „Anderswelten" (Drogenhalluzinationen) ernstgenommen und ebenso im Erleben von Synchronizitäten, die ihnen erstaunlich häufig widerfuhren. Ihre Spontanzeichnungen wurden für mich eine Einladung, die zugrunde liegende Raumsymbolik genauer zu studieren und mit ihrer körperlichen Symptomatik zu vergleichen. Ich fand in den Darstellungen oft Parallelen zu Bildern von Meditierenden, die mich aufsuchten, um Klärung auf ihrem Weg zu finden. Weil ich auch meinen meditativen Weg vertiefte, wurde ich öfters von Meditierenden und Medtiationsanleitenden zu Weiterbildungen eingeladen, besonders in Hinblick auf den Umgang mit inneren Bildern. Dazu wurde mir Michael Grünwald und seine Sichtweise zur Interpretation von Spontanbildern ein wichtiger Wegweiser.

Zentral fand ich in der Auseinandersetzung mit der Aktiven Imagination und ihrer Symbolik ein „Tor" zu einer inneren Wirklichkeit. Diese Seminare wurden zu einem zweiten Standbein meiner therapeutischen Arbeit und wurzeln in zwei unvergesslichen Erlebnissen.

Eine Person, die seit vielen Jahren in einem meditativen Versenkungsweg übte, brachte mir eine ganze Reihe von gemalten Traumbildern, deren hintergründigen Sinn sie mit mir besprechen wollte. Ich hängte diese eingerahmten Malarbeiten in meinem Arbeitsraum auf, um sie bei der nächsten Intervision mit einem Analytiker und Maltherapeuten zu besprechen.

Als ich zwei Tage davor von einer Sitzung nach Hause kam, saß meine Frau mit den drei Kindern ziemlich verängstigt in der Stube mit der Botschaft: „Seit einer halben Stunde haben wir uns ins obere Stockwerk zurückgezogen, weil in deinem Arbeitsraum im Erdgeschoss ein fürchterlicher Lärm in Gang gekommen ist, obwohl du ja auswärts gewesen bist." Ich empfahl ihnen in der Stube zu warten, während ich mich in mein Büro begab. Was ich dort antraf, glich einem „alogischen" Chaos. Alle Bilder dieser Person lagen auf dem Boden, aber keine der Glasscheiben in den Bilderrahmen waren zerstört, auch steckten alle Aufhängevorrichtungen weiter in den Wänden. Seltsam, es tickte die abgestellte Stoppuhr, die ich für die Assoziationsexperimente benutze. Meine Armbanduhr zeigte 19.30 Uhr, die Stoppuhr zeigte 22 Minuten Laufzeit an, also kombinierte ich, dass die Bilder um 19.08 Uhr von den Wänden auf den Boden gestürzt waren. Wie die Stoppuhr auf dem Pult zu laufen begann, da sie doch abgestellt war, konnte ich mir an diesem Abend noch nicht erklären.

Ich beruhigte meine Familie mit dem Hinweis, dass die Bilder in meinem Büro von den Wänden gefallen seien. Meine Frau schaute mich „vielsagend" an... In der gleichen Woche fand in Zürich die Intervisionssitzung mit diesem Analytiker und Maltherapeuten statt. Alle anderen Teilnehmenden waren schon anwesend und gleichzeitig bedrückt, als ich eintraf. Nur einer fehlte: Der Maltherapeut, der sonst immer sehr pünktlich erschien. Ganz spontan sagte ich: „Herr XY ist gestern um ca. 19.10 Uhr verstorben", was sogleich von einem Kollegen bestätigt wurde. Einmal mehr war ich durch dieses Ereignis mit der „Anderswelt" konfrontiert worden.

Das nächste Erlebnis hat mir beinahe das Leben gekostet, wäre ich nicht durch eine gezielte Unterweisung darauf vorbereitet worden. Auf der Heimfahrt mit dem Motorrad von meiner Praxis in Luzern, hörte ich plötzlich jemanden sprechen, der scheinbar auf dem Rücksitz saß. Obwohl ich da niemanden sah, gab mir diese Stimme eine Reihe von Anweisungen, wie ich mich verhalten sollte, wenn dies oder jenes mit meinem Motorrad geschähe. Ich nahm „ES" gerne zur Kenntnis und schaute mehrmals hinter mich, aber niemand saß auf dem Beifahrersitz, obwohl ständig eine Stimme sprach. Am nächsten Tag bat mich meine Frau dringend, mein Motorrad nicht zu benützen. Ich hörte aber nicht auf sie, weil ich schneller am Ort sein wollte. Im Loppertunnel war die Geschwindigkeit auf 80 km beschränkt. So schnell fuhr ich denn auch.

Als ich das Tunnel passiert hatte, merkte ich, dass etwas mit dem Motorrad nicht mehr stimmte. Wieder hörte ich diese ruhige Stimme, die sagte: „Jetzt musst du den Lenker festhalten und darfst ihn nicht loslassen!", und schon flog ich mit dem Motorrad durch die Luft. Dann sah ich das Motorrad auf der Fahrbahn liegen, ich aber schwebte über diesem in einer ganz hellen „Luftraumlandschaft". Links vor mir verdichtete sich diese Helligkeit, rechts neben mir wurde diese Lichtatmosphäre irgendwie vernebelt. Neben mir, mehr rechts, stand eine Lichtgestalt und sagte mehrmals: „Du kannst wählen, du bist ganz frei!"

Die Helligkeit links zog mich gewaltig an. Das Wesen neben mir sagte noch einmal mit einer liebevollen Stimme und in großer Ruhe: „Du bist wirklich frei und darfst wählen!" Diese linke, leuchtende Seite hatte eine gewaltige Sogkraft. Gleichwertig tönte die Botschaft „Du darfst wählen!" gleichberechtigt im Raum. Da hörte ich plötzlich die Stimmen der Kinder: „Aber Papi, du hast uns doch versprochen, dass du heute früher zu uns kommst!" Ich blickte das Wesen neben mir an und sagte: „Ich habe „ES" den Kindern versprochen!" Die Gestalt nickte nur und löste sich im Licht auf.

Ich erlebte einerseits eine totale Freiheit und gleichzeitig eine totale Verantwortung. Beides habe ich nie mehr in dieser Intensität erlebt. Seither weiß ich, was Freiheit und Verantwortung wirklich bedeuten. Nach der Betonung: „Ich habe ‚ES' den Kindern versprochen!" sah ich mich von oben neben dem Motorrad auf der Fahrbahn liegen und wie ich mich irgendwie auf den Pannenstreifen robbte. Mit der Bekräftigung: „Ich habe ‚ES' den Kindern versprochen!", fand ich mich wieder unten auf der Autobahn.

Zwei holländische Motorradfahrer, die hinter mir fuhren, haben mir Erste Hilfe geschenkt. (Mit dem früheren Heimkommen war „ES" dann allerdings vorbei.) Das Festhalten der Lenkstange rettete mir das irdische Leben. In dieses Geschehen mischte sich die Erfahrung von totaler Freiheit und gleichzeitiger Verantwortung zu einer allumfassenden Einheit, die ich wie in einem anderen absolut geborgenem „Seins-Zustand" erlebte, obwohl ich einige Verletzungen davongetragen hatte. Die Kontrolle des Motorrades zeigte, dass jemand mein Vorderrad mit einem scharfen Messer angeschlitzt hatte, was bei einer bestimmten Geschwindigkeit das Platzen des Pneus verursachte...

Dem Lebenshauch dienen

Die Frage „Wie lässt sich dieser „geborgene Seins-Zustand" seelen-pflege-bedürftigen Menschen vermitteln?" beschäftigte mich in der Begleitung von psychisch verletzten und suchenden Personen immer wieder neu. Wie lässt sich dem Lebenshauch, also der heilenden Kraft, in einem Beziehungsgeschehen zudienen, wenn „psychoterapeuein" im ursprünglichen Wortsinn dem „Lebenshauch" dienen und nicht nur die „krankmachenden Seelenanteile" klären und ev. heilen bedeutet?

Exkurs 1: Worin zeigt sich der Kern einer therapeutischen Arbeit?

Eine Antwort findet sich in der ursprünglichen Bedeutung des Wortes „psychotherapeùein". „Therapeìa" beinhaltet in seiner ersten Bedeutung: „Dienen, Bedienen"; und in einem speziellen Sinn: „Verehrung der Götter"; in seiner zweiten Bedeutung heißt es: „Besorgung, Behandlung von etwas oder Wartung", ferner: „Pflege und Heilung eines Kranken". Ähnlich verhält es sich mit dem Wortfeld von „psyché". In seiner ersten Bedeutung beinhaltet es: „Hauch, Atem, Lebenskraft, Leben", in seiner zweiten Bedeutung: „Die Seele der Abgeschiedenen (Ahnen)", und erst in ihrer dritten Bedeutung wird die Seele verstanden als: „vernünftiges Potenzial" im Sinne von Denkvermögen, Geist, Herz und Gemüt, bzw. Mut, und Seele als „unvernünftiges Potenzial" als: Begehren, Lust, Leidenschaft, Neigung.

Setzten wir nun die beiden Worte zusammen, ergibt sich ein sehr weites Spektrum des Bedeutungsfeldes „Psychotherapie". In seinem ursprünglichen Sinne bedeutet „Psycho-therapie": Dienst am Hauch, an der Lebenskraft oder Lebensdynamik, am Atem; dann: Dienst an Geist, Herz und Gemüt als Verehrung und Achtungsbezeugung des darin aufleuchtenden unverfügbaren numinosen Anteiles. In einem weiteren Sinne bedeutet es: Dienst an der Seele der Abgeschiedenen (was auch der schamanistischen Tradition zuzuordnen ist), also Dienst an den verstorbenen Ahnen. Dieser Aspekt ist in der rationalen Sichtweise fast vergessen gegangen und wurde in die vergleichende Religionswissenschaft „verbannt". (Bert Hellinger hat diesen Aspekt durch seinen Kontakt mit afrikanischen Medizinmännern und -Frauen wieder ausgegraben.) Im dritten Bedeutungsfeld dient die Psychotherapie den gesunden Lebensdynamiken, die jedem Menschen zur Verfügung stehen. Erst an vierter Stelle bedeutet Psychotherapie: Behandlung, Pflege und Heilung von Lebenskraft, bzw. den krankmachenden Anteilen von Geist, Herz und Gemüt, Lust, Leidenschaften und Neigungen.

Diese vierte Sichtweise wird in der heutigen Zeit der offiziellen Psychotherapie vorbehalten, als ob „ES" darum ginge, dass ein Mensch in erster Linie ein möglichst gut funktionierendes Glied der Gesellschaft zu sein hat.

Die Wandlungs- und Umgestaltungsdynamik in der alchemistischen Kontemplation verbunden mit dem Meditationsmandala von Bruder Klaus in der Kombination mit einer individuellen Betrachtung der Werke der Barmherzigkeit (vgl. Mt 25.31 ff.), zeigten mir eine mögliche Spur, die sich in vielen Varianten bewährt und als sehr hilfreich erwiesen hat.

Exkurs 2: Wandlungsstufen in der Alchemie:

- Calcinatio (Erwärmung): Wo werde ich warm?
- Solutio (Fließen): Was kommt aus dieser Erwärmung in Fluss?
- Coagulatio (Verdichtung): Welche Entscheidung steht an? (Nägel mit Köpfen)
- Sublimatio (Erhebung): Welche verfeinerten Einsichten bewegen neu?
- Mortificatio (Sterben): Was ist endgültig vorbei (Sterben), will freigegeben werden?
- Seperatio (Trennen): Was gilt es zu unterscheiden, differenzieren was der Ganzheit dient?
- Conjunctio (Einen): Was hilft mir, mich der Vereinigung der Gegensätze anheim zu geben?

Alle diese sieben Wandlungsschritte lassen sich z. B. auf die Frage anwenden: *Was sucht in einem Menschen Heilung, usw.?*

Die Grundfrage von Bruder Klaus lautet: Wie finde ich „ein einig Wesen mit der Gottheit" (Ebenbildlichkeit)? Was hindert und was fördert mich? Wenn wir diese Frage individuationsbetont stellen, kann sie so lauten: „Wie finde ich zur Fülle meines Menschseins in der Vernetzung mit der ganzen Schöpfung sowohl mit den vordergründigen und den hintergründigen Wirklichkeiten?" Immer wieder bewegt die Sehnsucht nach Ganzheit die Mitte des Menschen. Dieses sehnende Suchen lässt sich in sieben Fragen verdichten, die auch im ursprünglichen Meditationsmandala von Bruder Klaus erscheinen und kompatibel mit der alchemistischen Wandlungs-dynamik sind, vgl. das Meditationsrad (-Mandala): Die Fragen zu den einzelnen Rundbildern lassen sich wie folgt zusammenfassen:

1. Was sucht in mir Heilung? Wie begegnet mir das Heilvolle?
   (Vgl. Kranke besuchen.)
2. Was ist mir fremd, unvertraut?
   (Vgl. Fremde beherbergen, oder Schattenintegration.)
3. Was gibt mir Nahrung, stillt meinen „Hunger"?
   (Vgl. Hungrige speisen und Durstige tränken.)
4. Worin erlebe ich mich befangen? Was sucht in mir Befreiung?
   (Vgl. Gefangene befreien.)
5. Wie trete ich in Raum und Zeit in Erscheinung?
   (Vgl. Nackte bekleiden oder Persona)
6. Was vorbei ist, ist freizugeben, um eine neue Freiheit zu finden?
   (Vgl. Totes begraben)?
7. Worin begegnet mir Fülle?
   (Vgl. Erfahrung der allumfassenden Einheit)?

Diese Fragen finden sich in den Betrachtungsbildern des Meditationsbildes und sind total vernetzt im „Pilgertraktat" gestaltet. In all diesen Bedeutungen gibt es eine Erfahrungswirklichkeit, die sich letztlich nicht beschreiben lässt, sondern nur, wie „SIE" in Erscheinung tritt und wie „SIE" wirkt: „SIE" heißt „Leben". Die Frage „Was dient wirklich dem Leben?" ist in meiner therapeutischen Arbeit zum zentralen Anliegen geworden und mischte sich mit der Sinnfrage jeder (auch meiner) spirituellen Suche. In den sieben Wandlungsstufen der alchemistischen Kontemplation spiegelt sich ein hilfreiches Raster für eine ganzheitliche Selbstwerdung (vgl. alchemistische Wandlungsstufen). Ich begegne diesem in beinahe allen mir bekannten spirituellen Traditionen auf den Ebenen des Klärungs- und Reinigungsweges.

Dazu bedient sich die Tiefenseele des Menschen (das sog. Unbewusste) einer unerschöpflichen Fülle von Träumen und aktiv imaginierten Bilderprozessen, um jede Person in ihre ureigenste Fülle des Lebens auszurichten. Wer solche Erlebensbilder kreativ gestaltet, empfindet diese als ein Gegenüber, das zu einem raumsymbolischen Dialog mit den unterschiedlichen inneren und äußeren Lebensdynamiken einlädt. Ihre Interaktion und Integration entspricht den je eigenen Individuationsschritten. Dadurch ist die alchemistische Erfahrung des Lösens und Verbindens auf dem Hintergrund raumsymbolischer Betrachtungen von Träumen und Spontanbildern zu einem zentralen Element meiner analytisch-therapeutischen Arbeit der vergangenen dreißig Jahre geworden. In der Raumsymbolik spiegelt sich die harmonische oder unharmonische Innenwahrnehmung der eigenen Leibgestalt, die wir permanent vielfältig nach Außen projizieren und in externen Attributionen zu neutralisieren suchen.

So zielt mein Selbstverständnis als Psychotherapeut und Analytiker in die Richtung der psychopompischen Funktion, im Sinne des Wegbegleiters, der sich mit Ehrfurcht in den Dienst der Seele, bzw. der Lebenskraft des Geistes, des Herzens, des Gemütes stellt und auch bereit ist, der verletzten Leibgestalt, entsprechend der persönlichen Begabung, heilend zuzudienen. Meine Begegnungen mit der Quantenphysik und den unterschiedlichen spirituellen Lehrenden und Therapeut*innen aus den verschiedenen Gegenden dieser Erde und meine eigenen Erfahrungen bestärkten mich in der Erkenntnis: Es gibt eine total vernetzte Wirklichkeit, die hinter der Begrenzung des Erscheinenden in Raum und Zeit da ist, und gleichzeitig in diese Begrenzung einwirkt. Dieser Wirklichkeit bin ich eingeladen zu dienen zusammen mit denen, die Begleitung suchen. „SIE" lässt sich nie umfassend beschreiben und wird doch erfahrbar als Leben.

Rolf Kaufmann, Jahrgang 1940, Zürich.
Theologe, Analytischer Psychotherapeut, Meditationslehrer,
Erwachsenenbildner, Freitodbegleiter und Dozent am Internationalen
Seminar für Analytische Psychologie (ISAP).
Homepage: opus-magnum.com > Autoren

Veröffentlichungen u.a.
Kaufmann, R. (2015). *Monotheismus: Entstehung, Zerfall, Wandlung*. Stuttgart:
    opus magnum.
Kaufmann, R. (2010). *Am Puls der Evolution: drei Träume von C. G. Jung*.
    Stuttgart: opus magnum.
Kaufmann, R. (2006). *Alte und neue Religiosität: ABC einer Metamorphose*.
    Stuttgart: opus magnum.

Rolf Kaufmann

Eingebettet im Strom der Bewusstseinsevolution

Ich stehe in meinem achtzigsten Lebensjahr. Gesundheitlich geht es mir noch gut, und ich beteilige mich mit Freude an einigen zukunftsträchtigen Projekten. Unter anderem bin ich seit fast zwanzig Jahren Freitodbegleiter bei Exit, und ich engagiere mich beim Aufbau der ÖGHL, der Österreichischen Gesellschaft für ein humanes Lebensende, die dem Menschenrecht auf Selbstbestimmung am Lebensende auch in Österreich zum Durchbruch zu verhelfen versucht. Zudem habe ich gerade einen Kommentar zu Drewermanns neuem Jesusbuch verfasst und meine Abschiedsvorlesung am ISAPZürich über Jesus von Nazareth gehalten. An Pfingsten 2019 haben meine Frau und ich den letzten Meditationskurs gegeben. Thema: „Die absolute Freiheit." Lauter Dinge, die Freude bereiten.

Es gibt Vieles aufzuzählen, was mein Leben lebenswert machte. In diesem Beitrag geht es aber um mehr als nur ums Aufzählen. Es geht um die Quintessenz. Die Sache soll auf den Punkt gebracht werden. Den Punkt habe ich in petto. Aber ich verrate ihn noch nicht, weil er erst am Schluss verständlich wird. Ich muss zuvor einiges erzählen, tue es aber im Blick auf die Quintessenz.

Das Wesentliche in meinem Leben war meine seelische Entwicklung. Unsere Psyche ist ein komplexes kognitives System, das sich im Laufe der Evolution aus weniger komplexen kognitiven Systemen entwickelt hat. Sie umfasst einen bewussten und einen unbewussten Bereich. Das Zentrum des Bewusstseins ist für die Tiefenpsychologie das Ich; das Zentrum des Unbewussten nennt C. G. Jung, in Abweichung von Freud, das Selbst.

Meine innere Entwicklung verlief in einem langen Weg. Es war ein Schlangenweg. Ich starte mit einem Schlaglicht auf die Pubertät.

Mit Sechzehn

Als ich sechzehn war, mussten wir im Deutschunterricht einen großen Hausaufsatz schreiben. An das Thema kann ich mich nicht mehr erinnern, weiß aber noch, wie mich bei der Arbeit eine tief beglückende Schaffensfreude überfiel. Ich war berauscht vom Rhythmus und Wohlklang der Sätze, aber auch davon, wie das Ganze zunehmend klarer wurde. Ich erlebte, dass ich beim Schreiben in meinem Element war und fragte mich, ob Schreiben mein Beruf werden könnte. Zunächst dachte ich daran, Dichter, Schriftsteller oder Philosoph zu werden. Doch das war ein brotloser Beruf. Was dann? Ich hatte noch Zeit; bis zur Maturitätsprüfung ging es noch drei Jahre.

Berufswahl

Aber die Zeit verging, und plötzlich stand ich vor der Berufswahl. Diese wollte gut überlegt sein; Berufswechsel waren damals noch voller Schwierigkeiten.

Am attraktivsten schien mir der Beruf des Turnlehrers; Turnen war mein Lieblingsfach, und Lehrer wollte ich schon immer werden. Doch ich wurde nicht Turnlehrer. Ich dachte, zunehmendes Alter könnte mir das Turnen verleiden, und zudem befriedigte der Beruf meine philosophische Ader nicht. Mit Goethes Faust wollte ich unbedingt wissen, „was die Welt im Innersten zusammenhält". Schließlich besuchte ich das kantonale Literargymnasium, eine Eliteschule humanitärer Bildung! Interessiert hätte mich auch das Chemiestudium. Damals wurde die DNA entdeckt, und ich wollte ja dem Leben auf die Spur kommen. Doch die Vorstellung, zeitlebens nur von Chemie umgeben zu sein, war mir zu einseitig. Mir fehlte der Mensch.

Am liebsten hätte ich mehrere Fächer studiert: Sport, Bio-Chemie und Philosophie. Heute gibt es in Zürich ein Gymnasium für Kunst und Sport. Das wäre die Traumschule gewesen. Ich spielte Geige, sang bei den Zürcher Sängerknaben, zeichnete und malte gerne, liebte die Sprachen und die Naturwissenschaften – und war vor allem sportverrückt: Noch mit Dreißig wurde ich Glarner Mehrkampf-Meister. Jeder Tag an einer solchen Schule wäre für mich ein Sonntag gewesen. Doch es gab sie leider nicht.

Die Schule durfte kein Vergnügen sein. Der Lehrerkonvent rügte mich einmal. Er fand, ich betrachte die Schule als ein Amüsement. Das sei meiner geistigen Entwicklung abträglich. Ich müsse lernen, hart zu arbeiten. Doch damals war der Radrennfahrer Hugo Koblet mein Vorbild. Er gewann die Rennen spielend; ihm war nie eine Anstrengung anzusehen. Die gutgemeinte Rüge meiner Pädagogen fruchtete nicht viel. Dennoch habe ich diese Jahre in bester Erinnerung. Ich war voll im Saft.

Schließlich ergriff ich das Studium der Theologie. Ich hatte in Jugendlagern Pfarrer kennen gelernt, die mir diesen Beruf schmackhaft machten. Der Kontakt mit allen Altersstufen und sozialen Schichten entsprach meinem Interesse am Menschen, und das Studium versprach meine faustisch-philosophische Ader zufrieden zu stellen. Dazu kam die Aussicht, als Pfarrer jede Woche einen Tag für die Ausarbeitung der Sonntagspredigt frei zu haben.

Ein Traum bestätigte die Wahl: Ein überhelles Licht durchleuchtete mich. Ich wurde wortlos gefragt, ob ich ihm dienen wolle. Angesichts der Übermacht des Lichts konnte ich nicht anders, als ja zu sagen. Es war ein numinoser Traum, der mich zutiefst aufwühlte und viele Jahre lang nachwirkte. Für mich war es eine Gotteserfahrung. Heute weiß ich, dass mich nicht der Schöpfer des Alls heimsuchte; es war der Licht-Archetyp der Psyche, die innere Sonne, mein Erkenntnisdrang, der sich mir offenbarte. Ich sagte: „Ja."

Theorie und Praxis

Das Studium an der liberalen theologischen Fakultät der Universität brachte Klarheit:

1. Zum einen erhielt ich eine solide Einführung in die historisch-kritische Forschung. Ich lernte, die Bibel wissenschaftlich zu analysieren. Dabei dringt man durch den vorliegenden Text zur ursprünglicher Quelle vor, die ihm zugrunde liegt. Ein Beispiel: Der christliche Glaube basiert auf Visionen. Die Schülerinnen und Schüler sahen ihren Meister nach seinem Tod wieder lebendig vor sich. Damit begann der christliche Glaube. Das ist das Ergebnis der historisch-kritischen Forschung zum Ursprung des Christentums.

2. Zum andern half mir das von Rudolf Bultmann 1941 lancierte Programm der Entmythologisierung, die Bibel zeitgemäß zu verstehen. In der aufgeklärten Atmosphäre der Universität leuchtete Bultmanns Programm ein, nicht aber draußen in den Kirchgemeinden. Dort ließen sich fromme Gemeindeglieder ihren traditionellen Glauben nicht nehmen und machten Pfarrern, die in diese Richtung wirkten, das Leben oft zur Hölle.

3. Universität und Kirche waren nicht vernetzt. Die Professoren waren fortschrittlich, der Wissenschaft verpflichtet. Einem von ihnen rutschte einmal der Satz heraus: „Wenn die Kirchenleitung wüsste, was wir hier tun, würde sie uns augenblicklich den Geldhahn zudrehen." Dass die Theorie an der Universität und die Praxis in den Kirchgemeinden zwei verschiedene Paar Stiefel waren, erfuhren wir Studenten aber erst als Pfarrer im Amt. Mit dem Schritt in die Praxis wurden

wir ins kalte Wasser geworfen und mussten selber zusehen, wie wir mit dem religiösen Umbruch unseres Zeitalters zurechtkamen. Schuld am Malaise war weder die Universität noch die Kirche, sondern das allgemeine Nichtwissen unserer Zeit: Niemand versteht, was im Grunde abläuft!

1964 schloss ich das Studium mit dem Staatsexamen ab und wurde als VDM (Verbi Divini Minister) ordiniert. Nach meiner Installation als Pfarrer folgte ich dem Brauch, dass junge Zürcher Pfarrer ihre Hörnchen in Bergkantonen, etwa im Glarner- oder Bündnerland, abstoßen. Ich ließ mich von der Kirchgemeinde auf dem Kerenzerberg über dem Walensee wählen. Hier gab es kaum Pietisten und Biblizisten, die noch an das erlösende Blut Jesu und an dessen leibliche Auferstehung glaubten. Das gefiel mir. Dieser Gemeinde wollte ich einen zeitgemäßen, entmythologisierten Glauben vermitteln.

Ich versuchte voll Eifer, das im Studium Gelernte weiterzugeben. Doch ich sah bald, dass kaum intellektuelles Interesse dafür da war. Was Bergbauern hätten brauchen können, wäre eine psychologisch fundierte Lebenshilfe gewesen. Doch meine Ausbildung dafür war mehr als dürftig. Das Wort „Psychologie" war an der theologischen Fakultät tabu.

Was ich für meine Kirchgemeinde tun konnte, waren vor allem praktische Dinge: Meine Frau und ich gründeten einen Kindergarten und eine Hilfsschule, und ich übernahm zahlreiche Ämter, etwa das eines Aktuars der Kirch- und Schulgemeinde, des Waisen-Amts und des Langlauf-Clubs. Zudem übernahm ich das Präsidium des Krankenpflege-Vereins, der Pro Senectute und der Flüchtlingshilfe im Kanton Glarus. Ich stürzte mich in äußere Aktivitäten und wurde ein „Hans-Dampf-in-allen-Gassen". Erst als der Glarner Turnverband mich fragte, ob ich sein Präsident werden möchte, gingen mir die Augen auf, dass mir meine Extraversion zum Verhängnis zu werden drohte. Die „Werkerei" zersplitterte mich. Ich verlor an Tiefgang. Dank dem numinosen Traum spürte ich die Gefahr, ging in mich und hielt Ausschau nach einer Aufgabe, die mir mehr entsprach.

Da wurde das Amt des Spitalseelsorgers frei. Ich meldete mich und wurde gewählt. Die Arbeit im Krankenhaus war ein Zwei-Tage-Pensum, eine Ergänzung zur Gemeindearbeit, die als Vier-Tage-Pensum eingestuft war. Zusammen ergaben beide Ämter die Sechs Tage-Woche des Pfarrers. Sechs Tage mussten es sein, weil Gott zur Erschaffung der Welt sechs, nicht fünf Tage gebraucht hatte. Zudem war uns im

Studium ganz „weltlich" eingeschärft worden: „Ein Geistesarbeiter kann sich keine Fünf-Tage-Woche leisten!"

Krankenhausseelsorger

Bei Versammlungen von Spitalpfarrern war ich mit meinen jugendlichen Dreißig eine Ausnahme. Die allermeisten meiner Kollegen waren längst ergraut. Über sie kursierte der üble Spruch: „Spitalpfarer wiirsch eerst nach em eerschte Schlegli (Schlaganfall)…" Zudem war meine Ausbildung für diese Aufgabe völlig ungenügend. Im Studium waren wir gelehrt worden, das Ziel der Seelsorge sei die Verkündigung des Wortes. Bei Krankenbesuchen musste der Seelsorger einen Bibelvers finden, der Trost spendete. Er trug daher stets eine kleine Taschenbibel bei sich, aus der er am Schluss vorlas.

Dass ich mich trotz allen Bedenken für dieses Amt meldete, war ein irrationaler Entscheid. Aber ich hatte ein gutes Gefühl dabei; denn etwas in mir raunte mir zu, diese Arbeit werde mich weiterbringen. Dass ich diese Stimme beachtete, war mein Glück; denn das neue Amt brachte mich tatsächlich weiter, und zwar in mehrfacher Hinsicht:

1. Zur Vorbereitung durfte ich 1970 in Bethel bei Bielefeld einen Zwölf-Wochen-Kurs für Krankenhausseelsorger besuchen, wo wir Teilnehmer von Chefärzten, Psychiatern und Psychotherapeuten kompetent in die Arbeit eines Klinikpastors eingeführt wurden. Im Verlauf der drei Monate spürte ich, dass ich hier in meinem Element war. Gleichzeitig wurde mir aber auch bewusst, dass ich die psychologische Ausbildung gehörig vertiefen musste.

2. Durch die enge Beziehung zu meinem katholischen Kollegen am Spital begann ich, mich in der ökumenischen Bewegung zu engagieren. Im Zweiten Vatikanischen Konzil, das wir im Studium intensiv verfolgt hatten, hatte Papst Johannes XXIII. die Türen und Fenster seiner Kirche geöffnet und frische Luft herein gelassen. Insbesondere hatte es mir sein Satz bei der Eröffnung des Konzils angetan: „Hier steh ich, und ich kann auch anders!"

Damit hatte er einen historischen Weitblick sondergleichen gezeigt: Er hatte das Bekenntnis des Reformators Martin Luther in Augsburg überboten! Er wurde für mich eine positive Projektionsfigur, das Ideal eines religiösen Führers. Obwohl ich Protestant war, hätte ich mir vorstellen können, unter seiner Ägide zu arbeiten!

3. Sein charismatisches „Aggiornamento" inspirierte auch die Zusammenarbeit mit meinem katholischen Kollegen im Spital. Wir waren uns auf Anhieb sympathisch und gestalteten unsere Aufgabe ökumenisch: Wir besuchten die Patienten ohne Unterschied der Konfession und waren alle Tage präsent, er dienstags, donnerstags und samstags, ich montags, mittwochs und freitags, und sonntags feierten wir den Gottesdienst gemeinsam. Patienten und Personal begrüßten das sehr. „Endlich", hieß es, „es gibt ja nur einen Herrgott…" Der Zusammenschluss beider Kirchen war ein weit verbreiteter Wunsch. Als ich an Ostern 1971 in Näfels im katholischen Hauptgottesdienst die Predigt hielt und bei der Verteilung der Hostie half, vernahm ich nur Zustimmung.

Dank dem ökumenischen Engagement erhielt ich Zugang zur reichen Symbolik des christlichen Glaubens, die im rationalen, der Moderne zugewandten Protestantismus verkümmert war; Bultmanns Programm der Entmythologisierung ersetzte die alte Symbolik durch rationale philosophische Begriffe, was zu einer Verkopfung des Glaubens führte.

4. Durch das ökumenische Engagement begegnete ich auch der Zen-Meditation, die damals in der katholischen Kirche Fuß fasste. In kirchlichen Zen-Kursen war ich jeweils der einzige Reformierte. Mit der Zeit erteilten mein Kollege und ich im Krankenhaus Meditationskurse. Die Initiative dazu ging vom Chefarzt aus, zu dem wir einen guten Kontakt hatten. Er bat uns, solche Kurse anzubieten. Seiner Bitte kamen wir gerne nach. Aus diesen Kursen entstand eine ökumenische Meditationsgruppe im Kanton Glarus.

5. Um die Meditation lehren zu können, mussten wir zuerst selber meditieren lernen. Wir pilgerten zu einem Meister. Die zwölf Nachmittage bei ihm waren eine echte Bereicherung. Schon beim zweiten Besuch erschien mir beim Meditieren eine feuerrote Sonne, die ins Meer eintauchte. Später, in der Ausbildung am Jung-Institut, lernte ich, ich selber sei die untergehende Sonne. Mein rationales Bewusstsein, die Sonne, hatte den Zenith überschritten und begann den Abstieg in die zweite Lebenshälfte, wo das Ich in die tiefer gelegenen Schichten der Psyche eintaucht, ins Meer des Unbewussten. Mit diesem eindrücklichen, nachhaltig wirkenden Bild begann ein Prozess, den die Jungsche Psychologie, in Anlehnung an die ägyptische Mythologie, als Nachtmeerfahrt bezeichnet. Es war mein Individuationsprozess.

Tiefenpsychologie

Das Bild der Abendsonne brachte mich wieder einen Schritt weiter. Nun absolvierte ich im Jung-Institut Zürich die Ausbildung zum Analytischen Psychologen. In der ersten Hälfte stand meine eigene Psychoanalyse im Vordergrund. Bald kam der entscheidende Traum: „Ich stehe im Talar in meinem Garten andächtig vor reifen Himbeeren; brennende Kerzen vertiefen die feierliche Atmosphäre."

Ein denkwürdiger Traum! Er machte mir ein zentrales Problem schlagartig bewusst: Im Traum war ich kein reformierter „Diener des Wortes", sondern ein heidnischer Priester! Er war das Ziel meiner inneren Entwicklung. Doch: Die Kirche duldet keine Götzendiener; die Heilige Schrift befiehlt ihre Ausrottung...

Ein Dilemma. Ich entschied mich, auf die Stimme meines Innern zu hören und diesem vor dem Kollektiv-Glauben den Vorzug zu geben. Ich fand, ich könne mir das leisten, da ich in einer aufgeklärten Zeit lebe, in der Ungläubige nicht mehr verbrannt werden – und zudem sei meine Kirche ja liberal eingestellt und aufgeschlossen. Ich machte weiter in der Hoffnung, den verkopften Pfarrer zu einem echten Priester weiterentwickeln zu können.

Im Jung-Institut begegnete ich Willy Obrist. Er hielt 1976 Vorlesungen über die Mutation des Bewusstseins. Dabei ging mir auf, dass sich unsere Kultur in einer epochalen Transformation befindet. Zur Zeit findet eine Mutation des Bewusstseins statt, was geistesgeschichtlich einen tiefen Eingriff in die Geistesgeschichte bzw. die Bewusstseinsevolution (BE) bedeutet. In der Schweiz. Ärztezeitung vom 31. 10. 1990 wird Obrist von seinem Luzerner Kollegen und Freund Gino Gschwend als Darwin der BE bezeichnet: „Ihm gelang für die Evolution des Bewusstseins das, was Charles Darwin für die Bioevolution gelungen ist: der methodisch einwandfreie Nachweis, dass eine solche sich ereignet hat."

Die BE umfasst die ganze Geistesgeschichte; die Mutation des Bewusstseins entspricht dem, was man heute als Mentalitäts- oder Kulturwandel bezeichnet. Das war es also! Obrists Entdeckung überwindet das gegenwärtige, vom Positivismus geprägte Zeitalter und eröffnet eine neue, integrale Epoche der Geistesgeschichte

Im Jung-Institut lernte ich, die jenseitigen Mächte der Alten als an den Himmel projizierte, personifizierte Kräfte der unbewussten Psyche zu verstehen. Mit dieser epochalen Entdeckung verschwindet das traditionelle, außerhalb des Menschen und der Welt angesiedelte Jenseits. Nun wird die Transzendenz zur Domäne der Tiefenpsychologie, welche die traditionelle Theologie und Philosophie ersetzt. Mit Ludwig

Feuerbach (1804-1872) wird das Jenseits ins Diesseits zurückgeholt, aber nicht philosophisch-intuitiv wie bei diesem, sondern naturwissenschaftlich fundiert. Das Jenseits liegt nun endlich dort, wo es schon immer war: im unbewussten Bereich der menschlichen Psyche.

Die geistige Neuorientierung ruft auch einer Neugründung der Ethik. Deren Basis ist nicht mehr der Dekalog, den Jahwe seinem Knecht Mose auf dem Sinai übergab, sondern die im Genom vererbte „Urgrammatik des menschlichen Verhaltens" (Irenäus Eibl-Eibesfeldt). Die künftige Ethik wird nicht mehr von Gottesgelehrten aus Mythen heiliger Schriften abgeleitet, sondern von der Humanwissenschaft im interdisziplinären Dialog erarbeitet, von Biologen, Verhaltensforschern, Religionsgeschichtlern, Tiefenpsychologen, Juristen, Historikern, Politikern etc.. Die Ethik der Zukunft entsteht durch die Kultivierung der natürlichen Ethik, durch die Zivilisierung der sozialen Instinkte der Primaten im Verlauf der BE.

Die Entdeckungen der Tiefenpsychologie machten mir klar, dass die Religionen im Spätherbst ihres Lebens stehen, in der Phase: „Stirb!" Hie und da sind aber Knospen zu sehen, die einen kommenden Frühling anzeigen; es sind die unscheinbaren Anfänge der individuellen, natürlichen Spiritualität des kommenden integralen Zeitalters.

1980 schloss ich die Ausbildung am Jung-Institut ab. Aus meiner Diplom-Arbeit entstand das erste meiner sieben Bücher. Es sollte heißen: „Der Apostel auf der Couch – die Bekehrung des Paulus." Der Titel war dem Walter-Verlag nicht seriös genug; ich schrieb ihn um in: „Die Krise des Tüchtigen".

Die Krise des Tüchtigen

Aus der Diplomarbeit ein Buch zu machen, war nicht meine Absicht gewesen; es entstand zufällig: Als ein Lektor des Walter Verlags in der Bibliothek des Jung-Instituts die Diplom-Arbeiten im Hinblick auf ihre Veröffentlichung durchsuchte, stieß er auf meine Arbeit und fand Gefallen daran. Er fragte mich, ob ich bereit sei, sie zu veröffentlichen. Ich war erstaunt; denn ich ging in meiner praktischen Arbeit auf und wäre nie auf die Idee gekommen, ein Buch zu veröffentlichen. Ich hatte ja nichts Neues zu verkünden, sondern war nur ein Herold von Obrists Entdeckung. Aber ich sagte zu.

Zum Bücher-Schreiben kam ich also fast wie die Jungfrau zum Kind. Aber mit der Zeit fand ich Gefallen daran und produzierte weiter, während die biblische Jungfrau bei ihrem einzigen Kind blieb. Dass sie nur ein Kind hatte, hängt mit dem konkretis-tischen Missverständnis des Mythos zusammen. Zeitgemäß verstanden, ist das Dogma von der jungfräulichen Zeugung ein Symbol für die offene Haltung des Ichs gegenüber dem schöpferischen Unbewussten. Bei dieser Deutung des Mythos empfangen kreative Menschen mehr als nur ein einziges Kind; die jungfräuliche Einstellung verheißt eine reiche Produktivität.

Uster und Kloster Kappel

1978 zog ich in die Stadt Uster bei Zürich, weil die katholische Kirchenleitung im Glarnerland den Aufbau einer mir zugedachten ökumenischen Stelle für Lebens-beratung zu behindern begann. Ich suchte einen Ersatz. In Uster schuf die Kirch-gemeinde gerade ein Pfarramt für Lebensberatung. Ich bewarb mich, erhielt es und amtete nun zu je fünfzig Prozent als Allround-Pfarrer und als Psychotherapeut. Ich therapierte, predigte, erteilte Religions- und Konfirmanden-Unterricht, leitete die Erwachsenen-Bildung und die Sonntagsschule (mit zweihundert Kindern und zwanzig Helfern), bildete den Besuchsdienst weiter, taufte, traute, bestattete, besuchte Kranke und gründete vier Meditationsgruppen, die sich unter meiner Leitung wöchent-lich für anderthalb Stunden trafen. Die Vielfalt der Aufgaben sagte mir zu, und die Zusammenarbeit mit den andern fünf Pfarrern war höchst erfreulich.

Nach elf erfüllten Jahren in Uster wurde im „Kloster Kappel", dem „Haus für Stille und Besinnung" der Zürcher Landeskirche, die Stelle des Studienleiters frei. Dem Angebot konnte ich nicht widerstehen. Ich meldete mich und erhielt die Stelle. Ein Traum ging in Erfüllung: Ich konnte mich endlich voll auf die Meditation einlassen und mithelfen, dieses zarte Bäumchen auch in andern Kirchgemeinden zu pflanzen. Zusammen mit meiner Frau, die Schülerin eines Zen-Meisters wurde, bildete ich in einem dreijährigen Kurs fünfundzwanzig Gemeindepfarrer aus der ganzen Schweiz zu Meditationsgruppen-Leitern aus.

Meine Frau und ich gingen noch einen Schritt weiter: Wir erteilten jetzt mehrjäh-rige Kurse zur Einführung in eine geerdete Spiritualität, in denen die grundlegenden Entdeckungen der Tiefenpsychologie integriert waren. Die Kurse waren im Trend der BE und kamen bei den meist progressiven Teilnehmenden sehr gut an, nicht aber beim neu gewählten, konservativ eingestellten Kirchenratspräsidenten. Nach seiner Ansicht betrieb ich nicht mehr Theologie, sondern Psychologie und buddhistische

Meditation. Dem musste er Abhilfe schaffen. Er restrukturierte das „Kloster Kappel". Meine Stelle wurde wegrationalisiert.

Die absolute innere Freiheit

Da wir vom Erfolg verwöhnt waren, war der unangemeldete Rausschmiss für meine Frau und mich ein Blitz aus heiterem Himmel. Wir hatten die Macht der Konservativen unterschätzt. Nun wachten wir auf und erkannten, dass wir in unserer Begeisterung für die BE und die Tiefenpsychologie die Kirche überfordert hatten. Wir hatten übersehen, dass eine Volkskirche den Kompromiss zwischen Progressiven und Konservativen suchen muss. Das „Kloster Kappel", ein Aushängeschild der Zürcher Landeskirche, war deren Leitung zu progressiv geworden. Meine Frau und ich kamen uns vor wie seinerzeit Echnaton, der ägyptische Pharao, der sein im Polytheismus verwurzeltes Volk vom Monotheismus überzeugen wollte: Auch er wurde von Konservativen gestürzt.

Die neue Situation stellte meine Frau und mich vor die Frage, ob wir weiterhin Mitglieder der Kirche bleiben oder aus ihr austreten sollten. Wir entschieden uns für den Austritt. Das war der letzte Schritt auf dem Weg in die absolute innere Freiheit. Nun konnten wir den Kurs: „Geerdete Spiritualität" ohne jede Einengung erteilen. Die Beziehung zum eigenen Inneren war uns wichtiger geworden als die Zugehörigkeit zu einem religiösen Kollektiv. Den Schritt in die Freiheit haben wir nie bereut. Wir konnten auch in dieser aufregenden Zeit immer gut schlafen, ohne jegliche Narkotika. Innerlich war stimmig, was wir taten. Dieses gute, tiefe Gefühl innerer Sicherheit stellte sich ein, weil wir mit unserem Innersten übereinstimmten. Der Weg der BE in der heutigen Zeit ist m. E. die Ablösung der Kollektiv-Religion durch persönliche, individuelle Spiritualität. Die innere Sicherheit ist objektiv schwer nachzuweisen, innerlich aber klar zu spüren.

Nun wird es aber Zeit für das Fazit zu meinem Schlangenweg.

Quintessenz

Bewusstes Leben ist wie eine Sternschnuppe am Nachthimmel. Es ist ein Produkt der Evolution. Auf unserem Planeten, der die Entstehung von Leben ermöglichte, leuchtet es, evolutionsgeschichtlich gesehen, erst seit kurzem auf. Seit dem Auftreten von Homo sapiens beginnt die Evolution, sich im menschlichen Bewusstsein zu spiegeln. Das Spiegelbild vermag das wirkliche Sein niemals adäquat wiederzugeben.

Aber der Versuch findet statt, und die Wissenschaft wird nicht müde werden, das Spiegelbild der Realität anzunähern. Dabei findet der Mensch Anschluss an etwas, das größer ist als er; er erhält das Gefühl der Zugehörigkeit zu etwas Umfassendem, letztlich Numinosem.

Wie die Pränatale Psychologie zeigt, beruht dieses Gefühl auf der Erfahrung des Embryos im Mutterleib und des Säuglings an der Mutterbrust. Es gründet letztlich im Kontakt des Ichs mit dem Selbst, des Menschen mit dem schöpferischen Urgrund. Erich Neumann nennt diese Verbindung die Ich-Selbst-Achse. Sie ermöglicht uns, Zuschauer und Mitspieler im Welttheater der Evolution zu sein, ob in einer Haupt- oder Nebenrolle, ist egal. Hauptsache ist, dabei zu sein.

Im Rückblick sehe ich, dass ich vom Selbst an langer Leine durchs Leben geführt wurde. Es hat sich gelohnt, auf die Winke aus meinem Innern zu achten: auf den Licht-Traum bei der Berufswahl, auf das Bild der untergehenden Sonne, auf den Traum vom naturverbundenen Priester. Sie alle brachten mich wieder einen Schritt weiter auf meinem inneren Weg, der mich in die BE einbettete.

In der Einleitung versprach ich, das Ganze auf den Punkt zu bringen. Der Punkt lautet: „Die Quintessenz meines Lebens ist das Gefühl, eingebettet zu sein in den großen Strom der BE. Auch wenn ich nur ein Tropfen des Stromes bin: Ich gehöre dazu."

Hans Dieter Knoll, Dr. rer. soc., Jahrgang 1944, Stuttgart.
Analytischer Psychotherapeut in freier Praxis. Dozent an zahlreichen
Bildungseinrichtungen.

Veröffentlichungen u.a.

Knoll, D. (2019). Elementarbewegungen. Auf die Weisheit unseres Körpers
achten lernen. Jung-Journal, Heft 41, Bewegtes Leben, S. 19-26.

Knoll, D., Müller, L. (2012). *Ins Innere der Dinge schauen: Selbst-Erfahrung
und schöpferisches Leben mit Symbolen.* Aktualisierte Fassung der 2. Aufl.
Stuttgart: opus magnum.

Knoll, D. (1999). *Das Selbst und d. Absurde. Chandler, Camus, Kafka und Jungs
Selbst-Konzept.* Analytische Psychologie, Jahrgang 30, Heft 3, S. 190-214.

Dieter Knoll

... Sieben Leben möcht ich haben.

Ich glaube, ich hatte eine schöne Kindheit. Sie war nicht schön, weil ich wundervolle Eltern gehabt hätte, sie waren so schwierig und verkorkst wie eben Eltern nach zwei Kriegen und vielen Wirren nur sein konnten. Ich will mich aber über sie nicht beklagen, im Kern waren sie gute Menschen und das konnte ich trotz all ihrem seelischen Ungleichgewicht gut spüren. Die Kindheit war vor allem schön, weil ich auf dem Land aufgewachsen bin und meine Eltern wenig Zeit für mich hatten.

Ich habe mich gern vor den Hausaufgaben gedrückt und bin mit Freunden in den Wäldern und Hügeln herumgestromert. Mit ihnen zusammen war ich mutig, sonst aber eher schüchtern und ängstlich. Es war eine entbehrungsreiche Zeit direkt nach dem Krieg, aber meine Erinnerung erzählt mir nicht, dass mir etwas gefehlt hat.

Die Schule war für mich ein Graus, die Klassen unglaublich groß, und es gab noch Schiefertafeln, Tatzen und Prügelstrafe. Da ich ein schlechter Schüler war, kam ich öfters in den Genuss der Rute. Unter einem meiner Zeugnisse stand ein Satz, auf den ich heute stolz bin: „Der Junge träumt zu viel."

Ich erinnere mich an ein einschneidendes Erlebnis, eine Herausforderung für meine Angst. Ein Schüler aus einer höheren Klasse drohte mir Prügel an, er werde mich abpassen. Ich hatte keine Ahnung warum und war voller Angst, versuchte alle möglichen Umwege zur Schule. Eines Tages stand er an meinem geheimen Gartenweg an einer Biegung und grinste. Ich erstarrte zunächst, aber innerhalb von Sekunden war mir klar, dass ich nicht ausweichen oder gar zurück gehen konnte, also ging ich auf ihn zu und versetzte ihm einen Kinnhaken. Er war wohl darauf nicht gefasst gewesen und fiel sofort rücklings ins Gras. Ich ging weiter, und die Drohung war erledigt. Es war für mich ein Augenblick der Wahrheit, und ich hatte von diesem Moment an ein ganz neues Selbstgefühl. Ich kann nun nicht sagen, dass ich stolz bin auf mein Verhalten, aber es war dennoch eine Art Erwachen und viel später fand ich in Hesses *Demian* eine schöne Bestätigung.

Mir war der Beruf des Therapeuten nicht in die Wiege gelegt. Die erste, für mich immer noch erstaunliche Wende in meinem Leben war, dass von meinen frühen eher katastrophalen schulischen Leistungen her allerhöchstens ein handwerklicher Beruf blieb, und der führte mich als Kachelofenbauerlehrling in den Kleinbetrieb meines Vaters. Ich habe mich damals wohl mehr aus Mangel an Selbstvertrauen gefügt. Es war dann ein inneres NEIN, das mir half, ich hörte es deutlich und drängend, und ich wusste, dass ich unglücklich werden würde mit diesem Beruf, so unglücklich wie auch mein Vater damit war. Während der Berufsschule verbesserten sich meine Leistungen fast wie von selbst, und ich fand auf eigene Faust gegen mächtige Widerstände und mit Hilfe eines sehr menschlichen Rektors des nahen Gymnasiums einen Weg über eine verkürzte und ziemlich problemlose Gymnasialzeit zum Abitur. Sehr schnell war dann klar, dass ich Philosophie oder Psychologie studieren würde.

Ich schreibe dies deshalb so offen, weil hier ein Muster deutlich wird, das mir in meinem Leben mehrfach begegnet ist. Eine innere Stimme formierte sich in Form dieses Neins, und sie wurde so stark, dass ich den damals für mich fast unmöglich erscheinenden Weg gehen konnte. Noch heute beeindruckt mich diese innere klare Kraft, die sich gegen alle widerstrebenden Umstände durchsetzte. Ich sehe es nun als die finale Kraft des Selbst, die immer wieder meinem Leben eine Richtung gewiesen hat.

An dieser Stelle fällt mir ein kurzer Witz ein, der auch eine kleine Karikatur meines Weges ist: Fragt ein Freund den anderen: „Was ist der Unterschied zwischen einem Handwerker und einem Psychoanalytiker?" – Keine Ahnung – „Na, eine Generation."

Ich muss korrigieren: Es war etwas für diese Entscheidung Maßgebliches doch in die Wiege gelegt. Da war auf der einen Seite eine warmherzige, sehr religiöse, aber ängstliche Mutter und auf der anderen ein machtvoller, aufgrund eigener schmerzhafter Erfahrungen atheistischer Vater, der zeitweise vulkanartig eruptierte. In diesem Gegensatz aufgewachsen zu sein, sehe ich heute als eine frühe Formulierung meiner Lebensaufgabe.

Hätte diese Aufgabe nicht am Anfang gestanden, so hätte es auch ganz andere Leben gegeben. Ich könnte mir heute – sozusagen nach getaner Arbeit – andere Wege vorstellen, und es ist da auch ein kleines Leid darüber, dass es nur dieses eine gibt, aber es ist meins geworden und damit verbunden ist auch ein Gefühl der Heimat in mir. Hätte ich noch ein nächstes, dann würde ich es sicher der Musik widmen und, ich wage es kaum zu schreiben, Operettensänger werden. Dennoch spricht mir eines meiner Lieblingsgedichte von Albrecht Goes, das auf einem Denkmal in Stuttgart zu finden ist, aus dem Herzen:

138

Sieben Leben möcht ich haben.
Eins dem Geiste ganz ergeben,
so dem Zeichen, so der Schrift.
Eins den Wäldern, den Gestirnen angelobt,
dem großen Schweigen.
Nackt am Meer zu liegen eines,
jetzt im weißen Schaum der Wellen,
jetzt im Dünengrase.
Eins für Mozart.
Für die milden, für die wilden Spiele eines.
Und für alles Erdenherzeleid eins ganz.
Und ich habe – sieben Leben möchte ich haben –
Hab ein einzig Leben nur.

Wenn ich zurückschaue, sehe ich mein Leben als einen zwar kurvenreichen, aber dennoch sinnhaften Prozess. Verbunden damit ist heute das ziemlich umfassende Erlebnis angekommen zu sein. Der Zweifel an alldem, was nicht gelungen zu sein scheint, was ich falsch gemacht habe, was nicht gut genug war, hat der Erfahrung Platz gemacht, dass die Wege meines Lebens folgerichtig aussehen, dass ich sie aufgrund meiner Bedingungen nicht anders gehen konnte, sie aber immerhin gegangen bin. Selbst die Art wie ich sie ging, ist im Rückblick betrachtet, folgerichtig, weil erkennbar wird, dass es meine Art ist.

Das war naturgemäß nicht immer so, im Gegenteil, ich habe früher zuweilen gehadert mit mir selbst, meinen Mängeln und Fehlern, meinen Entscheidungen, dem Schicksal, das mir nichts anderes angeboten hat. Es gibt in diesem Leben viele schöne und kostbare Erfahrungen, Momente und Zeiten, die mir oft noch in die Nacht- und Tagträume scheinen und mein Herz erwärmen. Es gab aber auch dunkle Täler, in denen ich mich kaum noch zurechtgefunden habe, mich Schritt für Schritt voran getastet habe, manchmal nah an einem Abgrund. Auch in diesen Zeiten rettete mich die innere Stimme. Sie gab mir den Auftrag, dass ich aufrecht weiterzugehen habe und dass in allen Konfliktlagen Versöhnung der Weg sei. Ich bin diesem Auftrag gefolgt. Ich hatte ja Übung darin, denn Versöhnungsarbeit war von früh auf gelernt.

Eigentlich müsste die Wirksamkeit der inneren Stimme für einen jungianischen Therapeuten nicht erstaunlich sein und dennoch habe ich gestaunt, dass es das wirklich gibt. Ja, zuweilen staune ich einfach wenn Ereignisse tatsächlich so sind wie die weisen Sätze der Mütter und Väter es gelehrt haben.

Was ich dabei erfahren habe, ist, dass man seinen Weg im Leben finden kann, auch wenn es Stürme und Katastrophen gibt, dass man sie überleben kann und stärker daraus hervorkommt, als man hinein ging, dass man auch dem Chaos direkt ins Auge sehen kann, ohne ihm auszuweichen und dann dasteht wie ein alter Baum. Ich habe erfahren, dass auch Leid und Niederlage integrierbar sind, dass sie nicht wie ein stummer Fels im Leben stehen bleiben müssen.

Beruflich führte mich mein Weg zunächst zu einem großen Träger der Jugendarbeit, wo ich ein völlig unbeackertes Feld vorfand und für die Mitarbeiter ein Beratungs- und Fortbildungssystem entwickeln konnte. Das war eine Pionieraufgabe, die mich sehr geprägt hat und mir das Erlebnis ermöglichte, dass ich etwas aufbauen kann. Es kam dann eine Zeit in einer Alkoholikerklinik, die mich eher ernüchterte und in der Folge einige Jahre Bildungsarbeit in einer kirchlichen Institution. Parallel zu diesen Tätigkeiten habe ich immer mit einer analytischen Ausbildung geliebäugelt, wofür ich damals eher den freudianischen Weg vor Augen hatte. Während sich dann meine Frau für diesen Weg entschieden hatte, hörte ich einen zweiten Ruf von innen, allerdings auch von außen angeregt durch eine Freundin aus dem Studium, der führte mich dann zu Jung.

Ich war damals sehr rational orientiert, glaubte nur an das Beweisbare, hatte mich viel mit Freud befasst, auch mit Experimentalpsychologie, auch eine verhaltenstherapeutische Ausbildung begonnen. Nun kam ich – durch die Freundin angeregt – probehalber in einige Vorlesungen am Jung-Institut und war zunächst voller Ablehnung, aber auch erregender Irritation. „Sie spinnen." „Sie spekulieren und schwimmen irgendwo im Ungreifbaren herum, sind nicht von dieser Welt, sondern träumen in archetypischen Sphären." So dachte ich. Die Frage was die da tun, wie die denken und fühlen, wie sie arbeiten, ließ mich aber nicht los und zunehmend hatte ich den Eindruck, dass sie sich mit etwas mir Fremdem befassen, das ich nicht einfach ablehnen kann, ohne es zu kennen. Ich spürte, unklar zunächst, dass es um etwas geht, das mir fehlt, was mich erweitern würde, dass sich da sozusagen eine andere Hälfte meines inneren Universums auftun könnte. So kam eine entscheidende Wende in mein Leben durch die Begegnung mit Jung, die mich vom konkreten ins symbolische Leben führte.

Das war auch eine Begegnung mit einem Wärmestrom. Für mich war wie erwähnt immer auch die rationale Schiene des Kältestroms wichtig gewesen, die Auseinandersetzung mit Marx, mit Bloch, Kant, mit Hegel, mit Schopenhauer und natürlich Freud, Adler, Reich und Pearls, um nur einige zu nennen. Dies blieb, aber es kam Entscheidendes hinzu und die Verbindung zwischen beiden Strömen war und ist mir bis heute wichtig.

Und dann war da immer das Leben in der Literatur, die früher als die Psychologie schon wesentliche Bedingungen und Varianten des Menschseins ausgemalt hat und die ein weites Feld der Fantasie öffnen kann. Besonders möchte ich Kafka und Hölderlin hervorheben. Kafka faszinierte mich schon während der Schulzeit. Er war für mich der absolute Meister in der Darstellung des Absurden und des Herumirrens in einer unbegreiflichen Welt.

Die Auseinandersetzung mit dieser Seite des Seins ist mir bis heute wichtig. Zwar bin ich ein Sucher nach Sinn und kann ihn auch finden, aber immer vor dem Hintergrund der Möglichkeit des nicht Sinnvollen, des Chaos, des Absurden. Und dann ist da Hölderlin, der für mich bis heute unerschöpflich ist. Er hat den Kafka in sich, ist ständig mit dieser abgründigen Welt konfrontiert, hat aber auch den anderen Pol, die unbändige Sehnsucht nach der Einheit der Welt und der Seele. Bei ihm ist das verbunden mit einer sprachlichen Tiefe und Rhythmik, die aus meiner Sicht unerreicht ist. Man muss diese Gedichte sprechen oder gar singen, um sie zu verstehen und immer neu zu erfassen.

Nur Einen Sommer gönnt, ihr Gewaltigen!
Und einen Herbst zu reifem Gesange mir,
Daß williger mein Herz, vom süßen
Spiele gesättiget, dann mir sterbe.

Die Seele, der im Leben ihr göttlich Recht
Nicht ward, sie ruht auch drunten im Orkus nicht;
Doch ist mir einst das Heil'ge, das am
Herzen mir liegt, das Gedicht, gelungen.

Willkommen dann, o Stille der Schattenwelt!
Zufrieden bin ich, wenn auch mein Saitenspiel
Mich nicht hinab geleitet; Einmal
Lebt ich wie Götter, und mehr bedarfs nicht.
Friedrich Hölderlin, An die Parzen, 1799

Die Götter befinden sich bei Hölderlin in einem symbolischen Raum. Auch bei Kierkegaard ist Religion und Gottglaube nichts Gewisses, es ist etwas, wofür sich der Mensch entscheiden kann, und es bleibt paradox. So ist und war es für mich. Ich habe mich in einem Wendemoment meines Lebens dazu entschieden, mit einem Sinn leben zu wollen, immer mit dem Bewusstsein, dass auch Sinnlosigkeit sein kann. Auch die Auseinandersetzung mit Jung hat mir dabei geholfen, denn auch bei ihm fand ich immer beide Pole und in beiden Richtungen erlebe ich ihn radikal, an die Wurzel gehend.

Was nun erreicht ist: Das immer wieder mögliche Gefühl, Teil eines Ganzen zu sein, eingefügt in eine Ordnung, mag sie noch so chaotisch sich gebärden, in dieser Ordnung ein gewollter Teil zu sein, die Hoffnung, dass es etwas gibt, was weit über unsere Existenz hinausreicht und was wir ahnen, aber nicht begreifen können.

Schon früh war mir auch das eigene Schreiben als Öffnung des Raums der Fantasie, Selbstaktualisierung und Imagination wichtig. Ich habe dabei kaum den Ehrgeiz des Veröffentlichens, es ist ein Wandern in vielgestaltigen Gärten und Höhlen der Seele, es sind Erkundungsausflüge. Mehr und mehr brauche ich Raum und Zeit dafür, erlebe, dass ich mich dabei wiederfinde, wenn die Diffusion durch das Alltägliche überhandgenommen hat.

Als eine weitere Dimension hat sich im Lauf der Jahre auch eine Betrachtungsweise ausgebreitet, dass ich die Varianten des menschlichen Seins mit Freude sehen kann. Das ist die Achtung vor den unterschiedlichen Leben, den unterschiedlichen Geschichten. Die Bewertungen haben abgenommen und einem Wohlgefallen Platz gemacht. Das gilt insbesondere auch für die therapeutische Arbeit. Jung hat dies oft betont, dass es um Geschichten, um Lebensschicksale geht und nicht um Diagnosen, dass kein Mensch dem anderen gleicht und jeder eine eigene große Dimension ist. Der momentane Trend geht in eine andere Richtung, es wird mehr operationalisiert, es werden Module für spezifische „Störungen" geschaffen. Mein

Lehrer Benno Winker hat wie Jung oft gemahnt: „Wir behandeln Menschen, nicht Diagnosen."

Das bedeutet nicht, dass ich alles akzeptiere, dass alles gleich und gut ist, auch die Grenzen werden deutlicher, ich ziehe sie weiter, breiter ins Leben hinein, in dieses Leben wie es eben ist. Das Verstehen und Akzeptieren, macht diese Grenzen auch klarer und deutlicher. Was human ist schält sich sichtbarer heraus. Mag sein, dass dies die Wirkung des kategorischen Imperativs ist – wie Kant ihn formuliert, der ja durchaus ein Verwandter des Selbst sein kann.

Vieles hat mich auch ein Mensch gelehrt, der spät in mein Leben kam. Nach sechzehn Jahren Ehe bekamen wir ein lang ersehntes Kind, ein Sohn wurde geboren. Schon das Erlebnis der Geburt war überwältigend. Was mich dann weiter über-raschte, war, mit einem Wesen konfrontiert zu sein, das ohne Hemmungen leben, alles wissen, alles erfassen, alles selbst begreifen will. Vielleicht hatte ich erwartet, dass ich ihm alles beibringen muss, aber sein Durst auf Erfahrung stürmte von ganz allein voran, wir mussten nur dabei sein und füttern. Dieses Kind zeigte mir und zeigt mir bis heute – nun zweiundzwanzig Jahre alt – was Lebensfreude und Lebenshunger heißt und wie ansteckend dies ist.

Dies umschreibt auch die Erfahrung der Liebe. Auch wenn sie eine leicht zerstörbare Brücke über den Fluss ist, erscheint sie mir doch als die einzige Kraft, die trägt. Es gibt nichts sonst, woran wir uns wirklich festhalten können. Es gibt nichts Schöneres, als in einer von Liebe getragenen Beziehung zu sein. Auch sie kann sich weiten im Lauf des Lebens und umfassender werden, zur Liebe zum Sein überhaupt werden, zur Liebe zum Ästhetischen im Leben, das nicht nur das Ange-schaute meint, sondern auch die Art wie man geht, steht, handelt, redet.

Etwas mit Liebe anschauen, mit Liebe aufnehmen, mit Liebe umwerben ist ein Missionswerk der Menschlichkeit. Dies gilt auch für mich selbst und meine Bezie-hung zu mir, die der Liebe bedarf, um in Harmonie zu kommen. In der Erfahrung der Liebe ist mir immer deutlicher geworden, dass das Geliebtwerden nur ein Teil, vielleicht der kleinere ist, die Erfahrung der eigenen Liebe, der Fähigkeit zu lieben ist vielleicht das Wesentlichere. Sie ermöglicht die geschilderte Erfahrung, dass, wenn alles bricht, etwas von innen her auftauchen kann, was trägt, denn, wie Jung meint, man müsse schon allein sein, um zu erfahren, was einen trägt. Allein diese Erfahrung der Beziehung zum Selbst gibt uns eine unzerstörbare Grundlage.

Für mich verbindet sich die Dimension der Liebe mit der der Schönheit. Was ich mit Liebe betrachte, wird schön. Francois Cheng weist in seinem Büchlein *Fünf Meditationen über die Schönheit* darauf hin, dass diese eine ganz besondere und herausragende Eigenschaft hat: Sie will nichts von uns, stellt keine Forderung, sie ist einfach da, auch ohne uns, sie ist für sich oder an sich da und unterscheidet sich dadurch von ihren Platonschen Geschwistern, dem Guten, das eine moralische Forderung stellt und dem Wahren, das eine Verstandesforderung beinhaltet. Das Schöne wurde in meinem Leben zu einem unbedingten Grundelement des Ganzen, im Ganzen entsteht das Schöne.

Hoffnung,
dass eines Tages,
in einem schönsten Moment,
die Zeit stehen bleibt,
wenigstens
für dich und für mich.
Wenigstens
für eine gute Weile.
Und dass wir lernen,
sie stehen zu lassen,
immer wieder
und nur inmitten
der Schönheit.
Hans Holm, 2012, S. 67

Was zieht sich durch in meinem Leben und was gebe ich gerne weiter?

- Da sind und waren diese inneren Stimmen, die mir einen Weg gewiesen haben. Das bedeutet Vertrauen nach Innen haben, nicht nur gegenüber dem Gefühl. Ich möchte das lieber Gewissheit, Resonanz oder Stimmigkeit nennen, da kommen Gefühl und Verstand zusammen.

- Da ist auch der Humor, der mich mein ganzes Leben nicht verlassen hat und der mir oft eine große Hilfe war. Sehr oft habe ich erlebt, dass sich ein eigenes

Dilemma oder ein in der Gemeinschaft auftretendes durch eine Wendung des Humors in Luft aufgelöst hat. Er schafft eine heilende Distanz zu den schweren Dingen und wirft sie in die Luft, wo sie wie Seifenblasen davonfliegen. Humor hat auch immer eine sehr schnelle Verbindung zu humorvollen anderen Menschen geschaffen.

- Da ist auch eine Zunahme der Freude mit dem Alter, durch die jeder Tag zu einem Geschenk wird und für die es nur geringste äußere Anlässe braucht – sie ist sehr preiswert zu haben.

- Hinzu kommt die Erfahrung des Zur-Ruhe-Kommens, was insbesondere im Alter eine Wohltat ist. Sie ermöglicht das Sein-Lassen-Können, das Gehen-Lassen-Können, auch mich selbst.

- Der zunehmende Respekt vor der Natur, vor dem Natürlichen überhaupt, vor dem natürlichen Fluss der Dinge.

- Und da ist vor allem die Liebe als tragendes Element.

- Da man nun in meinem Alter ohne den Tod zu denken nicht sein kann, möchte ich einen Wunsch an mein eigenes Leben und an die über mich hinaus reichend Kraft richten: Der große Geist ermögliche mir, dass ich Abschied nehmen kann ohne Hader und dass ich dann weiß, dass es gut ist.

Stille
liegt über den Wassern
und unter den Wassern ist quälende Ruh.
Verharren möcht ich,
unbeweglich und stumm,
bis alle verlorenen Seelen
wiedergekehrt.
Ich öffne weit die Tore
dass sie Heimat finden
inmitten des Herzens.

Sitzen will ich
im Anblick des ewigen Wassers.

Treiben will ich
auf der
Seele dunklem Grund,
bis alles sich löst
und bis die Welt
ihren Spalt wieder schließt
und der Himmel
sanft zu lächeln beginnt.
Hans Holm, 2012, S. 115

Bei allem aber bleiben viele offene Fragen und vermutlich wird es für die meisten in der Zeit meines Lebens keine Antworten mehr geben.

Wir bemühen uns um eine psychische Ökologie, um den anderen Umgang mit Projektionen und in der Welt nimmt gleichzeitig der Hass gegen Andersartige rasant zu.

Wir entwickeln fantastische Technologien und immer deutlicher stellt sich die Frage, wie wir sie beherrschen wollen. Ein Physiker formulierte neulich: „Wir haben Angst davor, dass Computer eines Tages so intelligent sind, dass sie die Macht übernehmen. Es ist aber anders, sie sind unglaublich dumm, haben aber längst die Macht übernommen."

Auch in der Psychotherapie übernehmen zunehmend Techniken und auf Störungsbilder eng zugeschnittene Interventionsmodule die Macht. Wir laufen dabei Gefahr, dass wir vergessen, dass wir Menschen behandeln, Menschen mit je ganz eigenen Geschichten.

Es bleibt auch die leidvolle Erkenntnis, dass trotz all unsrer Bemühungen um Individuation mit uns und anderen das kollektive Lernen ein offensichtlich schwieriger Prozess ist, dass Dinge, Bewegungen, Strömungen wiederkehren, die wir längst überwunden glaubten und dass auch die grausamsten Ereignisse nicht ausreichen, um genug Spuren, Widerstandskraft und das Aushalten von Antagonismen in uns zu festigen. Dies schließt auch mit ein: Niemand, auch ich nicht, kann sicher sein, sich in der akuten Situation den großen kollektiven Dynamiken und Strömungen entgegenstellen zu können. Dies löst nicht unbedingt Resignation aus, aber es weist auf die Notwendigkeit hin, sich dessen immer bewusst zu bleiben und weckt doch auch Bescheidenheit in meinem Anspruch bezüglich des Erreichbaren angesichts all der weltweit beobachtbaren vielen Verletzungen und daraus entstandenen Wut, Destruktion und Zerstörung.

Zum Schluss ist mir die Erfahrung wichtig, dass Rätsel bleiben, dass Menschen und Phänomene nie ganz entschlüsselt werden können, Wahrheiten immer fraglich bleiben, wir sie nie ganz verstehen können, auch uns selber nicht, dass sie teils unsichtbar bleiben, dass auch die Nächsten immer noch ein Geheimnis bleiben, und dass es das größte Geheimnis immer noch gibt: den Tod.

Von Andre Gide stammt der Satz: „Glaube denen, die die Wahrheit suchen, und zweifle an denen, die sie gefunden haben." Erstaunlicherweise ermöglicht diese Erkenntnis eine zunehmende Freiheit, die Freiheit, nicht alles in geeignete Rahmen fassen zu müssen. Und mit dieser Freiheit kann sich auch das Kindliche wieder entfalten, das Staunen, die Verwunderung, die Freude. Kind werden ohne Kind zu bleiben, sei als Entwicklungsschritt zuweilen nötig, sagt C. G. Jung einmal in den Eranos-Gesprächen. Und, so meint Erich Kästner: „[...] es ist noch nicht ausgemacht, ob wir ein Leben ohne Wunder aushalten."

Die Menschheit braucht die Liebe, die Abkehr von Gewissheiten und Wahrheiten, die Fähigkeit, Dissonanzen und Widersprüche auszuhalten. Ich bemühe mich im Gegenzug darum, Glückserfahrungen zu sammeln, Momente und Zeiten der Liebe zu den Menschen und den Dingen, und ich bemühe mich um eine betrachtende Lebensweise und darum, nicht Teil des Getriebes zu werden.

Und manchmal möchte ich einfach wieder eintauchen in eine naive Kindheit, aus der die Mutter mit ihrer Mahnung, der Vater mit seinen Forderungen so oft geweckt haben, an jenen Ort, der „…allen in die Kindheit scheint und worin noch niemand war: Heimat" (Ernst Bloch).

Annette Kuptz-Klimpel, Jahrgang 1956, Aichtal.
Dipl. Sozialpädagogin (FH), Gruppenleiterin in TZI, Analytische
Kinder- und Jugendlichen-Psychotherapeutin in eigener Praxis in
Nürtingen, Dozentin und Supervisorin am C. G. Jung-Institut in
Stuttgart. Weiterbildungen im Bereich Humor und Clown.
Homepage: annette-kuptz-klimpel.de

Veröffentlichungen:
Kuptz-Klimpel, A. (2020/2021 in Vorb.). *Vom Ich zum Selbst* (Arbeitstitel).
    Stuttgart: Kohlhammer.
Kuptz-Klimpel, A. (2008). *Gesellschaftsspiele und ihre Symbolik im
    Lichte der Analytischen Psychologie*. Analytische Kinder- und
    Jugendlichenpsychotherapie, 138, S. 241-266.
Kuptz-Klimpel, A. (2008) *Das Auge der Medusa. Symbolik und Symbolverstehen
    als gelebte Erfahrung im dialogischen Prozess*. Analyische Psychologie, 153,
    S. 238-262.

Annette Kuptz-Klimpel

Mit dem inneren Kind leben, spielen und lachen!

> Im Erwachsenen steckt nämlich ein Kind, ein ewiges Kind,
> ein immer noch Werdendes, nie Fertiges, das beständige Pflege,
> Aufmerksamkeit und Erziehung bedürfte. Das ist der Teil der menschlichen
> Persönlichkeit, der sich zur Ganzheit entwickeln möchte. Von dieser Ganz-
> heit aber ist der Mensch unserer Zeit himmelweit entfernt.
> (C. G. Jung, GW 17, § 286)

In meiner analytischen Praxis nach C. G. Jung arbeite ich sehr gerne mit Kindern, aber auch mit Jugendlichen. (In diesem Aufsatz steht jedoch insbesondere die thera-peutische Arbeit mit Kindern im Fokus). Es vergeht selten ein Tag, an dem ich mich nicht freue, dass ich diesen Beruf ausüben kann. Ich freue mich, wenn ich Kinder-stimmen und -schritte vor meiner Praxis höre und bin in erwartungsvoller Neugier, wenn ich die Tür öffne und die lebendige Wiederbegegnung zwischen mir und dem Kind stattfinden kann.

Das Zentrale in der psychodynamischen Kinderpsychotherapie ist die direkte, unmittelbare Begegnung zwischen Kind und Therapeut im Hier und Jetzt, jedoch mit Blick auf die Verflochtenheit von bewussten und unbewussten Prozessen zwischen Kind und Therapeut. Kinder sind die Hauptpersonen in der psychodyna-mischen Kinderpsychotherapie. Sie sind unsere Gegenüber in der therapeutischen Arbeit, unter Einbezug und in vertrauensvoller Zusammenarbeit mit den Eltern. Auch wenn Kinder wegen neurotischen Störungen, inneren (psychischen) und äußeren (familiären oder schulischen) Konfliktssituationen, als seelisches Ungleich-gewicht verstanden, zu uns kommen, verfügen sie über Ressourcen und ihr inneres Potential, das es zu entdecken gilt. Das Wichtigste ist aber aus meiner Sicht, dass ich mich als Kindertherapeutin für die Bedürfnisse des Selbst des Kindes öffne und zur Verfügung stelle.

Das Selbst ist innerhalb der Analytischen Psychologie der zentrale Begriff. Es wird als virtuelles innerseelisches Zentrum der Gesamtpersönlichkeit des Menschen verstanden, das Bewusstes und Unbewusstes umfasst, in seiner Verbundenheit und Wechselwirkung zu seiner Mit- und Umwelt. Es ist Einheit und Ganzheit aller Aspekte und Paradoxien des Menschen und kann als göttlicher Funke im Menschen verstanden werden. Das Selbst an sich ist unanschaulich und ist nur in der Projektion auf Menschen oder Dinge erfahrbar. Es organisiert und strukturiert alle Entwicklungsprozesse körperlicher und seelischer Art.

Zu den polaren Aspekten des Selbst gehören auch das Dunkle, der Schatten und das Böse. Auch diese Seiten müssen erfahren werden, um sich damit auseinandersetzen zu können, einiges zu integrieren oder sich, als weiterer Schritt, dagegen abgrenzen zu können. Die Entwicklungsmöglichkeiten, die im Selbst als Potenz angelegt sind, können sich im Individuum jedoch nur realisieren, wenn die Bezugspersonen für das Kind dafür eine förderndes Umfeld schaffen.

Der fördernde Nährboden in der Kinderpsychotherapie

Was aber ist der fördernde Nährboden in der psychodynamischen Kinderpsychotherapie? Kind und Therapeut*in treffen in einer sehr individuellen Begegnung aufeinander. Wichtig sind das Herstellen einer vertrauensvollen Atmosphäre, in der das Kind keine Angst haben muss und sich öffnen kann. Das Wahrnehmen- und Annehmen des Kindes in seiner Einzigartigkeit, das Wahrnehmen und Erfassen nicht nur seines seelischen Ungleichgewichtes, in dem es sich befindet und seiner seelischen Verwundungen, sondern auch seines inneren Potenzials, seiner Lebensfreude und seiner Kreativität, die es zu entdecken und fördern gilt.

Wichtig sind Beziehungsangebote, um eine sichere Bindung zu ermöglichen, d. h. dem Kind mit Liebe, Interesse, Respekt und auf Augenhöhe zu begegnen, Humor zu haben und gemeinsam lachen zu können. Als Therapeut*in selbst Freude am Spielen, der Übernahme von zugewiesenen Rollen, Malen oder kreativem Gestalten zu haben – das kann ich nur, wenn ich Zugang zu meinem „Inneren Kind" habe und dies lebendig spüre. Kinder leben sehr im Hier und Jetzt. Wenn Kinder sich wohl und ohne Ängste fühlen, fangen sie an zu explorieren und zu spielen. Spiel ist die Sprache des Kindes, das der verbalen Interaktion meist überlegen ist. Spielen ist für Kinder das Begreifen und die Entdeckung der Welt, etwas Neues schaffen, aber auch Abreaktion und Ausdrücken ihrer Aggressionen, zum Teil auch gegen die Therapeutin gerichtet im Rahmen des Übertragungs-und Gegenübertragungsgeschehens.

Die Fantasie ist aus Sicht C. G. Jungs Ausdruck der Selbstregulation der Psyche und der psychischen Energie und leitet sich von archetypischen Strukturen ab:

> Es ist nicht nur der Künstler, der alles Größte in seinem Leben der Fantasie verdankt, sondern überhaupt jeder schöpferische Mensch. Das dynamische Prinzip der Fantasie ist das Spielerische, das auch dem Kinde eignet [...]. Es ist nicht zu vergessen, dass gerade in der Imagination eines Menschen sein Wertvollstes liegen kann.
> (C. G. Jung, GW 6, § 93)

Gemeinsam im Hier und Jetzt

Dass Kinder im Hier und Jetzt leben, hilft mir, mich auch auf den gelebten Augenblick in seiner Vielschichtigkeit zu konzentrieren, in dem die Interaktion stattfindet. Zum einen kann ich nur im Hier und Jetzt die Unmittelbarkeit des Augenblicks wahrnehmen, den Schnittpunkt zwischen Vergangenheit und Zukunft. Es geht darum wahrzunehmen, was jetzt gerade ist, was ich fühle, denke und was mir meine Intuition sagt, und nur aus dem Augenblick heraus kann ich handeln und etwas verändern. Genauso wichtig ist jedoch auch das Nichthandeln im Sinne von Geschehenlassen im Sinne des Tao. In der Auseinandersetzung mit den unbewussten Prozessen und dem Selbst erinnerte Jung an das Wu-Wei:

> Man muss geschehen lassen können. Ich habe vom Osten gelernt, was er mit Wu-Wei ausdrückt, nämlich das Nicht-Tun, das lassen. Auch andere haben das erkannt, so Meister- Eckhardt, wenn er davon spricht, „sich zu lassen". Die dunkle Stelle, an die man anstößt, ist ja nicht leer [...]. Wenn die Oberfläche abgeräumt ist, kann es aus der Tiefe wachsen. Die Menschen meinen immer, sie hätten sich verirrt, wenn sie dort anstoßen. Aber wenn sie dann nicht weiter wissen, ist die einzige Antwort, der einzige Rat, die einen Sinn haben, abzuwarten, was das Unbewußte zu der Situation zu sagen hat.
> (C. G. Jung, zitiert nach Jacobi 1971, S. 319)

Zum anderen ist das Erleben im Hier und Jetzt eine wichtige Voraussetzung, um sich der Beziehungs- und Gefühlsdynamik des Übertragungs- und Gegenübertragungsgeschehen im therapeutischen Prozess öffnen zu können. Im Hier und Jetzt ereignen sich aber auch Momente der gelebten Erfahrung in der sich entfaltenden Gegenwart, die Daniel Stern (2005) als Gegenwartsmoment („now-moment") bezeichnet hat. In der Interaktion kann dann spontan etwas unerwartet Neues entstehen, was von beiden Seiten als beglückend und authentisch erlebt wird und die Beziehung verändert, eine Erfahrung, die aber nicht verbalisiert werden muss.

Im Dort und Damals

Aufgewachsen bin ich innerhalb eines kleinen Familienverbandes. Meine Eltern, beide kriegstraumatisiert, hatten den Verlust von nahen Angehörigen durch Krieg und Flucht erleiden müssen, so dass die kleine Familie ein Zufluchtsort war, mit der ein Neustart begonnen wurde. Geprägt hat mich die Liebe meiner Eltern zur Natur, Tieren und Pflanzen, sowie ihr soziales Engagement in ihrer Kirchengemeinde.

Mein Weg in das Reich der Fantasie begann früh, da meine Mutter und meine Großmutter Freude daran hatten, mir und meinem Bruder viele Märchen und Geschichten vorzulesen, was zu den prägenden Erlebnissen meiner Kindheit gehörte. Bald wurde das Lesen und Ausleihen von Büchern aus der öffentlichen Bücherei für mich zu einen wöchentlichen Ritual. Stolz trug ich stets eine gefüllte Büchertasche nach Hause. Märchen der Brüder Grimm, Jim Knopf und Lukas der Lokomotivführer, Pippi Langstrumpf, Karlson vom Dach, Winnetou und andere Helden der Kinder-, Jugendliteratur wurden meine ständigen Begleiter. Schon früh interessierten mich andere Länder und Kulturen, die ich später einmal bereisen und kennenlernen wollte, wie auch entsprechende Mythen und Sagen.

Die allmähliche Ablösung aus meinem Elternhaus war in der Adoleszenz auch ein schmerzhafter Prozess. Die Freude am Zusammensein und an der Arbeit mit Kindern, die ich als Jugendliche zunächst in der Mitarbeit in einer ev. Kirchengemeinde der liberalen Hessen-Nassauischen Kirche entdeckte, führte mich zur Ausbildung zur Erzieherin und anschließend zum Studium der Sozialpädagogik in Frankfurt. Durch Gruppenangebote für Jugendliche, die sich ehrenamtlich in den Gemeinden engagierten, kam ich in Kontakt mit einem engagierten Stadtjugendpfarrer, der mit seiner Frau, einer Psychologin, erste Selbsterfahrungsangebote in Gruppen mit uns durchführte. Später las ich in der Erzieherausbildung und im Studium die Bücher von H.E. Richter *Die Gruppe* und *Lernziel Solidarität*. Mich sprachen daran Richters Vorstellung der Veränderung von gesellschaftliche Bedingungen an, aber auch die Bedeutung, die er Gruppen als Möglichkeit des sozialen Lernens, und des politisches

Engagements zumaß. Innerhalb einer Freundesclique versuchten wir die gewonnenen Erkenntnisse als Gruppe praktisch umzusetzen, nicht immer mit Erfolg.

In Gruppen

Schon früh war mir ein Anliegen, „das Eigene" zu finden, das sich doch wesentlich von den Vorstellungen meiner Eltern unterschied, auch in Hinblick auf die zu verwirklichenden Lebensformen. Inspiriert von der Gruppenidee und der Anti-AKW-Bewegung lebte ich bald mit meinem Freund zusammen und in Wohngemeinschaften. Durch Erzieherausbildung und Studium kam ich zunehmend mit Methoden der Pädagogik und Psychologie in Kontakt und ab Ende der 1970er Jahre auch mit Methoden der Humanistischen Psychologie wie Gestalt, Psychodrama, TZI und Encounter-Gruppen.

Die Wertschätzung der Gruppe, das sich Zusammenschließen im Kollektiv („Basisdemokratie"), das Entwickeln von gemeinsamen Ideen und Verwirklichung von Projekten entsprach dem Zeitgeist der Studentenbewegung. Die Wertvorstellungen der Elterngeneration wurden nicht nur hinterfragt, sondern auch bekämpft, auch da aus unserer Sicht sich unsere Eltern und Großeltern nicht gegen die Nazidiktatur gewehrt hatten. Zu den neuen Werten gehörte u.a., autoritäre Strukturen nicht länger anzuerkennen, sondern zu gemeinsamen Entscheidungen zu kommen, Rollen und normierte Verhaltensweisen zu hinterfragen und zu ändern, mit Konflikten und Entscheidungen konfrontiert zu werden, Emotionen zu äußern und auf Emotionen angemessen zu reagieren.

Eine der Übungen im Rahmen der Selbsterfahrung war, sich auf dem eigenen Sterbebett vorzustellen und von dort aus einen Rückblick zu nehmen auf sein Leben mit der Fragestellung an sich selbst: Habe ich meine inneren Möglichkeiten genügend entfaltet? Welche Lebensmöglichkeiten habe ich verpasst? Was wäre mir noch wichtig zu realisieren?

Um die Welt in einem Sandkorn zu sehen
und den Himmel in einer wilden Blume,
halte die Unendlichkeit auf deiner flachen Hand
und die Stunde rückt in die Ewigkeit.
William Blake

Von den philosophischen Gedanken der Stoiker beeinflusst, wurde die Lebenszeit als Ressource verstanden, mit der sorgsam umgegangen werden sollte, um der Endlichkeit der Lebenszeit zu begegnen. Das Hier und Jetzt wurde nun wahrgenommen und entdeckt, mit dem Ziel zunehmender Bewusstwerdung. „Hier und Jetzt wurde zum kleinstmöglichen Raum-/Zeit-Punkt des Erlebens einer Innen-Außen-Schau, die durch die Einengung der Wahrnehmung auf einen jeweiligen Abschnitt diesen Lebensabschnitt maximal intensivierte." (Farau/Cohn, 1984, S. 300)

Das Hier- und Jetzt wurde als Schnittpunkt zwischen Vergangenheit und Zukunft als einziger Augenblick im Leben wahrgenommen, in dem „Ich" handeln kann. Da in dieser Zeit Offenheit, Spontanität, Authentizität und Kreativität im mitmenschlichen Kontakt als wesentlich angesehen wurden, war eine weitere Aufforderung: „Say it, like it is" („Sag was wirklich los ist, Mensch!") Dieses überall auftauchende Schlagwort war zunächst politische Kampfansage der Schwarzen, wurde dann ein psychologischer Aufruf zur Wahrheit an Alle.

Beruflich hatte ich in Baden-Württemberg als Sozialpädagogin im Sozialen Dienst eines Landkreises Fuß gefasst und arbeitete über mehrere Jahre mit Allein-Erziehenden und ihren Babys und Kleinkindern in Gruppenarbeit und Einzelbetreuung, später in der Adoptionsvermittlungsstelle und einer Psychologischen Beratungsstelle.

Für meine Arbeit mit Gruppen war der Ansatz der Themenzentrierten Interaktion (TZI) nach Ruth C. Cohn sehr hilfreich. Ich absolvierte berufsbegleitend die Ausbildung zur Gruppenleiterin nach TZI. 1985 hatte ich in einer Veranstaltung im großen Saal des Hospitalhofs in Stuttgart die Möglichkeit, Ruth Cohn an einem Abend live zu erleben. Als bereits betagte Dame saß sie souverän ohne Stuhl auf dem Podest der Bühne, mit den Beinen schaukelnd. Sie verstand das Auditorium als Großgruppe und schlug zunächst vor, dass alle mit ihren umsitzenden Nachbarn Kleingruppen bilden könnten. Schnell kam zwischen wildfremden Menschen ein lebendiger Austausch in Gang, bevor sie ihren theoretischen Ansatz mit verschiedenen Formen der Gruppenarbeit praktisch erfahrbar machte. Ich schätze an ihrer Methode bis heute, dass Gruppenarbeit nach TZI lebendige, wachstumsfördernde Prozesse ermöglicht, da allen vier Haupt-Faktoren, die Gruppen ausmachen, gleiche Gewichtung und Wertschätzung zugemessen wird: dem Ich („sei Dein eigener Chairmen", „Störungen haben Vorrang"), dem Wir (der Interation in der Gruppe), dem Es (dem Thema) und dem Globe (Zeit, Ort, Umfeld, Rahmenbedingungen unter denen die Gruppenarbeit stattfindet) (vgl. Cohn, 1983, S. 113 f.).

Das innere Kind und der Clown

Schon immer hat mich die Arbeit mit dem inneren Kind interessiert, auch in dem Sinne, das Kindliche in mir selbst spielerisch zu erfahren und meine ursprüngliche Kreativität zu entdecken. Es reichte mir nicht aus, nur darüber intellektuell Bescheid zu wissen oder dies bei anderen wahrzunehmen und zu erleben. „Und vielleicht spüren wir insgeheim, dass ein Teil von uns ganz geblieben ist, unberührt von den Kümmernissen des Lebens, fähig zu großer Freude und zum Staunen über all die kleinen und scheinbar unbedeutenden Dinge." (Abrahms, 1996, S. 11)

Dies meint, dass wir alle in uns ein ewiges Kind tragen. In diesem symbolischen Kind sind wir aufgehoben, wie wir einmal waren. Es hat die uns prägenden Erlebnisse, unsere Freuden und Leiden aufbewahrt. Bei vielen Erwachsenen geht jedoch die lebendige Beziehung zu ihrem inneren Kind verloren, da sie als Kind zur Anpassung gezwungen waren und sich mit ihrem falschen Selbst identifiziert haben. Das innere Kind ist dann in uns verlassen und verloren. Das innere Kind in sich selbst wieder zu entdecken und ihm zum lebendigen Leben zu verhelfen, hilft uns, unser inneres Potenzial im Sinne von Selbstaspekten zu verwirklichen.

Als junge Frau hatte ich das Glück, in meiner Freizeit einige Jahre zu einer Straßentheatergruppe zu gehören. Wir hatten einen alten Zirkuswagen mit Traktor restauriert, mit dem wir in unserem Urlaub durch Baden-Württemberg fuhren und auf Plätzen in kleineren Städten und Dörfern ein Programm aufführten. Die Mitglieder unserer Straßentheatergruppe waren wie ich keine professionellen Schauspieler, sondern verdienten ihren Unterhalt in bürgerlichen Berufen. Zusammengeführt hatte uns die Freude am kreativen Spiel, an Humor, Musik und dem Körpertheater. Erlebten wir die Generation unserer Eltern als zu angepasst und bürgerlich und vor allem am Materiellen orientiert, wollten wir mehr Buntheit und Kreativität in unser Leben und in das Leben Anderer bringen. Wir experimentierten mit Rollen und Genres und erarbeiteten uns ein buntes Programm. In der Tradition reisender Gaukler war unser direktes Gegenüber die Zuschauer, die wir in einzelne Nummer einbezogen, ohne den Einzelnen bloß zu stellen oder herabzusetzen.

Aus meiner heutigen Sicht würde ich sagen, dass wir in hohem Maß selbstwirksam waren und das, was wir als Gruppe auf die Beine stellten, beachtlich war, auch wenn das Zusammenleben auf engstem Raum in dieser Zeit nicht immer einfach war. Belebt und voller bunter Eindrücke und Begegnungen, kehrten wir jeweils in unseren Alltag zurück.

Auf der Suche nach ganzheitlichen Lebensformen stießen alternative Theatermacher auf das fahrende Volk und dessen Jahrmarkttheater- und hatten ein Erbe gefunden, an dem sich anknüpfen ließ: Theater zum Anfassen, in dem Kopf und Bauch, Komik und Tragik, Gefühl, Verstand, Subjektivität und ihre Vermittlung noch eine Einheit bildeten. Theater, in dem Begegnungen zwischen Menschen angesagt waren. (Weihs, 1981, S. 11)

So kam ich über die Begeisterung am Straßentheater dazu, den Clown in mir zu entdecken. Der Clown (etymologisch bedeutet Clown Spaßmacher, entlehnt aus lat. „colonus" Bauer, plumper Bursche, vgl. Kluge, 1999, S.156) ist eine polare, vielschichtige komische Figur, die den Menschen zum Lachen bringt. In den 1970er Jahren erfuhr die Figur des Clowns durch die 68er Bewegung und die Festivals of Fools in Amsterdam eine Neuausrichtung. Das Motiv des Clowns wurde abseits des Zirkus in seiner Vielschichtigkeit und als polare, oft auch poetische Figur (Circus Roncalli) neu entdeckt und hielt Einzug in Theater und Selbsterfahrung.

Der Clown ist eine sinnliche Figur, der in der Gegenwart lebt und staunend die Welt entdeckt. Er ist ein ewiges Kind, das in guter Verbindung zu seinen Gefühlen und Trieben steht, wenn auch nie ambivalenz- oder konfliktfrei. Auch wenn er ständig vor die Bewältigung der kleinen oder großen Herausforderung seines Lebens gestellt ist und an der Tücke des Objektes schier zu scheitern scheint, er gibt niemals auf.

Tiefenpsychologisch ist das Clownsmotiv mit dem Motiv des Narren verwandt. Narrheit und Weisheit liegen auch in der Figur des Clowns nahe zusammen, jedoch mit einer stärkeren Gewichtung der ursprünglichen, unbekümmerten Weisheit des Kindes. Das Clownsmotiv kann einerseits in Zusammenhang mit dem Archetyp des Kindes als Träger von Selbstaspekten und Ganzheitspotenzial verstanden werden. Andererseits verkörpert der Clown in seiner Nähe zum archetypischen Motiv des Tricksters den Schatten, die dunklen und ungelebten Anteile, die jeder Mensch zwar hat, aber nicht wahrhaben will. Diese Anteile können vom Ich, das um Anpassung bemüht ist, als minderwertig, lästig unbequem oder störend erlebt werden und ziehen sich emotional aufgeladen ins Dunkel des Unbewussten zurück.

Im Schatten ist jedoch auch viel Energie und Lebenslust verborgen: „Der Schatten hält den Kontakt zur verlorenen Tiefe der Seele, zu Leben, Vitalität – das Höchste, das universal Menschliche, ja sogar das Schöpferische ist hier zu ahnen und zu spüren."

(Frey-Rohn, zit. nach Abrams, 1997, S. 13) Die Clownsfigur kann auf der Negativ-Skala natürlich auch als Infantilität verstanden werden.

> Seit dieser ersten Begegnung hat die Figur des Clowns einen unauslösch-lichen Zauber auf mich ausgeübt. Denn der Clown verkörpert die Merk-male des Phantastischen, in denen sich der irrationale Aspekt des Menschen ausdrückt, die Komponente des Instinkts, das bißchen an Rebellion und Aufmüpfigkeit gegen die höhere Ordnung, das in jedem von uns steckt. Er ist die Karikatur des Menschen in seinem Aspekt als Tier und als Kind, als Verhöhnter und Verhöhnender. Er ist wahrhaftig der Schatten. Ihn wird es immer geben. (Fellini, zit. nach Dimitri 2005, S. 52 f.)

Der Clown wurde im Laufe meiner weiteren Individuation zu einer inneren Figur. Er vermittelt mir Aspekte von ursprünglicher Weisheit, Lebensfreude und gibt mir die Möglichkeit, die Realität aus ungewohnter, oft auch kindlicher oder humorvoller Perspektive sehen zu können. Dieser innere Clown begleitete mich mal mehr, mal weniger intensiv durch meine verschiedenen Lebensphasen. Zuletzt arbeitete ich in einem Projekt mit, in dem eine Gruppe der „Dreamdoctors" aus Israel (in Israel staatlich angestellte Klinikclowns) zu mehreren Workshops für Ehrenamtliche in den Landkreis Böblingen kamen, um „Dreamclowns" für die Arbeit mit Flüchtlings-kindern auszubilden.

Als „Dreamclowns" besuchten wir regelmäßig verschiedene Flüchtlings-unter-künfte und Schulklassen und brachten den Flüchtlingskindern und ihren Familien sehr viel Freude und positive Wertschätzung.

Auszeit und neue Pläne

In einem Sabbaticel reiste ich mit fünfunddreißig Jahren ein Jahr lang mit meinem Rucksack alleine um die Welt. Mein damaliger Arbeitgeber hatte mir glücklicher-weise ein unbezahltes Urlaubsjahr gewährt. Diese einjährige Auszeit war für mich ungeheuer wertvoll. Durch ein Round-the-World-Flugticket hatte ich die Flug-route festgelegt und damit auch die Länder, die ich besuchen wollte. Allein auf mich gestellt, war ich jedoch frei von allen Verpflichtungen und konnte hochgradig selbst bestimmen, wie ich die Tage gestaltete und welche Reiseroute und -form ich inner-halb der einzelnen Länder einschlug. Nun endlich konnte ich für mich unbekannte

Länder und Kulturen kennenlernen, bereichernde Begegnungen mit Menschen machen, deren Sprachen ich teilweise lernte und anwendete. Überraschend und erfreulich für mich war, dass ich insbesondere in ländlichen Gegenden nicht als Fremde aufgenommen wurde, sondern wie ein guter Freund und auch nie in eine gefährliche Situation geriet.

Bücher, die ich mitgenommen hatte, waren u. a. ein Buch von C. G. Jung über Bewußtes und Unbewußtes und ein Buch von V. Kast über Märcheninterpretationen. In dieser Zeit war ich bereits in einer inneren Auseinandersetzung mit Aspekten der Psychologie C. G. Jungs, denn mein inneres Bild, das mich begleitete, war das eines Heldenweges, den es für mich zu meistern galt, auch im Überwinden von Ängsten und Hemmendem, was sich mir innerlich und äußerlich in den Weg stellte. Und ich begann über meine weitere berufliche Perspektive nach der Rückkehr in Deutschland nachzudenken.

Da ich mich seit dem Alter von Anfang zwanzig mit meinen eigenen Träumen beschäftigt hatte, mich Märchen und Mythen seit der Kindheit interessierten, ich mich dem Bereich des Unbewussten zunehmend öffnen konnte und gerne mit Kindern und Jugendlichen zu tun hatte, zog ich die analytische Ausbildung zur Kinder- und Jugendlichenpsychotherapeutin in Erwägung.

Erfüllt, gestärkt und belebt, kehrte ich nach einem Jahr zurück in meine frühere Arbeitsstelle, jedoch planend, mich in den nächsten Jahren mehr den inneren Reisen zu widmen. Das Zusammenleben mit meinem Mann, den ich nach der Weltreise kennenlernte, ermöglichte mir, dass ich zwei Jahre später mit der analytischen Ausbildung im C. G. Jung-Institut beginnen konnte.

Lebenskunst der Kinder und göttliches Kind

Wir Erwachsene können in jedem Fall viel von der Lebenskunst der Kinder lernen: Kleinere Kinder fühlen sich oft noch eingebettet in die Welt. Sie sehen dann in jedem Menschen, in jedem Wesen ein mögliches Gegenüber. Wenn sie in sicherer Bindung zu einer nahen Bezugsperson sind, können sie mit einer gewissen Unbekümmertheit, Offenheit und Neugierde auf die Welt zugehen, vertrauensvoll Kontakt mit ihr aufnehmen. Ihr Staunen bei jedem Schritt in die Welt hinein ist ja eine Vorstufe der Erkenntnis. Sie können, ganz im Hier und Jetzt, mithilfe ihrer Fantasie spielerisch die Welt entdecken und fast mit jedem Gegenstand spielen. Weiter nennt Schmid (2007, S. 415) folgende Aspekte, die wir von der Lebenskunst der Kinder lernen können:

- die immer neue Bereitschaft zum Versuch, zum Wagnis [...],
- das Leben mit Widersprüchen, das Verrücktsein als Eröffnung neuer Spielräume des Denkens und Fühlens,
- die Unbefangenheit, nicht verstrickt zu sein in alte Geschichten [...],
- immer nur zu spielen und die Gegenwart auszukosten,
- im jeweiligen Moment ganz und gar bei sich zu sein und alles um sich herum zu vergessen.

Eltern können, wenn sie den Prozess der Erziehung zu einem wechselseitigen machen, im Heranwachsen der Kinder wiedererleben, wie es ist, sich die Welt und das Leben zu erschließen, was zum Beglückendsten des Lebens mit Kindern gehört.

In meiner nun zwanzigjährigen Tätigkeit als analytische Kinder- und Jugendlichenpsychotherapeutin ist für mich die große Freude an Kindern, dem Kreativem, am Spiel und am Humor geblieben. Das könnte auch damit zusammen hängen, dass ich in der Beziehung zu Kindern von der Bedeutung des „Göttlichen Kindes", den ursprünglichen und lebendigen Selbstanteilen, von der Emotion und Energie des Spielerisch-Schöpferischen so unmittelbar berührt bin.

Aus Sicht der Analytischen Psychologie werden wir beim Anblick eines Kindes vom Kind-Archetyp angesprochen. Jung sah das Kindmotiv als Symbol des *Selbst*: Es ist „[...] ein göttliches, wunderbares, eben gerade nicht menschliches Kind, gezeugt, geboren und aufgezogen unter ganz außergewöhnlichen Umständen. Seine Taten sind ebenso wunderbar oder monströs wie seine Natur und körperliche Beschaffenheit." (C. G. Jung, GW 9/1, § 273, Fn. 20)

Das Kind kann Attribute eines Kindgottes haben, aber auch die des jugendlichen Helden. Beide haben eine ungewöhnliche, geheimnisvolle Geburt. Ihre frühe Kindheit ist oft bedroht. Einerseits ist das Kind übermächtigen Feinden ohnmächtig ausgeliefert und dadurch von der Gefahr der Auslöschung bedroht. Andererseits ist es göttlichen Ursprungs. Das Symbol des göttlichen Kindes entstammt der Tiefe des Unbewussten und in ihm personifizieren sich Lebenskräfte „von denen das Bewusstsein in seiner Einseitigkeit nichts weiß und eine Ganzheit, welche die Tiefen der Natur einschließt. Es stellt den stärksten und unvermeidlichsten Drang des Wesens dar, nämlich den, sich selber zu verwirklichen" (C. G. Jung, GW 9/1, § 289).

Ein wesentlicher Aspekt des Kind-Archetyps ist sein Zukunftscharakter, denn das Kind bedeutet potentielle Zukunft. Das Symbol des Kindes kann aber auch darauf hinweisen, dass sich eine Wandlung der Persönlichkeit andeutet. Es ist ein Gegensatz vereinigendes Symbol, ein „Heilbringer, d. h. ein Ganzmacher".

Im großen Runden

Der jüdische Midrasch erzählt, dass das Kind im Mutterleib das absolute Wissen habe. Es sehe von einem zum anderen Ende der Welt, und es verliere erst bei der Geburt durch den Eingriff eines Engels seine ursprüngliche Sicht. Diese archetypische Vorstellung ist sicher eine Grundlage für die Ehrfurcht vor dem Kind, die in früheren Kulturen und z. T. auch heute noch zu finden ist. Das Kind wird dann als Jenseitiges, als Verkörperung einer Ahnenseele verstanden, dessen Nähe zur Einheitswirklichkeit ihm die Fähigkeit zum absoluten Wissen gibt. Als „Einheitswirklichkeit" hat Erich Neumann die archetypische Wirklichkeit bezeichnet, in der Psyche und Welt, Innen und Außen als uroborische Einheit erfahren werden, so insbesondere im frühen Raum der Urbeziehung zwischen Mutter und Kind.

Aussprüche von Kindern enthalten manchmal eine Weisheit, die nicht von unserer Bewusstseinswelt zu stammen scheint. Marie Luise von Franz bezeichnete dies als „den Geist der Wahrhaftigkeit", den wir durch die Erziehung verlieren (vgl. Franz, v., 1985, S. 25). Kinder drücken dann ohne Scheu spontan und echt aus, was sie denken. Das findet sich auch wieder im Sprichwort „Kinder und Narren sagen die Wahrheit." Dann konfrontieren sie auch ihre Therapeuten mit nicht immer angenehmen Wahrheiten.

Ein Mädchen, dass sich über die Therapeutin ärgerte, weil diese ihr gesagt hatte, dass sie regelmäßig zu ihren Stunden kommen soll, sagte: „Hat dir jemand schon mal gesagt, dass du ein dickes, altes, kleines Tantchen bist?" Einerseits beeindruckte es mich, dass das Mädchen so deutlich ihre Aggressionen mir gegenüber zeigte. Andererseits war ich etwas geschockt und bestätigte ihr, dass sich bisher noch niemand getraut hätte, mir dies zu sagen. Ich bat sie ein Bild zu malen, wie sie die Therapeutin sieht, was sie auch gerne tat. Dieses Bild hängten wir dann zur Warnung für andere Kinder auf, damit diese die Therapeutin ebenfalls durchschauen können.

Therapeutische Arbeit mit Kindern bedeutet, wenn auch nur im Augenblick, mit ihnen in die Einheitswirklichkeit einzutauchen, in die Welt des magischen Denkens. Jüngeren Kindern, die manchmal sehr heftig in den Sandkästen spielen, so dass viel Sand auf den Fußboden fällt, sage ich, dass der Sand mir gesagt hat, dass er heute nicht auf den Fußboden will, weil er dann im Staubsauger verschwindet. Wenn sie sich noch in der Phase des magischen Denkens befinden, dann haben sie meist irgendwie Verständnis mit dem Sand, und es fällt tatsächlich weniger Sand auf den Fußboden.

Ein achtjähriger Junge fand diese Bemerkung von mir auch überdenkens-wert, widersprach auch nicht, aber nahm dann öfters etwas Sand in die Hand und ließ diesen, mir zugewandt, mit einem Lächeln auf den Fußboden rieseln, mit den Worten: „Der Sand will nicht auf den Fußboden!" Darüber mussten wir beide lachen.

Diese Handlung, die sicher auch als Provokation und Aggression erlebt werden könnte, verstehe ich vielmehr als Versuch des Spielens mit den verschiedenen Ebenen in ihm. Einerseits weiß der Junge mit acht Jahren, dass der Sand nicht lebendig ist und nicht sprechen kann, andererseits erkenne ich bei ihm noch eine Verbundenheit mit der Einheitswirklichkeit, in der alles noch eins ist und Trennung noch nicht im Sinne von Bewusstwerdung stattfand.

In einer nachfolgenden Stunde fragte er mich: „Glaubst Du an den Weihnachtsmann?" Er wisse schon, dass die Eltern die Geschenke besorgen würden, aber er hätte doch am liebsten, dass es Weihnachtsmann und Christkind gäbe. Worauf ich ihm sagte, dass meine kindliche Seite in mir auch am liebsten noch daran glauben würde, dass ich aber erwachsen sei und wisse, dass die Erwachsenen Freude daran hätten, den Kindern diesen Glauben zu ermöglichen.

Durch die Bindungstheorie hat sich bestätigt, was wir eigentlich schon immer wussten, nämlich, wie wichtig für eine gesunde seelische Entwicklung eine sichere Bindung für Kinder ist und welche Chance darin liegt, dass in der Therapie hinsichtlich ihrer Bindungserfahrung eine Neuerfahrung gemacht werden kann.

Ein etwa neunjähriger Junge, der sehr gerne zu seinen Therapiestunden kam, sagte einmal, dass er am liebsten noch hundert Jahre kommen wollte. Ich sagte ihm, etwas schmunzelnd, dass ich dann vermutlich nicht mehr unter den Lebenden weilen würde. Worauf er sagte: „Dann werden unsere Särge hierher gebracht und unsere Knochen können dann miteinander spielen."

> Eine Welt ohne Humor? Eine tragische Vorstellung!
> Ein Leben ohne Humor ist für mich sowenig denkbar
> wie ein Leben ohne Liebe. [...]
> In einer Welt ohne Humor fehlt auch Teilnahme, Kreativität. Eine kühne
> These: Ich behaupte, wo kein Humor ist, ist auch kein Verständnis zwischen

den Menschen. In der Liebe und im Verständnis liegt überhaupt die Bedingung, dass sich der Humor entwickeln kann. [...]

Wo keine Liebe ist, ist auch kein Leid. Und kein Weinen. Der Mensch braucht Gegenpole Einatmen, Ausatmen, Tag und Nacht, Lachen und Weinen. Deshalb braucht er auch das Böse, um daran zu lernen und zu erfahren, was er nicht möchte und um dagegen anzukämpfen"
(Dimitri, 2005, S. 1).

Bernd Leibig, Jahrgang 1949, Ammerbuch.
Facharzt für psychosomatische Medizin und Psychotherapie,
Psychoanalytiker, Trauma-, Paar- und Psychodramatherapeut in
eigener Praxis, Lehr- und Kontrollanalytiker und Dozent am
C. G. Jung-Institut Stuttgart, ehem. Vorsitzender des Jung-Institutes
Stuttgart und im DGAP-Vorstand. Mitglied in der Redaktion des
Jung-Journals.
Homepage: opus-magnum.com > Autoren

Veröffentlichungen u. a.
Leibig, B. (2014). Imagination und Neurobiologie. In: Dorst, B., Vogel,
R. T. (Hrsg.). *Aktive Imagination: Schöpferisch leben aus inneren Bildern.*
Stuttgart: Kohlhammer Verlag.
Leibig, B.: (2012). *Selbstkonzepte im Vergleich.* Stuttgart: opus magnum, kos-
tenloser download.
Leibig, B. (1998). *Aspekte der Scham in der Psychotherapie.* Psychotherapeut,
43 (1), S. 26-31.

Bernd Leibig

Wozu es sich lohnt zu leben

Gibt es eine schwierigere Frage als die, wozu es sich lohnt zu leben? Ist nicht alles Schall und Rauch? Was bedeute ich schon angesichts der unendlichen räumlichen Dimensionen des Kosmos und – sub species aeternitatis – der zeitlichen Dimensionen?

Die Antwort liegt auf der Hand: Angesichts dieser Dimensionen ist eigentlich alles nichts, alles ist vernachlässigbar. Unter diesem Aspekt verkommt mein Leben zum statistischen Rauschen – unbedeutend, unvollkommen, unvollständig, unwichtig. So weit – so klar.

Und die andere Seite? Wo bleibt die andere Seite: Ich bin wichtig. Auf mich kommt es an. Das kann auch gelten, wenn es nur um Statistik geht: In Hessen entschieden im Herbst 2018 etwa 120 Stimmen bei der Landtagswahl, ob die Grünen in eine Koalition eintreten können oder die Sozialdemokraten. Da kommt es wirklich auf jeden Einzelnen an. Und ich bin wichtig für meine nächste Umgebung: für meine Frau, meine Kinder, meine Enkel. Die wären sicher traurig, wenn es mich nicht mehr gäbe. Und schließlich bin ich wichtig für mich selbst. Meine Zufriedenheit, meine Erfüllung, mein Glück. Mein Leid. Werde ich am Ende des Lebens sagen können, ich habe gelebt, oder wird es so sein wie in Konstantin Weckers Lied *Weltenbrand*:

Und so lugst du am Bug
fährst nie in den Hafen ein
als wär es Gnade genug
Segel im Winde zu sein

Darum geht es wohl: nicht nur Getriebener zu sein, sondern Steuermann oder Kapitän des eigenen Lebens.

Selbstmächtigkeit und die Möglichkeit der Wahl

Es lohnt sich, die eigene Selbstmächtigkeit anzustreben und zu erlangen. Was bedeutet dies? Wir können uns drüber klar werden, dass wir es in der Hand haben, wo unsere Lebensreise hingeht. Dies gilt noch nicht in der Kindheit, und es gilt auch nur sehr eingeschränkt hinsichtlich schwerster Erkrankungen und Schicksalsereignissen wie dem Tod. Als Kinder sind wir darauf angewiesen, dass wir hinreichend gute psychische und materielle Bedingungen vorfinden, damit die menschlichen Grundbedürfnisse erfüllt sind. Und wenn traumatisierende Ereignisse eintreten, fühlen wir uns oftmals aus der Lebensbahn geworfen.

Aber schon als junge Erwachsene können wir Ideen entwickeln, wohin die Reise mit uns gehen soll. Und mit zunehmendem Alter tritt die Wahlmöglichkeit immer mehr in den Vordergrund: nicht nur die Wahl der Ausbildung, des Berufes, der Freunde, der Partner, auch die Wahl, ob wir eher eine „vita activa" oder eine „vita contemplativa" leben, ob wir unsere künstlerischen Begabungen entfalten oder verkümmern lassen, ob wir uns politisch engagieren, ob wir unsere Betonung mehr auf Privatheit legen oder uns öffentlich einmischen.

Die Wahl geht aber auch in den psychischen Bereich ein. Wir können manchmal entscheiden, welche Affekte wir wählen. Wir müssen die Wut, die wir mit absoluter Berechtigung fühlen, nicht herauslassen. Wir können eine Nacht über Manches schlafen. Wir können der Nachdenklichkeit Raum verschaffen. Auch andere Gefühle wie Schmerz, Trauer, Freude, Sehnsucht, Angst unterliegen der Möglichkeit, sie zu modifizieren. Nur in den seltensten Fällen sind wir den Gefühlen ganz ausgeliefert. Meistens meinen wir, dass die Gefühle raus müssen und in dieser Form, die sich gerade aufdrängt, auch raus sollen. Dem ist nicht so.

Wir haben immer die Wahl und damit die Möglichkeit zur Selbstmächtigkeit. Wir müssen nicht – wir können. Für mich, der ich ein klassisches, konventionelles, an naturwissenschaftlichen Kriterien orientiertes Medizinstudium absolviert habe und damit eine Wunschseite in mir trage, dass die Dinge logisch, konsistent und mit statistischer Signifikanz nachvollziehbar sein müssen, gibt es auch die andere Seite: die der Subjektivität und der höchsten Wertschätzung des Einzelfalls und auch des Zufalls.

Sowohl-als-Auch

Die Kategorie des „sowohl als auch" ist für mich zu einer zentralen Orientierung geworden. Wenn zum Beispiel in der Folge der Libet'schen Versuche eine umfassende Diskussion über die Möglichkeit des freien Willens geführt wurde und auch noch geführt wird, habe ich trotzdem eine gewisse Wahl, worauf ich mich in meinen Anschauungen und Orientierungen beziehe: auf die klassische Physik und damit die klassische Naturwissenschaft, die Newton'schen Physik. Diese befasst sich mit Größen und Kategorien die immer kontinuierlich, kausal und deterministisch sind. Da gelten die eben erwähnten Faktoren von Objektivität, Konsistenz und Nachvollziehbarkeit.

Oder ich kann mich in meinem Denken von den Implikationen der Quantenphysik führen lassen. Dabei geht es um unanschauliche Größen und unanschauliche Räume, und es geht um Diskontinuitäten, eben um Sprünge. In der Mathematik werden die entsprechenden Funktionen als imaginär bezeichnet. Also ist die Quantentheorie unanschaulich und imaginär zugleich. Dies ist für uns analytische Psychotherapeuten interessant, da die Unanschaulichkeit ein wesentliches Bestimmungsmerkmal in unserem Archetypenverständnis darstellt. Der Archetyp trägt das unanschauliche Momentum immer in sich. Er ist eine Matrix, in der sich das Konkrete, das Unanschauliche unserer Welt, erst herausbilden kann. Und das Imaginäre, die Imagination, unsere Vorstellungskraft spielt eine wichtige Rolle in unserem therapeutischen Vorgehen und verweist auf die höchste Bedeutsamkeit unserer Fantasietätigkeit. Hier zeigt sich die Verbindung von Psychotherapie und Naturwissenschaft.

In der Quantenphysik scheint auch der objektive Zufall zu herrschen. Es lässt sich beim Zerfall eines radioaktiven Elements sehr wohl mit großer Genauigkeit voraussagen, wann die Hälfte einer radioaktiven Substanz zerfallen sein wird (Halbwertszeit). Wann aber ein konkretes Elementarteilchen zerfällt, unterliegt dem absoluten Zufall, ist nicht herleitbar, es geschieht ursachelos, ohne Kausalität.

„Die Ros blüht ohn warum, sie blühet weil sie blühet." So heißt es bei Angelus Silesius. Mystik, Romantik und eine so verstandene Naturwissenschaft schließen sich nicht mehr aus. Es lohnt sich, dem Zufall Raum und Bedeutung zu geben, denn im Zufall öffnen wir uns den archetypischen Dimensionen des Seins. Meine Wahlfreiheit bedeutet auch: Ich muss die dualistische Descartes'sche Trennung in res cogitans und res extensa, die implizit immer noch häufig unser Denk-Fühlen durchwebt, nicht mitmachen. Ich kann mich auf die Komplementarität dieser unterschiedlich erscheinenden Welten beziehen – komplementär im Sinne von sich gegenseitig ergänzend und aus der Spannung heraus neue kreative Kräfte erzeugend. Wir befinden uns hier in einem Feld der Gleichberechtigung von Kausalität und Synchronizität.

Und es war ja auch Jungs zentrales Anliegen, die Akausalität, die Irrationalität, das Unbewusste, das nicht Gekannte dem vorherrschenden Kausalitätsgedanken als Erweiterung gegenüber zu stellen. Die Gegenüberstellung und Gleichwertigkeit von

Kausalität und Synchronizität gefiel auch Wolfgang Pauli, dem Quantenphysiker, Physik-Nobelpreisträger und Jungs kongenialem Gesprächspartner, sehr gut. Denn diese Gleichwertigkeit bestätigt, wie essenziell die Komplementarität als zentraler Begriff in der Quantenphysik zum Tragen kommt. Pauli umschrieb die Komplementarität gerne mit dem Ausdruck, dass es sich um „eine eigentümlich, klassisch nicht beschreibbare Art von Zweideutigkeit" handelt. Pauli schreibt über den Spin der Elektronen, den er entdeckt bzw. – wie es Paulis Art war – in die Welt gestellt hat: „Ein Elektron „(...) bringt es auf eine rätselhaft unmechanische Weise fertig, in zwei Zuständen .... mit verschiedenem Impuls zu laufen." (Pauli, 1923, zit. nach Fischer, 2004, S. 62)

Pauli bezieht sich darauf, dass die Welt sowohl als Ausdruck von Teilchen wie auch als Welle verstanden werden kann. Und darum geht es: Dem Prinzip des „sowohl als auch" Geltung zu verschaffen und uns damit auf dem Boden moderner Naturwissenschaft zu befinden. Es geht hier gerade darum, sich in dem Bereich des nicht Festgelegten, des Geheimnisses, des Unanschaulichen und des Imaginären zu bewegen – immer unter der Voraussetzung, dass wir das Prinzip des Sowohl-als-Auch ernst nehmen: Wir zahlen auch einen Preis.

Denn der Gewissheitsanspruch, mit dem wir unsere Hypothesen, seien sie politischer oder gesellschaftlicher oder aber auch psychologisch-psychotherapeutischer Natur, vertreten, lässt sich nicht mehr aufrecht erhalten. Überzeugtheiten sind immer subjektiv unterfütterte Anschauungen, mögen sie auch noch so objektiv daher kommen. Der Preis ist auch, dass wir kein objektiv funktionierendes Koordinatensystem mehr haben, in dem wir uns absolut orientieren können. Wir haben einen subjektiv-objektiv funktionierenden Rahmen. Die physikalische Relativitätstheorie mit der Relativität von Raum und Zeit beinhaltet eben auch eine Relativität in unserem Einordnungsbedürfnis, in unserem Anschauungsbedürfnis.

Wir befinden uns im Paradox zwischen unserem Bedürfnis nach Übersichtlichkeit und Anschauung in Zeiten der Unanschaulichkeit. Wir spüren dabei, dass wir sowohl Freiheit als auch Orientierung in dieser Polarität brauchen.

Und was ist der Gewinn? Der Gewinn liegt darin, dass wir der Ganzheit der Erkenntnis näherkommen und wir in diesem kohärentem Gefühl dem archetypischen Wunsch nach Vervollständigung näher sind. Der Gewinn ist auch unsere Wahlfreiheit, worauf wir uns fokussieren, was wir betonen wollen. Die Freiheit des Abwägens, des Nachspürens unserer bewussten und unbewussten Motive, für die Möglichkeitsräume, die wir haben und die wir uns geben. Und indem wir unseren Fantasien Raum geben, finden wir zu mehr Übereinstimmung mit uns selbst, finden wir zu einem Kohärenzgefühl in uns.

Selbstwirksamkeit und Resonanz

Nahe bei der Selbstmächtigkeit liegt die Selbstwirksamkeit. Es lohnt sich, dass wir uns wirksam erleben. Es ist eine archetypische Grundkonstante unseres menschlichen Daseins, dass wir etwas erreichen wollen, dass wir etwas auslösen wollen. Dies beginnt beim Säugling, der bemerkt, dass die beruhigende und stillende Mutter zu ihm kommt, wenn er sich durch Schreien bemerkbar macht. Es geht weiter in der Schule, wo wir die Erfahrung machen können, dass Lernen, Üben, Wiederholung eines Prozesses, uns besser macht, uns Erfolgserlebnisse bringt. Dazu haben wir in unserem Gehirn ein Belohnungserwartungssystem, das darauf ausgerichtet ist, das wir uns beim Erreichen von Zielen freuen oder, dass wir beim Essen von Schokolade ein gutes Gefühl und den Wunsch nach mehr haben. Das kann natürlich auch zur Sucht führen. Es gibt immer auch die Schattenseiten, die wir berücksichtigen sollen. Auch die Schattenseiten werden von uns gewählt.

Wiederum im engen Zusammenhang zum Selbstwirksamkeitserleben steht das Resonanzbedürfnis. Es lohnt sich, Resonanz zu schaffen und zu erleben. Resonanz ist eine archetypische Grundkonstante, die sowohl die unbelebte als auch die belebte Natur durchzieht. Worum geht es dabei?

1. Es geht um Anziehung. Menschen können durch Sympathie und Liebe voneinander angezogen sein. Im Kosmos wirken Anziehungskräfte. Ohne gravitative Anziehung würde der Mond nicht um die Erde kreisen, die Erde nicht um die Sonne, und Milchstraßensysteme gäbe es so vermutlich auch nicht.

2. Es geht um Beziehung und Bezogenheit und darum in Verbindung zu stehen. Auch diese Phänomene finden wir in der belebten und unbelebten Natur.

3. Es geht um Übereinstimmung, Harmonie und Gleichklang. Denken wir an die Resonanz in der Musik, an den Resonanzkörper von Musikinstrumenten, der die Musik erst zum Erlebnis werden lässt. Zu geringe Resonanz erleben wir als flach.

4. Es geht um wechselseitiges Bewirken und Beeinflussen. Durch Resonanz möchten wir im Anderen etwas auslösen, eine Reaktion hervorrufen. Wir wollen Effektanz erleben, und wir wollen Anklang finden.

Resonanz ist ein Beziehungsgeschehen. Wenn wir von dem inzwischen verstorbenen Atomphysiker Hans-Peter Dürr hören, dass er aufgrund seiner lebenslangen Beschäftigung auf der Suche nach dem, was die Welt im Innersten zusammenhält, zu dem Ergebnis kommt, dass alles Beziehung ist, dann bekommen wir ein Gefühl für die archetypische Dimension der Resonanz als Beziehungsgeschehen. Dürr (2016, S. 33) schreibt :

> Wenn wir die Materie immer weiter auseinander nehmen, bleibt am Schluss nichts mehr übrig, was uns an Materie erinnert. Am Schluss ist kein Stoff mehr, nur noch Form, Gestalt, Symmetrie, Beziehung. […] Am Grunde bleibt nur etwas, was mehr dem Geistigen ähnelt – ganzheitlich, offen, lebendig, Potenzialität.

Diese Potenzialität, das Ausgespanntsein zwischen den Polaritäten ist ja ein wichtiges Kennzeichen des Archetypischen. Und das Numinosum und Tremendum, das wir immer wieder spüren, wenn tiefe Resonanz geschieht, ist ebenso Charakteristikum des Archetyps. Die Sichtweise Hans-Peter Dürrs ist also, dass Allem energetische Beziehungsprozesse zugrunde liegen. Das haben vermutlich alle Mystiker schon erkannt oder erahnt oder intuiert, wenn sie sich vor allem auf den geistigen Gehalt unseres Daseins beziehen.

Ein Weiteres schlussfolgert Dürr aus seinen zunächst ja rein naturwissenschaftlich geprägten Erkenntnissen: „Die Welt ist das Eine und Ganze." (ebda, S. 60) Hier findet sich die Idee des „unus mundus", der „einen Welt" von C. G. Jung wieder, die Alleinheit, die Ungeteiltheit und damit die Bezogenheit und Resonanz von allem mit allem.

Zwischengedanke: Lohnt sich ein Leben für die Psychotherapie?

Lohnt sich ein Leben für die Psychotherapie? Unter finanziellen Gesichtspunkten ist die Frage schnell und eindeutig zu beantworten: Nein. Als Arzt habe ich ein vollständiges Medizinstudium absolviert und eine sich daran anschließende sechsjährige Facharztausbildung abgeschlossen, in deren Rahmen ich mir zusätzliches und teures Selbsterfahrungswissen und Anwendungswissen angeeignet habe. Dieser enorme Aufwand wird im Medizinsystem in keiner Weise anerkannt und adäquat bezahlt. Ärztliche Psychotherapeuten finden sich in der Einkommensskala von Ärzten aller

Fachrichtungen nicht nur abgeschlagen, sondern weit abgeschlagen als Letzte hinter den am nächsten schlecht bezahlten Fachärzten für Psychiatrie.

Die sogenannte sprechende Medizin wird in Sonntagsreden hochgelobt und in unserer psychisch verarmten Gesellschaft als unabdingbar herausgestellt. Die Realität vom Montag bis Freitag sieht leider anders aus. Diese hochgelobte sprechende Medizin soll eben nichts kosten. Nach wie vor besteht ein ungerechtes Bezahlungssystem, in dem technische Leistungen wie Labormedizin oder röntgenologische oder MRT-Leistungen absolut überbezahlt sind. Wir armen ärztlichen Psychotherapeuten unterstützen und mitfinanzieren die Yachten und Sportwägen der Labormediziner. So weit so schlecht. Aber zur Ganzheit gehört dieser Aspekt eben auch. Wer wirklich Geld verdienen möchte, muss sich andere Berufsfelder suchen.

Was sich lohnt: Liebe

Aber ich möchte wieder zu dem kommen, was sich im Leben lohnt: die Liebe. Nach Semir Zeki, einem englischen Fachmann für Neuroästhetik in England, gibt es ein „angeborenes Liebeskonzept des Gehirns". Der angeborene Anteil des Liebeskonzepts äußert sich für Zeki in dem Streben nach der Einheit und Ganzheit. Daneben gibt es auch einen erworbenen Anteil des Hirnkonzepts der Liebe, den er als synthetischen Anteil bezeichnet. Als Grundkonstante des Liebeskonzepts sieht Semir Zeki den Wunsch und die Sehnsucht nach Einheit. Das Streben nach Vereinigung, wie es sich ja auch im sexuellen Wunsch zeigt, scheint in der Tat eine Grundkonstante menschlichen Erlebens zu sein. Zeki schreibt: „Die ‚Liebeseinheit' ist ein Hirnkonzept, das die Freuden des Himmels heraufbeschwört." (Zeki, 2010, S. 142)

In der Analytischen Psychologie und bei C. G. Jung spielt das Konzept der Ganzheit und der Einheit eine wichtige Rolle. Im Individuationsprozess versuchen wir, eine verloren gefühlte Ganzheit wieder zu finden, wie es sich ja auch in Platons Gastmahl widerspiegelt:

Ursprünglich gab es drei Arten von Menschen: eine männliche, eine weibliche und eine androgyne Art, die sich aus beiden Geschlechtern zusammensetzte. Diese Menschen waren Kugelmenschen. Sie bestanden aus einem kugelförmigen Rumpf, vier Händen und Füßen und zwei Gesichtern, die in unterschiedliche Richtungen schauten, mit je zwei Ohren auf einem Kopf, der auf einem kreisrunden Hals saß. Da die ungeheure Macht dieser Individuen (dieser nicht Teilbaren) den Göttern bedrohlich wurde, beschloss Zeus, sie zweiteilen zu lassen. Und seither suchen die

Individuen sehnsüchtig ihre fehlende Hälfte. „Und sie schlangen die Arme umeinander und hielten sich umfasst, voller Begierde, wieder zusammen zu wachsen." (Platon zit. in Zeki, 2010, S. 143)

Ähnlich drückt der persische Dichter Rumi die Liebeseinheit aus: „Liebende finden sich nicht; sie sind immer schon ineinander." (Rumi zit. nach Zeki, 2010, S. 145)

Das Streben nach Ganzheit und Einheit scheint eine hirnphysiologisch in unserer Natur vorhandene Konstante zu sein. Es ist angesichts der in der Literatur immer wiederkehrenden Sehnsucht nach Einheit und Ganzheit auch gar nicht anders vorstellbar, als dass dieses Ganzheitsstreben eine archetypisch verankerte anthropologische Grundkonstante ist.

Wie ist nun diese anthropologische Grundkonstante im Gehirn repräsentiert? Im Gehirn sind mehrere kortikale und subkortikale Strukturen aktiviert, wenn wir Liebesgefühle entwickeln. Gemeinsam ist diesen Regionen, dass sie alle hohe Konzentrationen von Dopamin haben, einem Neuromodulator, der zum Belohnungssystem – genauer dem Belohnungserwartungssystem – gehört. Durch Dopamin entstehen Zufriedenheitsgefühle, euphorische Zustände, Begierde und Sucht. Es wird vor allem im Hypothalamus gebildet, ebenso wie das Bindungshormon Oxytocin und sein chemischer Verwandter, das Vasopressin. Diese beiden Neuropeptide fördern das Vertrauen in andere Menschen, und man vermutet, dass sie auch beim Liebesgefühl eine Rolle spielen. Zumindest werden sie bei beiden Geschlechtern beim Orgasmus vermehrt ausgeschüttet, und bei Frauen spielen sie zusätzlich eine Rolle bei der Entbindung und beim Stillen. In Phasen romantischer Liebe wie auch mütterlicher Liebe steigt ihre Konzentration.

Mit der Erhöhung des Dopamins bei der romantischen Liebe geht einher eine Verminderung des Serotonins, das unter anderem den Appetit regelt, das aber auch bei Zwangserkrankungen vermindert ist.

In Hochphasen der romantischen Liebe vermindert sich der Serotoninhaushalt auf das Niveau von Zwangserkrankungen. Die heiße Liebe ist eben eine Obsession. Wie wir wissen, können Verliebte allein von der Luft leben. Da die Luft nicht besonders kalorienhaltig ist, nehmen Verliebte oft an Gewicht ab. Durch die Herunterregulierung der serotoninabhängigen Regionen des präfrontalen Kortex, der für die Beurteilungsfähigkeit zuständig ist, kommt es zu den bekannten Zuständen von partiellen Verrücktheiten der Verliebten.

Verliebtheit und Liebe sind oft irrational. Dies hat vermutlich seinen inneren Sinn darin, dass wir in der Liebe ein Einheits- und ein Ganzheitserlebnis suchen. Da dies vollumfänglich auf dieser Welt nicht zu finden ist, muss das präfrontale Urteilsvermögen etwas herunter reguliert werden, damit wir nicht mehr so genau hinschauen. Liebe macht blind für das, was die meisten anderen sehen. Und das ist auch gut so: Auf diese Weise fühlen wir das archetypisch verankerte Einheits- und Ganzheitserleben, das es eigentlich gar nicht gibt, zumindest nicht mehr, seit Zeus eingegriffen hat.

Die konkreten Ausformungen dieses Liebeskonzeptes verändern sich natürlich im Laufe der Zeit. Die Vorstellungen von Liebe und Partnerschaft waren bei den alten Römern wohl andere als im elisabethanischen England und sicher auch andere als wir sie heute haben. Für Zeki geht es beim Liebeskonzept gerade darum, die Liebe in ihren verschiedenen Formen als Ausdruck eines inneren Bedürfnisses zu sehen: die alltägliche Liebe, wie wir sie immer wieder spüren können, die Liebe, wie wir sie in der Sexualität fühlen können, die Liebe zu den Dingen und unseren Vorlieben und die transpersonale Liebe zu höheren Ideen und Gestalten wie etwa die göttliche Liebe.

Im *Hohen Lied der Liebe* treten die personale Seite der Liebe und die transpersonale Seite immer wieder gemeinsam auf und haben bei manchen religiös orientierten Interpreten zu Verwirrung darüber geführt, ob das Hohe Lied der Liebe nun transzendental-sakral oder persönlich-profan verstanden werden soll. Denn die Sprache des hohen Liedes ist doch so arg deutlich auf konkrete menschliche Liebe ausgerichtet ist. „Mit den Küssen seines Mundes küsse er mich! Ja deine Liebe ist köstlicher als Wein."

Semir Zeki sagt dazu, dass es aus neurobiologischer Sicht irrelevant sei, welche Interpretation – die sakrale oder die profane – richtig ist, weil beide zutreffen. Wenn wir Liebe erleben dürfen, befinden wir uns also in einem explizit archetypischen Bereich unseres menschlichen Erlebens. Insofern ist das Gefühlserleben der Liebe etwas, was zu unserer Vervollständigung im Sinne von mehr Ganzheit führen kann.

Was sich lohnt: Altern

Und schließlich: es lohnt sich zu altern: Das Erleben unseres menschlichen Alterns ist eingebettet in die Tatsache, dass Altern einer der grundsätzlichsten Vorgänge innerhalb unseres Kosmos überhaupt ist.

Altern und Erleben des Alters gibt uns die Möglichkeit, uns in unserer Eingebundenheit in das Weltganze zu sehen und zu fühlen. Die zeitlichen Dimensionen sind sehr unterschiedlich: Wie kurz erscheint uns das Leben der Eintagsfliege und was ist schon unser menschliches Lebensalter gemessen an den langsamen Alterungsprozessen in der anorganischen Natur. Dennoch, und gerade wegen der scheinbaren Unvergleichlichkeit zwischen dem Altern des Steins und unserem menschlichen Altern, bleibt die gemeinsame zeitliche Dimension, bleibt uns die Betrachtung der Vergänglichkeit und des Vergehens.

Wir Menschen unterliegen deutlicher Abnutzung und Verschleiß: Die Haut wird faltig, weil das Bindegewebe spröder wird; das Haar wird lichter, weil es allmählich zu einem Überwiegen der männlichen Hormone kommt; die Zähne verschleißen trotz lebenslanger intensiver Pflege; die Sehkraft verringert sich, denn das Auge altert schon seit der Geburt; die Zellen arbeiten nur noch mit halber Kraft, weshalb wir uns auch nicht mehr so viel Energie zuführen müssen. Der Zellabbau ist beim jungen Menschen übrigens viel höher als beim Alten; nur ist eben der Zellaufbau noch höher als der Zellabbau und deshalb wachsen die Kinder und Jugendlichen.

Es scheint mir ein Charakteristikum des menschlichen Alterns zu sein, dass die Fähigkeit zu Wandlungsvorgängen abnimmt bei gleichzeitiger Notwendigkeit, sich mit einer Fülle von Wandlungen auseinanderzusetzen. Insofern ist die häufig dargestellte symmetrische Lebenstreppe, die genauso lang aufwärts wie auch wieder abwärts führt, ein zwar verständlicher, aber nicht unserer Lebenswirklichkeit entsprechender Euphemismus. Nach dem Lebenshöhepunkt treten die Einschränkungen oft mit unglaublicher Geschwindigkeit auf.

Auch die häufig anzutreffende Glorifizierung des Alters im Sinne von zunehmender Reife und Altersweisheit entspricht nur allzu oft mehr dem Wunsch als der Wirklichkeit. Es ist natürlich unser Wunsch, dass menschliche Entwicklung und Reifung sich in Altersweisheit entfalten kann, dass die Chance des Alters genutzt werden kann, um noch einmal etwas anders zu machen, was – aus welchen Gründen auch immer – früher nicht möglich war, dass es gelingt etwas zu korrigieren, ohne zu meinen, wir könnten das Gewesene ungeschehen machen.

Urteile und Vorurteile können aufgegeben werden, die in der Mitte des Lebens vielleicht funktional wichtig waren, etwa um sich durchzusetzen, abzugrenzen, aufzublähen, erfolgreich zu sein. In unserer Sprache der Analytischen Psychologie: Wir möchten uns im Alter auf der „Ich-Selbst-Achse" so bewegen können, dass der Schatten und die Komplexe ein wenig von ihrer Wirkkraft verloren haben.

Im Alter etwas anders zu machen, als in den früheren Jahren, misst sich aber oft noch zu sehr am Vergleich mit früher. Was kann ich nicht mehr, was konnte ich früher noch viel besser. Ich selbst etwa merke beim Wandern in den Bergen, dass die Berge im Vergleich zu früher immer steiler werden, obwohl Einiges dafür spricht, dass die Höhe der Berge sich nicht verändert.

Ich denke, es ist gut, im Alter das ganz Eigene dieser Lebensphase mehr in den Vordergrund zu stellen. Das Alter hat seine eigene Schönheit. Denken wir an manche markante verwitterte Charakterköpfe. Das Alter hat gerade aufgrund der Nähe zum Tod seine eigene „Durchlässigkeit für Spirituelles", wie Ingrid Riedel (2009, S. 123) es nennt.

Eine wirkliche eigene Gelassenheit kann entstehen, wenn wir nicht unter dem Verdikt stehen, Loslassen zu müssen. Das Eigene des Alters entsteht, glaube ich, viel mehr, wenn wir das Gefühl des Loslassen-Dürfens haben.

In diesem Sinne könnte der Archetyp des menschlichen Alterns ausgeschöpft sein, wenn das Eigene des Alters gesehen, gespürt, anerkannt und verinnerlicht ist. Das wäre Individuation im Alter. Es könnte darum gehen, die Lebenskunst, die „vornehmste und seltenste aller Künste" zu lernen und „den ganzen Becher in Schönheit zu leeren" – aber: „... wem gelänge das?" (C. G. Jung, GW 8, § 789 f.)

Und es wäre ein Stück Weisheit. Die Problematik beim Archetyp des oder der alten Weisen liegt in der Verknüpfung von alt und weise. Darauf hat insbesondere der inzwischen verstorbene jungsche Analytiker Guggenbühl-Craig hingewiesen. Unter dem Titel *Die närrischen Alten* setzt er sich dafür ein, dass wir die Alten nicht auf Weisheit verpflichten, sondern dass es darum geht, die wirkliche Freiheit des Alters auszuschöpfen. Schauen wir genau hin: Es gibt keine Identität von Alter und Weisheit. Zum Glück gibt es auch alte Weise, Menschen, die im Laufe des Lebens wirklich klug, lebensklug geworden sind. Und diese Erreichung von Altersweisheit entspricht ja so sehr unserem Wunschbild.

Wenn wir uns aber umschauen, müssen wir feststellen, dass Starrsinnigkeit, fehlende Flexibilität, Rigidität und Sturheit im Alter leider viel häufiger um sich greifen, als es das Idealbild des Alterns uns suggerieren möchte. Der Archetyp des alten Weisen beinhaltet eben auch die Möglichkeit, dass der Alte ein ganz schön sturer Bock sein kann. Es gilt aber auch der Satz des Paracelsus, der auf die unterschiedliche Lebensphasen bezogen ist: „Wer glaubt, alle Früchte würden mit den Erdbeeren reif, der versteht nichts von den Trauben."

Das Alter erlaubt eine Rückschau auf Vergangenes. Und es ist den Älteren oft eher gegeben, das Gelungene und Schöne mehr in den Vordergrund zu rücken, als dies bei jüngeren Menschen der Fall ist. Vielleicht hat das ein bisschen den Charakter von Verklärung – das wäre doch ein schönes Privileg des Alters: zu verklären. In diesem Sinne könnte man den häufig zitierten Spruch auch verstehen: „Es ist nie zu spät für eine glückliche Kindheit."

Es unterliegt nur zum Teil unserer Bemühung den vollen Geschmack der Trauben erleben zu können und zum anderen Teil ist es einfach eine Gnade, diesen Zustand erreichen zu dürfen. Wenn Altern so gelingt, wie es in einem von mir gerne gehörten Lied von Konstantin Wecker anklingt, kann man sich nur glücklich schätzen.

Dem Weinstock werden die Reben
Im Herbst so furchtbar schwer
Und um zu überleben
Gibt er sie einfach wieder her.

Das mag ich so an den Bäumen
Ihr Wissen um Sterben und Sucht
Was sie im Frühjahr erträumen
verteilen sie später als Frucht.
Konstantin Wecker, Vom Weinstock und den Reben, 1982

Margarete Leibig, Jahrgang 1951, Ammerbuch.
Dipl.-Soz.päd., Analytische Kinder- und Jugendlichen-
Psychotherapeutin, Psychodramatherapeutin, Dozentin,
Supervisorin am C. G. Jung-Institut in Stuttgart, ehem.
Vorstandsmitglied des C. G. Instituts, der Deutschen Gesellschaft
für Analytische Psychologie und aktuell Vorstandsmitglied der
Internationalen Gesellschaft für Tiefenpsychologie, Mitglied in der
Redaktion des Jung-Journals.

Veröffentlichungen u. a.:

Leibig M. (2014). Aktive Imagination mit Kindern und Jugendlichen. In:
    Dorst, B., Vogel, R. (Hrsg.). *Aktive Imagination: schöpferisch leben aus
    inneren Bildern.* Stuttgart: Kohlhammer Verlag.

Leibig. M. (2004). Der Archetyp der Bindung. Bindungssehnsucht und
    Krisenbewältigung. In: Christiane Neuen (Hrsg.) (2004). *Gelassenheit.
    Vom Umgang mit Angst und Krisen.* Düsseldorf: Patmos, S. 131-152.

Leibig, M. (1996). Die Bedeutung der unbekannten Herkunftsfamilie bei
    Adoptivkindern. *Analytische Kinder- und Jugendlichen-Psychotherapie*,
    27 (2), S. 159-175.

Margarete Leibig

Ich und Wir – Individuation in Gruppen und Projekten

In der Analytischen Psychologie C. G. Jungs wird in der Selbsterfahrung der Fokus zunächst auf den Prozess der Individuation ausgerichtet, der in der Auseinandersetzung mit unserem persönlichen und dem kollektiven Unbewussten stattfindet, wobei das persönliche Unbewusste aus der Begegnung mit anderen Menschen, mit dem Du und unserer Umwelt, gespeist ist. Die Beschäftigung mit Träumen, Imaginationen, mit unserem Schatten, das sind die Essentials der Selbsterfahrung.

In der Gruppe und auf dem Weg der Individuation

Ich selbst bin den Weg eher andersherum gegangen und komme aus der Gruppenerfahrung auf die Wege der Individuation und zur Analytischen Psychologie C. G. Jungs. So weit ich mich zurück erinnere, war ich gerne in Gruppen unterwegs. Ich bin gerne in den Kindergarten gegangen, die Schule war spannend, und in der Freizeit hatte der Sportverein oberste Priorität. Leichtathletik war viele Jahre meine Leidenschaft. Das Studium der Sozialpädagogik in Berlin machte Freude, weil wir ein „Frauenstudienkollektiv" gegründet hatten, genannt „Stuko", in dem wir, vier Frauen, Studieninhalte erarbeiteten, gemeinsam protestierten und Visionen hatten. Wir wollten die Gleichstellung von Frau und Mann. Wir thematisierten die offenen und subtilen Unterdrückungen von Frauen, und ich war dabei, als in Berlin Ende der achtziger Jahre zwei Frauenzeitschriften gegründet wurden. *Courage* und *Emma*, letztere von Alice Schwarzer. Die Zeitschrift *Emma* gibt es bis heute noch. Und mit meiner Tochter war es selbstverständlich, in einem Berliner Kinderladen zu sein, wenngleich ich eher als Landpomeranze von Maulbronn nach Berlin gekommen war und mir Vieles in der alternativen Szene fremd war.

Und so machte es für mich auch Sinn, dass meine erste Psychotherapie-ausbildung das Psychodrama war, also eine Gruppentherapiemethode, bevor ich die Analytische Psychologie entdeckte, die mich bis heute überzeugt und begeistert. Menschliche Beziehungen sind mir wichtig, die Liebe zu leben, Freundschaften pflegen, Beziehungen wahrnehmen und sie verstehen, ihren Sinn erfassen und vor allem sie mitzugestalten, dafür lohnt es sich für mich zu leben.

Mein Engagement am C. G. Jung-Institut in Stuttgart, das als Studierendenvertreterin angefangen hat, und das ein paar Monate nach der Ausbildung 1990 im Vorstand weiter ging, sowie meine Mitarbeit seit zehn Jahren in der Redaktion der Zeitschrift *Jung Journal*, und meine Arbeit seit 2016 im Vorstand der IGT Lindau (Internationale Gesellschaft für Tiefenpsychologie) zeigen, was mir wesentlich ist: Engagement für Projekte, die mir sinnvoll erscheinen. Das gilt für mich im beruflichen Bereich und auch privat. So singen mein Mann und ich seit achtzehn Jahren in unserem Dorf im Kirchenchor. Auch das ist ein gemeinschaftliches Projekt.

Die Frage, was Sinn macht, ist wie ein roter Faden in meinem Leben. So versuche ich mein Handeln sowie die Wege, die ich gehe, zu verstehen. Was ist der Sinn? Was ist das Wesentliche? Das ist die wiederkehrende Frage, die es für mich zu meditieren gilt und aus der ich Wissen und Weisheit schöpfen kann.

Gegensatzspannung und das Geheimnis der Gegensatzvereinigung

Wir alle erleben, wie mühsam es ist, im zwischenmenschlichen Raum in Frieden miteinander zu leben. Damit sind die Konflikte in Beziehungen durchaus mitgedacht, denn ohne diese können die Unterschiedlichkeiten von uns Menschen nicht ausgelotet werden. Wir brauchen sie für unsere Entwicklung, so schmerzlich sie oft sind. Doch auch hier gilt es zu unterscheiden: Macht es Sinn etwas anzusprechen, einen Konflikt zu riskieren, weil sonst ein übergeordnetes wesentliches Thema untergehen könnte, oder ist es sinnvoller, ein Thema in mir zunächst wie im alchemistischen Gefäß zu bewahren und die Essenz zu verstehen? Emotionale Klugheit und Aufrichtigkeit im Sinne einer Treue zu mir selbst erscheinen mir in gewisser Weise wie Leitlinien.

Wesentlich ist mir in psychologischen und therapeutischen Zusammenhängen auch die politische und gesellschaftliche Dimension zu sehen und auch Position zu beziehen, sei es, wenn es um die Würde von Migranten geht, um Missbrauch von Kindern und Frauen, die den Schutz der Gesellschaft brauchen, oder um Frauen, die in Frauenhäusern Schutz vor Gewalt von Männern suchen müssen. Dabei geht es auch um die Verteilung von Geldern, wo es für mich weit mehr Gerechtigkeit bräuchte, als wir es derzeitig oft erleben.

Es ist mir ein Anliegen, in „unserer" Zeitschrift *Jung Journal* unterschiedliche Menschen zu Wort kommen zu lassen und ein Thema wie zum Beispiel „Bewegung" (Frühjahr 2019) aus ganz unterschiedlichen Perspektiven sich entfalten zu lassen: die Perspektive aus der Analytischen Psychologie, hier geht es um die Bewegungen der Libido, die christliche Perspektive, die Situation von Muslimen, die Frage, wie psychische Bewegung in der Fremde aussehen oder vom Sport her gedacht werden kann oder auch, was uns im Alter bewegt.

Die Unterschiede, die Reibung verursachen, sind gleichzeitig eine Chance, die Gegensatzspannung, die in der Analytischen Psychologie eine große Bedeutung hat, auszuhalten, darüber hinaus zu wachsen und in der *coniunctio* eine neue Entwicklung zu erfahren. C. G. Jung hat über die Alchemie Wissen und Erfahrungen in den seelischen Entwicklungsraum übertragen. Es wird in diesem Kontext vom Geheimnis der Gegensatzvereinigung gesprochen, und im Symbollexikon von opus magnum lesen wir zum Schlüsselwort *Coniunctio*, verfasst von G. Wehr, folgendes:

> Der Begriff, der in der Sprache des Mythos wie der Mystik seinen festen Platz hat und die gottmenschliche Einheit (*unio mystica*) symbolisiert, hat in der Alchemie einen spezifischen Ausdruck gefunden. In der Alchemie geht es darum, auf der materiellen Ebene Prozesse der Analyse und Synthese („solve et coagula" – löse und verbinde) durchzuführen, um das gesuchte hochwertige Produkt, z. B. Gold oder das Lebenselixier als „Quintessenz" der Vereinigung der zuvor getrennten Elemente zu gewinnen. In jedem Fall handelt es sich um die Schaffung einer neuen Qualität. Diese kann sich z. B. in der Gestalt des Homunkulus bzw. des Kindes, vor allem aber in des „Steins der Weisen" (*lapis philosophorum*) manifestieren. Indem Jung die Bildsprache der Alchemie für das Verstehen innerseelischer Wandlungs- und Werdevorgänge fruchtbar machte, verweist er auf den archetypischen Charakter, der mit der Gegensatzvereinigung verbunden ist. Sie stellt sich dar in der schöpferischen Wechselbeziehung des Bewussten und Unbewussten. Und nachdem Gegensätze aus dem seelischen Leben nicht wegzudenken sind, tritt das Motiv wiederholt in Träumen auf, bei denen die Zusammenfügung des Lichten und des Dunklen thematisiert ist. Auffällig ist die hierbei sich ergebende starke Faszinationskraft. Jung, der in der *Coniunctio* den Archetypus des psychischen Geschehens erblickte, der entweder positiv oder negativ gepolt sein kann, widersprach Freud, wenn dieser für die „Verdrängung des Gegensatzes" eintrat, weil dadurch die Ausdehnung eines Konflikts, z. B. der Neurose, bewirkt werde. Deshalb konfrontiere die Therapie die Gegensätze und ziele so auf eine dauernde Vereinigung derselben hin. Dies ergebe sich bereits auf-

grund der seelischen Beschaffenheit. „Die Struktur der Psyche ist in der Tat dermaßen kontradiktorisch oder kontrapunktisch, dass es wohl keine psychologische Feststellung oder keinen allgemeinen Satz gibt, zu dem man nicht sofort auch das Gegenteil behaupten müsste."
(C. G. Jung, GW 16, § 177 f.)

Ich habe dieses Zitat gewählt, weil es für mich verschiedene Essentials der Analytischen Psychologie aufzeigt: Die Gegensatzvereinigung, die Bedeutung des Archetyps und die Alchemie als inspirierende Quelle für C. G. Jung. Individuell sein und gleichzeitig ein Teil des Ganzen sein, das ist eine Erfahrung, die ich – viele Jahre Schülerin von Willigis Jäger –auch aus der Meditation, d. h. aus der Stille, seit fünfunddreißig Jahren mitbringe, und die mein Denken und Handeln im privaten und beruflichen Bereich prägt. Die Stille ist wie ein Gefäß, in dem unsere Gefühle, Gedanken, die Widersprüche und unser Leid gehalten werden und sich hierbei verwandeln und transzendieren können. Das Verhaftetsein in Gefühlen und Gedanken kann wie Wolken wegziehen, und ich fühle mich freier für das Leben im Jetzt.

Ehrfurcht vor dem Leben
Albert Schweizer mit seinem Leitthema „Ehrfurcht vor dem Leben", gehört als innere Orientierung ebenfalls zu mir.

> Wird der Mensch denkend über das Geheimnisvolle seines Lebens und der Beziehungen, die zwischen ihm und dem die Welt erfüllenden Leben bestehen, so kann er nicht anders, als daraufhin seinem eigenen Leben und allem Leben, das in seinen Bereich tritt, Ehrfurcht vor dem Leben entgegenzubringen und diese in ethischer Welt- und Lebensbejahung zu bestätigen. Sein Dasein wird dadurch in jeder Hinsicht schwerer, als wenn er für sich lebte, zugleich aber auch reicher, schöner und glücklicher. Aus Dahinleben wird es jetzt wirkliches Erleben des Lebens. (Eurich, 2016, S. 61)

Und ich möchte für mich ergänzen, das Leben wird sinn – erfüllter. Mit dieser Lebenshaltung und der beruflichen Kompetenz, die sich interdisziplinär zusammensetzt, bin ich beruflich unterwegs. Traumatherapie und Hypnotherapie gehören ebenfalls dazu, wenngleich die Analytische Psychologie C. G. Jungs den Hauptanteil ausmacht. Ich bin gerne Kinder-und Jugendlichen-Psychotherapeutin und auch Paartherapeutin, Supervisorin und Dozentin. Es macht mir Freude, andere Theorien aufzunehmen, zu experimentieren und herauszufinden, was ist hilfreich.

Die Neugier auf neue Wege, bei Bewahrung von dem, was sich mir als sinnvoll gezeigt hat, ist Teil meines Weges geworden. In der Kinder- und Jugendlichenpsychotherapie ist z. B. die Bindungstheorie – mit den verschiedenen Bindungsmustern: sicher gebunden, unsicher gebunden, ambivalent gebunden oder – chaotisches Bindungsmuster – eine wesentliche ergänzende theoretische Grundlage, um eine Psychodynamik zwischen Eltern und Kind oder in der Familie zu verstehen und entsprechende Hilfestellungen zur Veränderung geben zu können. Es ist eine der Stärken des theoretischen Konzeptes von C. G. Jung, dass es nicht ausschließen muss, sondern andere Konzepte einschließen und diese ergänzend nutzen kann.

Auch das Salutogenesekonzept von Aaron Antonovsky ist eine wunderbare Ergänzung zur Theorie von C. G. Jung. Es geht darum zu verstehen, wie ein Kohärenzgefühl – das bedeutet, die Übereinstimmung mit mir selbst – entstehen kann. Es geht in diesem Konzept um 1. die Verstehbarkeit, 2. die Handhabbarkeit und 3. die Sinnhaftigkeit. Es geht um die Fragen: Kann ich verstehen, warum ich in dieser Situation gelandet bin? Kann ich mich verstehen? Wie kann ich damit umgehen und welchen Sinn könnte es trotz der widrigen Umstände für mich geben? Das Salutogenesekonzept kann als Gegenbewegung zum Konzept der Pathogenese gesehen werden. Bei Antonovsky geht es weitaus mehr darum, herauszufinden, welches meine Ressourcen sind und wie ich ich diese in meinem Leben fruchtbar werden lassen kann, als um den Blick auf die Pathologie. In der alltäglichen psychotherapeutischen Praxis liegt mir dieser Entwicklungsweg sehr am Herzen. Welches sind die Ressourcen unserer kleinen und großen Patienten, auch, wenn sie mit Symptomen wie Ängsten, Einschlafstörungen, aggressiven Ausbrüchen etc. zu kämpfen haben und deshalb eine „Krankenbehandlung", sprich Psychotherapie, suchen?

Selbstregulation, Heilung und Selbstheilung

Zu diesem ressourcenorientierten Ansatz fügt sich die Selbstregulation der Psyche der Analytischen Psychologie hinzu. Adam (2003) schreibt zu Selbstregulation, dass die autoregulativen Prinzipien in Organismen und Systemen in der Analytischen Psychologie schon früh in Bezug auf Seelisches postuliert wurden und verweist dabei auf

Jung (GW 7, § 275): „Die das bewusste Ich kompensierenden unbewussten Vorgänge enthalten alle jene Elemente, die zur Selbstregulierung der Gesamtpsyche nötig sind." Es geht dabei um die Aufrechterhaltung eines seelischen Gleichgewichts. Die Impulse zur Heilung und Selbstheilung erwachsen aus dem Selbst, das sich u. a. in unseren Träumen zeigt. Wir erkennen die heilenden Impulse mit dem finalen Aspekt in der Aktiven Imagination, in der Arbeit mit Symbolen, erfahren sie über das therapeutische Sandspiel, in der Arbeit mit Geschichten und Märchen oder beim Malen aus dem Unbewussten. Es geht immer wieder darum, sich Wissen zu erarbeiten und die Weisheit sich entwickeln zu lassen. Wissen und Weisheit sind keine Gegensätze, sondern sie brauchen einander.

Elisabeth Moltmann-Wendel (2010, S. 82) zitiert: „Sprich zur Weisheit: Du bist meine Schwester, und nenne die Klugheit deine Freundin." (Spr 7, 4) Den Zugang zur inneren Weisheit zu finden, der mitunter schmerzhaft über Schattenbereiche führt, jedoch letztendlich erweiternd ist, erscheint mir als wesentlicher Weg in meiner therapeutischen Arbeit und auch in meinem persönlichen Leben. Es sind ganz besondere Situationen, wenn z. B. im therapeutischen Sandspiel kleine oder große Patienten stille werden, nur noch mit dem Sand und der Gestaltung seelischer Wirkkräfte beschäftigt sind. Es kommen neurotische Konflikte zur Darstellung und Symbole, die über die Kraft der Gegensatzvereinigung eine neue Entwicklung ankündigen.

Die „participation mystique" als einer besonderen archaischen Verbundenheit, sei es mit dem Symbol, der Sache oder auch mit dem Therapeuten und der Therapeutin, kann in solch einer Situation gefühlt werden. Sie ist in den meisten Situationen nicht pathologisch, kann aber auch pathologische Formen annehmen, wie übermäßige Verliebtheit in der Übertragung und Gegenübertragung, die dann mitunter zu schwierigen Verwicklungen in der Übertragung führen kann. Ich beziehe mich hier jedoch auf die nicht pathologische Qualität der „participation mystique" als eine Erfahrung des Einsseins im Moment. Sie kann wohl auch eine Ich-Du-Erfahrung genannt werden, wie es Martin Buber sieht, die in der Stille geschieht.

Weisheit aus der Stille und Wege zur inneren Weisheit zeigen sich in den verschiedensten Situationen im therapeutischen Alltag. Oft sind es nur Momente, wie ich es aus dem therapeutischen Sandspiel erwähnt habe, und dennoch: Dafür offen zu werden, ein offenes Herz zu haben und ein offenes inneres Auge zu entwickeln für das Wesentliche, die Begegnung mit der Transzendenz, die Erfahrung des „unus mundus", der Einheitswirklichkeit, das ist mir ein Anliegen, dafür lohnt es zu leben.

Aushalten des Unerträglichen und Vertrauen

Was aber, wenn wir im Leben in Situationen kommen, in denen wir das Schicksal nur als Zumutung erleben, wenn wir verzweifelt sind und keinen Sinn mehr im Leben finden, wenn es schmerzliche Trennungen gibt, wenn wir belogen und betrogen werden, wenn ein geliebter Mensch stirbt oder wir mit dem Tod eines Kindes leben müssen? Was trägt uns dann im Leben? Lohnt es sich dann zu leben? Meine Lebenserfahrung ist die: Es geht zunächst um ein Aushalten der unerträglichen Situation. Mitunter ist nicht mehr möglich als einatmen und ausatmen und von Augenblick zu Augenblick leben. Dieses Aneinanderfügen von überstandenen Augenblicken gibt irgendwann die Kraft weiter zu gehen, und den Schrecken des Unerträglichen ganz langsam in den Hintergrund ziehen zu lassen. In diesen Situationen können eine stabile Partnerschaft und liebe Freundinnen und Freunde Halt und Trost geben. In manchen Lebenssituationen macht es auch keinen Sinn nach dem Sinn zu fragen. Es ist wie es ist. Es ist ein unerträglicher Zustand, und wir können diesen nur aushalten.

Wahrlich, keiner ist weise,
der nicht das Dunkel kennt,
das unentrinnbar und leise
von allen uns trennt.
Hermann Hesse. Im Nebel

Manchmal kommen uns durch unsere Träume und Symbole irgendwann wieder Antworten für unsere Fragen entgegen. In leidvollen Lebenssituationen ist ein ganz normaler Alltag mitunter Labsal. Die alltäglichen Aufgaben die wir zu erfüllen haben, können ein stabiler Boden sein, der uns hält und trägt. Wir können in solchen schwierigen Lebenssituationen für uns selbst und für die Menschen, mit denen wir arbeiten, immer wieder ins Vertrauen gehen und in das Wissen, dass es in der Seele des Menschen Selbstheilungskräfte gibt, die uns Bilder schenken, die neue Entwicklungswege eröffnen können und, dass der Archetyp des Selbst sich in seinen positiven Aspekten wieder zeigen kann.

Ein Gedicht von Hilde Domin begleitet mich seit vielen Jahren:

Nicht müde werden, sondern dem Wunder
leise wie einem Vogel die Hand hinhalten.

Individuation heißt, auch den Schmerz und das Dunkle des Lebens auszuhalten und zu tragen, bis es Möglichkeiten der Verwandlung gibt. Hier sind die Essentials der Analytischen Psychologie eine wertvolle Ressource für mich geworden. Ein hilfreiches Symbol in schwierigen Lebenssituationen zu imaginieren ist einfach etwas Wunderbares. Wir können uns einen Engel an der Seite vorstellen oder ein Hirtenpaar, das segnend die Hände über den Menschen hält, so erzählte es eine Patientin. Unsere Fantasie ist dabei hilfreich, und wir wissen, Bilder haben eine Wirkkraft.

Im Schmerz ist der Mensch ganz bei sich, sagt der Philosoph Wilhelm Schmid. Damit ist gemeint, wir ziehen uns im Schmerz ganz in uns zurück, wie eine Schnecke sich Schutz suchend nach Innen verkriecht. Und wir können darauf vertrauen, dass die Libidobewegungen nach Außen wieder entstehen, es ist eine Frage der Zeit. Auch das gehört zur Individuation, wenn es an der Zeit ist, sich zurückzuziehen und dem eigenen Innen in der Stille lauschen, um dann wieder in die Begegnungen mit der Welt, mit Gruppen und in Projekte zu gehen, damit das Leben wieder lebenswert ist und es sich lohnt zu leben. Dieses innere Wissen und das Vertrauen in die Selbstheilungskräfte der Seele ist die Quintessenz.

Oder man kann beten wie ein Apfel:

Herr, ich hänge hier an diesem Ast,
wohin du mich gegeben hast.
Nur eines ist's, wonach ich heische:
Herr, nimm den Wurm aus meinem Fleische.
Dass meines Kerns Gestalt nicht leide,
dann glänzt auch meine Haut wie Seide,
und ich schmeck' Kindern, Herr'n und Damen,
dazu bin ich geschaffen. Amen.
Brantschen, 2010, S. 89

Roman Lesmeister, Jahrgang 1949, Hamburg.
Dipl.-Psych., Psychologischer Psychotherapeut und Psychoanalytiker in eigener Praxis. Dozent, Supervisor und Lehranalytiker (DGPT/DGAP) an mehreren Ausbildungsinstituten.

Veröffentlichungen u. a.:

Lesmeister, R. (2017). *Begehren, Schuld und Neubeginn: kritische Analysen psychoanalytischer Konzepte im Anschluss an Jacques Lacan*. Gießen: Psychosozial-Verlag.

Lesmeister, R. & Metzner, E. (Hrsg.). (2013). *Nietzsche und die Tiefenpsychologie*. Freiburg: Verlag Karl Alber.

Lesmeister, R. (2012). *Selbst und Individuation: Facetten von Subjektivität und Intersubjektivität in der Psychoanalyse*. Frankfurt: Brandes & Apsel Verlag.

Roman Lesmeister

„Nun! Man kommt wohl eine Strecke."[1]

Warnung – an mich selbst gerichtet

Als ich von den Herausgebern dieses Bandes darauf angesprochen wurde, ob ich bereit sei, etwas Persönliches zu der Frage zu schreiben, wozu es sich denn zu leben lohne, bestand meine erste Reaktion in einem inneren Abwehrreflex.

Mein erster Gedanke war: So etwas wird man gefragt, wenn man alt geworden ist, weil angenommen wird, dass man dann aus einem Zustand der Reife und eines gewissen Lebensüberblicks Substanzielleres und vielleicht sogar Allgemeingültigeres zu sagen habe als in jüngeren Jahren.

Bereits diesem letztgenannten Gedanken stand ich mit ausgesprochener Skepsis gegenüber. Hinzu kam die Vorstellung, beim Schreiben unweigerlich in einen Stil pathetischer Überhöhung und moralischer Postulate zu verfallen, mich daher ständig prüfen zu müssen, ob das Geschriebene auch authentisch sei und nicht irgendwelche Klischees bediene, die sich erst recht dann einstellen, wenn der Blick auf das eigene Leben zwangsläufig mit professionellen, in diesem Fall psychoanalytischen Perspektiven angereichert ist.

Ich sah mich in eine Situation versetzt, in der ich mehr als sonst darauf zu achten hätte, keine verdächtig großen Worte zu machen, keine leeren Worthülsen aneinanderzureihen und auch nicht einfach etwas zu reproduzieren, was wahrscheinlich unzählige Male für andere (meine Patienten zum Beispiel) gedacht war und wovon ich immer implizit angenommen hatte, das es selbstverständlich auch für mich selbst gelte.

Das Projekt erschien mir also suspekt, weil so vielen Möglichkeiten der Selbsttäuschung ausgesetzt, wie ich sie nur bei dem Versuch, eine Autobiografie zu verfassen, vor mir sehen würde. Wittgenstein fiel mir ein, mit dem ich die Überzeugung teile, dass bestimmte Dinge, und darunter zählen die wichtigsten, nicht gesagt (natürlich kann man sie irgendwie sagen, aber es hätte nichts zu bedeuten), sondern nur gezeigt werden können. Am Gezeigten ließen sich für andere die fraglichen Qualitäten ablesen – solch ein Mensch ist er, so und so lebt er, dies und jenes ist ihm

---

1 Aus J. W. v. Goethes *Weite Welt und breites Leben*

wichtig – , ohne die in „Bekenntnissen" meist anzutreffenden Spuren der Selbstgefälligkeit höflich ausblenden zu müssen.

Ludwig Wittgenstein, den ich erwähnte, hatte einmal (widerwillig) die Aufgabe übernommen, einen Vortrag über Ethik zu halten. Das erste, womit er seine Zuhörer konfrontierte, war das Eingeständnis, dass es ihm vollkommen unmöglich erschiene, über ethische Fragen zu sprechen. Er hatte damals für seine Weigerung sicher einige andere Gründe als sie mich beim Abfassen des vorliegenden Textes umtrieben.

Nun liegt dieser Text tatsächlich geschrieben und sogar gedruckt vor, genauso wie Wittgenstein den zugesagten Vortrag, der ihm eigentlich unmöglich vorkam, tatsächlich gehalten hat. Es gelang ihm, einen Ausweg aus seinem Dilemma zu finden. Er beschrieb seinen sicher verblüfften Zuhörern außergewöhnliche Situationen und Empfindungen, von denen klar war, dass sie in seinem Lebens- und Selbstverständnis eine zentrale Rolle spielten, und er verband damit die Frage, ob ihnen (den Zuhörern) solche Erfahrungen und Erlebnisse ebenfalls vertraut seien. Um ein Beispiel zu geben (Wittgenstein, 1991, S. 82):

> Ich werde dieses Erlebnis beschreiben, damit Sie sich womöglich an das gleiche oder ein ähnliches Erlebnis erinnern [...] Ich glaube, ich kann es nicht besser beschreiben als mit diesen Worten: daß ich, wenn ich es habe, staune, daß die Welt existiert. Und ich möchte dann Sätze gebrauchen wie z. B. „Wie erstaunlich, daß überhaupt etwas existiert" oder „Wie erstaunlich, daß überhaupt etwas existieren soll."

Ich habe beschlossen, mich im Weiteren größtenteils an Wittgensteins Vorbild zu halten und seine Problemlösung in etwas abgewandelter Form für mein Vorhaben nutzbar zu machen. Ohne mich explizit mit Sinnfragen zu befassen, werde ich eine Reihe von Situationen, Episoden, Erfahrungen nacherzählen, von denen ich glaube, dass sie mich in meiner Lebens- und Denkungsart entscheidend geprägt haben. Ich überlasse es dem Leser zu beurteilen, inwieweit es sich dabei um etwas handelt, wozu es sich zu leben lohnt.

Ergriffenheit

Obwohl meine Eltern lediglich eine konventionelle Vorstellung von Religion und religiöser Erziehung hatten und die religiösen Obliegenheiten wie Kirchgang, Beichte usw. für mich immer auch den Charakter von Pflichterfüllung behielten, gehört die Erfahrung des katholischen Kultus und der damit verbundenen sinnlich-emotionalen Atmosphäre zu den eindringlichsten Erlebnissen meiner frühen Kindheit. Das Zusammenwirken der rituellen Handlungen des Priesters, das unverständliche und darum geradezu magisch wirkende Latein der alten Liturgie, der raumfüllende Klang der Orgel und der Gesang der Menge erzeugten einen Zustand „erhebender Erhabenheit" (Grunberger), den ich, einem mir erst viel später bekannt gewordenen Sprachgebrauch folgend, „numinos" nennen würde.

Soweit ich mich erinnere, war es die erste ihrer tieferen Bedeutung nach unklare, aber nichtsdestoweniger mächtige und bewusste Erfahrung davon, dass es offenbar etwas gibt, was über den Einzelnen hinausgeht, was so etwas wie eine unsichtbare objektive Realität ins Spiel bringt, von der man in bestimmten Momenten ergriffen wird, etwas, was nicht ich gemacht habe oder andere gemacht haben, sondern was sich selbst macht. So habe ich damals bestimmt nicht gedacht, aber empfunden. Ich habe damals und auch späterhin nie so empfunden, als ob es sich dabei um eine subjektiv exaltierte Stimmung, eine künstlich hervorgerufene Einbildung oder Massen-Suggestion handeln würde. Es erschien mir immer „objektiv". Als ich sehr viel später den Weg zu C. G. Jung fand und las, was er über psychische Objektivität schrieb, war mir eine solche Vorstellung längst vertraut.

Ich bin Teil eines Stromes

Ich hatte von relativ frühen Jahren an ein ausgeprägtes Interesse an historischen Stätten und Ereignissen der Vergangenheit. Sonntägliche Ausflüge mit Eltern oder Verwandten führten des Öfteren zu Orten, an denen es – nicht selten zum Leidwesen meiner erwachsenen Begleiter – etwas ausführlich zu besichtigen gab: Burgen, Schlösser, alte Kirchenbauten. Besonders gerne besuchte man Speyer, die Stadt mit dem mächtigen, ehrwürdigen Kaiserdom. In dessen Krypta befinden sich die Grabstätten der ersten deutschen Kaiser, beginnend mit Heinrich I.

Im Alter von zehn bis zwölf Jahren hatte ich dort das folgende Erlebnis. Beim Betrachten der Gräber überkam mich mit einem Mal eine Vorstellung oder sollte ich eher sagen ein Gefühl von Geschichtlichkeit. Ich dachte – was natürlich so nicht zutrifft, denn es war keine geordnete Abfolge von Gedanken, sondern ein simultanes Gedankenbild, eine Intuition vielleicht: Ich bin kein Einzelwesen, das irgendwo zufällig und isoliert in der Zeit steht. Ich bin Teil eines Stromes, der von weit her aus der Vergangenheit kommt und in eine weite Zukunft führt. Alles, was war, geht durch mich wie durch jeden anderen Menschen hindurch und geht dann weiter, mit mir und dann ohne mich.

Das Gefühl des Eingefügtseins in diese Kontinuität hat sich in späteren Zeiten wiederholt, aber nie in der ursprünglichen Intensität. Ich habe dieses Erlebnis in der Kaisergruft zu Speyer als Geburtsmoment eines Bewusstseins von Zeitlichkeit und Geschichtlichkeit verstanden. Es hat mich nie wieder verlassen. Ich vermute zudem, dass diese Erfahrung zu meinem Respekt vor allem Großen beigetragen hat, was in der Vergangenheit auf geistig-kulturellem Gebiet geleistet worden ist und wovon ich, soweit es meine begrenzten Mittel erlauben, stets etwas an nachfolgende Generationen weiterzugeben bestrebt bin.

Vor-Bilder und Idealisierungen

Es existiert heute ein psychologischer Standard der Kritikfähigkeit, die möglichst früh einsetzen sollte. Kritikfähigkeit, das heißt die Fähigkeit, Sachverhalte und Menschen „realistisch" einschätzen zu können, also nicht – zumindest nicht dauerhaft – einseitiger Idealisierung oder Dämonisierung zu verfallen, gilt weithin als Gradmesser psychologischer Reife.

Dahinter verschwindet leicht die genauso wichtige Tatsache, dass es Zeiten und Entwicklungsphasen gibt, in denen es darauf ankommt, gerade nicht kritisch und realistisch sein zu müssen, sondern Idealisierungen (auf die es mir hier besonders ankommt) ausbilden und aufrechterhalten zu dürfen. Das gilt nicht nur für die frühen Kindheitsjahre, sondern ebenso für die Stadien der Adoleszenz und des Erwachsenwerdens. Idealisierungen sind in dieser Phase wichtig, weil auf ihrer Basis Identifizierungen entstehen und verinnerlicht werden können. Identifizierungen werden in der Sprache Winnicotts sowohl „gefunden" wie „erschaffen", und zwar in der Weise, dass das Gefundene schon im Moment des Findens umgearbeitet, assimiliert und zu Bausteinen des eigenen Selbst gemacht wird.

Ich hatte das Glück, in den fraglichen Jahren auf einen Lehrer zu treffen, der mir grundlegende Sichtweisen und Werthaltungen vermittelt hat, die mein Denken bis heute prägen und ohne die ich, wie man so sagt, nicht zu dem geworden wäre, der ich bin. All dies wäre nicht möglich gewesen, wenn ich diesen Mann zu jener Zeit „realistisch" wahrgenommen hätte, also nicht anhaltend idealisiert und stattdessen zum Beispiel erkannt hätte, wie maßlos narzisstisch, eitel, vielfach ungerecht und impulsiv er war. Es war wichtig für mich, ihn so, wie ich ihn viel später sehen konnte, damals nicht sehen zu müssen, weil es etwas Wichtigeres gab als das Realistische, nämlich die auf der Basis der Idealisierung möglichen Identifizierungen, in denen ich mich selbst fand und erschuf, und die für mich darin eine zukunftsweisende Bedeutung hatten.

Ich scheue mich nicht, das Verhältnis, in dem ich in den damaligen Jahren zu dieser außergewöhnlichen Persönlichkeit stand, als ein solches der Verehrung zu bezeichnen. Ich weiß, ich gebrauche hier einen geradezu altertümlich anmutenden Begriff, den mancher belächeln mag. Aber es ist trotzdem der richtige, und ich wünschte, dass möglichst viele junge Menschen den Wert der Erfahrung, den er einschließt, kennenlernen würden.

Bestimmung

Was ich unter dieser Überschrift zu sagen habe, steht in engem Verhältnis zum Vorangegangenen. Ebenso wie die Identifizierung ist das, was ich mit Bestimmung meine (vgl. Bollas, 1989; Hillman, 1996), etwas ebenso Gefundenes wie Geschaffenes. Sie unterliegt weder einer kausalen Determinierung, noch ist sie vollkommen frei beliebig wählbar. Es existiert in jedem Menschen ein Ich, das die Umarbeitung des Gefundenen zu einem Eigenen in kunstfertiger Weise vollbringt (nach welchem Plan wohl?) – natürlich nicht in solipsistischer Einkehr, sondern in Verbindung mit der umgebenden Welt und den wichtigen Anderen, die sie bevölkern.

Ich war nicht zuletzt dank des förderlichen Einflusses des erwähnten Lehrers und Mentors spätestens seit der Pubertät nie mehr in der Gefahr, mein zukünftiges Leben an mehr oder weniger konventionellen Standards von Ansehen, finanziellem Erfolg oder Sicherheit auszurichten. Nicht dass ich für solche Gesichtspunkte blind gewesen wäre, aber sie bedeuteten mir im Grund nicht viel.

Ich habe mich recht früh fragen gelernt: „Wozu bin ich in diesem Leben eigentlich da? Was will ich aus diesem meinem Leben machen, und zwar so machen, wie es kein anderer an meiner Stelle könnte?"

Alles, was ich dann später von Jung über Individuation oder von Heidegger über Eigentlichkeit gehört habe, hat diese Überzeugung nicht begründet, sondern immer nur bestätigt, mir gewissermaßen gezeigt, dass ich von Anfang an das Richtige und Maßgebende getroffen hatte. Ein sinnvolles und befriedigendes Leben ohne dieses Grundgefühl einer Bestimmung kann ich mir kaum vorstellen. Natürlich haben die Inhalte des „Wozu" und der „Eigentlichkeit" im Laufe der Zeiten erheblich gewechselt. Ich will genauso wenig behaupten, dass die damit zusammenhängenden Fragen nie in Zweifel, innere Konflikte oder Orientierungslosigkeit geführt hätten.

Die Griechen kannten einen Gott namens Hermes, und sie nannten ihn den Seelenführer, den, „der die Seelen führt und zurückführt" (Kerenyi, 1967, S. 82) oder den, „der die Wege kennt". Er war unter anderem der Schutzgott der Reisenden, weshalb an Kreuzungen seine Stelen als Wegmarken aufgestellt wurden. Wir alle sind Reisende. Und man braucht so etwas wie einen „hermetischen Instinkt", um in den Dunkelheiten und Grauzonen, dem zeitweiligen Gewirr von Irrwegen, Abwegen, Scheinwegen einigermaßen „auf Kurs" zu bleiben.

Die Selbstgewissheit einer Bestimmung entsteht nicht unbedingt in Konflikt und Auseinandersetzung, aber sie kann sich darin festigen. Solches ist mir – zum Glück, wie ich rückblickend sagen würde – nicht erspart geblieben.

Wir erleben in Psychotherapien häufig die Situation, dass Patienten auch in späteren Lebensphasen immer noch darauf warten oder darum kämpfen, von einer Elternfigur verstanden und „gesehen" zu werden. Was wir ihnen zu sagen haben, läuft meist darauf hinaus, diesen Schmerz des erlittenen Mangels in einem Trauer- und Ablösungsprozess nach und nach zu verwinden. Was wir ihnen weit seltener vermitteln und was der Verlustverarbeitung aber in der Wichtigkeit nicht nachsteht, ist die Tatsache, dass es für die Selbstentwicklung von enormer Wichtigkeit sein kann, von bedeutsamen Anderen in wichtigen Belangen nicht verstanden worden zu sein.

Dabei geht es nicht darum, aus der Not eine Tugend zu machen. Jung hat dazu gelegentlich angemerkt, dass man für die Neurose dankbar sein müsse, weil sie einem den Weg zurück zum Selbst eröffne. Dass man an Widerständen und Hindernissen auch wachsen könne, ist wohl eine Allerweltwahrheit, hat aber als solche in der Psychotherapie wenig Berücksichtigung gefunden. Man kann daraus auch nicht unbedingt eine Empfehlung für Menschen ableiten, die in ihrem Leben überwiegend negative Beziehungserfahrungen gemacht habe. Die zerbrechen an den Widerständen eher als daran zu wachsen. Dennoch ist der Blick für die progressionsfördernde Bedeutung eines „being abandoned", eines abgewiesen, aufgegeben, ausgesetzt Werdens (vgl. Hillman, 1975, S. 5 ff.) in den heute gängigen Behandlungskonzepten unterbelichtet. Und dieser Umstand führt mit dazu, auf die Heilkraft des nur Guten zu hoffen oder in den illusionären Glauben an die Rettung durch omnipotente Objekte zu verfallen.

Negativität

Unter Negativität verstehe ich in diesem Zusammenhang nicht ausschließlich leidvolle Erfahrungen, sondern solche, die das Bild, das man sich von sich selbst gemacht hat einschließlich der daran gebundenen Erwartungen, durchkreuzen.

Das Gefühl der Bestimmung verleitet einen dazu – das ist ein ganz zwangsläufiger und wohl auch notwendiger Begleitumstand –, eine Zukunft zu entwerfen, eine mehr oder weniger weit reichende Zukunft zu konstruieren. Aber dann treten Ereignisse ein, die solche Entwürfe falsifizieren, zunichtemachen. Das können Krankheiten oder Unglücksfälle sein, aber auch Begegnungen mit Menschen, Liebesbeziehungen zum Beispiel, die in das eigene Leben „hereinbrechen" und ihm eine grundlegend neue Richtung geben. Man kann aber auch dahinterkommen, dass es in einem selbst etwas gibt, nicht nur eine Stimme, sondern eine Antriebskraft, die die selbstfabrizierten Entwürfe sabotiert, unterläuft, subversiv außer Kraft setzt und in eine andere Richtung drängt.

Lange Zeit glaubte ich, ich sei zum Wissenschaftler und Gelehrten geboren. Tatsächlich habe ich mich aber bald, obwohl sich mir diesbezügliche Möglichkeiten geboten hätten, vom akademischen Leben abgewandt und den Weg zunächst in die erwachsenenpädagogische Arbeit und dann in die praktische Psychotherapie genommen. Dazu war ich überhaupt nicht „geboren". Warum ich das getan habe, hätte ich damals unmöglich überzeugend begründen können. Auch heute weiß ich es noch nicht genau, bin mir aber sicher, dass ich da in etwas hineingeführt wurde, was größte Bedeutung für mich selbst und, wie ich verständlicherweise hoffe, eine gewisse Bedeutung auch für die vielen anderen angenommen hat, die mir auf dieser (beruflichen) Lebenslinie begegnet sind.

Die autonomen Potenziale des Selbst entwickeln

Ich bin nie ein Freund davon gewesen, den Lebensereignissen einen kausal determinierten Sinn oder wenigstens Zweck zuzuschreiben. Das gilt übrigens nicht nur für die Rolle genetischer Faktoren oder die verbreitete Vorstellung früherer Erdenleben, sondern auch für die sicherlich prägenden Erfahrungen der Kindheit. Gewiss ist die Macht des biologischen und seelischen Erbes nicht zu unterschätzen. Aber von einem bestimmten Zeitpunkt hängt heute mehr denn je zuvor alles davon ab, was ein Mensch aus einem Leben macht, wie er den mitgebrachten oder vorgefundenen Stoff selbsttätig gestaltet.

Gerade weil die ökonomischen, technologischen und sozialen Pressionen auf den Einzelnen immer mehr zunehmen, erscheint es mir umso wichtiger, die autonomen Potenziale des Selbst zu entwickeln und diese in solidarischem Handeln mit anderen zu realisieren. Der kausale Determinismus, der auch das psychoanalytische Denken lange Zeit beherrscht hat, führt angesichts der drängenden Zeitprobleme entweder zur Resignation oder dazu, die Verantwortung für die gegenwärtigen und zukünftigen Herausforderungen zu vernachlässigen. Statt dort, wo unser Wissen notwendigerweise hypothetisch oder begrenzt bleiben wird, sozusagen immer tiefer im Trüben zu fischen, kommt es mir heute auch in der psychotherapeutischen Arbeit darauf an, zur Entwicklung einer Haltung beizutragen, die in eine aktive, eigenverantwortliche Selbst- und Lebensgestaltung einmündet.

Ich kann mein Leben immer wieder neu erzählen. Und je tiefer, einfallsreicher, differenzierter solche Erzählungen ausfallen, umso mehr werden sie für „wahr" gehalten. Die eigentliche Wahrheit ist aber die, dass wir in immer neue Narrative gleiten und von den neueren annehmen, dass sie die besseren und den älteren an Aussagekraft überlegen seien.

Als Psychoanalytiker will ich damit natürlich nicht behaupten, dass es vergeudete Zeit sei, sich mit der Tiefenstruktur biografischer Prozesse zu befassen. Es gibt mir aber zu denken, wenn C. G. Jung am nahen Ende seiner Lebenszeit feststellt, zu einer großen Unbekanntheit für sich selbst geworden zu sein (vgl. Jung/Jaffé, 1962, S. 360). Könnte es sich also so verhalten, dass ein entscheidender Wert des Erkenntniszuwachses in einer Vergrößerung des Nichtwissens liegt, das einen bescheidener und zugleich offen für völlig Neuartiges macht? Wie dem auch sei – ich konzentriere mich, wie bereits gesagt, auf die Hervorbringung einer Haltung, die es mir und den Menschen, die mir in der psychotherapeutischen Arbeit anvertraut sind, ermöglicht, dem gelebten Leben – dem vergangenen und dem wie aus einer unbestimmten Zukunft andrängenden – keine allzu großen Widerstände entgegenzusetzen, vielmehr dieses Leben in all seinen Schattierungen als das „je meinige" zu bejahen. Dies scheint mir die Basis zu sein, auf der alles Weitere dann am besten gelingt. Dass sich die meisten Menschen mit dieser Akzeptanz schwertun, ist nicht verwunderlich. Denn in der empfohlenen Haltung steckt eine Paradoxie, die etwas verlangt, was geradezu unmöglich anmutet. Denn wie kann ich Geschehnisse zu „meinigen" erklären und in meine Verantwortung übernehmen, die mir im Zustand der Abhängigkeit, Hilflosigkeit oder Unwissenheit widerfahren und/oder die eindeutig der Verantwortung anderer entsprungen sind? Dieser Widerspruch ist weder logisch noch empirisch auflösbar. Was die Haltung der Akzeptanz verlangt, ist vielmehr nicht weniger als ein „Sprung" im Sinne Kierkegaards, ein existenzieller actus, der sich über logische Plausibilitäten hinwegsetzt.

Einen etwas freundlicheren Akzent in dieser Sache verdanken wir Friedrich Nietzsche, der von einer *amor fati* sprach, der Liebe, die man für das eigene Schicksal aufbringen sollte. Er beließ es nicht dabei und fügte hinzu, der Lackmustest für die Ernsthaftigkeit dieser Liebe bestünde in der Bereitschaft, dieses eine unverwechselbare Leben unendlich viele Male wiederholen zu wollen – ein Zusatz, der mir, ehrlich gesagt, übertrieben und unnötig vorkommt. Nichtsdestoweniger fühle ich mich im fortgeschrittenen Alter einer auf solchen Grundlagen beruhenden und von mir in früheren Zeiten eher despektierlich behandelten Lebenskunst mehr und mehr verbunden (vgl. Gödde, G. et al., 2016).

Christiane Lutz, Jahrgang 1942, Stuttgart.

Kinder- und Jugendpsychotherapeutin und Paar- und Familientherapeutin in eigener Praxis in Stuttgart. Dozentin und Supervisorin am C. G. Jung-Institut in Stuttgart und an der Akademie für Tiefenpsychologie in Stuttgart. Vortragstätigkeit und Mitarbeiterin bei Rundfunk und Fernsehen.

Homepage: christianelutz.net und

opus-magnum.com > autoren

Veröffentlichungen u.a.:

Lutz, C. (2014). *Adoptivkinder fordern uns heraus: Handbuch für Beratung, Betreuung und Therapie.* Stuttgart: Klett-Cotta.

Lutz, C. (2012). *Leben lieben – leben lassen: von Konfrontation und Individuation im Märchen.* Stuttgart: opus magnum.

Lutz, C. (2010). *Mythen machen Kinder mutig: vom konstruktiven Umgang mit Aggression und Angst.* Stuttgart: opus magnum.

Christiane Lutz

Welche Ziele erachte ich für sinnstiftend?

„Du kannst achtzig werden und dann sterben. Das ist aber nicht schlimm, denn ich habe dich in meinem Herzen!" Dieser Ausspruch eines geistig behinderten jungen Mannes, den ich seit sechzehn Jahren betreue, fasst zusammen, was in einem, meinem Leben bedeutsam ist. Ich möchte Spuren der Liebe hinterlassen, die den Menschen mit denen ich lebe, erlauben, zu lieben, zu leben und, wenn die Zeit erfüllt ist, ohne Schmerz loszulassen, weil jedes Sterben einen Neuanfang in sich birgt gemäß der Erkenntnis der Alten Ägypter: „Du stirbst, damit du lebst."

Liebevolle Begegnung

Es lohnt sich, ein Leben dadurch sinnvoll zu gestalten, dass man im ständigen Austausch mit Menschen ist. Das erscheint mir als wichtige Erfahrung, die ich gern an junge Menschen weitergeben möchte. Wir sind so sehr in der Gefahr zu vereinsamen. Jeder ist mit seinen alltäglichen kleineren und größeren Aufgaben beschäftigt. Viele meinen, im digitalen Austausch, über breit gefächerte Information, einen ausreichenden Lebenssinn zu finden.

Aber der lebendige Kontakt mit Menschen, die Auseinandersetzung ebenso, wie der Gleichklang, sind unerlässlich und durch kein noch so raffiniertes künstliches Gegenüber zu ersetzen. Wir Menschen sind alle auf Kontakt und Beziehung angewiesen. Wir brauchen den Anderen, um in einer ständigen Bewegung von Ich zu Du und von Du zu Ich lebendiges Leben zu spüren. Mitgefühl und Hingabe zur eigenen Person ebenso, wie zu anderen, ermöglicht den Zugang zur Fähigkeit mit Nähe und Distanz angemessen umzugehen. Sich selbst im anderen zu finden, ist liebevolle Begegnung, die gleichzeitig eine immer neue Sicht auf die unterschiedlichen Facetten der eigenen Person erlaubt. Sich und dem anderen treu zu sein, ohne sich starr an Altem, Vergangenem fest zu klammern, ist lohnende Kunst der Beziehungsgestaltung. Der andere Pol beschreibt die Notwendigkeit, loszulassen, wenn Beziehungsmuster überwachsen sind und ein Festhalten die eigene Entwicklung behindert.

Zusammengefasst umschreibt das Wort Liebe diese Gedanken in einer umfassenden Form. Letztlich ist es die Fähigkeit, Bindungen einzugehen und sie unabhängig von Zeit und Raum zu halten oder auch sie zu lassen, wenn sie wichtige Entwicklungsschritte erschweren, die angesichts neuer Perspektiven unerlässlich sind. Das betrifft nicht nur Menschen, sondern auch unser Umfeld, die Natur mit ihrem Reichtum an Pflanzen und Tieren, die Landschaften mit ihren Bergen und Seen, mit ihren Meeren und Wüsten, das Gesamt der Wunderwelt der Schöpfung. Wir sollten uns von einem egozentrischen Nützlichkeitsdenken verabschieden und in Verantwortung diese Schönheit mit all ihren Ressourcen auch für die nächsten Generationen erhalten. Dazu gehört auch, sich selbst als einen Teil der Natur im Rahmen einer göttlichen Schöpfung zu verstehen und achtsam mit sich selbst umzugehen. Das erscheint tragende Basis für das Sein als Individuum ebenso, wie als Mitglied eines Kollektivs zu sein. Liebe ist darüber hinaus aber auch zukunftsweisend für das Ziel ein lebenswertes Leben zu führen. Liebe zu sich und den Menschen ist Sinn stiftend und Sinn versprechend.

Vorbilder

Für einen persönlichen Entwicklungsweg scheint mir die Notwendigkeit, Vorbilder zu haben, von hoher Bedeutung. Es lohnt sich, Persönlichkeiten zu suchen und zu finden, deren Lebensentwurf zum Nacheifern anregt. Diese Menschen sollen nicht kopiert werden, aber sie können zu Wegweisern werden in der verwirrenden Fülle der Möglichkeiten, die jungen Menschen ein heutiges Leben bietet. Es geht dabei nicht um kurzzeitige Faszination seitens Filmstars oder Sternchen, um Sportgrößen oder Machtmenschen, sondern um solche, die ihr Leben bewusst gestaltet haben. Es geht um Menschen, die bereit waren, über eigene Fehler zu lernen, die die dunklen Persönlichkeitsanteile in die bewusste Lebensführung integriert haben und über eine Vorstellung ihres eigentlichen Entwurfes verfügen und diesen mutig verwirklichen.

Vorbilder sollen ermutigen, bestätigen und Orientierung geben, die in ihrer Person, ihrer Menschlichkeit überzeugen. Sie sollen nicht zu einer lebensfernen Illusion werden, sondern Hilfe zur Selbsthilfe geben. Vorbilder können längst tot sein. Sie sind jedoch grundsätzlich in der Lage, uns Respekt Bewunderung und Ehrfurcht zu lehren, Eigenschaften, die über eine vordergründige Faszination weit hinaus gehen. Sie vermitteln uns, wie Leben unter unterschiedlichsten, auch ungünstigen Bedingungen gelingen kann. Damit können sie zur Quelle von Mut und Zuversicht für eine eigene Lebensgestaltung werden.

Es sind Menschen, die mit Hilfe ihrer Begabungen und Fähigkeiten in Literatur, bildender Kunst und Musik, aber auch über geniale Forschungsergebnisse Zeiten überdauernde Geschenke hinterlassen haben. Ich bin überzeugt, dass diese Werke in ihrer allgemeinen Verbindlichkeit einen Wert darstellen, der glücklich macht: Kunst und Wissenschaft erlauben für Augenblicke einen Blick ins Paradies. Kunst ist auch in der transzendenten Funktion, wie sie C. G. Jung benennt, enthalten. Es ist der göttliche Funke im Menschen. wie er sich zum Beispiel in den unterschiedlichsten kreativen Leistungen begnadeter Menschen widerspiegelt.

Alle bildenden Künste, aber auch das Streben nach neuen Erkenntnissen bieten sich als Möglichkeit an, sich im Tun neu zu erleben – zu malen, zu gestalten, ein Instrument zu spielen, zu forschen, allein oder in Gemeinschaft, das erweitert den Horizont, beglückt und stiftet Beziehungen. Es lohnt sich, hier immer neue Wege auszuprobieren oder auf einem einmal eingeschlagenen Weg weiter zu gehen.

Begabung zu künstlerischem Tun

So ist es mir ein Anliegen, Begabungen als potenzielle Möglichkeit bei sich und anderen zu wecken und zu verwirklichen. Joseph Beuys hat dies erkannt, wenn er sagt, dass jeder Mensch ein Künstler sei. Sich selbst so zu begreifen und sein Leben vor diesem Hintergrund zu gestalten, scheint mir zu einem gelingenden Leben zu gehören. Der Philosoph Rüdiger Safranski unterstreicht dieses Ziel, wenn er Goethes Leben als ein Kunstwerk bezeichnet.

Von prägenden Erlebnissen und wichtigen Erfahrungen, von Wertvorstellungen und bedeutsamen geschichtlichen Ereignissen der Vergangenheit wie Gegenwart als individuelle oder kollektive Wahrheit zu hören, scheint mir grundsätzlich von großer Bedeutung.

Literatur ist ein Ort an dem sich kunstgeleitete Lebenserfahrung niederschlagen kann. Sie unterhält nicht nur, sondern sie ist Grundlage für Gedanken, Gespräche, Diskussionen und die Entwicklung neuer Perspektiven. So war für mich Literatur Begleitung, die mir den Reichtum des Lebens in Gedanken und Worten vermittelte. Ob als Schauspiel, als Erzählung, Gedicht, Roman, Essay oder als philosophische Erkenntnis, es gibt unendlich viele Augenblicke, ergriffen, betroffen oder auch beflügelt zu sein. Literatur kann darüber hinaus zu einem Spiegel werden, in dem sich eigene Gefühle, eigene Erfahrungen, Sehnsüchte und Wünsche vielfach gebrochen offenbaren.

In gleicher Weise kann die bildende Kunst zu einer Tiefe des Erlebens führen, die über die emotionale Berührung eine Ahnung von Zeiten übergreifendem Sinn erlaubt. Ob es die klassischen Werke eines Raffael, eines Michelangelo sind, ob es Bilder und Skulpturen des Impressionismus oder Expressionismus sind, in denen ich mich erkenne und verstanden fühle, immer geht es um eine Tiefe, die den Alltag für einen Augenblick in neuem Licht erscheinen lässt. Hierzu gehören auch Bauwerke, die einen Gehalt symbolisieren, der über das individuelle Erleben zu Staunen und Bewunderung führt. Seien es die Tempel der Antike, die Vollkommenheit der Villen eines Palladio, die Kirchen der Romanik und Gotik. Es sind bewegende, zu Stein gewordene Bilder. Sie zeigen, dass Menschsein in seinen schöpferischen Ursprüngen sich dem nähert, was Plato in seiner Ideenlehre als Suche nach Vollkommenheit formuliert hat.

Schließlich bin ich überzeugt, dass Musik ein wichtiger Lebensbegleiter sein kann. Hierbei geht es einerseits in der passiven Form des Hörens um Genuss und gleichermaßen Auseinandersetzung. Musik ist eine eigene Sprache, die dazu auffordert, innere Aktivität mit äußerer Realität zu verbinden. Dass in meinem Elternhaus Musik eine zentrale Rolle spielte und meine Geschwister wie ich selbst alle ein Instrument erlernen durften, hat mir gerade während meiner Jahre im Ausland viele Freunde beschert. Miteinander zu musizieren schafft eine Ebene von Gemeinsamkeit, die immer neu bereichert. Genauso wichtig war und ist mir der Chorgesang, der mir erlaubt, im Gefühl von Gemeinsamkeit unvergängliche Kunstwerke aktiv zu erarbeiten und gestaltend zu ihrer Tiefe ahnend vorzudringen.

Insgesamt scheint mir der Akzent einer sinnstiftenden Erfahrung nicht primär auf einer dauerhaften Lautbeschallung zu liegen, sondern in der Möglichkeit, Tiefe zu erleben, die Klang und Wohllaut ist. Musik sollte immer von einem individuellen Bedürfnis bestimmt sein. Ob Barockmusik oder Klassik, Romantik oder neue Musik, die leichte Muse mit ihrem hohen Unterhaltungswert, immer passt die in Liedform gegossene Wahrheit: „Ist etwas so mächtig die Herzen zu gewinnen, zu binden und fesseln die menschlichen Sinne, so ist es die Musik. [...]“

Ich möchte an dieser Stelle Daniil Trifonov, einen der bekanntesten Pianisten der jüngeren Generation zusammenfassend zu Wort kommen lassen: „Die Kunst ist eines der wichtigsten Mittel zur Verständigung zwischen den Völkern und Kulturen [...] Die Musik ist eine Brücke. Sie ist ein Stück Ewigkeit jenseits aller Schlagzeilen und Ereignisse.“

Freude an Bewegung und am Körper

Ich möchte weiter betonen, dass ich sportliche Aktivität für ein wichtiges Lebens-
moment halte. Hierbei muss es nicht um Wettkampf und Sieg gehen, sondern einfach
um die Freude an der Bewegung, das Gefühl, seinen Körper in aller Anstrengung zu
fühlen und damit Selbstbewusstsein und Selbstwertgefühl zu entwickeln.

Sich in seinem Körper wohl zu fühlen, ist Glück. Wenn man zum Beispiel nach einer
anstrengenden Bergtour den Gipfel erreicht, im Bewusstsein, das alles mit seinem
Körper bewältigt zu haben, erfüllt dies mit Stolz und Dankbarkeit. Hinzu kommt die
Wahrnehmung neuer Perspektiven. Kleines wird klein und Großes groß, Erkenntnisse, die nicht selten zu einer inneren Befreiung werden. Man gewinnt einen Blick
für Wesentliches und Unwesentliches im Leben und kann diese Perspektive auch
mitnehmen, wenn man wieder in die Niederungen des Daseins herabsteigt.

Toleranz

Was hat mich an äußeren Erfahrungen bewegt, die mich in der Folge auf neue, span-
nende Wege geführt haben? Zunächst waren es als junger Mensch meine Jahre im
Ausland, die mir ermöglichten, Toleranz anderen Denk- und Verhaltensweisen gegenüber zu entwickeln. Hierzu gehört als für mich wichtiges Moment, das Verhalten oder
Sein anderer Menschen nicht zu bewerten und damit in Arroganz und Selbstgefälligkeit zu verharren. Für mich enthält der Spruch: „Wir sind Ausländer fast überall.",
eine ebenso selbstverständliche wie tiefe Wahrheit. Der Aufenthalt im Ausland war
für mich Herausforderung, die fremden Sprachen schnell zu lernen und dadurch mit
einem vertieften Kontakt mit den Menschen beschenkt zu werden. Der Respekt,
sich als Gast im fremden Land den dortigen Gegebenheiten anzupassen, ohne die
eigene Identität zu verlieren, war ein wichtiger Lernprozess. Die damals entstandenen
menschlichen Begegnungen sind bis heute lebendig und erlauben nicht nur das Band
der Erinnerung lebendig zu halten, sondern sich auch dadurch die damalige Bereitschaft der Neugier, des Offenseins für eine zunächst fremde Welt zu bewahren.

Tun und Geschehen-Lassen

Für die innere Neuorientierung wurde C. G. Jung, und seine Analytische Psychologie, die ich mit zweiundzwanzig Jahren kennen lernte, zu einem wichtigen Seelenführer. Seitens meines Elternhauses war ich mehr darauf ausgerichtet, das Leben aktiv

zu gestalten, sich mit Goethes Worten immer „strebend zu bemühen." Die Aussage C. G. Jungs, dass sich Entwicklung nicht ausschließlich in Extraversion, in der rastlosen Tätigkeit vollzieht, sondern in gleicher Weise im Geschehen-Lassen, traf mich wie ein Blitzschlag. Diese Haltung einer vertrauensvollen Gelassenheit half mir diese Perspektive vermehrt zu entwickeln. Nicht nur die Ich-, sondern auch die Selbstentwicklung im Sinne eines „Erkenne dich selbst" führte mich dann folgerichtig in die Ausbildung zur Kinder- und Jugendlichenpsychotherapeutin.

Begegnung mit Kindern und die Sprache der Symbolik

Der Kontakt mit Kindern war für mich immer von existenzieller Bedeutung. Gemäß des Bibelwortes „werdet wie die Kinder" vertraue ich mich in meinem langen Berufsleben bis heute ihrer Weisheit an. Ich habe unendlich viel von ihnen gelernt und die Arbeit mit ihnen als beglückendes Erleben empfunden. Auf die Weisheit eines Kindes, wie sie bereits die Etrusker und Kelten beschrieben, zu hören, erforderte jedoch das Lernen einer neuen Sprache, nämlich die der Symbolik. Sie lehrte mich den Unterschied zwischen „das ist" und „das bedeutet" immer neu zu begreifen. So wuchs unmerklich aber immer stärker die Liebe zu Kindern, zu Menschen und zur Natur und allen natürlichen Prozessen in mir. Ich lernte Bescheidenheit.

Sicher war mir dabei auch unser Sohn von hohem Wert. Er hat mich oft mit der Doppelbödigkeit unserer Wertvorstellungen und den damit verbundenen Aussagen konfrontiert. Nur ein Beispiel, das stellvertretend für viele Aussagen steht, möchte ich im Rahmen meiner von Dankbarkeit erfüllten persönlichen Erfahrungen nennen. Als er vier Jahre alt war, erklärte ich ihm, dass ich an diesem Abend noch ins Institut müsse, um eine Vorlesung zu halten. Darauf schaute er mich groß an und fragte: „Musst du oder willst du?" Nach kurzer Betroffenheit antwortete ich, dass ich schon wolle. Darauf er: „Und warum sagst du, du musst?"

Die Frage eines Jugendlichen, ob ich nicht stolz sei auf mein Leben und Tun, führte mich dazu zu spüren, dass Dankbarkeit für ein erfülltes Leben für mich ein zentraler Wert ist, Dankbarkeit, das täglich tun zu dürfen, was ich von Herzen gern mache. Dankbarkeit dafür, in der Lage zu sein, Leben und Erleben anderer verstehen zu können und gleichermaßen Dankbarkeit dafür, immer wieder mit Schwächen und Fehlern im Sinn des eigenen Schattens konfrontiert zu werden. Und die wichtigsten Anstöße dafür geben mir immer wieder Kinder und Jugendliche in ihrer Fähigkeit, die dunklen Punkte ihres therapeutischen Gegenübers zu erkennen und gelegentlich gnadenlos auszuagieren oder auszusprechen. So, wie ein Vierzehnjähriger vor einiger Zeit äußerte: „Frau Lutz, wie wäre es mal wieder selbst ein bisschen Therapie zu machen, ich glaube, sie haben ein Problem mit dem Altwerden. Aber das macht nichts." setzte er nach einer Weile angesichts der Bestätigung der anderen Gruppenmitglieder hinzu. „Sie sind trotzdem ok!"

Förderung der Persönlichkeit und Begeisterung

In unserer Zeit einer Überbetonung der Materie und des Besitzstrebens sollten wir im Prozess von Beziehung und Erziehung einen wesentlichen Akzent auf die Förderung einer emotionalen Entwicklung, die einer Ausformung der Persönlichkeit dient, legen. Werte verinnerlicht zu haben, ist dabei das eine, aktiv sie zu gestalten und zu einer wesentlichen Perspektive des eigenen Seins zu machen, das andere. Egomanie und narzisstische Persönlichkeitsentfaltung und Selbstverwirklichung stehen hoch im Kurs. Das Kreisen um eigene Bedürfnisse ist wichtig, jedoch beschreibt dieses Tun nicht das Zentrum unseres Seins. Erst durch eine Verbindung mit dem alltäglichen Leben, gleichgültig in welchem Rahmen, werden Werte lebendig und können Veränderung in der Welt bewirken. Denn Werte an sich vergehen nicht, aber sie müssen immer neu verbunden werden mit der Bereitschaft, sie zu gestalten und ihr damit in der sich ständig verändernden Gegenwart den angemessenen Raum zu geben. Ein Goethe-Wort fasst diese Notwendigkeit zusammen: „Was du ererbt von deinen Vätern, erwirb es, um es zu besitzen."

Werte der Kultur sind auch Werte der Menschlichkeit. Denn alles, was geschaffen wurde oder heute unternommen wird, lebt, damit es wirksam werden kann, von der Idee der Gemeinsamkeit und der Begeisterung für ein erfüllendes Miteinander. In dem Wort Begeisterung steckt Geist. Findet er noch ausreichend Raum in unserer Zeit, in der diese Qualität oft mit Intellekt verwechselt wird? Wird die Sehnsucht nach einem tragenden Gehalt noch berücksichtigt? Wir müssen der nächsten Generation Impulse geben, die erfüllen und nicht nur ausfüllen. Sonst entgleitet die Sehnsucht nach einem erfüllenden Gehalt in die Sackgasse süchtigen Suchens. Eine innere Leere kann damit jedoch nur vorübergehend ausgefüllt werden, die Sehnsucht nach dem Echten und Wahren bleibt unerfüllt. Das Leben droht abgelebt zu werden, statt zur Selbstgestaltung herauszufordern.

Wenn ich mich heute frage, auf welcher Ebene ich den Sinn eines Lebens widergespiegelt erlebe, dann fallen mir spontan Märchen und Mythen ein. Ich hatte das große Glück, dass in meinem Elternhaus Märchen und Mythen eine wichtige Rolle spielten. Wir hörten viele Märchen und wurden schon früh mit der Welt der Mythen bekannt gemacht. So wurde bereits mit sieben Jahren die *Sagen des klassischen Altertums* von Gustav Schwab zu meiner Lieblingslektüre. Die griechischen Helden wurden zu Identifikationsobjekten und vor allem Odysseus, der Listenreiche, mit seinen vielen Abenteuern stand im Mittelpunkt aller meiner Gefühle. Ich bangte mit in den Gefahren und bewunderte ihn in seinen kreativen Einfällen und seinem Überlebenswillen. Diese archetypischen Bilder, die mich ergriffen, längst bevor ich die Psychologie C. G. Jungs kennen lernte, können Wegbegleiter werden. Sie repräsentieren ja in ihrer Person Haltungen, die als Urbilder der Seele jahrtausendalte Menschheitserfahrungen widerspiegeln. Sie erlauben ein eingebunden Sein in allgemein gültige Wahrheiten des Menschseins und vermitteln Sinn und Bedeutung von hellen und dunklen Stunden. Vor allem unterstützen sie Hoffnung und Zuversicht gerade dann, wenn manche Lebensperspektiven nahezu aussichtslos erscheinen und Gefühle der Angst, ins Bodenlose zu stürzen, aufflackern.

Mein persönliches Credo

So möchte ich als mein persönliches Credo den nächsten Generationen zurufen:

- Liebt das Leben als ein spannendes Abenteuer. Wagt, euch ständig weiter zu entwickeln als Symbol für eine aufregende, manchmal gefährliche, aber immer lohnende Reise ins Unbekannte.

- Pflegt den Austausch mit der eigenen Person mit allen Fähigkeiten und Begabungen, aber auch mit den eigenen Schattenseiten.

- Schätzt die Beziehung zu anderen Menschen und nehmt sie als unbewertete Herausforderung, das innere Gleichgewicht zu finden.

- Entdeckt damit, dass das Harmoniegesetz in euch selbst verankert ist, statt es in Zerstreuung und Ablenkung zu suchen.

- Im Wissen um eine Transzendenz, die jenseits menschlichen Begreifens trägt und hält, kann sinnerfülltes Leben gelingen.

Carola Meier-Seethaler, Dr. phil., Jahrgang 1927, Bern.
Geboren in München. Dort Studium der Philosophie und Psychologie; Promotion mit einem Thema aus der Ethik, Diplomabschluss in Psychologie und Ausbildung zur Psychotherapeutin. Lehrtätigkeit an Sozialer Fachschule; private psychotherapeutische Praxis bis 2005; lebt heute in Bern.
Homepage: opus-magnum.com > autoren

Veröffentlichungen u. a.:
Meier-Seethaler, C. (2011). *Ursprünge und Befreiungen: eine dissidente Kulturtheorie* (Überarb. Neuaufl.). Stuttgart: opus magnum.
Meier-Seethaler, C. (2004/2008). Das Gute und das Böse: mythologische Hintergründe des Fundamentalismus in Ost und West. Stuttgart: Kreuz. Stuttgart: opus magnum. Kostenloser download
Meier-Seethaler, C. (2001/2014). Jenseits von Gott und Göttin: Plädoyer für eine spirituelle Ethik. München: Beck. Stuttgart: opus magnum. Kostenloser download

Carola Meier-Seethaler

Plädoyer wider die Resignation

Zunächst ein paar Vorbemerkungen zu meinem persönlichen Werdegang: Ich bin ein „Kriegskind", das zwölf Jahre zählte, als 1939 der Zweite Weltkrieg ausbrach. Nach Kriegsende war ich als Hilfskrankenschwester in einem Ausweichkrankenhaus für die zerbombte Stadt München tätig, dann begann ich das Studium an der stark beschädigten Münchner Universität. Beides war für mich so prägend, dass ich mich mein Leben lang mit der Frage nach den Ursachen destruktiver Gewalt beschäftigte.

Die Wahl der Studienfächer Philosophie und Psychologie war nicht zufällig. Ging es in der Philosophie um Erkenntnismöglichkeiten und um kollektive Sinnfindung, so in der Psychologie auch um die Aufarbeitung der eigenen schwierigen Kindheit. Später nannte ich das früh einsetzende reflektierende Denken meine „psychische Kläranlage". Sie hat mich davor bewahrt, enttäuschende Erfahrungen in Verbitterung münden zu lassen. Vielmehr ging es mir immer um das Verstehen von menschlichen Motivationen und den gesellschaftlichen Mustern hinter aggressivem Verhalten.

Nach meinem Doktorat in Philosophie erhielt ich 1950 am philosophischen Institut nur eine unbezahlte Assistentenstelle mit der Begründung, die Universitätslaufbahn sei für Frauen nicht vorgesehen: „denn die heiraten ja doch." So schloss ich mein Psychologiestudium ab, machte eine Lehranalyse und entschied mich für den Beruf der Psychotherapeutin.

Als Frau meiner Generation verlief mein Lebensweg dreigeteilt. Zuerst die Ausbildungsphase und anschließende Berufstätigkeit mit Schwerpunkt Kinder- und Jugendpsychologie. Dann als zweite Phase Ehe und Mutterschaft, was damals mit beruflicher Tätigkeit nur sehr partiell vereinbar war. Schließlich, nach dem Erwachsenwerden meiner beiden Töchter, die psychotherapeutische Arbeit in eigener Praxis und, nach dem frühen Tod meines Mannes, die kritische Auseinandersetzung mit patriarchalen Gesellschafts- und Denkstrukturen als Autorin kulturphilosophischer Schriften.

Die wesentlichste Anregung dazu erfuhr ich vom Lebenswerk Erich Fromms: Von seiner Unterscheidung zwischen biophiler und nekrophiler Lebenseinstellung, seiner profunden Wahrnehmung von Symbolen in *Märchen, Mythen, Träume* (1957) und nicht zuletzt von seiner *Anatomie der menschlichen Destruktivität* (1973).

Das Symbolverständnis im Blick auf Religionen, Kunst und Sprachbilder stand immer im Zentrum meiner kulturhistorischen Nachforschungen, auch im Sinne von Bruchstellen und patriarchalen Umdeutungen ursprünglich matrizentrischer Symbolbilder. Dies führte mich zur Dekonstruktion der ebenso diskriminierenden wie unlogischen Geschlechter-Polarisierungen und zur Aufkündigung patriarchaler Denkmuster (vgl. Meier-Seethaler, 2007).

Was bleibt als Quintessenz?

Als zweiundneunzigjährige bleibt mein Blick zurück ohne persönliches Ressentiment, wenn auch im Zorn auf die maskuline Dominanz und Arroganz. Trotz meiner Diskriminierung als Frau an der damaligen Universität München und trotz schmerzlicher Einschränkungen während der langen Krankheit meines geliebten Mannes hatte ich ein sinnerfülltes Leben, zu dessen Höhepunkten das Aufwachsen unserer beiden Töchter und später das meiner Enkelkinder gehören.

Und es bleibt die Begeisterung für konstruktive Lösungsvorschläge angesichts weltweit düsterer Prognosen, die eine profunde Diagnose bestehender Missstände voraussetzen. Jedenfalls führe ich ein Plädoyer wider die Resignation und für die fortgesetzte Aufklärung gegenüber allen ideologischen und fundamentalistischen Strömungen. Letztlich geht es um die Liebe zu allem Lebendigen und um die Sorge für das würdige Leben aller Menschen.

Die Natur gibt uns das Zeugnis ihrer unerschöpflichen Kreativität und dennoch keine Antwort auf die Sinnfrage. Nur als menschliche Gemeinschaften können und sollen wir Sinn stiften, indem wir im Blick auf das Ganze einen Konsens darüber finden, was jeweils als das Richtige zu tun sei.

Wenn ich etwas von meiner Lebenserfahrung an die Jungen weitergeben soll, so möchte ich das eigentlich nicht unter dem Motto „Wozu lohnt es sich, zu leben?" tun. Das Verbum „sich lohnen" hat für mich einen kommerziellen Beigeschmack: Welchen Vorteil bringt mir meine Berufsentscheidung? Welche Freundschaften und politischen Seilschaften nützen meiner Karriere? Solche Fragen zielen auf Erfolg, Anerkennung und Wohlstand, beziehungsweise auf das, was man ein „glückliches Leben" nennt.

Wir alle brauchen Anerkennung, und wir erhoffen uns Glück. Doch Anerkennung ist nicht dasselbe wie Erfolg und Prestige. Es kommt auch darauf an, von wem wir uns Anerkennung wünschen und in welcher Form. Geld als gerechte Entlohnung ist zwar wichtig, spielt aber nicht die Hauptrolle. Und Glück lässt sich zwar wünschen, aber nicht direkt anstreben, weil es von Begegnungen abhängt, die uns zufallen.

Realistisch ist hingegen die Frage nach dem sinnvollen Einsatz der eigenen Begabungen, ohne sie zu unterschätzen oder zu überschätzen; um sie für Ziele einzusetzen, die ich für wertvoll halte.

Um sich grundsätzlich zu orientieren, gibt es bestimmte Voraussetzungen. Die erste und grundlegendste hat Kant formuliert: „Habe den Mut, dich deines eigenen Verstandes zu bedienen… das heißt, den obersten Probierstein der Wahrheit in sich selbst (der eigenen Vernunft) zu suchen" – wobei hinzuzufügen wäre, dass zur Vernunft nicht nur der rationale Verstand, sondern auch die emotionale Vernunft gehört, die uns Urteilsfähigkeit in Wertfragen verleiht (vgl. C. Meier-Seethaler, Gefühl und Urteilskraft. Ein Plädoyer für die emotionale Vernunft, 2001).

Praktisch bedeutet dies, öffentliche Meinungen und propagierte Trends kritisch zu hinterfragen. Diesen zu folgen, ist insofern verführerisch, als wir das Bedürfnis nach Zugehörigkeit haben. Selber denken kann relativ einsam machen, aber es schließt Freundschaften mit Andersdenkenden nicht aus.

Eine zweite Voraussetzung sehe ich in der Bereitschaft, Chancen und Begegnungen wahrzunehmen, das heißt, sich im richtigen Augenblick (dem altgriechischen kairos) zu entscheiden. Bei den Jungen beobachte ich heute ausgeprägte Vorbehalte, Entscheidungen zu riskieren und Bindungen einzugehen; so, als könnten sich noch bessere Möglichkeiten bieten. Im Extremfall kann dies dazu führen, das dahin fließende Leben in seiner Fülle zu versäumen.

Es ist eine Binsenwahrheit, dass sich Glück nicht erzwingen lässt. Aber ich bin der Überzeugung, dass es in jedem Leben „Hohe Augenblicke" gibt, von denen Karl Jaspers sprach. Sei dies beim Anblick überwältigender Schönheit einer Landschaft, die Ehrfurcht vor dem Leben, die uns inmitten der Tier- und Pflanzenwelt überkommt; sei es das Staunen vor einem großen Werk der bildenden Kunst oder in Sternstunden der Musik und der Poesie. Auch die Erfahrung erotischer Ergriffenheit, die Momente der Unverbrüchlichkeit lebenslanger Beziehungen und nicht zuletzt das erste uns zugewandte Lächeln eines Kindes gehören zu den „Hohen Augenblicken" des humanen Lebens.

Weniger spektakulär, aber dennoch beglückend sind die Erlebnisse von mitmenschlicher oder mitgeschöpflicher Resonanz in Zuständen der Freude oder der Trauer. Dabei ist die Mit-Freude fast noch wesentlicher als das Mit-Leiden.

Hohe Augenblicke können sich aber nur einstellen, wenn Zeit für innere Aufmerksamkeit bleibt und unsere Agenda nicht stets bis an den Rand gefüllt ist. Dasselbe gilt für das Nachdenken und Nachsinnen über positive und negative Erlebnisse, was mit der Zeit einen inneren Kompaß ergibt. Der unterscheidet unbedingte Werte von Trivialitäten und findet einen Weg aus Irrtümern und Enttäuschungen.

Für diejenigen, die in gesicherten und relativ privilegierten Umständen aufwuchsen, sollte nicht vergessen gehen, dass auch das Ausbleiben von Unglück geschenktes Lebensglück bedeutet.

Seit der Zeit, als ich Kind war, hat sich die Lebenserwartung um Jahrzehnte erhöht, und damit stellt sich die Sinnfrage für das lange Leben neu. Gelegenheiten zu Ablenkung und Zerstreuung gibt es mehr als genug, ja das Überangebot ist so groß, dass man vermuten kann, darunter lauere die Langeweile und das Bedürfnis, die Zeit tot zu schlagen. Die Alternative aus meiner Sicht ist der nie endende Hunger nach Bildung, wobei dieser Begriff im digitalen Zeitalter eher altmodisch klingt. Rasch abrufbare Informationen sind zweckmäßig und hilfreich, aber sie vermitteln keine Zusammenhänge und schon gar nicht ein mehr oder weniger umfassendes Weltbild. Dazu bleibt das Lesen unerlässlich, nicht nur im eigenen Fachgebiet, sondern auch in alten und neuen literarischen Werken, die sich mit ihrer bildhaften Sprache einprägen und vielfältige Querverbindungen im Gedächtnis speichern.

Hoch aktuell geblieben ist die Horizonterweiterung durch das Reisen. Was man früher einmal „Bildungsreisen" nannte, die einer privilegierten Schicht vorbehalten blieben, ist heute unter den Jungen eine sehr viel realere Erfahrung. Sie lernen andere Kulturen im alltäglichen Kontakt mit allen Bevölkerungsschichten kennen, was im Zeitalter der Globalisierung die Begegnung mit Gewinnern und Verlierern einschließt. Reisen führt heute ungewollt zur politischen Bildung und rückt die so genannten Sehenswürdigkeiten in ein anderes Licht.

Auch bin ich zuversichtlich, dass das echte, leibhaftige Gespräch trotz des gegenwärtigen Hypes sozialer Medien seine wesentliche Bedeutung für die persönliche Meinungsbildung behält.

Schließlich noch eine Überlegung zu den viel gerühmten Hobbies, wie sie in den wohlhabenden Schichten unerlässlich zu sein scheinen. Die englische Bedeutung des Wortes „hobby" als Liebhaberei oder als persönliches Steckenpferd wirkt in der deutschen Übersetzung mit „Freizeitbeschäftigung" wenig überzeugend. Es klingt ein bisschen nach Therapievorschlägen gegen Langeweile, gegen die Gefühle der Leere oder der depressiven Verstimmung. Doch eigentlich wäre eine Liebhaberei etwas von langer Hand Gewachsenes, das das Leben bereichert, wie die Liebe zum Wandern, zu Musik und Tanz oder auch eine spezifische Sammelleidenschaft.

Wenn wir uns bei den üblichen Ratschlägen für ein gelingendes Leben umhören, geht es neben der Sinnfrage auch um das Problem des inneren Halts. Am häufigsten genannt werden der Halt in der Familie, Halt im religiösen Glauben oder in der Mitgliedschaft einer politischen oder kulturellen Institution. Für uns Menschen als soziale Wesen sind dies wichtige Perspektiven. Fragwürdig werden sie nur, wenn wir unsere eigene Urteilskraft autoritären Vorstellungen unterordnen. Jedenfalls ist psychischer Rückhalt von immenser Bedeutung, wenn wir uns vor Augen halten, dass deren Mangel zu psychischer Labilität, Suchtkrankheiten oder Gewaltbereitschaft führt.

Ich selbst finde meinen Halt nicht im Glauben an eine göttliche Macht, sondern in ethischen Überzeugungen, die ich mit nahestehenden Personen teile. Dazu kommt ein Gefühl der Verbundenheit mit der gesamten Lebenswelt, was als religiös im weitesten Sinn des Wortes gelten kann. Auch Verantwortungs- und Pflichtgefühl haben ja eine emotionale Wurzel: Verbindlichkeit erwächst aus Verbundenheit. Und es gibt eine ethische Vernetzung, die sich nicht auf die Gegenwart beschränkt, sondern auch humane Lichtgestalten der Vergangenheit einschließt. Der größere historische Horizont verhilft zudem, ausbleibende Erfolge des eigenen Engagements gelassener hinzunehmen, weil jede kulturelle Entwicklung mit Rückschlägen zurechtkommen muss.

Psychische Ausgeglichenheit lässt sich aber auch durch ganz praktische Maßnahmen unterstützen. Etwa durch eine gewisse Regelmäßigkeit im zeitlichen Tages- und Wochenablauf oder durch eine überblickbare und ästhetische Ordnung im privaten Lebensraum – dies ohne die pedantische Zwanghaftigkeit, die dem altmodisch gewordenen Begriff der Selbstdisziplin anhaftet. Es geht vielmehr um gewohnheitsmäßige Festpunkte, die über Phasen der Mutlosigkeit hinweghelfen.

Gegenwärtig steht der Begriff „Coolness" für Ausgeglichenheit, für „sich nicht hängen lassen" und in Stresssituationen Fassung zu bewahren. Die wörtliche Bedeutung „Kälte" bildet den Gegensatz zur Überhitzung im Zustand der Erregung, Wut oder Panik. Doch ähnlich wie bei der Rede von „Disziplin" ist der Wortgebrauch „Coolness" äußerst ambivalent. Steht der Selbstdisziplin die autoritäre Zwangsdisziplin gegenüber, so kann Coolness auch als Kaltblütigkeit, Arroganz und Geste der Überlegenheit verstanden werden. Bei der Berufung auf Coolness schwingt aber noch eine dritte Komponente mit: die innere Distanz zur Mitwelt bis hin zur Gleichgültigkeit. Dahinter kann Selbstunsicherheit stehen, die sich jeder Festlegung verweigert aus Angst, die eigene, noch nicht gefundene Identität zu verfehlen. Unter Umständen äußert sich dies auch in snobistischem Auftreten.

Im Zeitalter der Digitalisierung scheint es mir wichtiger denn je, mit der Sprache sorgfältig umzugehen. Dazu gehört auch die Skepsis gegenüber der Nomenklatur im Mainstream von Wirtschaft, Wissenschaft und Politik. Denn Dinge zu benennen, ist nicht unabhängig davon, wofür man sie hält und wozu man sie gebrauchen will. Ausdrücke wie „Gutmensch" für den angeblich naiven Idealisten sollten ebenso großes Misstrauen auslösen wie „Lebende Maschinen" für Tiere in der synthetischen Biologie. Unerträglich ist die Bezeichnung „Humankapital" für die physische und geistige Arbeitskraft der Menschen. In jedem Fall muss sich die Frage aufdrängen: „cui bono?" oder: Wem nützt diese Formulierung?

So bedeutet Coolness aus neoliberaler Weltsicht das rein rationale Nützlichkeitsdenken, das für sämtliche Probleme technische Lösungen sucht. Dabei schließt die so verstandene „Sachlichkeit" alle Emotionen erklärtermaßen aus. Doch ohne die Begeisterung für die Zusammenhänge in der Natur hätte es wesentliche Erkenntnisse in der Wissenschaft nie gegeben, und ohne Mitgefühl und Empörung gegen Ungerechtigkeit keinen sozialen Fortschritt. Es gibt also humane „Leidenschaften", die sich von irrationalen Affekten dadurch unterscheiden, dass sie „Geistgefühle" sind, die aus dem Zentrum unseres Wertbewusstseins entspringen und sich nicht von Massensuggestionen manipulieren lassen.

Aufgrund seiner vielseitigen und oft vagen Anwendung benutze ich das Wort „Coolness" nicht, und ebenso wenig das Modewort „cool" als Metapher für Bewunderung. Stattdessen plädiere ich für Gelassenheit und Geduld, um sich bei Enttäuschungen und Rückschlägen die Begeisterung für die gute Sache nicht rauben zu lassen. So halte ich mich an die paradox klingende Maxime der „leidenschaftlichen Geduld"- und die möchte ich weitergeben.

Meine Zukunftshoffnungen setze ich auf zwei sich anbahnende Entwicklungen. Zum einen auf die grundsätzliche Korrektur des neoliberalen Finanzkapitalismus, wie sie die besten Köpfe der Neuen Ökonomen vorschlagen, so die Nobelpreisträger Joseph Stiglitz in den U.S.A., Susan George und Thomas Piketty in Frankreich oder Marc Chesney an der Universität Zürich, um nur die bekanntesten Namen zu nennen. Denn nur das globale Veto gegen schrankenlose private Profitmaximierung kann uns vor Umweltkatastrophen und der Verelendung eines Teils der Menschheit bewahren.

Meine zweite Zukunftsperspektive bezieht sich auf die Überwindung des Geschlechterkampfes durch konsequente Gleichberechtigung und die gerechte Aufteilung von bezahlter Erwerbsarbeit und unbezahlter Care-Arbeit. Dies ermöglicht nicht nur die Chancengleichheit für Frauen in Beruf und kreativer Selbstverwirklichung, sondern auch das so viel humanere Selbstverständnis der Männer in Gestalt der Neuen Väter. Die reziproke Arbeitsteilung entlastet vom Zwang des Alleinverdieners, an unbefriedigenden Erwerbsquellen festzuhalten, und eröffnet den Vätern aufgrund der emotionalen Verbundenheit mit ihren Kindern die lebenslange Erfahrung von Sinn und eigener Bedeutung. Jedenfalls sind die starren Geschlechterrollen zurückzuweisen, um aus „halben Menschen" ganze Menschen zu machen, indem beiden Geschlechtern vielseitige Lebensentwürfe offen stehen.

Angesichts der Tatsache, dass die patriarchale Geschlechterideologie mehr als 4000 Jahre alt ist, braucht es wohl mehrere Generationen, bis sich Frauen und Männer auf allen Ebenen auf Augenhöhe gegenüber stehen. Dazu sind fortgesetzte Emanzipationsbewegungen nötig und Menschen mit leidenschaftlicher Geduld, die sich von Rückschlägen nicht beirren lassen.

Anette Müller, Jahrgang 1955, Stuttgart.
Analytische Kinder- und Jugendlichen-Psychotherapeutin, Dozentin,
Supervisorin am C. G. Jung-Institut Stuttgart, ehem. Vorsitzende
des C. G. Jung-Instituts, Stuttgart, Dozentin an der IB-Hochschule,
Mitherausgeberin des Jung-Journals.
Homepage: opus-magnum.com > Autoren

Veröffentlichungen u. a.:

Müller, A., Müller, L. (Hrsg.). (2018). *Praxis der Analytischen Psychologie: ein Lehrbuch für eine integrative Psychotherapie.* Stuttgart: Kohlhammer.

Müller, L., Müller, A. (Hrsg.). (2008). *Wörterbuch der Analytischen Psychologie.* Düsseldorf: Patmos.

Müller, A. (2008). *Moderne Medien, virtuelle Welten und Psychotherapie. Über den Umgang mit Aggression und Gewalt im virtuellen Raum der analytischen Kinder- und Jugendlichen-Psychotherapie.* Analytische Psychologie, 39 (3), S. 222-237.

Anette Müller

Quintessenz? Die Pflanze kann es Dich lehren!

Suchst du das Höchste, das Größte?
Die Pflanze kann es dich lehren.
Was sie willenlos ist,
sei du es wollend
- das ist's!
Friedrich Schiller, Gedichte

Dieses kurze Gedicht mit der Bezeichnung „Das Höchste" hat mich mit in seiner Einfachheit und Direktheit immer berührt. Es fasst Vieles symbolisch in sich zusammen, was mein Leben bestimmt hat. Die Pflanzen – hier denke ich besonders auch an das Gras, die Wiesen und die Bäume – wurzeln in der Erde und wenden sich dem Himmel und der Sonne zu. Sie sind grün und künden von der Lebens- und Schöpferkraft der Natur – der „Viriditas", der Grünkraft, wie sie Hildegard von Bingen nannte. Sie sind uns einerseits vielfältig nützlich und andererseits einfach nur da, so selbstverständlich, dass sie oft genug übersehen werden. Pflanzen bilden den tragenden Untergrund meines Lebensgefühls. Sie geben mir ein Gefühl von Vertraut-sein, von Heimat, Geborgenheit, Wohlbehagen, Frieden.

Meine früheste Erinnerung ist, dass ich mich unter einem Apfelbaum befinde, umgeben von einer Wiese, das Rauschen der Blätter höre, den Himmel mit seinen Wolken und der Sonne sehe. Ich war wohl allein, und es scheint mir in der Erinnerung, als wäre ich mit mir recht zufrieden gewesen. Ich erinnere mich jedenfalls nicht, dass ich unruhig gewesen wäre. Mit mir alleine zu sein, war mir wohl vertraut, und wenn ich mich einsam gefühlt haben könnte, so glaube ich, waren mir die Vorgänge in der Natur, der Wind, das Gebrumm und Gesumm der Insekten, die Vögel, die Wiese und das Gras ein zuverlässiger, freundlicher Trost.

Ich bin auf dem Land aufgewachsen, in einem kleinen Dorf, meine Großeltern, Eltern und Verwandten bauten einen Gärtnereibetrieb auf. Der zweite Weltkrieg war gerade zehn Jahre vorbei, als ich geboren wurde. Die Last der deutschen Geschichte und die Kriegserfahrungen, die trotz Abgeschiedenheit der Gegend von meinen

Eltern in ihrer Kindheit erlebt worden waren, wirkten noch nach und auch die Perspektiven auf die Zukunft waren in meiner Kindheit nicht immer vertrauenserweckend. Zeitweise ließ die politische Lage gar Angst aufkommen, es könne ein dritter Weltkrieg ausbrechen, schlimmer vielleicht noch als die Kriege davor.

Gegen diese Bedrohung stand die damalige Übersichtlichkeit und Regelmäßigkeit des Landlebens, der Gesang der Vögel, das Rauschen der Blätter im Wind, die sich fortwährend wandelnden Wolken am hohen Himmel, der Wechsel der Jahreszeiten, der immer wiederkehrende Frühling, wie er in Goethe's Mailied besungen wird.

Wie herrlich leuchtet
Mir die Natur!
Wie glänzt die Sonne!
Wie lacht die Flur!
Es dringen Blüten
Aus jedem Zweig
Und tausend Stimmen
Aus dem Gesträuch,
Und Freud und Wonne
Aus jeder Brust.
O Erd'! O Sonne!
O Glück! O Lust!
Goethe, Mailied

Meine Eltern waren zuverlässig da, morgens, mittags, abends, nachts. Ich wusste, wo ich sie finden konnte, bei ihnen sein konnte, ihnen zuschauen, sie fragen. Sie waren arbeitsame, ruhige, zuverlässige, sehr wohlwollende Menschen, die nicht so viel sprachen, mir aber wie die Natur draußen das Gefühl von einfachem selbstverständlichen Da-Sein gaben. Und sie schenkten mir Freiraum, meinen Fantasien, meinen Spielen und meinen Träumen folgen zu können. Ich durfte wachsen, wie es in mir wachsen wollte. Und dann waren da ja auch nicht nur Erwachsene, sondern auch andere Kinder, mit denen Spiele und Fantasien geteilt werden konnten.

Dass es über das einfache Naturerleben und den oft erschöpfenden Alltag der Erwachsenen hinaus etwas geben könnte, was das Leben in einem anderen noch „höheren" Lichte erscheinen ließ, wurde mir spürbar, wenn meine Mutter mit mir die einfachen Kinderlieder sang: *Geh aus mein Herz, Der Mond ist aufgegangen, Weißt Du wieviel Sternlein stehen* – Lieder deren Texte sich mir bis heute eingeprägt haben. Besonders schön fand ich es, wenn es hieß, dass Gott mich kennt und mich lieb hat. So eigenartig es auch klingen mag, aber ich habe den Eindruck, dieses Lied scheint irgendwie mein grundsätzlich positives Lebensgefühl, „gemeint" zu sein, mein Vertrauen in die Existenz, gefördert zu haben.

Spürbar wurde mir ein „höherer" Lebensinn auch in der Dorfkirche meines Heimatortes. Im Zentrum der kleinen Kirche konnte ich das Kruzifix auf dem Altar stehen sehen und davor, über den Altar herabhängend, einen wunderbar grünen Läufer mit golden aufgesticktem Alpha- und Omega-Zeichen. Darüber im Zentrum der Deckenmalereien fand sich eine Szene zur Auferstehung mit Verweis auf die Himmelfahrt. Mit diesem Blick ließ es sich auf meinem Lieblingsplatz unter einem der hohen Fenster ruhig werden und träumen, während der Pfarrer von der Kanzel herab Bibelstellen auslegte. Die Predigt hat sicher Spuren hinterlassen und mein moralisch-ethisches Empfinden mitgeprägt. Wichtiger war, dass eine Stimme mir vermittelte, das Leben sei in guten Händen, während ich träumen durfte. Orgelklang, Gesang und das wunderbare Glockengeläut füllten den Kirchenraum zudem feierlich.

Besonders schön war es, manchmal die Stimme meines Vaters heraushören zu können, wenn er im Chor mitsang. Und das Allerschönste war, wenn *Ich bete an die Macht der Liebe* angestimmt wurde. Das war ein glückseliger Moment, in dem in mir eine Ahnung davon entstand, dass Liebe fühlen und Liebe schenken mit zum Lebenssinn gehören könnte. Mit diesem Erleben nahm ich aus der Kirche etwas mit, was in meinen Alltagswelten manchmal tief und freudig in mir widerhallte. Damals konnte ich es kindlich-naiv Gott und Ewigkeit nennen, später fand ich bei Dichtern und Wissenschaftlern andere Worte, Metaphern und Symbole, die diese umfassendere, numinose Wirklichkeit beschreiben konnten.

In der Betrachtung des gekreuzigten und auferstandenen Mensch/Gott und dem goldenen Alpha et Omega wurde mir zudem etwas von den nicht auflösbaren Paradoxien des menschlichen Lebens, seinen Leiden und Freuden und der Kraft des Zulassens, Annehmens und Aushaltens erfahrbar. Damals beunruhigten mich die Gegensätze oft und dann beruhigte mich wieder, dass es im Kreislauf der Natur und des Kirchenjahres zuverlässig so etwas wie Erneuerung und die Wiederkehr des Lichtes nach der Dunkelheit gab.

Wie gut, denke ich manchmal noch heute, dass es diese kleine Kirche, diese feier-lichen Zusammenkünfte und diese Symbole gegeben hat. Sie haben die emotionale Basis gelegt für spätere Empfindungen und Erfahrungen.

Sehr dankbar bin ich meinen Eltern, dass sie mich – als erstes Mädchen aus unserem Dorf – aufs Gymnasium in der nächstgelegenen kleinen Stadt schickten. Ich fühlte mich dort zwar als „einfaches Mädchen vom Lande" irgendwie fehl am Platze, zumal ich auch körperlich etwas kräftiger und größer war als die anderen Mädchen. Dabei wollte ich doch gar nicht so herausragen und auffallen – meinte ich. Die Fragen meiner entsprechenden Unsicherheiten und Minderwertigkeitsgefühle, die weit über die Pubertät hinaus wirksam waren, beschäftigten mich dann noch lange in meiner Lehranalyse.

Entdeckung der Tiefenpsychologie

Aber es gab eben auch hier eine andere Seite. Ich war eine recht gute Schülerin und suchte mir in der fremden Stadt und im fremden Leben meine Wege, machte mir dieses Leben – mit der Vorsicht eines schüchternen und introvertierten Kindes – doch zunehmend vertraut. Auch in diesem Prozess hatte ich viel Glück und güns-tige Umstände. Ich lebte in einer Zeit und Realität, in der es genügend Sicherheit und Freiraum für die Einzelnen gab, und ich kam im Gymnasium mit geistigen Welten in Berührung, die ich vorher nicht kannte. Besonders interessierten mich von Anfang an Sprachen, Literatur und Geschichte (was ich dann später auch studierte).

Von meinem Vater, der sich lokalpolitisch engagierte, bekam ich als Jugendliche eine kleine Ausgabe unseres Grundgesetzes geschenkt und dazu implizit von meinen beiden Eltern das, was man als Gerechte-Welt-Glaube bezeichnet. Und über den Vater meines ersten Freundes wurde ich – was für eine besondere Fügung! – mit der Tiefenpsychologie bekannt gemacht. Er gab mir das Buch *Der Mensch und seine Symbole* von C. G. Jung zu lesen. So wurde mir nach und nach klar, ich wollte in meinem Leben den festen Boden unter meinen Füßen spüren und auch ein freies, weites, geistig bestimmtes Leben führen – ein wenig so wie Eichendorff es beschreibt:

Und meine Seele spannte / Weit ihre Flügel aus,
   Flog durch die stillen Lande, / Als flöge sie nach Haus.
   Joseph von Eichendorff, Mondnacht

Ich wollte mich verstehen, „selber finden", mich „entfalten". Mein persönliches Umfeld ließ mich erfahren, dass das möglich sein könnte, und der Zeitgeist dazu war günstig: Studenten- und „flower-power"-Bewegung, das „New Age" waren gerade angebrochen, die feministische Bewegung erstarkte, und das eröffnete neue Perspektiven für mich als Heranwachsende und junge Frau. Das Bewusstsein von einem zukünftigen Menschen und einem Leben in Liebe, Freiheit und Gerechtigkeit erschien am Horizont.

Irgendwie habe ich es immer als Verpflichtung empfunden, mich in der realen, kollektiv bestimmten Welt um mich herum ebenso wie in der realen, in mir befindlichen psychischen Welt zu bewegen und aktiv zu sein. Ich meine, dass das damit zu tun hat, dass ich in der Mitte des 20. Jahrhunderts noch Fühlung hatte zu den Ungeheuerlichkeiten, zu denen Menschen und ihre politischen Systeme fähig sind. Zugleich erlebte ich mit, wie die verwundeten Kriegskinder eine zerstörte Welt neu aufbauten und die Basis dafür legten, dass wir, die Nachkriegskinder, genügend Spiel- und Gestaltungsraum hatten, um unsererseits an einer gerechteren, liebevolleren und offeneren Welt weiter zu arbeiten.

Sehr beeindruckt haben mich im Verstehen der kollektiven wie der individuellen Dynamiken der Psyche die kulturkritischen psychoanalytischen Schriften und vor allem C. G. Jung und E. Neumann:

> Die gigantischen Katastrophen, die uns bedrohen, sind keine Elementarereignisse physischer oder biologischer Natur, sondern psychische Ereignisse. Uns bedrohen in schreckenerregendem Maße Kriege und Revolutionen, die nichts anderes sind als psychische Epidemien. Jederzeit können einige Millionen Menschen von einem Wahn befallen werden ... Statt wilden Tieren, stürzenden Felsen, überflutenden Gewässern ausgesetzt zu sein, ist der Mensch jetzt seinen seelischen Elementargewalten ausgesetzt. Das Psychische ist eine Großmacht, die alle Mächte der Erde um ein Vielfaches übersteigt.
> (C. G. Jung, GW 17, § 302)

Dass ich nach Abitur und Lehrerausbildung schließlich in Stuttgart landete, weil es dort nicht nur ein psychoanalytisches Ausbildungsinstitut, sondern ein C. G. Jung-Institut gab, war für mich folgerichtig. Mit auslösend für diese Entscheidung war ein Vortrag über die tiefenpsychologische Interpretation von Mozarts *Zauberflöte*.

Das war es, was ich wollte: den Weg der „Einweihung" gehen, herausfinden, was in den unbewussten, geheimnisvollen Tiefen der Seele alles zu entdecken ist und auch andere Menschen zu ermutigen, die Wege zu gehen, die sich in ihrer Psyche herausbilden. Ich wurde also Kinder- und Jugendlichen-Psychotherapeutin und arbeitete am Institut auch als Dozentin, Supervisorin und Gremiumsmitglied.

Das Schöne an diesem Beruf und auch in der Ausbildungsarbeit ist für mich, dass ich anderen Menschen hilfreich sein kann, ihrer inneren Sehnsucht und ihrem Potenzial bis in religiöse Fragen und Dimensionen hinein zu folgen. Zugleich kann ich mich dabei mit den alten und neuen Vorstellungen über die Seele in ihren „höchsten" ebenso wie in ihren archaischen Möglichkeiten beschäftigen. Den eigenen Unterhalt zu verdienen, indem man Menschen auf dem nicht immer leichten Wege zu sich selbst begleitet und gleichzeitig dabei auch auf seinem eigenen Weg sein zu können: Das erlebe ich bis heute als ein Privileg.

Bedauert habe ich immer sehr, dass ein grundlegendes psychologisches Wissen meist nur denen zugänglich wird, die beruflich damit zu tun haben oder die in eine längere Psychotherapie gehen. Müssten die im Menschen ablaufenden psychischen Prozesse, seine Persönlichkeitseigenarten und Entwicklungsphasen, seine Erlebens- und Verhaltensweisen und seine Potenziale nicht von Anfang an z. B. in der Schule unterrichtet werden?

In diesem Zusammenhang hat mich häufig auch berührt, dass offenbar nicht alle Menschen sich für die eigenen psychischen Vorgängen interessieren und das Leben leben, ohne ein Bewusstsein von der Vieldimensionalität ihrer Seele zu entwickeln. Andererseits: Im Verhältnis des ganzen evolutionären Prozesses gesehen, liegt das Auftauchen des sich selbst bewusst werdenden Menschen, des „Homo sapiens", erst einige Sekunden zurück und das Bewusstsein des Menschen scheint nicht einmal primär die Funktion gehabt zu haben, der Selbsterkenntnis zu dienen. Der Aufruf „Erkenne Dich selbst" ist noch ganz, ganz jung, und wir stehen erst am Anfang der menschlichen Bewusstseinsentwicklung.

Hinzukommt, dass die Begegnung mit sich selbst auch als bedrohlich erlebt werden kann. Menschen können fürchten, vor allem mit Seiten in Berührung zu kommen, die Angst-, Scham- und Schuldgefühle mit sich bringen und dass es außer diesen geheimgehaltenen schattenhaften Seiten nichts Bedeutungsvolles in einem selber gibt. So können sie auch nur schwer erfahren, dass Befreiung und Erlösung in der liebevollen Zuwendung zu sich selbst liegen kann und dass auf diesem Weg eine schöpferische Freiheit in uns entstehen kann.

Ich für mich habe es jedenfalls als befreiend erfahren können, dass unsere Seele vielleicht „das größte aller kosmischen Wunder" sein könnte und „so viele Rätsel wie die Welt mit ihren galaktischen Systemen" enthält, „vor deren erhabenem Anblick nur ein phantasieloser Geist sein Ungenügen sich nicht zugestehen kann" (C. G. Jung, GW 8, § 815). Mir bestätigten solche Sichtweisen, dass es sich lohnen könnte, auf die Suche nach dem Leben und der Welt zu gehen, die mir noch unbekannt waren und sind.

Die Zauberkraft der Fantasie

Schläft ein Lied in allen Dingen,
die da träumen fort und fort
und die Welt hebt an zu singen,
triffst Du nur das Zauberwort.
Wünschelrute, Joseph von Eichendorff

Bei den Romantikern – die so romantisch, wie wir das Wort umgangssprachlich verstehen, ja nicht sind – konnte ich mich mit meiner Suche gut aufgehoben finden. Was ist das für ein „Zauberwort"? Ich habe einige Antworten dazu versucht in den verschiedenen Phasen meines Lebens. Im Augenblick hat es für mich damit zu tun, das schöpferische Potenzial, das in so Vielem verborgen zu sein scheint, zu erahnen, ins Bewusstsein zu heben und zu gestalten. Dazu muss man nicht unbedingt ein Künstler, ein Dichter, Maler oder Musiker sein, das alles war und bin ich nicht. Aktives Wahrnehmen meiner äußeren und inneren Welt, Zugang zur Fantasie, Spielen und Gestalten reichen fast schon.

> Was aber hat es je Großes gegeben, das nicht zuvor Phantasie war? [...] Immerhin weiß man, daß noch jede gute Idee und jede Schöpfertat aus der Imagination hervorgegangen ist und ihren Anfang in dem nahm, was man als infantile Phantasie zu bezeichnen gewohnt ist. Es ist nicht nur der Künstler, der alles Größte in seinem Leben der Phantasie verdankt, sondern überhaupt jeder schöpferische Mensch. Das dynamische Prinzip der Phantasie ist das

Spielerische, das auch dem Kinde eignet, und als solches ebenfalls unvereinbar mit dem Prinzip ernster Arbeit erscheint. Aber ohne dieses Spiel mit Phantasien ist noch nie ein schöpferisches Werk geboren worden. Wir verdanken dem Imaginationsspiel unabsehbar viel. Es ist daher kurzsichtig, wenn die Phantasien ihres abenteuerlichen oder unannehmbaren Charakters wegen mit Geringschätzung behandelt werden. Es ist nicht zu vergessen, daß gerade in der Imagination eines Menschen sein Wertvollstes liegen *kann.* [...]

Um das Wertvolle, das in ihnen liegt, zu heben, bedarf es einer Entwicklung derselben.

(C. G. Jung, GW 6, § 86, 88)

Sagen lässt es sich auch mit den oft zitierten Worten Schillers: „Der Mensch spielt nur, wo er in voller Bedeutung des Wortes Mensch ist, und er ist nur da ganz Mensch, wo er spielt." (Schiller, 1795, S. 88) Kinder mit ihrer Neugier, ihrer Experimentierlust, mit ihrer Begeisterungsfähigkeit für Neues und Geheimnisvolles, mit ihrer Offenheit und ihrer Fähigkeit zum Staunen haben oft häufig einen direkten Zugang zu dieser basalen Fähigkeit, scheinen noch im Besitz des „Zauberwortes" zu sein. Aber auch für sehr „realistische", „rationale" und „vernünftige" Erwachsene kann und soll die Türe nach Innen wieder geöffnet werden. Das ist, was auch Schiller wohl so faszinierte: die Idee, dass der rationale, technisierte, zivilisierte Mensch immer wieder die Möglichkeit sucht und findet, nach neuen, selbstgewählten Vorstellungen sein Leben zu gestalten.

Die Welt der Fantasie liegt ja oft nur ganz knapp unter der Oberfläche unseres alltäglichen Verhaltens: in unserem „Mindwandering", wie es von Hirnforschern heute bezeichnet wird, unseren beiläufigen, halbbewussten Tagträumen, Einfällen, Ideen und Emotionen, unseren Körperreaktionen, die uns fortwährend bei allen möglichen Handlungen begleiten. Wir bräuchten etwas mehr Achtsamkeit und Sensibilität auf diese Vorgänge zu richten – so wie es schon Freud in der Methode der „freien Assoziation" empfahl –, die dadurch wahrgenommenen Impulse und die zugehörigen Amplifikationen aufzunehmen und bei unseren Entscheidungen mitberücksichtigen. Notwendig wären dazu noch eine symbolische Einstellung sowie eine Menge Humor, denn die Dinge, die uns so beiläufig durch den Kopf gehen, funktionieren nicht selten nach dem archaischen Lustprinzip mit seinen Größenfantasien und seinem magischen Wunschdenken.

Für das Wahrnehmen von an der Grenze unseres Bewusstseins ablaufenden Impulsen und deren Gestaltung und Entwicklung gibt es viele Möglichkeiten: das Erinnern und assoziative Aufschreiben unserer Nacht-Träume, das Wahrnehmen der Ideen und Empfindungen beim Aufwachen, das Imaginieren, Spielen, Zeichnen, Malen, Tanzen unserer Lieblingsfantasien und Symbole, überhaupt jede Form spielerisch-kreativen Ausdrucks, schließlich auch das Sich-Austauschen mit einem vertrauenswürdigen Menschen, der unsere Träume und Fanasien über das, was uns tiefer bewegt, wonach wir uns sehnen, aufnehmen und vertiefen kann. Das, was man dabei entdeckt, kann je nach Notwendigkeit unterschiedlich gehandhabt werden. Wichtig erscheint mir, dass so etwas wie ein fortwährender lebendiger Dialog zwischen unseren bewussten Reflektionsmöglichkeiten und unseren vor- und unbewussten Tendenzen geschieht. Dadurch gewinnt man zunehmend Vertrauen zur Ganzheit unserer Seele, so dass das Leben dann nicht mehr fordernd-angestrengt oder manchmal auch bedrohlich-feindlich erscheint, sondern als hilfreicher, tragender, fließender Strom seelischer Dynamik, so wie es in Rilkes Gedicht *Der Schwan* seinen Ausdruck findet.

Diese Mühsal, durch noch Ungetanes
schwer und wie gebunden hinzugehn,
gleicht dem ungeschaffnen Gang des Schwanes.

Und das Sterben, dieses Nichtmehrfassen
jenes Grunds, auf dem wir täglich stehn,
seinem ängstlichen Sich-Niederlassen:

in die Wasser, die ihn sanft empfangen
und die sich, wie glücklich und vergangen,
unter ihm zurückziehen, Flut um Flut;
während er unendlich still und sicher
immer mündiger und königlicher
und gelassener zu ziehn geruht.

Ohne die tragende Basis zu meinen seelischen Vorgängen komme ich mir tatsächlich schwer, gebunden, unsicher vor, als sei das nur rational und bewusst gesteuerte Leben nicht mein wirkliches Element. Erst durch die lebendige Beziehung zu den „Wassern" der Seele finde ich meinen wahren Ort im Leben und kann immer mündiger und gelassener (das königliche will mir persönlich nicht so recht gelingen) meinen Weg auch auf dem festen Boden gehen.

So habe ich nun alles zusammen, was ich als Quintessenz und als Antwort auf die Frage nach dem Sinn betrachten möchte.

- Schaue Dich um nach Lebensbedingungen und Einstellungen, die Dir ein gesundes Wachsen und Entfalten Deiner Persönlichkeitseigenschaften, Interessen und Fähigkeiten ermöglichen.

- Gehe mit Deiner Um- und Mitwelt gut um, behindere deren Entwicklung nicht, schade ihnen nicht und setze Dich aktiv für sie ein.

- Versuche, Dir selbst treu zu sein: Halte ab und zu inne und frage, wie Du wirklich leben willst, und ob Du gerade da, wo Du bist, etwas davon verwirklichen kannst.

- Bleibe in Kontakt mit den „Tiefen" Deiner Seele, dem „Unbewussten", der „inneren Stimme", der Ganzheit des SELBST.

- Erlaube Dir, zu fantasieren, zu assoziieren, zu amplifizieren, zu imaginieren, zu spielen. Freue Dich an diesen Quellen, gestalte, entwickle und kultiviere sie engagiert.

- Verwechsele nicht die Welten der äußeren Realität und der inneren Realität. Lerne sie gut zu unterscheiden, damit sie sich gegenseitig bereichern und fördern können.

Lutz Müller, Prof. Dr. phil., Jahrgang 1949, Stuttgart.
Dipl.-Psych., Analytischer Psychotherapeut, Professur an der
IB-Hochschule, ehem. Vorsitzender der Deutschen Gesellschaft für
Analytische Psychologie, Mitherausgeber des Jung-Journals.
Homepage: opus-magnum.com >Autoren

Veröffentlichungen u. a.:
Müller, A., Müller, L. (Hrsg.). (2018). *Praxis der Analytischen Psychologie: ein
    Lehrbuch für eine integrative Psychotherapie* Stuttgart: Kohlhammer.
Müller, L., Müller, A. (Hrsg.). (2008). *Wörterbuch der Analytischen Psychologie.*
    Düsseldorf: Patmos.
Müller, L. (2001/2015). *Lebe dein Bestes: Individuation und Lebenskunst.*
    Düsseldorf Zürich: Walter. Erweiterte Neuausgabe: Stuttgart, opus
    magnum.

Lutz Müller

Im Überschwang des Seins

Laterne, Laterne,
Sonne, Mond und Sterne.
Bleibe hell, mein Licht,
Bleibe hell, mein Licht,
denn sonst strahlt meine liebe Laterne nicht!
Kinderlied

Wenn ich mich hinsetze, nach Innen fühle und mir die Frage stelle: „Wozu lohnt es sich zu leben?" brauche ich nicht lange zu warten. Sofort ist das Bild da, das ich eines Tages als elementares, ganz einfaches Symbolbild entdeckte: Die blaue Erde, angestrahlt von der Sonne vor der unendlichen Weite und Tiefe des Universums. Darin scheinen für mich alle Fragen und Antworten enthalten, und bis heute kann mich dieses Bild überwältigen, sprachlos und ratlos machen, wenn es mir gelingt, mich wirklich und in aller Konsequenz auf es einzulassen.

Die Vorläufer zu diesem einfachen Bild reichen zurück bis in die dunklen Sternen-Nächte auf dem Lande, wo wir mit anderen Kindern und unseren Müttern mit unseren Laternen, die aussahen wie Sonne und Mond, durch die Straßen zogen, froh und glücklich obiges Lied sangen.

Später sah ich dann in meiner Kindheit im Vorspann mancher Filme die Erde, eingebettet in pompöser Musik, und ich hatte den Eindruck, jetzt gleich an einem ganz besonders bedeutungsvollen Ereignis teilzunehmen. Dieses Bild von der Erde war wohl auch damals schon von den Filmemachern als das numinose Bild der modernen Zeit erahnt worden. Und es begleitete mich überall in den aufkommenden neuen Medien, beispielsweise in den Science-Fiction-Filmen, die ich bis heute sehr gerne sehe – wie überhaupt das Unbekannte, Geheimnisvolle, Magische und Fantastische mich immer schon stark faszinierten und meinen Lebensweg bestimmten.

Wir Menschen befinden uns hier aus irgendeinem Grund auf dieser Erde, mittendrin in einem unendlichen Universum und können erkennen und sehen, dass wir jetzt und hier existieren. Diese drei Dinge: das unfassbare Universum, in dem wir leben, unser Dasein hier auf dieser Erde und unser Bewusstsein, das dies erkennen kann: „Wir alle und auch ich sind jetzt hier!" – das sind für mich bis heute die größten realen Wunder, die ich mir denken kann.

Inzwischen ist mir dieses Bild von der Erde aber emotional schon so aufgeladen, dass ich es mir kaum mehr vorstellen mag: Es überwältigt mich, macht mich sprachlos und ratlos. Nicht-Fassen-Können, Staunen, Lachen, Kopfschütteln, Schulterzucken, Absolut-keine-Ahnung-Habend, Geradezu-verrückt-Werden: das sind die begleitenden Gefühle. R. M. Rilke findet dazu den wunderbaren Ausdruck „schwankende, gewaltige Genüge":

... Natur ist göttlich voll; wer kann sie leisten,
wenn ihn ein Gott nicht so natürlich macht.
Denn wer sie innen, wie sie drängt, empfände,
verhielte sich, erfüllt in seine Hände.
Verhielte sich wie Übermaß und Menge
und hoffte nicht noch Neues zu empfangen,
verhielte sich wie Übermaß und Menge
und meinte nicht, es sei ihm was entgangen,
verhielte sich wie Übermaß und Menge
mit maßlos übertroffenem Verlangen
und staunte nur noch, dass er dies ertrüge:
die schwankende, gewaltige Genüge.
Rilke, Winterliche Stanzen

Dankbarkeit

Neben diesen Gefühlen des Unfassbaren, Überwältigenden taucht zum Glück manchmal ein weiteres Gefühl auf: Dankbarkeit. Was für ein Glück ich bisher hatte! Wie unwahrscheinlich ist doch, dass es das alles überhaupt gibt! Wie ganz und gar unwahrscheinlich ist es, dass es diese niemals unterbrochene Kette von galaktischen Ereignissen in diesem Universum gab, von der Ur-Schöpfung, dem Geborenwerden und Verlöschen von Sternen bis zu den Formationen auf der Erde, den unendlichen Generationen von Atom- und Molekülverbindungen und Lebensformen, die uns nach Milliarden von Jahren hervorbrachte. So viele – selbst minimalste – Ereignisse hätten eintreten können, und wir – oder ich – würden nicht existieren. Und was für ein wundersames Geschenk, dass es gerade uns getroffen hat!

Und dann die vielen weiteren Geschenke: Hineingeboren worden zu sein in geradezu paradiesische Zustände, in eine Zeit, Gesellschaft und Kultur, die friedlich war und jedem, der wollte, die ganze Weite und Freiheit des Fühlens und Denkens und der Selbst-Verwirklichung ermöglichte.

Eltern, Geschwister, Verwandte, Partner und Freunde gehabt zu haben, die Geborgenheit und Sicherheit vermittelten, die gut und freundlich mit mir umgingen, viel Freiraum schenkten und zu freiem Denken ermutigten.

Keinen Mangel an Wasser, Nahrung, Wärme und Schutz erlitten zu haben, relativ gesund geblieben und alt geworden zu sein, das Wissen und die Weisheit, die Kunst und Musik aller Kulturen und Zeiten zugänglich zu haben und nacherleben zu dürfen! Und all dies von früheren Generationen durch ihr Leben und Leiden geschenkt – jeder kleinste Gegenstand, jedes kleinste alltägliche Ereignis, jedes Wort, jeder Satz, weil andere Menschen vorangegangen sind und es uns ermöglichten, dies jetzt zu erleben, zu fühlen und zu erfassen.

Wodurch habe ich das verdient? Durch absolut nichts. Alles geschenkt, ohne dass ich etwas dazu getan hätte! Die kleinste Zelle in meinem Körper, die wundersamen Organe, die in Stille und Weisheit ihren Dienst tun, das Gehirn, das Bewusstsein, die Gefühle, Gedanken, Sehnsüchte und Fantasien, dieser endlose Strom fortwährender körperlicher und seelischer Vorgänge: Nichts davon mache „ich" selber, alles geschieht einfach, alles wird von meinem Körper und meiner Seele, von denen mir das allermeiste unbekannt ist, hervorgebracht. Wieder nur bleiben: Staunen, Dankbarkeit.

Wenn ich mich dann frage, was ich jetzt mit all dem anfangen soll, steigt zunächst ein weiteres Gefühl auf: Hilflosigkeit, Überforderung. Weder weiß ich, was ich dazu sagen soll, noch wüsste ich, was ich darauf antworten kann. Alles ist viel zu geheimnisvoll und groß. Ich verstehe gut diese Lob- und Preises-Hymnen, die von religiösen Menschen an Gott und die Schöpfung gerichtet wurden, sie scheinen mir keineswegs übertrieben oder falsch. Nur gibt es für mich heute ein stimmigeres „Objekt", einen passenderen Namen für diese Verehrung: die Erde, die Sonne, die Sterne, das Universum, die Evolution, das Leben, das Sein, das schöpferische absolute Mysterium, aus dem wir gekommen sind und von dem wir ein sich entfaltender Teil sind.

Es stört mich aber auch nicht, wenn andere Menschen dieses unfassbare Wunder als Gott, Göttin, Gottheit oder das Göttliche bezeichnen. Diese Namen sind auch nur Worte und Symbole, „nur Anspielungen, sie deuten auf etwas hin, sie stammeln, und oft gehen sie in die Irre. Sie versuchen nur, in eine bestimmte Richtung zu weisen, nämlich zu jenen dunklen Horizonten, hinter denen das Geheimnis des Seins verborgen ist" (C. G. Jung, 1973, S. 15 f.).

Naturwissenschaftlicher Gottesdienst

Die Fortschritte der Wissenschaft haben uns ein Bild vor Augen geführt, das mir erstaunlicher, größer und erhabener erscheint, als alles, was ich mir zuvor von der Schöpfung hätte vorstellen können. Wir brauchen eigentlich keine mythischen Bilder zu bemühen oder mystische Erfahrungen zu suchen – auch wenn sie sicher hilfreich sein können und es wohl besser ist, wenigstens solche zur Verehrung und Dankbarkeit zu haben, als gar keine. Aber wir könnten das Wunder heute doch fast unmittelbar direkt sehen, spüren und fühlen! Das war in dieser Weise früheren Generationen gar nicht so direkt möglich. Ich muss an einen dem Physiker Werner Heisenberg zugeschriebenen Satz denken: „Der erste Trunk aus dem Becher der Naturwissenschaft macht atheistisch, aber auf dem Grunde des Bechers wartet Gott."

Das neue Welt- und auch Gottesbild drängt sich uns doch geradezu von allen Seiten her durch die Astronomie, die Wissenschaften, die Philosophie und die Psychologie auf: Wir sind Kinder des Universums, wir sind kosmische Wesen! In uns finden sich noch die Energien des Uranfangs. Jeder von uns ist Teil dieses Schöpfungsprozesses und in jedem von uns versucht sich die Schöpfung neu zu gestalten. Und jeder einzelne Organismus und jedes Gehirn ist ein überaus kostbares Wunder, in dem sich das schöpferische Mysterium offenbart und uns zu unserer Gestaltung in die Wiege gelegt wird. Ist das, was wir heute wissen und erfahren können, nicht größer, tiefer und klarer als alles, was die Visionen der alten Propheten, der Mystiker und Künstler uns jemals offenbaren konnten? Der amerikanische Astrophysiker und Schriftsteller Carl Sagan (1998, S. 67 f.) fragt:

> Wie kommt es, dass kaum eine der großen Weltreligionen jemals die wissenschaftlichen Erkenntnisse betrachtete und dann daraus folgerte: „Das ist besser, als wir dachten! Das Universum ist viel größer, als unsere Propheten sagten, viel gewaltiger, subtiler und eleganter. Gott muss größer sein, als wir uns träumen ließen?" Stattdessen sagen sie: „Nein, nein, nein! Mein Gott ist ein kleiner Gott, und ich will, dass er klein bleibt." Eine Religion, die die Größe des Universums im Sinne der modernen Wissenschaft betont, könnte

wahrscheinlich auf wesentlich mehr Ehrfurcht und Ehrerbietung hoffen als die herkömmlichen Glaubensrichtungen.

Hier noch zwei meiner Lieblingszitate von C. G. Jung:

> [...] der Mensch ist unerläßlich zur Vollendung der Schöpfung, ja er ist der zweite Weltschöpfer selber, welcher der Welt erst das objektive Sein gibt, ohne das sie ungehört, ungesehen, lautlos fressend, gebärend, sterbend, köpfenickend durch Hunderte von Jahrmillionen in der tiefsten Nacht des Nicht-Seins zu einem unbestimmten Ende hin ablaufen würde. Menschliches Bewußtsein erst hat objektives Sein und den Sinn geschaffen, und dadurch hat der Mensch seine im großen Seinsprozess unerläßliche Stellung gefunden.
> (Jung/Jaffé, 1962, S. 259).

> Das ist der Sinn des «Gottesdienstes», d. h. des Dienstes, den der Mensch Gott leisten kann, daß Licht aus der Finsternis entstehe, daß der Schöpfer Seiner Schöpfung und der Mensch seiner selbst bewußt werde. Das ist das Ziel oder ein Ziel, das den Menschen sinnvoll der Schöpfung einordnet und damit auch dieser Sinn verleiht.
> (Jung/Jaffé, 1962, S. 341)

Im menschlichen Organismus und Bewusstsein spiegelt sich – zumindest ein Teil oder ein Aspekt – des Universums. Bei aller Zufälligkeit, Begrenztheit, relativen Sinnlosigkeit und Absurdität der Existenz, die man empfinden kann, scheint mir dieser Gedanke doch auch sehr tröstlich und kann unserem Leben eine gewisse übergeordnete Bedeutung geben. Auch wenn wir letzlich nicht wissen können, was das alles ist und bedeutet und worauf es letzlich hinausläuft, so könnte es vielleicht doch so sein, dass unser Bemühen, die Evolution zu immer höherer Bewusstheit hin zu fördern, letzlich zu etwas Gutem und Sinnvollem führt. Und hätten wir damit nicht unsere Aufgabe und unseren Sinn im „großen Seinsprozess" gefunden?

Die Schöpfung und das Leben feiern in uns ständig in stiller Ekstase das Mysterium des Daseins. Sie feiern in uns ihre eigene Offenbarung. Wenn wir das wirklich begreifen, was gibt es dann noch Wichtigeres zu tun, als voller Dankbarkeit mitzufeiern? Dann könnte uns auch unsere Lebensbestimmung deutlich werden, nämlich, mit dazu beizutragen, dass die Schöpfung in und durch uns das verwirklichen kann, was ihr innerster Drang, unsere tiefste Sehnsucht ist: Die Fülle des Lebens in Freiheit auszudrücken, zu einem immer klareren Bewusstsein des Daseins zu gelangen, sich in Liebe mit allem, was existiert, verbunden zu fühlen und das Staunen über dieses Wunder der Existenz mit allen zu teilen.

Und das geht nur, wenn wir uns selbst liebevoll annehmen, uns von allem befreien, was uns innerlich eng macht, uns von Glaubensdogmen, Vollkommenheitsidealen, Gedanken- und Gefühlszwängen, starren Regeln und Vorschriften lösen und uns erlauben, selber zu schauen, zu fühlen und zu denken und die zu sein, die wir von unserem wahren Wesen her sind.

Wenn wir unsere Dummheit, Kleinlichkeit und Kleinkariertheit, mit der wir dauernd vermeintlich alles besser wissen, an uns und anderen herumkritisieren, einfach über Bord werfen könnten, könnten wir das Wunder, das wir und alle anderen schon immer sind, bestaunen. Wenn uns das gelänge, könnte es uns so gehen, wie dem christlichen Mystiker Ramon Llull (1985, S. 68 f.), der seiner Freude über die einfache Erfahrung, dass wir existieren oder, wie er es nannte, „im Sein sind" mit folgenden Worten Ausdruck verlieh:

Mein Herr und Gott!
Sei gelobt und gepriesen,
denn große Freude wird dem Menschen,
weil er sich im Sein erkennt und nicht des Seins beraubt!
Ja, wir dürfen uns freuen, denn unsere fünf Sinne versichern uns,
dass wir im Sein sind.
Wir haben Augen, die sehen, Ohren, die hören,
eine Nase, die Gerüche wahrnimmt,
einen Mund, der sich des Geschmackes freut und eine Haut, die fühlt.
Wenn die Menschen mit Freude und Gefallen
die belaubten Bäume voller Blüten und Früchte betrachten,
wenn ihr Blick über Ufer und Wiesen schweift:
wie viel größer muss dann erst die Freude sein,
wenn sie erkennen, dass sie im Sein sind!
Denn wie sehr muss, wen schon äußere Schönheit erfreut,
die Schönheit im Innern beglücken!

Ach du mein Gott der Herrlichkeit und Wunder!
Wenn jemand träumte, er sei tot, und erwacht und findet sich am Leben – wie groß
ist seine Freude!
So geht es uns, Herr, die wir glücklich sind, weil wir uns seiend sehen.
Darum, so wie ein Trunkener kaum noch bei Sinnen ist, wenn ihn die Kraft des
Weins ergreift, bin ich ganz außer mir, kaum noch bei Sinnen im Überschwang des
Seins!

Zu dieser Einsicht, die uns Ramon Llull nahelegt, bräuchte es keine besondere Methode. Fast im Gegenteil: Jede Methode, jede Technik, jedes Ritual gibt uns möglicherweise das Gefühl, „es" noch nicht zu kennen oder zu haben, noch entfernt zu sein, und es durch irgendetwas erst erreichen zu müssen. Aber wir können es doch eigentlich nicht „erreichen", weil wir es doch mit jeder Faser unseres Seins bereits sind. Wir haben doch schon jetzt alle Fähigkeiten, die wir benötigen, um uns des Wunders gewahr zu werden.

Wir bräuchten nur unsere merkwürdige Unbewusstheit, unsere heimliche Abwertung des Daseins, mit der wir uns sagen „Das ist doch nichts Besonderes! Das ist doch nur ganz banal, alltäglich und gewöhnlich!" aufzugeben, innezuhalten und uns zu sagen: „Dies hier ist es! Dies ist das wahre Leben! Dies, was sich jetzt hier ereignet, in mir und in Dir, ist bereits das größte Wunder, das es für mich je geben kann!" Und wir brauchen vielleicht nur noch andere Menschen, die uns daran erinnern, und die wir daran erinnern. Dann könnte das Leben zu dem Fest werden, das es „eigentlich" schon immer ist. Aber ich weiß ja: Durch den alltäglichen Gewöhnungsprozess, die alles betäubende Reizüberflutung, können wir „es" nur noch in wenigen Momenten spüren: vielleicht erst wieder nach einer schweren Krankheit, in der Nähe des Todes, bei einer Geburt, im Zustand des Verliebtseins oder in der Begegnung mit einem Kunstwerk.

Vielleicht bräuchten wir eine Methode, die uns hilft, uns emotional immer wieder an unseren Ausnahme-Zustand zu erinnern, daran, dass wir uns im „Sein" befinden? Oder bräuchten wir vielleicht eine neue Form des Lebens- und Liebes- und Schöpfungs-Dienstes? Doch wie könnte sie aussehen? Wie könnte die Freude am Dasein, die Dankbarkeit, das Spielerische und Kreative, die Hoffnung auf eine gute und lebenswerte Welt, die Lebens- und Liebeslust wieder in unsere „heiligen" Orte einkehren, und wie könnten wir sie dort immer wieder, erleben, erneuern und vertiefen? Eine Antwort auf diese Fragen zu finden, fände ich für uns Heutige ganz wesentlich.

Freiheit des Fühlens, Denkens, Fantasierens und Schöpferischseins

Bei allem, was ich von den vielen bedeutenden Menschen der Geschichte und der Gegenwart, den Religionen, der Kunst, der Philosophie, der Psychologie, der Wissenschaften lernen durfte, stieß ich bei vielen doch immer wieder auf eine mir leidvoll und unnötig erscheinende Begrenzung: eine Gebundenheit an eine religiöse Haltung oder Tradition, einen philosophischen Denkgegenstand, eine „Lehre", eine wissenschaftliche Theorie oder Methodik. Sind denn nicht alle Phänomene und Aspekte des Lebens überaus erstaunlich und bewundernswert, und sind wir nicht noch unendlich weit weg sind von irgendeiner letzten „Wahrheit"?

Ein Blick in die Weite und Tiefe des Universums würde doch reichen. Im Verhältnis der Dauer der Evolution auf dieser Erde ist unser Erscheinen als Menschen und unser allmähliches Erwachen zur bewussten Existenz gerade eben erst geschehen. Und doch hat sich schon so viel ereignet. Was allein hat sich schon in unserer Lebenszeit getan? Wie wird unser Bewusstsein in tausend oder hunderttausend oder Millionen weiteren Jahren aussehen?

Religion, Kunst, Philosophie, Psychologie, Naturwissenschaft, „Realismus" versus Fantasie: Warum das eine gegen das andere ausspielen, warum sie nicht als unterschiedliche Möglichkeiten und Perspektiven sehen, in denen sich das Ganze des Lebens und des Psychischen uns offenbart und in allen diesen Bereichen nach immer besseren Ausdrucksformen und Symbolen sucht?

Dass wir dabei immer auch nach dem Höchsten, Besten und Letzten, dem „Wahren, Guten und Schönen" streben, das erscheint mir als der schöpferische Drang der Evolution, zur bestmöglichen Entfaltung von dem, was sich da entfalten will, zu kommen. Aber warum müssen wir uns unter den unnötigen Druck setzen, dieses Höchste und Beste auch schon gefunden zu haben, es zu wissen, es besser und richtiger zu wissen, als andere Menschen oder gar als das Leben selbst, das alle diese Phänomene hervorgebracht hat? Sind wir nicht alle „gefangen" in unseren sehr individuellen, sehr zeitbedingten, menschlich-allzumenschlichen Konzeptionen und Konstruktionen?

Warum fällt es uns so schwer, zuzugeben, dass wir „es" nicht oder nur sehr wenig wissen? Dass wir das alles erleben dürfen und mittendrin darin sind – ist nicht allein dies schon mehr als übergenug?

Und was für eine Befreiung, wenn wir uns unser ständiges Fragen und Suchen, unsere Irrungen und Wirrungen, unser Nicht-Wissen zugestehen können und dass wir uns alle in einem schöpferischen, nach oben hin offenen Prozess befinden! Ist nicht das Schöpferische der Inbegriff des Lebens und des „Göttlichen"? Wie wäre es, wenn wir uns vor allem mit dem Liebevoll-Schöpferischen identifizieren würden, mit der fortwährend sich ändernden, neu- und umgestaltenden Lebensenergie, die, – so wieder Rilke, wie die Flamme, nichts mehr liebt als den sich wendenden Punkt?

Wolle die Wandlung.
O sei für die Flamme begeistert,
drin sich ein Ding dir entzieht,
das mit Verwandlungen prunkt;
jener entwerfende Geist,
welcher das Irdische meistert,
liebt in dem Schwung der Figur
nichts wie den wendenden Punkt.
Rilke, Die Sonette an Orpheus, Zweiter Teil

So mischen sich bei mir unentwirrbar Begeisterung und Leidenschaft, für eine Weile an diesem unfassbar großen Leben teilhaben zu dürfen und das Eingeständnis meines Ungenügens, Nicht-Wissens und Nicht-Könnens, dieses große Ganze in irgendeiner Weise fassen und ihm gerecht werden zu können. Dieses Eingeständnis ist mir nicht nur schmerzlich, es gibt mir auch eine gewisse Gelassenheit und Freiheit, die ich heute mit wenig anderem mehr eintauschen möchte. Das, was bereits jetzt da und zugänglich ist, ohne dass ich irgendetwas darüber hinaus sein, wissen oder können müsste, ist dermaßen viel – eine „schwankende, gewaltige Genüge" – dass ich gerne dankend auf jedes weitere besondere Sein-Sollen und Sein-Müssen verzichte. Es reicht mir, dabei sein und mitmachen zu dürfen und in irgendeiner mir möglichen Weise meiner Freude und Dankbarkeit darüber Ausdruck zu verleihen.

Natürlich weiß ich, dass mir diese einfache Einsicht: „Ich bin ganz einfach da und das ist das größte Ereignis, das ich je erlebt habe!" früher nicht gereicht hätte. Mein Lebensdrang, meine Neugierde auf das Leben, meine Größenfantasien und mein drängender Ehrgeiz hätten das nicht zugelassen. Deswegen glaube ich, nützt es wenig, wenn man dieses „Dieses Leben hier ist es, das Du suchst" einem anderen Menschen als Erkenntnis-Wunsch mit auf den Lebensweg gibt. Jeder muss wohl von Neuem seine eigenen Erfahrungen machen, durch Freude und Leid, Erfolge und Niederlagen reifen, bis er das Geschenk und die Gnade des Daseins wirklich erfassen kann. Aber sagen, irgendwie immer wieder darauf hinweisen: Das könnte ich trotzdem, auch wenn es anderen Menschen allzu einfach, trivial und banal klingen mag.

Licht, Leben, Liebe, Freiheit, Freude

Wenn mich also jemand fragen würde, wozu es sich lohnt zu leben, würde ich es wohl etwa so versuchen, wie es auch schon in den Menschen- und Grundrechten der fortschrittlichen, humanen Gemeinschaften und Völkern formuliert ist.

- Werde Dir dankbar des unfassbaren Ereignisses und Glücks bewusst, dass Du und die anderen Menschen, Lebewesen und Naturvorgänge überhaupt existieren und freue Dich über dieses unwahrscheinliche Vorrecht.

- Werde Dir dankbar bewusst, dass Du ein Teil des Universums bist.

- Vermeide, Dir, den Lebewesen und der Erde zu schaden.

- Lerne alles über Deinen Körper und Deine Seele, über ihre fantastischen Fähigkeiten und Funktionen, übe sie, gehe gut mit ihnen um und freue Dich an ihnen.

- Freue Dich insbesondere auch daran, dass Du mit Deinen Sinnen wahrnehmen kannst, dass Du Fühlen, Denken, Fantasieren kannst und dass Du ein Bewusstsein hast, mit dem Du das alles erkennen kannst. Lass Deine Gedanken, Gefühle und Fantasien ganz frei werden, lass Dir von niemandem mehr vorschreiben, was Du zu denken oder zu fühlen hast.

- Mache Dir bewusst, dass jeder Mensch einzigartig ist, jeder in seiner eigenen inneren Welt lebt und auch nicht viel anders sein kann, als er ist.

- Werde Dir auch Deiner Einseitigkeiten, Begrenzungen und Deines Nicht-Wissens bewusst, vermeide Besserwisserei und Rechthaberei.

- Werde Dir Deiner Schwächen und Schattenseiten bewusst und vermeide, sie auf Deine Mit- und Umwelt zu projizieren.

- Übernimm Verantwortung für Dich, Dein Leben und Deine Handlungen.

- Werde und sei Du selbst: Entwickle Deine individuelle Eigenart, Deine Fähigkeiten und Begabungen, gib dem Besten von Dir Ausdruck und fördere damit die Evolution auf Deine Dir mögliche Weise.

- Arbeite auf Deine Weise mit an dem großen Werk der Evolution.

Monika Rafalski, Jahrgang 1943, Rosengarten.
Dipl.-Psych., Analytische Psychotherapeutin in eigener Praxis,
Dozentin, Supervisorin, Lehranalytikerin am C. G. Jung-Institut
Stuttgart.

Veröffentlichungen u. a.:
Rafalski, M. (2018). *Empfinden, Intuieren, Fühlen und Denken: Die vier psychischen Grundfunktionen in Psychotherapie und Individuation.* Stuttgart: Kohlhammer Verlag.

Rafalski, M. (2011). *Die Haut – Metapher des Lebens im Spannungsfeld zwischen Innen und Außen, Schutz und Blöße.* In: Analytische Psychologie, 166. S. 472-498.

Rafalski, M. (2009) *Körper und Spiritualität.* In: Analytische Psychologie, 158, S. 482-492

Monika Rafalski

In Resonanz mit dem Mysterium des Lebens oder: Was hat Frau Holle mit Fridays-for-Future zu tun?

Nun bin ich hier,
was könnte ich anderes tun als lieben?
Rumi

Ohne Worte – die Süße im Herzen

Die Frage, wozu es sich lohnt zu leben, führte mich über Klippen und spitze Steine, was mir Jungs Formulierung im Roten Buch (2009, S. 266) in Erinnerung rief: „Wir stehen auf den spitzen Steinen von Elend und Tod."

Längere Zeit fiel es mir schwer, mich mit der Frage anzufreunden, wozu es sich zu leben lohne. Ich hatte sie mit „Trost"-Ratgebern vermischt, die aufzählen, welche Genüsse usw. das Leben doch biete. Ich fand eine beachtliche Anzahl davon, mir eher befremdlich, wie etwa: „Nun kann man wohl ... feststellen, dass wir diese Art von Genüssen, in denen etwas Ungutes zur Quelle triumphaler Lust wird, nicht nur längst kennen, sondern dass sie für uns sogar die Gesamtheit dessen bilden, wofür es sich überhaupt zu leben lohnt" (Pfaller, 2012, S. 17).

Die Tatsache, dass ich in dieses Leben geboren bin, „wie Wasser von Klippe zu Klippe geworfen" (Hölderin, Hyperions Schicksalslied), ließ mir die Frage nach dem Lohn(en) müßig erscheinen – wesentlich hingegen, wie mit diesem Leben zurecht zu kommen sei.

Lange kam es mir wie Surfen auf dem Wasser des Lebens vor, ich war bemüht, das Gleichgewicht zu bewahren, bis mich die nächste Welle erwischte – wieder aufstehen und Fahrt aufnehmen zu können, schien mir Lohn genug.

Untergründig ließ mich die gestellte Frage jedoch nicht los und verhalf mir zur Einsicht, dass es zu einem „sich lohnenden Leben" gehören könnte, sich mit ihr zu befassen. Allmählich gesellte sich Dankbarkeit dazu, mit dieser Frage konfrontiert zu sein. Doch ich hatte keine Worte für die Ahnungen und Gefühle, die auftauchten, und für das, was sie mir bedeuten: Die „Süße im Herzen", die den Weg zeigt, wie die Sufi-Mystiker wissen (vgl. Schimmel, 1987, S. 123, Anm. 67) – sie liegt jenseits von

Worten. Oder die Musik von Mozart, deren Töne mir unsagbare Gefühle vom Wesen des Lebens vermitteln – ein Kind konnte es ausdrücken: „Die Musik sagt: Das Leben ist schön – und ist auch schwer!"

Fridays-for-Future: Tun, was ansteht

Und wieder waren es Kinder, die mir weiter halfen: Als ich zufällig in eine Kundgebung der „Fridays-for-Future"-Bewegung geriet, passierte etwas in meinem Herzen, als ich die zarten, verletzlichen Gestalten sah mit ihren selbst gebastelten Plakaten „Wir wollen die Welt retten!", mit dem großen Gummiball, auf den sie die bedrohte Erde gemalt hatten.

Da war sie, die „Süße im Herzen": in diesem Augenblick des Kairos, Gott des rechten Augenblicks, vermittelt durch Tyche, Göttin der Fügung des Zufalls, kam plötzlich eine Erleuchtung zum „lohnenden Leben" über mich – Sich öffnen für das, was ansteht!

Offenbar war der Spiegel meines Herzens soweit poliert, dass ich wahrnehmen konnte, wie sich hier Frau Holle's Botschaft konkretisiert: Die Kinder sind am „Ball der Zeit", sie handeln und fordern uns auf, uns unserer Verantwortung bewusst zu werden.

Auf diesen Moment hatte etwas in mir schon lange gewartet, meine Trauer und Hilflosigkeit angesichts des Wissens, dass unsere an Gier, Technik und Konsum orientierte Lebenshaltung das Leben selbst, die Natur verletzt – begleitet von dem quälenden Bewusstsein, dass ich selbst teilnehme an diesem lebensfeindlichen Lebensstil, der zur akuten Gefahr für die Zukunft unserer Kinder geworden ist. Sie betrifft sowohl die heute lebenden und kommenden Kinder, wie auch das archetypisch Kindliche in uns allen, das Prinzip zukünftigen Lebens schlechthin als das Schöpferische, das der Verbindung von Individuellem und Selbst entspringt. Dieses ewige Kind ist, so Jung (GW 17, § 286) [...] ein immer noch Werdendes, nie Fertiges, das beständiger Pflege, Aufmerksamkeit und Erziehung bedürfte. Das ist der Teil der menschlichen Persönlichkeit, der sich zur Ganzheit entwickeln möchte."

Und es betrifft das Schöpferisch-Zukünftige der Natur selbst, unabhängig von interessengeleiteten Eingriffen des Menschen und im Kontrast zu verantwortungslosen Gen-Manipulationen.

Frau Holle – Unterwelts- und Himmelsgöttin

Das Märchen *Frau Holle* (KHM 24) war mir ebenfalls zum Thema in den Sinn gekommen, doch erst jetzt wird mir bewusst, wie beides zusammenpasst: Nicht nur, dass der Wochentag, den die Kinder für ihre Aktionen wählten und damit hervorheben, als einziger nach einer Göttin benannt ist, nach Freyja. Im altbabylonischen, später im römischen Reich war jeder Wochentag einer Gottheit zugeordnet. Der Freitag war der Tag der Venus, von den Südgermanen mit „Frija" übersetzt. Frau Holle (Holda/Hulda) und Freyja/Frija haben gemeinsame Züge als Bilder der matriarchalen Dreifaltigen Göttin.

Frau Holle ist als ihrer Schöpfung huldreich zugeneigte Himmelskönigin zuständig für das Gedeihen auf der Erde, für Wetter und Jahreszeiten, wie auch als Unterweltsgöttin (altnord. „Hel") für Verwesung, Tod und Wiedergeburt. Sie repräsentiert das „mütterliche Weltgesetz, das alles Fruchtbare fördert und alles andere vernichtet" (Schliephacke, 1979, S. 32). Sie schützt die ungeborenen Kinder (auch das Kindliche in uns), hütet die Schätze des Erdinneren und lehrt als Schicksalsgöttin Spinnen und Weben, d. h. die Gestaltung des eigenen Schicksals. Im Zuge der Christianisierung wurden die lichten Seiten der Hulda auf Maria übertragen, während ihre dunklen Seiten als Göttin des Todes in den Bereich der Hölle transformiert wurden. In Volksbräuchen blieb ihre ursprüngliche Bedeutung teilweise erhalten, so heißt es, in den Rauhnächten segne sie die Erde, damit sie Frucht trage im neuen Jahr (vgl. Ruland, 2009/2014, S. 31).

Auch wenn ich als Kind ob des gerechten Ausgangs mit dem Märchen zufrieden war, hatte mich dauerhaft die Frage irritiert: Wie kann es sein, dass man in einen wassergefüllten Brunnen fällt und nicht zu Tode kommt, sondern in eine neuen Welt, in der man auf grünen Wiesen laufen kann und Begegnungen hat? Es war etwas Mysteriöses, was ich mir nicht vorstellen konnte. Erst die Begegnung mit der Analytischen Psychologie ließ mich diese Wendung als not-wendenden „Fall" in die eigene Innenwelt verstehen. Der Tiefsinn dieses scheinbar so schlichten Märchens offenbart sich heute angesichts der akuten Bedrohung allen Lebens nachdrücklich.

Seine Botschaft begegnete mir zum ersten Mal vor Jahren aus dem Mund einer Nachbarin, die auf meine Frage nach ihrem Ergehen knapp schwäbisch antwortete: „ha mer dued halt!" (man tut halt). Hintergrund war das tragische Schicksal, dass ihr Sohn, Hoffnungsträger der Familie, bei seiner ersten Urlaubsreise verunglückte und schwer behindert lebenslang auf ihre Hilfe angewiesen war. Die Eltern hatten, ohne zu klagen, ihr ganzes Leben umgestellt, um bestmöglich für den Sohn zu sorgen. Zugleich hatten sie dadurch Lebensbereiche kennengelernt, die ihnen sonst verborgen geblieben wären.

So einfach die Botschaft klingt – so diffizil kann es sein zu erkennen, was wirklich ansteht. Für die Kinder der FfF-Bewegung ergibt es sich direkt aus ihrer eigenen Betroffenheit. Falls Beschwichtigungen und Ablenkungen den Blick nicht trüben, ist die Bedrohung ihrer Zukunft klar zu erkennen. Sie befinden sich in der paradoxen Situation, dass für sie es sich dafür zu leben lohnt, (ihr) Leben weiterhin zu ermöglichen. Ihr „Kampf gegen den Untergang durch das Böse formiert sich im „mittleren Bereich" zwischen nicht mehr wirksamer und Neuer Ethik, der den heutigen Menschen aus eigener Betroffenheit in Bewegung setzt (vgl. Neumann, 1973, S. 10).

Neumann sah in diesem Zwischenbereich bereits Ansätze einer Neuen Ethik, die sich nun auch in dieser weltweiten Bewegung zeigen, am deutlichsten in ihrem essenziellen Fundament, der Tiefenökologie. Dieser geht es um die Orientierung am inneren Wert der Natur anstelle einer nur auf den materiellen Nutzen für den Menschen bezogenen „Ökobilanz". Sie transzendiert damit den Anthropozentrismus, indem sie uns auffordert, dem Lebensganzen zu dienen und so das Gleichgewicht der Schöpfung zu erhalten. J. Macy (2003/2015, S. 101), Leitfigur der Tiefenökologie, hebt hervor, dass diese Ausrichtung uns dazu befreit, um

> [...] mit mehr Weisheit und Inspiration zu handeln... (und uns) versorgt
> [...] mit einem Gefühl der Zugehörigkeit zu unserem Universum. Es bringt
> uns heraus aus dem Gefühl der Isolation, der Entfremdung und Ausbeutung,
> hin zu einem Gefühl der Gemeinschaft mit dem lebenden Erdkörper und all
> seinen Manifestationen.

Kett- und Schussfaden im Individuationsprozess

Diese den Bewusstseinshorizont erweiternden Erfahrungen lassen sich mit der Botschaft von „Frau Holle" zu einem Muster verweben, welches mir hilfreich erscheint, um das Leben und sein Mysterium zu bewahren. Das Überkreuzen von Kette und Schuss als Grundprinzip allen Webens symbolisiert seit jeher das Überkreuzen von Zeit und Raum, wobei sichtbare und unsichtbare Welten ineinander verwoben sind im großen Bildteppppich des Lebens, der das Mysterium von Schöpfung und Schicksal zeigt (vgl. Ronnberg, 2009/2014, S. 498).

Die überzeitliche Wahrheit des Märchens als Kett-Faden gibt dem Schussfaden der zeitgebundenen Aktualität strukturellen Halt, um im Einklang mit den Gesetzmäßigkeiten der Psyche jeweils zu realisieren, was ansteht. Im Märchen bringen Not und Leiden Marie auf einen Entwicklungsweg, der sie zu einer jungen Frau von lauterer Weisheit und geistig-seelischem Reichtum werden lässt. Beim Spinnen ihres (Schicksals-)Fadens hatte sie sich die Finger blutig gearbeitet, hatte Verwundungen erlitten und eigenes Blut geopfert. Aus Angst vor der Stiefmutter – symbolisches Bild des (kollektiv) fehlenden archetypisch Mütterlichen – verleugnet sie ihr Leiden und versucht, ihr Blut unsichtbar zu machen.

Diesem Moment des Märchens entspricht in der aktuellen ökologischen Krise eine Haltung, die ihre Faktizität und / oder unsere Verantwortung hierfür leugnet oder verdrängt. Macy hält diese Haltungen für die größte aller Gefahren: „Denn dann passiert all das unkontrolliert" (Macy, 2003/2015, S. 95). Und Klimaforscher warnen eindringlich: „Die Zeit läuft uns davon; wir laufen sehenden Auges ins Verderben."

Im Märchen provoziert dieser Leugnungsversuch eine notwendige Regression. Vom Fortgang her betrachtet wird eine weise Dramaturgie sichtbar, die vom Fehlen des Mütterlichen im Außen zum Reich der Großen Mutter im Innen führt: Marie kommt scheinbar zu Tode – sie fällt in die dunkle Tiefe des Brunnens und verliert das Bewusstsein.

Der Absturz ins schwarze Loch bezeichnet alltagssprachlich den Sog des Unbewussten, wenn depressive Regression der Libido notwendig wird, um das verlorene psychische Gleichgewicht zu erneuern. Das Ich wird zur Nachtmeerfahrt veranlasst, um wieder Verbindung zum Selbst zu erlangen. Der Brunnen, Tor zum Reich der Hulda, ermöglicht den Übergang vom Bewusstsein zum Unbewussten, den Zugang zur inneren Welt. Als das Mädchen „wieder zu sich selber kam, war es auf einer schönen Wiese, wo die Sonne schien und vieltausend Blumen standen" (KHM 24).

Die Schönheit und der Reichtum der inneren Natur werden ihm bewusst, worin eine erste Verbindung von Ich und Selbst anklingt. Dieses bildet den schöpferischen Hintergrund seines Wegs, auf dem Aufgaben warten, die zu seiner vom Selbst geleiteten Entwicklung beitragen: Äpfel wollen gepflückt und ordentlich gelagert werden – es steht für Marie an, Gut und Böse zu erkennen und deren polare Bezogenheit bewusst zu halten, um Lebenskraft und Orientierungsfähigkeit zu stärken. Der Apfel reift als himmlische Frucht am Baum der Erkenntnis, verbunden mit Fruchtbarkeit und Liebe.

„Selbstversunken" wandert Marie weiter, als nächstes muss sie gebackenes Brot, allumfassende Lebensspeise, vor dem Verderben bewahren. Diese Werthaltung, die für Marie selbstverständlich ist, fehlt heute weitgehend in den sogenannten „reichen" Ländern, was den Hunger von weltweit 871 Mio Menschen mitverursacht. (Am selben Tag, als ich das schrieb, wurde berichtet, dass in Deutschland jährlich mehr als 13 Millionen Tonnen Lebensmittel weggeworfen werden!) Doch auch in den „reichen" Ländern sind Menschen von mangelnder Wertschätzung der Lebensspeise – in anderer Hinsicht – betroffen: „[...] die Verachtung von Brot ... kann darauf verweisen, dass der Mensch mit sich selber ... verachtend umgeht, ... dass er nicht weiß, welches Wunder und Geheimnis der Mensch und sein tägliches Brot sind, dass er sich vom Mysterium des Lebens entfernt hat" (Müller, A., Stichwort *Brot,* symbolonline.de).

Um das Brot, die Lebensspeise, wie Marie zu achten und zu bewahren, ist es notwendig, das Leiden der Hungernden – die davon ausgeschlossen sind – in das eigene Fühlen miteinzuschließen.

> Wenn wir den Schmerz, den wir für die Welt fühlen, unterdrücken, dann isoliert uns das. Wenn wir ihn akzeptieren, anerkennen und darüber sprechen, dann wird er zum lebendigen Beweis unserer Verbundenheit mit allem Lebendigen. Und er befreit unsere Hilfsbereitschaft. Ich bin in dieser Arbeit zu der Erkenntnis gekommen, dass unser Schmerz um den Zustand der Welt und unsere Liebe für die Welt untrennbar miteinander verbunden sind. (Macy, 2003/2015, S. 95)

Indem Marie ohne zu zögern tut, was ansteht, wird sie würdig, der Gestalt der Großen Göttin von Angesicht zu Angesicht zu begegnen. Sie lässt sich ergreifen von dieser archetypischer Energie, ohne jedoch davon inflationiert zu werden.

Dieses essenzielle Detail zeigt die Szene, als Marie vor Frau Holle's großen Zähnen erschrickt und weglaufen will. Die Warnung ist angekommen: „Auffallend präsentierte Zähne standen schon immer für ein drohendes Verschlungenwerden" (Ronnberg, 2011, S. 370). Zudem verdeutlichen große Zähne als betont phallisches Symbol bei archetypischen weiblichen Gestalten „[...] deren Doppelnatur, die Androgynität von Urzeitgottheiten, die darin zum Ausdruck kommt, dass sie Leben geben und nehmen, schützen und zerstören." (Schliephacke, 1979, S. 82)

Doch Frau Holle zeigt sich von ihrer holden Seite und möchte, dass Marie ihr dient. Dieses wird der goldene Mittelweg sein zwischen weglaufen oder überwältigt werden. Dienen bedeutet, das Ich zu bewahren und die eigenen Energien bewusst zur Verfügung zu stellen für das, was ansteht – im Unterschied zu Inflation oder Komplex-Reaktionen. Diese Balance zu wahren, erscheint mir wichtig beim Einsatz für das sich lohnende Leben! Das Ich hat dabei die Aufgabe, Bewahrer und Empfänger des Mysteriums des Lebens zu sein, verbindet Aktivität und Passivität.

Das Märchen stellt Goldmarie und die Stiefschwester einander gegenüber und verdeutlicht so die angemessene Haltung des Ichs gegenüber dem transpersonalen Selbst. Pechmarie fehlt diese, sie ist nicht in der Lage, ihre Ego-Zentriertheit aufzugeben, in ihrer Anspruchshaltung stagniert ihre Entwicklung – was im symbolischen Bild des festklebenden Pechs erscheint, das „solange sie lebte, nicht (von ihr) abgehen" wollte (KHM 24). Sie wird als „faul" beschrieben, was nach moralischer Wertung als negative Eigenschaft gilt.

Psychodynamisch verstanden ist es ein Hinweis darauf, dass ihr Ich nicht mit der schöpferischen Matrix des Unbewussten, der Quelle psychischer Energie verbunden ist, und sie daher schnell ihre Energie verliert. Das ist auch der Hintergrund für ihre Gier, ohne eigenes Zutun das haben zu wollen, was Goldmarie erhält – in unserem Zusammenhang ein Symbol für die heute in den „reichen Ländern" herrschende ausbeuterische Gier.

Goldmarie hingegen ist bereit, den Ort des Schutzes von Frau Holle zu pflegen. Wenn sie deren „Bett gut" macht, „schneit es in der Welt" (KHM 24). An diesem Ort der Regeneration von Frau Holle kommen Himmel und Erde zusammen, die Gegensätze von Irdischem und Transzendentem sind vereint, sie ist Himmels- und Erdgöttin zugleich. Dadurch kommt auch die Natur „zur Ruhe", die umtriebige Menschenwelt erfährt die notwendige Wandlungsphase des „Stirb und Werde". „Bett" und „Beet" waren ursprünglich identische Worte. Indem Marie diesen Bereich pflegt, ist sie beteiligt am Mysterium der Vereinigung der Gegensätze und der Wandlung, an ihrer eigenen Nachtmeerfahrt und Wiederkehr. Bei all dem bewahrt sie das Gefühl der Verbundenheit mit ihrer Heimat, was Frau Holle wertschätzt und unterstützt: „Es gefällt mir, daß du wieder nach Haus verlangst, und weil du mir so treu gedient hast, so will ich dich selbst wieder hinaufbringen." (KHM 24)

Am Tor zur „oberen" Welt lässt sie einen Goldregen das Mädchen umhüllen und gibt ihm seine Spindel zurück. So kann es mit dem neu gewonnenen psychischen Reichtum sein Schicksal weiterspinnen. Das Aus-Spinnen innerer Bilder ist Ausdruck der unbewussten Selbstregulation der Psyche, wodurch ein „roter Faden" für das eigene Leben entstehen kann (vgl. Kuptz-Klimpel, A., *Spinne*, symbolonline. de). Marie's goldene Ausstrahlung zeigt die Verbundenheit von Ich und Selbst, die im Annehmen der notwendigen Entwicklungsschritte gestärkt wurde. Das in Not geratenen Stiefkind wurde zu einer mit dem archetypisch Mütterlichen verbundenen jungen Frau, vom Hahn, der mit dem neuen Licht auch die Neugeburt des Menschen ankündigt, freudig begrüßt (vgl. Schliephacke, 1979, S. 30).

Quinta Essentia – Das Mysterium des Lebens bewahren

Den Prozess des Sich-Verbindens mit dem Selbst habe ich als Kettfaden aufgegriffen, weil er mir im Verweben mit dem Schussfaden – der Krise der Erde – als notwendig erscheint, um erkennen können – jede*r für sich persönlich – , was ansteht, um das Mysterium des Lebens zu würdigen und zu schützen. Dieses erscheint mir als der essentielle Inhalt, wozu es sich zu leben lohnt. Heute bedarf es des grundlegenden Wandels unseres Bewusstseins und Handelns, damit die Lebensgrundlagen erhalten bleiben und das Mysterium sich realisieren kann.

Das bedeutet, auf dem eigenen Individuationsweg diesem Wandel als Mysterium der eigenen Seele zu begegnen (vgl. Jung, GW 14/1, § 194). Darin bewahrheitet sich Jungs Feststellung, dass Individuation nicht in Vereinzelung führt, sondern nur in Resonanz mit der Welt geschehen kann (vgl. Jung, GW 6, § 825).

Bei meiner Suche nach einer Antwort auf die eingangs gestellte Frage erlebte ich, wie Weg und Ziel sich verbinden. Das Mysterium begleitete mich bereits als Hintergrund, indem ich lernte, den sich ereignenden Zufällen und meinen Eingebungen als Wirken des Selbst zu vertrauen und zu folgen.

Meine Antwort muss daher die verschiedenen, miteinander verschränkten Dimensionen einbeziehen: Es lohnt sich dafür zu leben,

> ... die Arbeit in unserem Herzen und unserer Seele zu leisten, die grundlegende Arbeit der Heilung der Weltseele, des Wiederauffüllens der spirituellen Substanz der Schöpfung. Das ist eine Möglichkeit für die Menschheit, wieder ihre Rolle als Hüter des Planeten zu erfüllen und Verantwortung für das Wunder und Mysterium dieser Welt, für ihre heilige Natur zu übernehmen. (Macy, 2003/2015, S. 102)

Jörg Rasche, Dr. med., Jahrgang 1950, Berlin.
Facharzt für Psychotherapeutische Medizin, Psychoanalyse,
Psychotherapie, ehem. Vorsitzender der DGAP und Vizepräsident
der IAAP, gegenwärtig Vorsitzender der Deutschen Gesellschaft für
Sandspieltherapie DGST und stellvertretender Vorsitzender der
DGAP. Dozent in Berlin und Zürich, tätig als Lehranalytiker für die
IAAP in Polen, leitet regelmäßig Arbeitsgruppen in Kiew (Ukraine).
Für Verdienste um Völkerverständigung erhielt er 2012 das Goldene
Verdienstkreuz der Republik Polen.
Homepage: opus-magnum.com > Autoren

Veröffentlichungen u. a.
Rasche, J. (2014). *Das Lied des Grünen Löwen: Musik als Spiegel der Seele.*
    (Durchges. Neuaufl. der Ausg. von 2004.). Gießen: Psychosozial.
Rasche, J. (1988/2002). *Prometheus: Kampf zwischen Sohn u. Vater.* Zürich:
    Kreuz. Neuauflage Stuttgart: opus magnum. Kostenloser download.
Rasche, J. (2002). *Sandspiel in der kinderpsychiatrischen Diagnostik und
    therapeutischen Beratung.* Stuttgart: opus magnum. Kostenloser
    download.

Jörg Rasche

Quintessenz: Dankbarkeit

Gestern, als ich mit dem Gedanken an eine mögliche Quintessenz meines Lebens eingeschlafen war, träumte mir folgendes:

> Ich las einen Text: Eines Morgens begrüßte mich Heisenberg im Labor mit den Worten: ediewredfuaedrefp. Ich antworte kurz: osuanegnebe. Dabei wurde mir schlagartig ein Aspekt der Einsteinrelativität klar, den ich noch nicht verstanden hatte.

Was ist Quintessenz; was wäre die Quintessenz meines Lebens, die ich weitergeben würde? Geht sie über das hinaus, was ich gelebt, gesagt und geschrieben habe? Und was wird noch gelten, wenn ich tot bin und das kleine Vakuum, das mein Ableben schafft, sich schnell wieder schließen wird, als sei ich nicht gewesen? Es ist die Frage nach dem Tod, und ich bin Anette und Lutz dankbar, dass sie mir zu-muten, dazu etwas zu sagen.

Ich versuche ehrlich zu sein, ohne den Leser mit allzu viel Biografie zu belasten. Man wird bemerken, dass mein Denken etwas unüblich ist. Bei Quintessenz dachte ich an Musik. Mir fiel zuerst ein, dass die Quinte, der Abstand von fünf Tönen in der Oktave, etwas bedeutet. Die Quinte ist nicht nur ein Intervall, das rein darge-stellt werden kann durch die Teilung einer Saite im Verhältnis 2:3. Sie ist auch eine Beziehung. Quintessenz ist die Essenz einer Beziehung. Ich will mich erklären: Unser Klavier zuhause hatte einen scheußlichen Klang, und weil ich nicht darauf üben wollte, gewöhnte ich mir an, die Noten für die nächste Klavierstunde wenigstens zu lesen. Ich war sechs Jahre alt. So wurde die Musik vor meinem inneren Auge und Ohr lebendig.

Später verstand ich, dass Melodien Ausdrucksbewegungen und Gesten sind, die entwicklungspsychologisch vor der Sprachentwicklung bedeutsam werden. Und doch gibt es da ein Rätsel, das ich nicht klären konnte, und das ich weitergeben möchte. Der große Physiker Ernst Mach hat gefragt: Wie kommt es, dass drei Punkte ein Dreieck ergeben und nicht einen Dreiklang? Ich habe in meiner Zeit als Kinderpsychiater einmal einen neunjährigen autistischen Jungen untersucht und gebeten, mir ein Dreieck zu zeichnen. Statt eines einfachen Dreiecks zeichnete er ein kompliziertes Gebilde, das mich überraschte. Ich hatte nun sofort eine gute Verbindung zu ihm. Vielleicht, dachte ich, bin ich selber autistisch? Heute weiß ich, dass das dreidimensionale Dreieck ein sog. Penrose-Dreieck ist (siehe Abbildung, wikimedia):

Psychologisch hat eine gestörte dritte Dimension etwas mit einer erschwerten Orientierung im familiären Dreieck zu tun, um es nicht pathologisch auszudrücken. Ich weiß wovon ich spreche. Die Musik hat mir geholfen, und zwar der Kontrapunkt, die Musik aus zwei oder mehreren Stimmen, die aufeinander bezogen sind und genau aufeinander hören. J. S. Bach (übrigens mit neun Jahren verwaist) hat daraus die wunderbarste Musik gemacht. Und hier komme ich wieder auf die Quint-Essenz zurück: Bach hat vor allem Fugen geschrieben, das sind Musikstücke, in denen eine erste Stimme fünf Töne höher beantwortet wird.

Seit Pythagoras und Boethius gilt die Quinte als das Intervall des Sonnengottes bzw. des Christus. Die erste Stimme der Fuge, die im Grundtonbereich beginnt (der Tonika) steht für den Menschen auf der Erde und mit seinen Problemen. Die zweite Stimme, die in der Quinte antwortet, steht für Apollo oder Christus, und sie vermittelt weiter nach oben zur Dominante, dem Bereich Gottes. So ist das musikalische Subjekt jeder Fuge eingebettet in eine harmonische Weltordnung, und die Beziehungen sind eindeutig und heilsam.

Ich will nicht klagen, sondern konstatieren: Ich bin 1950 geboren, ein Nachkriegskind mit der klassischen Ausgangslage: Der Vater war vom Krieg gezeichnet, und die Mutter konnte uns Kinder nicht vor seinen Ausbrüchen schützen. Zudem war ich, als musikalisch begabter Junge, ein Ersatzkind oder Ersatzbruder für einen Onkel, der als sensibler und hochbegabter Pianist nicht bei der kollektiven Verwirrung der NS-Zeit mitmachen wollte und der Nazipsychiatrie zum Opfer fiel. Ein Ersatzkind zu sein und den Verlust nicht gut machen zu können ist tragisch; der scheußliche Klang unseres Klaviers war ein Symbol für mein Unglück. Das ist Schicksal, und die Lehre, die ich daraus weitergeben würde ist, die folgende:

Verbiege Dich nicht. Jeder hat sein Schicksal, und vieles daran haben wir ererbt. Folge deinem Stern, doch wisse, dass Du „bedingt" bist. Auch Zeiten des Rückzugs sind sinnvoll, vielleicht musst Du Dich schützen. In einem späten Gedicht von Gottfried Benn heißt es: „Tiere, welche Perlen bilden, sind verschlossen und kennen nur die See."

Wenn Du anders bist als andere, lass dich nicht verwirren, Du bist in Ordnung genauso wie Du bist (das habe ich dreißig Jahre in der Kinderpsychiatrie den Kindern gesagt, und ihren Eltern). Heute sage ich es mir.

Eine Lehre gilt unbedingt: Nie wieder Krieg! Das Leiden der Kinder geht bis in die nächsten Generationen. Und sei da, wenn man Dich braucht. Ein guter Geist in der Geschichte meiner Familie war ein junger Theologe, der mit Spinoza befreundet war und 1650 in Amsterdam von ihm Hebräisch lernte; im Gegenzug, da beide kein Geld hatten, lehrte er den jungen Juden Latein. Er blieb sein Freund, auch als Spinoza verbannt und verfemt wurde. Die Geschichte hat mich beeindruckt – auch ein Spinoza brauchte einen Freund. Andere Religionen sind genauso gut wie die eigene, wenn Du denn eine hast.

Und da ist die Liebe: Du wirst nicht alles verstehen, doch sie ist unendlich, auch wenn sie in einem Menschen wohnt, der so unfertig und doch wunderbar ist wie du. Und ob Perle oder Sandkorn, die Liebe wird dich halten. Ich habe so viel Liebe erfahren, dass ich mir manchmal sagte: Wenn ich sterbe, dann vor Glück!

Zum Abschluss ein Gedicht des Polen Adam Mickiewitsch, etwa 1820:

Wohl dem, den dein Gedächtnis aufnimmt,
wie eine schöne Perle oder wie Korallen,
verwahrt im reinen Blau der baltischen Gewässer.
Doch ich, ein Steinchen unter anderen vielen,
mit Perlenglanz, Korallenzauber nicht zu messen,
wäre glücklich, einmal nur in deiner Flut zu spielen,
bis ich vergeh im Sande, im Vergessen.

Ingrid Riedel, Prof. Dr. phil., Dr. theol. Jahrgang 1935. Konstanz.
Em. Honorarprofessorin für Religionspsychologie an der Universität
Frankfurt am Main. Psychotherapeutin in eigener Praxis. Dozentin und
Lehranalytikerin. Ehem. wissenschaftliche Leiterin der Internationalen
Gesellschaft für Tiefenpsychologie.
Homepage: opus-magnum.com > Autoren

Veröffentlichungen u. a.:
Riedel, I. (2019). *Träume – Wegweiser in neue Lebensphasen.* Ostfildern: Patmos.
Riedel, I. (2017). *Die Welt im Spiegel der Seele: gelebte Spiritualität.*
    Ostfildern: Patmos.
Riedel, I. (2013). *Die innere Freiheit des Alterns.* Ostfildern: Patmos.

Ingrid Riedel

Das Jetzt im Rahmen der Lebensgeschichte

Erfahrungen und Reflexionen

Eintagsfliegen sind wir nicht, auch wenn unser Menschenleben vergleichsweise kurz ist, es partizipiert dennoch an allen Lebens- und Überlebenserfahrungen der Menschheit, denen wir ja auch unser eigenes Leben verdanken, von dem wir hervorgebracht und geprägt wurden. Manchmal blitzt etwas auf von dieser Zugehörigkeit, in Träumen und in Imaginationen, welche die Erfahrungselemente früher Märchen und Mythen in sich tragen. Woher habe ich nur dieses Bild, diese Einsicht, so mag ich mich da manchmal fast erschrocken fragen, bis ich es vielleicht in einem Mythos aus dem alten Sumer wiederfinde, den ich einmal gelesen und fast vergessen habe oder dessen Symbole ich vielmehr unbewusst in mir trage.

Mit solch einer Überraschung aus dem Unbewussten zu rechnen, hat uns Jung gelehrt. Die Quintessenz meines Lebens beruht auf einem Menschenbild, wenn ich Jung folge, nach dem ich keine Eintagsfliege bin, nach dem ich vielmehr bewusst und unbewusst an den Lebens- und Überlebenserfahrungen der ganzen Menschheit partizipiere, nämlich an der menschlichen Natur als solcher und damit auch an der aus ihr erwachsenen und gestalteten Kultur, Religion usw.

Erst als ich beim Übergang in die Vierziger in Kontakt mit Jungs Menschenbild kam, erlaubte ich mir, die Märchen, die Mythen, die religions-spirituellen Überlieferungen, die mich berührten, so ernst zu nehmen, wie es meiner Liebe zu ihnen von Kindheit und Jugend auf eigentlich entsprach. In den kritischen Jahren als junge Erwachsene und Studierende hatte ich stattdessen, auch dem damaligen Zeitgeist entsprechend, gemeint, rein rational und „entmythologisierend" an solche Stoffe herangehen zu sollen: Dass man sie auch symbolisch, archetypisch verstehen und somit „existential" interpretieren könnte – was damals neben der Jungschen Tiefenpsychologie auch die evangelische kritische Theologie mit Bultmann und Käsemann diskutierte – das bewahrte mich vor einem Abdriften in ein allzu rationales, vor allem wissenschaftlich abgeklärtes, aber jeglichen Zaubers entkleideten Welt- und Menschenbild. Dadurch allerdings wäre ich zur rationalen Eintagsfliege geworden – und wüsste heute kaum, wie ich mit Alter, Zeitlichkeit oder gar mit dem Tod umgehen sollte.

Dabei möchte ich mich der Frage nach der Quintessenz des Lebens auch meines Selbstverständnisses als „Jungianerin" gerade unter der Perspektive des Alters aussetzen, in dem ich heute stehe. Das Alter, so meine ich, stellt die Frage nach der Summe des Lebens bzw. die nach seiner Quintessenz besonders radikal. Als rationaler Mensch müsste ich den Aspekt des Weniger-Werdens, der nachlassenden Kräfte, des Vielen, das man im Alter nicht mehr kann, ins Zentrum rücken und mein Leben vor allem anderen auf ein möglichst tapferes Abschiednehmen vom früheren einstellen. Dieser Aspekt ist natürlich bei jeder Betrachtung des Alters da.

Doch wenn ich das Alter im Spiegel seiner weltweiten Symbolik sehe – wie Jung das tat –, dann sehe ich neben den Gestalten des Senex, des Greises der Greisin, vor allem auch die archetypischen Gestalten der weisen Alten, wie sie sich z. B. in dem Grimm-Märchen „Die Gänsehirtin am Brunnen" zeigt.

Hier tritt die weise Alte zunächst herausfordernd und auch belastend auf, um einen verwöhnten Grafensohn dazu zu zwingen, sich zunächst einmal mit ihr und dann auch mit der von ihr beschützten, vom Vater verstoßenen Königstochter einzulassen – um zuletzt die Menschen, die sich ihr anvertraut haben, mit all dem zu beschenken, was sie überhaupt je erkannt und erworben hat.

Sie schenkt zuletzt denen, die sich quasi therapeutisch von ihr begleiten ließen, alles das, was sie überhaupt hat, ihre Erfahrung, ihre darin gewonnene Lebensweisheit und ihren „sicheren Ort", ihr Zuhause. Sie verschenkt zuletzt sogar ihr Haus an die Nachfolgenden und geht vom Haben ins einfache Sein über.

Im Geiste der Märchen und dieser im Geiste Jungs interpretiert, kommt uns im Alter das ganze Erfahrungswissen des Lebens von Menschen, die im Leben stehen, zu. Dies können und dürfen wir einer nachfolgenden Generation weitergeben, im Wort und auch im Tun. Wir sind keine Eintagsfliegen. Wir sind, eine jede, getragen und geformt durch Erfahrungen des ganzen Menschengeschlechts, haben unser persönliches Potenzial in Begegnungen und Auseinandersetzung mit der Geschichte und deren Symbolen ausgeformt. Nun ist die Zeit gekommen, im Alter, uns auszusamen. Dieser Same kann ausfliegen, vielleicht sogar an die unerwartetsten Orte, wie wir es beim unzähmbaren und unverwüstlichen Löwenzahn sehen.

Nun gibt es eine Dialektik, eine Polarität zwischen der ruhigen Zugehörigkeit zu einem größeren Lebenszusammenhang, der mich auch trägt, und der hellen

Wachheit für die unersetzlichen und unwiederbringlichen Momente des jetzt gelebten Lebens.

Das gelebte Leben im Atmen, Fühlen, Wahrnehmen, im Drin-Sein in dem, was sich jetzt gerade wirklich ereignet, was ich erlebe, was oder wer mir in diesem Moment begegnet – es spielt sich jeweils im Jetzt ab und nirgendwo sonst. Diese Erfahrung intensiviert und vertieft sich im Alter, ist Quintessenz des Lebens, Zyklus bis zum letzten Augenblick – einem letzten Blick der Augen. Es kann auch der Moment sein, in dem ich einen wichtigen Traum erinnere, der eben jetzt Wegweisung gibt. Es kann der entscheidende Einfall, das entscheidende Bild während eines Gedankenwanderns oder während einer Imagination sein, ein inneres Jetzt.

Wie der Bürgermeister im Ruhestand, einer meiner ersten älteren Patienten, der sehr an seinem Amt gehangen hatte und der im Traum noch einmal vor sein altes Rathaus tritt: und dies ist der Moment, in dem er hier eine Kutsche, ein schönes Pferdegespann stehen sieht, dazu die Kutscherin, eine attraktive Frau. Hoch erstaunt – parken hier doch allenfalls Autos aller Marken – fragt er die Kutscherin, woher sie komme. In all den Jahrzehnten seines Bürgermeisteramtes habe er sie nicht ein einziges Mal angetroffen. Dabei habe sie doch alle Tage hier gestanden und habe auf ihn gewartet, so entgegnet sie. Er erkennt, dass sie eine Dimension seines Lebens verkörpert, die er in den Jahren seines Bürgermeisteramtes vergessen hatte, er, der frühere Pferdenarr und Pferdesportler, der nie mehr mit Pferden zu tun gehabt hatte. Der Moment des Wiederfindens ist es, da findet er seine Vitalität und ein Stück seines Wesens wieder. Eine attraktive innere Frauengestalt, Anima-Gestalt, ist es, die solche Pferde lenkt und zu der er sich nun Seite an Seite auf den Kutschbock setzt. Dieser Traummoment, dieser Erinnerungsmoment des Traumes, des Bewusstwerdens, wurde entscheidend für seine künftige innere Einstellung und künftige Lebensgestaltung.

Entscheidend wurde auch für mich eine Imagination von Inanna, der strahlenden sumerischen Göttin, die ich in einem Tempelrelief aus sumerischer Zeit erscheinen sah. Es war, als blickte sie mich einen Augenblick tief eindringlich an. Es war zu der Zeit, in der mir das Sterben einer vertrauten Freundin, die ich seit meiner Schulzeit kannte, sehr naheging.

Der Blick Inannas zog mich in ihren Mythos hinein: in dem sie, die strahlende Königin ihres Landes, gesegnet mit Schönheit und Macht, eines Tages die Sehnsucht nach ihrer Schwester verspürte, Ereschkigal, die im Reich der Schatten und des Todes wohnte. Dahin zu gehen, ihr nahe zu sein, sie wiederzufinden, wurde von da an unabdingbar für Inanna. Es ging um die Ganzheit ihres Lebens und darum ging es in dem Moment wohl auch für mich. Um zu Ereschkigal im Reich des Todes zu gelangen, waren zahlreiche scharf bewachte Tore zu durchschreiten, an jedem der Tore galt es etwas abzulegen, zu opfern, wenn man es durchschreiten wollte. Das aber wollte Inanna auf dem Weg zu ihrer Schwester. Beim ersten Tor opfert sie ihre „Krone der wilden Steppe", ihre Macht; beim zweiten die Symbole ihres bisherigen Wissens um das Leben, das zu eng geworden war. Als sie schließlich die Frage an die Türhüter wagt: „Was soll das?" – da kommt nur die Antwort: „Heilige Handlungen müssen vollzogen werden."

Das Ablegen aller Selbstherrlichkeit angesichts der Lebensgrenze und des Todes lernt man von und mit Inanna: Es geht aber auch um das ganze Leben, das Schatten, Not und Tod einschließt. Diese Ganzheit zu erfahren, ist jeden Opfers wert. All solche Erfahrungen und Entscheidungen aber geschehen zu bestimmten Momenten, nehmen jedenfalls von da an ihren Ausgang – bei mir: als ich Inanna mich anblicken sah.

Die Spannung zwischen dem intensiv erlebten Augenblick, dem Jetzt, und dem größeren Zusammenhang unserer Lebensgeschichte, ja der Menschheitsgeschichte, wird im Alter bewusster, wacher erlebt als in jüngeren Jahren – so empfinde ich es. Der Augenblick nämlich wird kostbarer. Er ist das noch nicht gelebte, das bis hierher ungelebte Leben, er bringt das Neue, birgt das Neue – vielleicht das Unerhörte, das noch nie Gedachte. Der Augenblick ist, was jetzt in meinem Leben geschieht, geschehen kann. Er enthält die Zukunft. Zugleich wächst die Spannung, die Dialektik zwischen der Gegenwart des Jetzt auf der einen Seite und der schon durchlebten Vergangenheit meiner Lebensgeschichte – verbunden mit der ganzen Menschheitsgeschichte auf der anderen Seite.

Beides gehört unlösbar zusammen im menschlichen, in meinem Lebensgefühl, das Jetzt des zu lebenden und das Zuvor des schon gelebten, durchlebten, des schon gestalteten, bestandenen Lebens durch die bisherigen Jahrzehnte: Das Jetzt erweckt zu neuem Leben, während die durchlebte Lebensphase trägt – sie trägt und in Manchem schleppt sie auch, nämlich an dem, dessen Durchtragen besonders schwer war. Im Jetzt also wacht dieses Durchgetragene und jetzt noch Tragende auf zu einem schöpferischen Moment, einem frisch gewagten Augenblick.

In ein starkes sprachliches Bild gefasst ist der „Moment" in einem Gedicht von Rose Ausländer, eines der Gedichte, die sie in der späten Phase ihres Lebens schrieb, im jüdischen Altersheim von Düsseldorf, bereits ständig an das Bett gebunden. In einer Zeit wiederum, in der ich selbst einer für mein Alter gewagten Operation entgegenging, bedeutete mir dieses Gedicht viel:

Ich habe nichts als
die Nacht der
100 x 100 Nebellichtjahre
Ich habe nichts als
die Stunde von
60 x 60 Sekunden
Ich habe nichts als den Moment
Der Moment ist meine Schöpfung
die Brücke von meinem
Staubgeist zum Sterngeist
Der Moment ist mein Flügel
zum Flügel des nächsten Moments
Ich habe nichts als den Flügel
Ich habe nichts als die Schöpfung
Ich habe nichts als den Moment

Das Gedicht beginnt mit einem großen Kontext. Gerade, wenn ich ahne, dass ich nur diesen Moment von innerer Freiheit habe, kann mir in diesem Moment auch zu Bewusstsein kommen, dass ich zugleich in einem ungeheuer großen Ganzen, in einem unermesslichen Zeitraum lebe, zu dem auch ich unverlierbar dazugehöre. Da er letztlich auch mich hervorgebracht, mich geboren hat.

Ich habe nichts als
die Nacht der
100 x 100 Nebellichtjahre

So drückt Rose Ausländer es aus, mit einem Sprachbild, das an die gleichsam unendlichen Zeiträume des Kosmos erinnert: an eine Nacht innerhalb von Nebellichtjahren! Das ist eigentlich ein Paradox, gleich mehrfach ein Paradox. Ich habe dann nämlich zugleich unendlich viel. Dieses Wissen ist eine Voraussetzung innerer Freiheit, so meine ich. Es ist nicht nichts, sondern sehr viel angesichts der Zeitlichkeit zu gewinnen. Dass ich mir klarmache, zu einem unermesslich großen Zusammenhang zu gehören. Und demgegenüber konkret:

Ich habe nichts,
als die Stunde von
60 x 60 Sekunden

Oft hängt alles daran, was ich aus der nächsten Stunde mache. Wie eine Prüfungskandidatin, die für die entscheidende Abschlussarbeit, die sie zu schreiben hat, noch eine einzige Stunde hat – hielte sie diese nicht ein, würde alles ungültig werden. Aber auch in einer Entscheidung, die ich in dieser einen, vielleicht meiner letzten Stunde mache, habe ich in Wirklichkeit nur diesen Moment, das Jetzt.

So schreibe ich eine letzte liebevolle E-Mail an eine mir nahestehende Kollegin, die mich wissen ließ, ihr Krebsleiden habe sich verschlimmert. Drei Tage später erfahre ich aus der Zeitung von ihrem Tod. Hat sie meinen Gruß wohl noch bekommen? Jetzt lebe ich, jetzt fallen alle Entscheidungen. Das spüre ich im Alter unverwechselbarer als jemals zuvor.

Der Moment ist meine Schöpfung
die Brücke von meinem
Staubgeist zum Sterngeist

Der Moment, das Jetzt, ist das, was ich daraus mache, ist meine Schöpfung. Er ist die Brücke, die ich von meinem Staubgeist, von dem Wissen um meine Zerbrechlichkeit, Vergänglichkeit hin zum Sterngeist, zu dem, was weit über mich hinausreicht, schlagen kann. Ob ich mich auf den Staub beziehe oder auf den Stern, das ist die Entscheidung in diesem Moment.

Sterngeist: das sind die großen überpersönlichen Erfahrungen und Symbole der Menschheit, die in meinen Träumen, in meinen Imaginationen aufblitzen können. Was ich aus dem Moment, aus dem Jetzt mache, schöpferisch, das trägt mich wie ein Flügel zum nächsten Moment, der vielleicht den Sterngeist meint. Was ich aus dem einen Moment jetzt mache, wie ich mich auf ihn einstelle, ihn gestalte, bestimmt den nächsten Moment und bestimmt letztlich alles Kommende mit. Der Moment ist mein Flügel in die Zukunft. Ganz in der Gegenwart zu leben, ist das Gewinnen innerer Freiheit. Ganz in der Gegenwart leben zu können, ist die Quintessenz meiner Lebenserfahrung, damit auch meines Individuationsprozesses und meiner Fähigkeit zur Begegnung. Diese Einsicht ist in den letzten drei Zeilen des Gedichtes kraftvoll zusammengefasst:

Ich habe nichts als den Flügel
Ich habe nichts als die Schöpfung
Ich habe nichts als den Moment

Ich habe nichts als den Flügel – nichts als die Schöpfung, nichts als den Moment – der Flügel bedeutet aber die Möglichkeit zu fliegen, bedeutet also äußere und innere Freiheit, bedeutet die Möglichkeit schöpferisch zu sein, immer neu, eben auch jetzt die Möglichkeit wieder schöpferisch zu werden. Deshalb: „Ich habe nichts als die Schöpfung" Hier ist wohl wirklich die entscheidende Möglichkeit, in jedem Moment schöpferisch zu sein, gemeint, mehr noch, sich bewusst zu werden – überhaupt einer Schöpfung anzugehören: also in einem größeren Ganzen, dem großen Lebenszusammenhang, zu dem auch die Sekunde und die Stunde und die Lichtjahre zählen.

Die Quintessenz des Lebens wäre, in jedem Moment neu schöpferisch werden zu können, im Wissen um ein großes Ganzes, zu dem ich gehöre, an dem ich mich orientieren kann mit meinem vergänglichen Staubgeist.

Das vertraute Lied des Matthias Claudius „Der Mond ist aufgegangen" hatte sich Altkanzler Helmut Schmidt zu seiner Trauerfeier gewünscht. Der Wunsch wurde ihm erfüllt. Ich hörte es erstaunt und ergriffen in der Fernsehsendung von der Trauerfeier. Das war, auf seine Art, so meine ich, ein Aufblick vom Staubgeist zum Sterngeist, ein Aufblick zu den großen Orientierungszeichen im Kosmos. Leben im Jetzt macht innere Freiheit im Alter aus. Unabhängigkeit vom Wie-lange-Noch. Noch bist du da, damit das Jetzt, der Moment, der der vorletzte, der letzte sein könnte. Dadurch gewinnt er an Gewicht, gerade weil ich nicht weiß, wie viele solcher Momente mir noch gegeben sein werden.

Es kommt in den Krisenzeiten des Alters alles darauf an, z. B. bei lebensbedrohlichen Krankheiten, dass wir nicht alles, was nun geschehen könnte, was ja auch nicht sicher kommt, vorwegzunehmen versuchen. Wir würden nur den mir noch geschenkten Moment damit belasten. Es kommt darauf an, den Moment des jetzt gelebten, noch immer geliebten Lebens ihn selbst sein zu lassen, einen kostbaren Moment. So erleben oft Liebende – wir selbst als Liebende – in Zeiten kurz vor einem Abschied, in Angst vor einer lebensgefährlichen Operation beispielsweise, ihre intensivsten Momente, und unter der Gefahr des Scheiterns, des Verlustes werden auch in anderen Zusammenhängen die mutigsten, die rettendsten Entscheidungen für die Zukunft getroffen.

„Noch bist du da" – diesen Titel gibt Rose Ausländer einem anderen ihrer Gedichte aus ihrer späten Zeit. Dieses Gedicht ist sehr bekannt geworden. Als ich einen Vortrag mit diesem Gedicht begann, sagte mir einer meiner Hörer, sie hätten genau dieses Gedicht schon morgens bei einer Meditation gehört. Ob das abgesprochen gewesen sei? Das war es nicht. Dieses Gedicht lebt also. Hören und sehen wir es auch hier unter unserer Fragestellung noch einmal innerlich mit:

Noch bist du da (das Noch also, die Zeitlichkeit spricht von vornherein mit)
Wirf deine Angst in die Luft
bald ist deine Zeit um
bald wächst der Himmel
unter dem Gras
fallen deine Träume ins Nirgends.
Noch duftet die Nelke
singt die Drossel
noch darfst du lieben
Worte verschenken
noch bist du da.
Sei was du bist.
Gib was du hast.

Innere Freiheit? Lesen wir das Gedicht unter dieser Frage. Allein die innere Freiheit, seine Angst in die Luft zu werfen wie einen Ball, einen Ball zum Spielen, ist bemerkenswert. So halte ich meine Angst nicht fest. „Ich spiele noch" heißt eines der letzten Gedichte von Rose Ausländer. Dabei steht sie zu ihrer Angst, die auf dem zugegebenen Wissen beruht: „Bald ist deine Zeit um" – das Wissen um die Zeitlichkeit ist voll da – und illusionslos fährt sie fort: „Bald fallen deine Träume ins Nirgends."

Und dazwischen die vieldeutige Aussage „bald wächst der Himmel unter dem Gras". Wo wächst er, wie sollen wir uns das vorstellen? Nicht mehr über dem Gras, sondern unter dem Gras – weil ich unter dem Gras liege? Oder: weil „der Himmel" als Hoffnung und Verheißung über den Verstorbenen wächst? Wie auch immer!

Unmittelbar Erlebtes setzt sie dem gegenüber. „Noch duftet die Nelke" – noch nimmst du den Duft wahr, all die Blumen, all das Blühende. Viele genießen das ganz neu im Alter. So sagte meine Mutter im Alter oft: „Seit ich mich nicht mehr so schnell bewegen kann, sehe ich die Blumen viel genauer." „Noch singt die Drossel" – Gesänge, Musik berührt mich, vielleicht stärker als früher noch. Aber weit über das Wahrnehmen des Schönen und der Welt hinaus verweist uns das Gedicht auf das schönste und tiefste Erleben und Realisieren unserer selbst: „Noch darfst du lieben." Was dich zugleich über dich hinausträgt zu allem hin, was Sinn macht im Leben, z. B. zu dem „Worte verschenken" hin, einer ganz wesentlichen Möglichkeit innerer Freiheit – und läge man bettlägerig im Altersheim wie Rose Ausländer, als sie das schrieb. Worte verschenken!

Wie erlebte ich die mir geschenkten Worte der Freunde, der Berufskollegen während einer ernsten gesundheitlichen Krise, während einer Zeit im Krankenhaus! Wie umfingen sie mich psychisch und direkt auch physisch wie ein wärmendes Tragtuch! Wie durchlebte ich, ans Bett gebunden, die Möglichkeit, selbst Worte zu verschenken im Brief, im E-Mail, am Telefon als belebendes, liebevolles Tun, das Selbstwert gab und Sinn mitten in einer recht eingeschränkten Situation und so der Zwiesprache Raum und Nahrung bot, mit einem jeden meiner Gegenüber und nicht zuletzt mit mir selbst.

„Sei, was Du bist. Gib, was Du hast."

Dieses Unverwechselbare, Authentische, das der Kern einer inneren Freiheit in jeder Lebensphase, vor allem im Alter, ist: „Sei, was Du bist." Es heißt: Sei unverwechselbar du selbst, und sei es ganz – gerade, weil deine Zeit begrenzt ist, es zu sein, es noch zu sein. Und halte nicht zurück mit dem, was dir gegeben ist, was du wohl auch weitergeben kannst: Sag es endlich, schreib es endlich, schenk es endlich. Das sind Gesichtspunkte einer jeden inneren Freiheit im Alter, auch der Freiheit, dies alles lustvoll zu tun – lustvoller denn je. Im Grunde ist dies auch die Quintessenz meines Lebens geworden.

Ein Bild kommt mir noch, das den Moment, den intensiv gelebten Moment mit dem großen Ganzen, das tragen kann, verbindet. Es ist das Bild des Schwimmens im Meer. Das Meer ist ein Element, das tragen, aber auch verschlingen kann. Es verschlingt uns, oder es droht uns vor allem dann zu verschlingen, wenn wir unstimmig mit ihm umgehen, nicht seiner Dimension gerecht werden. Wenn wir uns aber richtig angemessen hineinlegen, verleiht uns dieses Element das Gefühl eines Getragenseins in unglaublicher Intensität und ein unglaubliches Glücksgefühl.

Es ist die Frage, wenn wir dieses Bild bedenken, ob wir uns auch in das Leben, das gefährliche Momente enthält, so hineinlegen können, wie es ihm entspricht, sodass wir im Leben schwimmen können wie im Meer und darin uns getragen und geborgen fühlen. Diese Erfahrung hier und da gemacht zu haben, gehört zur Quintessenz meiner Lebenserfahrung und meines Lebensgefühls. Damit bin ich so lustvoll getragen, wie es eben nur das Schwimmen im Meer vermittelt.

Christian Roesler, Prof. Dr., Jahrgang 1967, Freiburg.
Dipl.-Psych., Psychologischer Psychotherapeut, Professur für Klinische Psychologie an der Katholischen Hochschule Freiburg, Lehrauftrag für Analytische Psychologie an der Fakultät für Psychologie der Universität Basel, Dozent an den C. G. Jung-Instituten Zürich, Stuttgart und ISAP Zurich.

Veröffentlichungen u. a.:
Roesler, C. (2018). *Paarprobleme und Paartherapie: Theorien, Methoden, Forschung – ein integratives Lehrbuc*h. Stuttgart: Kohlhammer Verlag.

Roesler, C. (2016). *Das Archetypenkonzept C. G. Jungs: Theorie, Forschung und Anwendung.* Stuttgart: Kohlhammer.

Roesler, C. (2010). *Analytische Psychologie heute: der aktuelle Stand der Forschung zur Psychologie C. G. Jungs.* Freiburg: Karger.

Christian Roesler

Die rostige Rüstung

Auf die Frage, wozu es sich lohnt zu leben, würden wahrscheinlich in unserer vom Kapitalismus zutiefst geprägten Kultur heute viele Menschen etwa in der Art antworten: Es ist wichtig, persönlich Erfolg zu haben; möglichst viel Geld zu verdienen; in materiellem Wohlstand zu leben; in zwischenmenschlichen Beziehungen, insbesondere in der Paarbeziehung, Glück zu finden; sich selbst zu verwirklichen, wobei darunter verstanden wird, die eigenen Vorstellungen und Wünsche möglichst ungehindert im eigenen Leben umsetzen zu können.

Aus einer spirituellen Perspektive könnte man diese Haltung als ego-zentriert bezeichnen. Natürlich bin auch ich selbst nicht frei von solchen Vorstellungen und Tendenzen. Um ehrlich zu sein, habe ich mich selbst immer wieder in diese Orientierungen verstrickt, viel Energie investiert in persönliche Projekte, die der Aufwertung meiner selbst dienten.

Wenn ich allerdings von heute aus auf mein Leben schaue, so finde ich schon in meiner Kindheit beginnend eine ganz andere Linie. Ich kann mich erinnern, dass ich schon im späten Grundschulalter durch die Landschaft rund um ein Elternhaus streifte auf der Suche nach irgendetwas, was schwer zu benennen war und ist. Irgendwie nahm ich durch die Erscheinungen und Eindrücke um mich herum einen Zauber wahr, der hindurch schimmerte, ein Geheimnis, ein Mysterium, das mich faszinierte, ohne es beschreiben oder greifen zu können.

Das Unansehnliche

Es gibt ein Motiv in Märchen und Mythen, das mich schon als Kind immer sehr beeindruckte. Dieses Motiv äußert sich in etwa so: Der Held befindet sich auf seiner Fahrt und setzt sich mit feindlichen Mächten auseinander, überwindet diese auch, und betritt dann zum Beispiel die Höhle des besiegten Ungeheuers, in der er sich eine Rüstung aussuchen soll; er wird aber vorher von einer hilfreichen Figur darauf hingewiesen, dass er drei verschiedene Rüstungen vorfinden wird, eine goldene, eine silberne, und eine rostige, und er soll sich gegen seine natürliche Tendenz für die unansehnliche, rostige Rüstung entscheiden. In der Höhle vor die Entscheidung gestellt, muss der Held mit sich ringen, folgt dann aber doch dem Rat und im Verlaufe der weiteren Geschichte erweist sich diese Entscheidung für die unansehnliche Variante als segensreich, weil sich daraus ganz unerwartete Wendungen und Entwicklungen entfalten.

Dieses Motiv taucht, wie gesagt, in zahlreichen Märchen und Mythen auf: Mal ist es eines von drei Gasthäusern, in die der Held eintreten soll, und er soll nicht das prächtige und einladende, sondern das heruntergekommene und unansehnliche wählen – und dort geht die Entwicklung weiter. Bei anderen Gelegenheiten geht es um eine Waffe, die der Held wählen soll, eine von drei Türen, ein Schiff oder anderes Fahrzeug, immer aber geht es darum, gegen die eigene Tendenz, das Beste auszuwählen, zu handeln und sich für das Unansehnliche zu entscheiden, dass man am liebsten links liegen lassen würde. Und immer erweist es sich in der Folge als eine Entscheidung mit großem Potenzial, aus der hilfreiche Entwicklungen hervorgehen, ja die geradezu der entscheidende Beitrag zur Lösung des Anliegens der Geschichte wird.

Warum hat mich das so fasziniert? Ich glaube, zunächst einmal war es die Verblüffung darüber, dass die Geschichten überhaupt eine solche Entscheidung vorschlagen, die ja so ganz gegen die übliche – heute würde ich sagen ego-orientierte – Haltung geht, für sich möglichst das Beste zu wählen, und zwar das Beste aus der Perspektive des eigenen Ich-Bewusstseins. Und dann die Verblüffung darüber, dass aus dieser verqueren Entscheidung so etwas Gutes entsteht, was man niemals zu Beginn erwartet hätte.

Ich kann nun nicht sagen, dass ich bei meinen wichtigen Entscheidungen in meinem Leben diesem Muster gefolgt wäre und mich für das Unansehnliche entschieden hätte, im Gegenteil, ich habe mich auch an der üblichen Haltung in unserer Kultur orientiert, nämlich das aus meiner Sicht Beste zu wählen. Nur, wie jeder weiß und selbst erfahren hat, kann man in vielen Fällen diese Entscheidung gar nicht eigenständig treffen. Oft sind mir Dinge widerfahren, die ich nicht wählen konnte, ja die ich in diesem Moment sogar als Unglück oder zumindest als nicht optimal betrachtet habe. Entscheidend ist, dass ich mich aus eigenen Stücken nicht für diese Wege entschieden hätte.

Zugefallene Entscheidungen und Widerfahrnisse

Und dann konnte ich erleben, dass daraus etwas überraschend Gutes wurde, nicht nur gut, sondern entscheidend für mein weiteres Leben, dass mich diese Wege zu einer größeren Stimmigkeit zwischen meiner Lebensführung und meinem wahren Wesen geführt haben.

Aus diesen mir aufgezwungenen oder zumindest zugefallenen Entscheidungen und Widerfahrnissen haben sich dann, allerdings in einem Zeitraum von oftmals vielen Jahren, überraschende Entwicklungen ergeben, in denen ich mein Wesen und mein Potenzial viel besser entfalten konnte, als ich es vermutlich auf den von mir selbst gewählten Wegen hätte tun können.

Das wurde mir aber meist erst im Rückblick über Prozesse, die viele Jahre überspannten, deutlich und bewusst. Ich will einmal ein Beispiel geben: Ich habe zunächst nach meinem Studium der Psychologie und meiner Ausbildung als Psychotherapeut in einer Beratungsstelle gearbeitet und fand diese praktische therapeutische Arbeit auch sinnvoll und befriedigend. Nach einigen Jahren gab es aber einen fürchterlichen Konflikt, unter dem ich auch sehr gelitten habe, und zwar so sehr, dass es mir an die Gesundheit ging.

Ich habe mich dann entschieden, diese Stelle aufzugeben und an einer Klinik gearbeitet, was ich zuerst als ein Scheitern und eine Niederlage erlebte, bis ich dann, für mich ziemlich überraschend, eine Professur erhielt und in den wissenschaftlichen Bereich wechselte.

Heute würde ich sagen, dass ich in diesem Bereich, wie kaum an einem anderen Ort sonst, meine Fähigkeiten einsetzen und einen sinnvollen Beitrag leisten kann. Hätte es aber nicht diesen Konflikt an meiner früheren Arbeitsstelle gegeben, hätte ich diesen Weg vermutlich nicht eingeschlagen. Was ich also zunächst als ein Scheitern und eine mir aufgezwungene, ungewollte Veränderung erlebte, hat sich letztlich als ein Weg erwiesen, auf dem ich regelrecht zu meiner wahren Bestimmung finden konnte – ich weiß, das ist ein großes Wort und klingt vielleicht auch ein bisschen pathetisch, es fühlt sich allerdings tatsächlich für mich so an. Ich bin aus tiefstem Herzen ein Wissenschaftler, und ich spüre ganz deutlich, dass das so schon immer angelegt war. Es ist wie der Keimling eines Baumes, der sich durch den über ihm liegenden Straßenbelag sprengt. Es gibt ein schönes Buch von dem kürzlich verstorbenen amerikanischen Jungianer und Jung-Schüler James Hillman (2002) mit dem Titel *Charakter und Bestimmung*, in dem er diese Idee, dass das, was in der Person angelegt ist, sich gegen alle Widerstände Bahn brechen wird, in poetischer Sprache und mit zahlreichen eindrucksvollen Beispielen ausgeführt wird.

Wie kann man dies aber nun genau bezeichnen, was man auf solchen Wegen gewinnt? Es ist ja nicht das, was man auf dem eigenen Fahrplan hat, es entspricht nicht den ego-zentrierten Wünschen, Plänen und Orientierungen, d. h. es entspricht nicht dem, was wir als erfolgsorientiertes Handeln bezeichnen würden. Im Gegenteil, es sind krumme Wege, die zunächst als Rückschläge, Abwege, Verirrungen, Scheitern erlebt werden.

Sinn, ein Gefühl von Stimmigkeit

An der Psychologie von Carl Gustav Jung hat mich immer am meisten beeindruckt, dass er in den Mittelpunkt seiner Psychologie die Dimension Sinn stellt. Nach ihm geht es gar nicht so sehr darum, Symptome zu behandeln, Störungen zu beseitigen, ja noch nicht einmal Wohlbefinden zu erhöhen, sondern Sinn im eigenen Leben zu erfahren.

Adolf Guggenbühl (1980) hat das in einem schönen Buch über die Ehe (*Die Ehe ist tot – lang lebe die Ehe*) für das Feld von Paarbeziehungen ausgeführt. Er unterscheidet zwischen dem Wohl, dass viele Menschen in einer Paarbeziehung suchen, vielleicht auch für einige Zeit finden – aber meist nicht dauerhaft – und dem Heil, das etwas völlig anderes beinhaltet. Heil verweist mehr auf ein Erleben von Ganzheit, Vollständigkeit, Kohärenz – zu erleben, dass das eigene Leben einen sinnvollen Zusammenhang, ein Ganzes bildet (vgl. auch Roesler, 2017). Dieses Ganze beinhaltet auch die Abwege, Verirrungen, „Störungen", Rückschläge usw., die mich aber letztlich an den Punkt geführt haben, an dem ich bin. Dieses Erleben von Sinn lässt sich schwer beschreiben oder definieren. Es ist ein Gefühl „es ist richtig so", ein Gefühl von Stimmigkeit.

Dies macht ja wiederum deutlich, dass wenn man das Leben so erfährt, man anerkennen muss, dass man nicht der Autor seines Lebens ist. Das ist ja auch so ein Phantasma, das in unserer Kultur massiv propagiert wird: man solle die Verantwortung für sein Leben übernehmen, sich durchsetzen, die „richtigen" Entscheidungen treffen, den eigenen Nutzen mehren usw. Früher oder später kommt das für die meisten an seine Grenzen.

Im Zwiegespräch mit einem Gegenüber

Wenn ich mir noch einmal das oben beschriebene Märchenmotiv vor Augen führe, das mich als Kind schon fasziniert hat, und wenn ich die krummen Verläufe und Abwege reflektiere, über die ich an diesen heutigen Punkt gekommen bin, dann fühlt es sich so an, als sei da ein Gegenüber, dem offenbar an meinem Leben etwas liegt, das mir zu meinem persönlichen Sinn verhelfen will, und es tut dieses offenbar, indem es mir ab und zu einen Knüppel zwischen die Beine wirft. Ich habe lange gebraucht, um diesen Blick auf mein bisheriges Leben einnehmen zu können, und es ist keineswegs so, als könnte ich das heute in der Gegenwart, wenn mir etwas Derartiges passiert.

Aber mir scheint, es ist möglich, eine gewisse Offenheit für diese Dimension des Lebens zu entwickeln. Jung beschreibt dies in seinem Artikel *Das symbolische Leben* (GW 18). Er beschreibt hier eine Lebenshaltung, die potenziell alles, was einem begegnet oder widerfährt, als eine Art Mitteilung von diesem geheimnisvollen Gegenüber versteht, das mich auf meinen eigentlichen Weg bringen will. Ich bin ein sehr religiöser Mensch, und diese Haltung sagt mir sehr zu, ja sie befriedigt ein tiefes Bedürfnis in mir. Es fühlt sich gut an, zu wissen, dass da ein Gegenüber ist, das einen umfassenderen Blick auf mein Leben hat als ich selbst, und dem ich mich anvertrauen kann, auch wenn das manchmal schwer fällt oder der eigene Blick für das Heil, was in den Wendungen des Lebens liegt, verstellt ist.

Mir scheint, dass dies das Mysterium ist, das ich schon als Kind gespürt habe, dass da ein Gegenüber ist, mit dem ich in einer Zwiesprache stehe, mein Leben lang. Und diese Zwiesprache, die sich auch in Ereignissen zeigen kann, die mir widerfahren, gibt mir ein Gefühl von tiefem Sinn in meinem Leben. Es ist auch erleichternd, dass ich nicht der Autor meines Lebens sein muss, der Selfmademan, der für alles, Glück und Scheitern, allein verantwortlich ist – und dass der Sinn, das Heil, da verborgen liegt, wo ich ihn zuerst selbst niemals vermuten würde, in der rostigen Rüstung.

Konstantin Rößler, Dr. med., Jahrgang 1965, Hagenbach.
Analytischer Psychotherapeut in eigener Praxis, Dozent, Lehranalytiker,
Supervisor und Vorstandsmitglied am C. G. Jung-Institut Stuttgart,
Mitglied der Redaktion der Zeitschrift Analytische Psychologie,
Vorsitzender der Internationalen Gesellschaft für Tiefenpsychologie
(IGT).

Veröffentlichungen u. a.

Rößler, K. (2018). Das Böse in uns. In: Dorst, B., Neuen, C., Teichert, W.
    (Hrsg.) *Zwischen Böse und Gut: vom Umgang mit Urkräften*. Ostfildern:
    Patmos, S. 68-98.

Rößler, K. (2015). Homo virtualis – Körper, Geist und Seele in einer
    virtuellen Welt. *Analytische Psychologie*. 179, S. 46-68.

Rößler, K. (2010). Gott in allen Dingen. *Analytische Psychologie*. 159,
    S. 74-90.

Konstantin Rößler

Vertrauen als Grundlage des Lebens

„I don't need to believe, I know.", lautete C. G. Jungs berühmte und sehr irritierende Antwort auf die Frage, ob er an die Existenz Gottes glaube. Dieser formelhafte Satz entstammt einem BBC-Interview der Reihe *Face to Face* aus dem Jahre 1959 und wurde ihm, wenn man C. G. Jungs Aussagen im Anschluss folgt, vom Interviewer John Freeman auf geschickte Weise entlockt: „Die Frage (...) hat mir Mr. Freeman in seiner charakteristischen Art etwas überraschend hingeschleudert, so daß ich sagte, was mir gerade in den Sinn kam."

Er wies außerdem darauf hin, dass er nicht geantwortet habe: „Es gibt einen Gott", sondern: „Ich muss nicht an Gott glauben, ich weiß." Diese Art von Wissen beruhe auf der erfahrbaren Tatsache, dass es in uns etwas gebe, das größer sei als wir selbst, das unsere bewusste Haltung und unser Wollen immer wieder durchkreuze, sogar die Gewalt über uns an sich reiße und den Lebenslauf auf Gedeih und Verderb in andere Richtungen dränge. Und das nenne er Gott, wie man es immer schon genannt habe.

Dieser Satz, der ihm gerade in den Sinn kam, war also eine ganz spontane Antwort auf eine der zentralsten Menschheitsfragen. Genau deswegen bringt sie auch auf sehr prägnante Weise C. G. Jungs grundsätzliche Haltung zum Ausdruck. Sie bezeichnet eine Existenz in enger Beziehung mit den innerseelischen Kräften, die den Lebenslauf bestimmen, ihn je nach Perspektive durcheinanderbringen oder auch ordnen. Wir können sie daher als Wirken höherer Mächte, als Unbewusstes oder aber schlicht als Kontingenz oder Irrationalität auffassen.

Seine Aussage kann ohne Zweifel als Quintessenz dieses Interviews gelten, hat aber wahrscheinlich gerade deswegen einen hohen Bekanntheitsgrad erlangt, weil sie zugleich wie eine Quintessenz von C. G. Jungs umfangreichem Werk erscheint, die er hier am Ende eines langen reichen Lebens, vierundachtzigjährig und zwei Jahre vor seinem Tod, formulierte.

„Memento mori": Quintessenz mitten im Leben

Als welch ganz anderer Ausgangspunkt erscheint es, eine Quintessenz mitten im Leben zu benennen. Am Lebensende mag es einem inneren Bedürfnis entsprechen, eine Bilanz zu ziehen, sich zu vergegenwärtigen, was den Kern des Lebens ausmacht, sich zu vergewissern, was es denn sei, das sich Kindern, Enkeln, Freunden, Schülern mitgeben ließe, wozu es sich lohnt zu leben. Gerade jenseits der Lebensmitte angekommen, mag das fast voreilig vorkommen, vorzeitig im Lebenslauf und zu früh, um alles ausreichend überblicken zu können, voreilig gegenüber all dem, was noch kommen mag. Wie würde der Rückblick in zehn Jahren ausfallen oder in dreißig? Wäre ich dann noch da oder überhaupt in der Lage, eine Quintessenz zu formulieren?

Und doch ist deutlich zu spüren, dass diese Frage jederzeit und immer schon mitschwingt und mitgeschwungen hat tief im Untergrund, lange Phasen ungehört und doch immer wieder mit Macht durchdringend. Das war vor allem stets dann der Fall, wenn sich mitten im Leben der Tod zeigte. Er trat auf in unterschiedlichster Gestalt, erwartet oder plötzlich, sanft oder mit Schrecken und Leiden, herbeigesehnt oder gefürchtet, als der Verlust von nahen Verwandten, Lehrern oder aber im Sterben der Patienten, die ich darin begleiten durfte.

Am eindrücklichsten wohl als der Tod der Freunde, der Tod derer, die gleichaltrig waren, mit denen der Weg geteilt wurde. Ihre Endlichkeit hinterlässt die deutlichsten und nachhaltigsten Spuren. Welche sind das und sind sie möglicherweise Ausdruck einer Schuld des Überlebenden, lässt sich fragen? Doch ist es kein Schuldgefühl, dass diese Erfahrung hinterlässt, vielmehr das klare, geschärfte und unbeirrbare Bewusstsein dafür, mit welcher Unselbstverständlichkeit wir am Leben sind und welchen Wert das Leben enthält: „Memento mori" – bedenke, dass du sterblich bist, auf dass du lebst. Niemand kann ihren Platz einnehmen, denn wirklich gute Freunde sind ein rares Geschenk. Aber an ihre Stelle ist eine tiefere Gewissheit von der Kostbarkeit des Lebens getreten.

Die Frage nach einer Quintessenz des Lebens scheint mir daher untrennbar verbunden mit der Realität des Todes. Die Annäherung an eine Antwort vollzieht sich auf der Basis dieser Grunderfahrung.

Liebe und Vertrauen

Was aber könnte es sein, das angesichts der Begrenztheit des Lebens in der Lage wäre, ein Gegengewicht zu bilden? Welche Erfahrung im Leben wiegt die der Endlichkeit auf? Die naheliegende Antwort ist das Erleben von Liebe, als Geliebtwerden und als Fähigkeit zu lieben.

Eng mit der Erfahrung von Liebe verknüpft als ihre Voraussetzung wie auch als ihr Ergebnis erscheint aber das Vermögen zu vertrauen. Vertrauen zu können, bildet die Grundlage für das Erleben von Liebe, an deren Ende das Bewusstsein eines lebenswerten und damit von Sinn erfüllten Lebens stehen kann.

Dabei erscheint das Vertrauen in verschiedenen Dimensionen: als Vertrauen in Beziehungen, als Vertrauen zu uns selbst und schließlich als Vertrauen in die tiefen, oft unbekannten Kräfte der Psyche. Eine Öffnung des Vertrauens für diese letzte Dimension hat Erich Neumann bezeichnet als eine Grundhaltung, die sich „auf Seiten der inneren Stimme" stellt.

Nach den Erkenntnissen der Entwicklungspsychologie und der Bindungsforschung wird die Grundlage zur Fähigkeit, vertrauen zu können, in unseren frühen Beziehungen gelegt. Die „ersten 1000 Tage", wie es der Bindungsforscher Karl Heinz Brisch formuliert, prägen unser Leben in entscheidender Weise. Gelingt eine sichere Bindung auf der Basis einer Beziehung, in der in erster Linie die Bedürfnisse des Kindes im Vordergrund stehen und nicht die der Bezugspersonen, dann ist die Grundlage geschaffen dafür, auch künftige sichere Beziehungen eingehen zu können. In ihnen kann der Mensch vertrauen darauf, dass er gesehen, beachtet und erkannt wird, wie er auch sich selbst und andere sehen, achten und erkennen kann.

Unterliegen die Bezugspersonen jedoch eigenen Nöten und großer Bedürftigkeit, entsteht kein ausreichender Raum für die Entwicklung dieser inneren Beziehungsmodelle beim Kind. Es entstehen Komplexmuster, die geprägt sind von Misstrauen und Angst vor Verlust oder Vernichtung, die Folgestrategien hervorrufen, sich zum eigenen Schutz zurückzuziehen, aggressiv zu agieren oder in destruktiver Weise Beziehungen auf die Probe zu stellen und ihr Misslingen zu provozieren.

Diese unbewussten Strategien dienen dazu, das internalisierte Muster zu bestätigen und schon zu oft gemachte Enttäuschungen vorwegzunehmen. Wurden zu Lebensbeginn gar traumatisierende Erfahrungen gemacht, kann diese Wunde lebenslang bestehende, unbewusste Erwartungshaltungen nähren, nicht vertrauen zu dürfen. Diese können spätere Beziehungen nachhaltig beeinträchtigen oder immer wieder zerstören.

Es scheint daher ein schicksalhaftes Moment zu sein, auf welche Bezugspersonen wir in frühen Lebensjahren treffen und in welcher Lebenslage sich diese gerade befinden. Es scheint schicksalhaft, ob sie selbst den inneren Raum besitzen, einem Kind das notwendige Maß an Spiegelung zu vermitteln und sichere Beziehungserfahrungen zu schaffen oder ob sie aufgrund ihrer eigenen frühen oder aktuellen Lebensgeschichte nur sehr eingeschränkt oder gar nicht in der Lage sind, einem Kind zu geben, was es braucht. So ist es kennzeichnend für das Leben selbst, dass es sich in Abhängigkeiten entwickelt, abhängig von den äußeren grundlegenden Lebensbedingungen wie Sicherheit, Ernährung, emotionaler Zuwendung und Passung mit den Bezugspersonen.

Als evolutionäres Prinzip ist die Entwicklung von Leben immer gebunden an die Bedingungen, die es in der Beziehung zu seiner Umwelt vorfindet, seien es die materiellen oder sozialen Bedingungen oder die seines psychischen Umfeldes. Jede Autonomieentwicklung, jeder Individuationsprozess, jeder Weg hin zu sich selbst durchläuft dieses Spannungsfeld zwischen den äußeren und den von innen kommenden Bedingungen und Anforderungen.

Vertrauen in uns selbst und in das Leben

Die sich in unserer Komplexstruktur als hemmende wie förderliche Einflüsse ausprägenden Beziehungserfahrungen bilden aber zugleich die Matrix dafür, wie sehr wir uns selbst vertrauen können. Der Begriff des Selbstvertrauens bezeichnet daher weit über seinen üblichen Sprachgebrauch hinaus einen zentralen Wirkfaktor in der Beziehung zu uns selbst, der ganz wesentlich dafür verantwortlich ist, ob wir unser Leben als gelingend, erfüllt und von Sinn getragen erfahren können. So sind zwar die frühen Beziehungserfahrungen offenbar prägende Grundlage für die Fähigkeit, zu einem Vertrauen in uns selbst zu finden, aber wir scheinen nicht ausschließlich davon abhängig zu sein. Immer dort, wo wir etwas Neues versuchen oder aber etwas riskieren, treffen wir auf die Chance, das Vertrauen in uns zu stärken und zu nähren. In einem Wechselspiel von Wagnis und Zutrauen zu uns selbst finden wir den Mut, das Unbekannte zu betreten. Wenn es gut geht, können wir dort die Erfahrung machen, dass es gelungen ist und wir uns tiefer vertrauen dürfen. Oder wir scheitern und lernen auch damit, was wir uns zutrauen mögen und was nicht.

Eine weitere Quelle des Vertrauens in uns selbst kann das Vertrauen sein, das andere in uns setzen, wo wir selbst es noch nicht in uns gefunden haben, seien es Eltern, Großeltern, Geschwister, Freunde, Lehrer, Partner oder Vorgesetzte. Gerade den Eltern und Lehrern kommt hier eine wichtige Funktion zu. Ist es ihnen möglich, denen, die sie verlassen, um ins Leben hinaus zu gehen, ihren Segen zu geben, sie dem Leben anzuvertrauen und ihnen zu vertrauen, dass sie ihren Weg finden, kann das Leben gelingen: „Der Segen des Vaters festigt die Wurzel", oder wie es freier übersetzt mitunter zu finden ist: „Der Segen der Eltern baut den Kindern Häuser." Es ist das Vertrauen in das Leben selbst, das der Eltern und aller Personen, die Elternfunktionen einnehmen, das entscheidend mithelfen kann, sich dem Leben anzuvertrauen, und das den Rücken stärkt gerade dann, wenn es schwierig wird.

Hüte Deine Ideale, aber hüte Dich vor Deinen Idealen

Neben diesem gemeinsamen Angeschlossensein an ein Vertrauen ins Leben, das vor allem in Beziehungen erfahrbar wird, sind es aber vor allem die inneren bewussten und unbewussten Ideale, die zur Leitschnur werden. Der Umgang mit ihnen erfordert eine ganz besondere Haltung des Vertrauens, nämlich eine paradoxe. Wir brauchen innere Ideale, um uns orientieren zu können, z. B. das Ideal ein besonders liebesfähiger oder ein besonders schlauer oder ein besonders erfolgreicher und leistungsfähiger Mensch zu sein.

Haben wir keine solchen Ideale in uns, fehlt uns der Weg. Sind wir dagegen einseitig identifiziert mit diesen oft unbewussten inneren Bildern, sind wir verloren. Wesentliche Seiten der Persönlichkeit, all die ungelebten, oft im Schatten liegenden Anteile und viele Potenziale können dann nicht mehr ins Leben finden. Sie entwickeln bekanntermaßen ihre eigene Dynamik in Gestalt neurotischer Symptome als Depressionen, Ängste oder Einengungen der Persönlichkeit.

Was es dagegen braucht, ist ein Vertrauen in die Dynamik dieser Ideale als innerer Richtschnur, die auf einer paradoxen Haltung beruht: Hüte Deine Ideale, aber hüte Dich vor Deinen Idealen.

Es ist eine seltsame Art von Vertrauen, eine, die sich nicht auf die haltversprechende Stärke eines festen Gesetzes beruft, sondern eine, die auf der Stabilität einer Dynamik beruht. Es ist die Dynamik der Gegensatzspannung, bei der nicht einseitig dauerhaft ein Pol eingenommen werden darf, sondern ein freies Fluktuieren möglich wird, in der die Gewissheit darin besteht, keine Gewissheit haben zu können. Gerade diese Erfahrung ist es, die Halt und Orientierung ermöglicht.

C. G. Jung hat diesen Gedanken vielfältig formuliert, eine besonders prägnante Stelle findet sich im Roten Buch (2009), im Kapitel Heldenmord (S. 242):

Tag ist nicht durch sich selber, Nacht ist nicht durch sich selber.
Das Wirkliche, das durch sich selber ist, ist Tag und Nacht,
Also ist das Wirkliche Sinn und Widersinn.

Vertrauen in die innere Stimme

So entwickelt sich die Fähigkeit zum Vertrauen in uns selbst aus verschiedenen Quellen, den Bindungserfahrungen, unserem Selbsterleben in gewohnten und neuen Situationen und im Vertrauen anderer in uns. Die zuletzt beschriebene Ebene des auf Paradoxie beruhenden Vertrauens in die innere Dynamik berührt bereits die dritte Dimension eines Vertrauens in die tieferen Schichten auf Seiten der inneren Stimme.

Denn es stellt sich die Frage, was geschieht, wenn das Vertrauen in Beziehungen und das Vertrauen in uns selbst nicht genügend wachsen konnte. Wenn es einfach nicht genug gab davon, wenn Bezugspersonen selbst keinen Zugang dazu hatten oder aber ihn nicht eröffnen konnten oder wollten? Woher kann dann noch Vertrauen in das Leben erwachsen, das eine zentrale Grundlage für ein von Sinn und der Erfahrung von Liebe gehaltenes Leben sein könnte, und für das es sich lohnt zu leben?

Lebenswege weisen immer wieder überraschende Wendungen auf in Richtungen, die vorher für unmöglich gehalten wurden. Gerade in Individuationsprozessen oder in der therapeutischen Arbeit ist es oft erstaunlich, woher Menschen, die kaum vertrauens- oder liebevolle Beziehungserfahrungen machen konnten, in sich selbst einen Zugang zu tieferen Schichten entwickeln, in denen ihnen etwas Nährendes, Rettendes oder Heilsames entgegenkommt.

Eine Patientin mit schwerer depressiver Symptomatik und großen Ängsten, die in ihrer Biografie kaum haltende Erfahrungen hatte machen können, hatte einen Traum mit einer alten stummen Frau, die sie freundlich anlächelte. In einer Aktiven Imagination wurde diese Gestalt zu einer inneren Begleiterin, die ihr zuraunte: „Vertrau, vertrau!". In schwierigen Momenten stellten sich dieses Bild und diese Worte immer wieder ein und halfen ihr zuverlässig. Sie konnte damit viele Momente überstehen, an denen sie vorher gescheitert war.

So sind es häufig die bildhaften Gestaltungen, Träume, Imaginationen, gemalte Bilder, aber auch Worte, Texte, bestimmte Musik oder Symbole, die einen regelrechten Kanal, einen Zugang zu diesen unbewussten Quellen eröffnen. Dort zeigt sich etwas von dem, was gerade diesem Menschen, diesem Bewusstsein, dieser Situation gefehlt hat. Menschen, denen es gelingt, einen Weg zu den Impulsen ihres

Unbewussten zu finden, diese aufzunehmen und in die Welt zu bringen, entwickeln meistens ein ganz neues Vertrauen in sich selbst, in ihre eigenen Möglichkeiten und in das, was tief in ihnen verborgen liegt.

Offenbar lassen sich in solchen Tiefenschichten der Psyche Quellen erschließen, die in der Lage sind, den Mangel oder die Einseitigkeiten, denen wir unterliegen, auszugleichen. Je häufiger die Erfahrung gemacht werden kann, um so mehr vertieft sich das Vertrauen in diese Dimension.

Es soll jedoch hier kein einseitig heiles Bild vom Umgang mit den Impulsen aus dem Unbewussten gezeichnet, sondern nur dessen Potenzial aufgezeigt werden, also seine Wirksamkeit und Wirklichkeit. Schließlich bedeutet ein Potenzial noch lange nicht, dass es verwirklicht wird. Und sehr häufig ist es gerade die Dimension des Unbewussten, die aus Sicht des Bewusstseins das Leben durcheinanderbringt, stört oder gar zerstört. Wohl in der Mehrzahl machen sich unbewusste Inhalte auf eine solche Weise bemerkbar.

In einem Teil der Fälle geht es dann gerade darum, sich auf die Störung einzulassen im Vertrauen darauf, dass das, was unsere Pläne und Erwartungen durchkreuzt, etwas in die rechte Ordnung bringt. Nicht dieses Ereignis ist dann die Störung, sondern die Störung liegt in unseren Erwartungshaltungen, die zu einseitig geworden sind und nun eine neue Ausrichtung benötigen. Eine solche Haltung beruht auf dem Vertrauen darauf, dass vermeintliche Störungen, die ganz offensichtlich nicht vom bewussten Ich stammen, eine wichtige Ergänzung und Korrektur enthalten, dass aus ihnen eine innere Stimme sprechen könnte, auf deren Seite wir uns stellen sollten.

Sinn, Wider-Sinn und Un-Sinn

Es muss aber auch die Schattenseite einer solchen Haltung genannt werden, die ihrerseits zu einseitig werden kann, wenn nämlich in jedem Leid auf kategorische Weise ein Sinn gesucht werden muss. Vertrauen unterliegt keiner Garantie und wird nicht zuverlässig belohnt. Nicht ohne Grund verweist Jung im Roten Buch mit seinem Zitat von „Tag und Nacht" darauf, dass nichts ohne sein Gegenteil Bestand hat und auch der Sinn nur in Gegensatzspannung zum Widersinn existiert. In allem einen Sinn zu erkennen zu wollen oder zumindest zu fordern, dass er existieren muss, führt geradewegs in den Widersinn von Selbstbetrug und Unaufrichtigkeit sich selbst gegenüber.

Das geschieht beispielsweise, wenn wir in schrecklichen und sinnlosen Ereignissen meinen, einen Sinn erkennen zu müssen, auch wenn dieser gar nicht erlebt und gefühlt werden kann. Gerade im Umgang mit psychischen Traumatisierungen zeigt sich besonders markant, wie schwer es werden kann, noch einen Sinn zu finden und wieder vertrauen zu können. Posttraumatisches Wachstum gelingt einer Reihe von Menschen, aber viele finden auch nicht mehr zurück oder leben zumindest mit schweren Beschädigungen weiter. Hier zeigt sich die zentrale Rolle der Fähigkeit vertrauen zu können. Es gehört zum Wesen psychischer Traumatisierung, dass das Grundvertrauen in die Welt zutiefst erschüttert oder zerstört wurde. Gerade der Verlust des Vertrauens ist es, worunter traumatisierte Menschen am meisten leiden, und es zeigt, wie existenziell, wie zerbrechlich und wie wenig selbstverständlich diese Fähigkeit ist. Wurde sie verletzt oder zerstört, dauert es besonders lange, bis sie wieder wachsen kann, falls überhaupt. Es gibt keine Garantie, dass eine Heilung gelingen wird, und schon ein wenig Vertrauenkönnen bedeutet oft einen großen Gewinn.

Mein „roter Faden" durchs Leben

Dieser theoretische Hintergrund zum Vertrauen hat natürlich sehr viel mit mir selbst und meinem Lebensweg zu tun. Er ist tatsächlich eine Art Gerüst, das sich im Laufe der Jahre ergeben hat und das mir sehr wertvoll geworden ist. Nie hätte ich gedacht, dass ich einmal so lebe und arbeite, wie ich es jetzt tun kann. Unbewusst hat diese Art von Vertrauen, dass es sich schon fügen wird, dass sich in all diesen vielen Möglichkeiten und Hemmnissen ein roter Faden zeigt, meine Haltung zum Leben geprägt.

Als Grundschulkind hatte ich lange den tiefen Wunsch, endlich einmal einen Film sehen zu dürfen, der alle meine damaligen Helden vereinte: Asterix, Winnetou, Tarzan, Dick und Doof, Prinz Eisenherz, Micky Maus und noch einige andere. Ich konnte gar nicht verstehen, warum so ein großartiges Zusammentreffen nicht schon längst umgesetzt worden war. Darüber wurde natürlich gelacht. Wenn ich mir aber heute vor Augen halte, welche Eigenschaften diese Figuren repräsentieren, scheint mir der Wunsch, dass all diese einmal zusammen kommen sollten, gar nicht mehr so dumm.

Die Polaritäten und Gegensätze zusammenzubringen, hat mich stets begleitet. So konnte ich mich nicht entscheiden zwischen einem geisteswissenschaftlichen und einem naturwissenschaftlichen Studium. Beides interessierte mich gleichermaßen. Daher bin ich noch heute meiner damaligen Geschichtslehrerin aufrichtig dankbar, ohne jede Ironie, dass ich in ihrem Unterricht mein wirklich intensives Interesse an diesem Fach, das ich sonst ziemlich sicher als Studium gewählt hätte, gründlich eingebüßt habe.

Im Nachhinein scheint mir die Begeisterung für die kollektive Geschichte Ausdruck dafür gewesen zu sein, meine eigene Geschichte und mich selbst besser verstehen zu wollen. Stattdessen wurde ein ganz anderer Lehrer prägend, der Biologie unterrichtete.

Dieser Wandel war ein wesentlicher Grund, mich für die Medizin zu entscheiden, weil mir das ein Fach zu sein schien, wo es noch am ehesten möglich werden sollte, diese beiden unterschiedlichen Interessenspole zu vereinigen. Vor allem aber wollte ich etwas tun, was mir Sinn vermittelte. Es war schon eine außerordentlich blauäugige Ausgangslage, zumal ich Medizin als Berufswunsch weit von mir gewiesen hatte, da ich als Jugendlicher lange kein Blut sehen konnte.

Entsprechend frustrierend waren die ersten verschulten Semester dieses Studiums, die überwiegend auf Auswendiglernen und Inhalten beruhten, die mich nicht wirklich fesseln konnten. Ich war kurz davor aufzuhören und legte ein Urlaubssemester ein, um nach Italien zu gehen und die Sprache zu lernen, was viel Unverständnis auslöste.

Ich wusste selbst nicht, warum ich das wollte, hatte nur das sichere Gefühl, dass es das Richtige war. Und wieder tat sich etwas Neues auf. Das halbe Jahr hatte mich verändert, ich gab dem Studium noch eine Chance, kam in Berührung mit der Psychosomatik und alles wurde klar. Das war es, was ich machen wollte. Es hat mich damals sehr überrascht, dass aus all dieser Unsicherheit und Naivität mit einem Mal etwas in dieser Deutlichkeit hervorging. Der rote Faden schien die ganze Zeit mitgelaufen zu sein, wenn auch oftmals verschüttet und nicht sichtbar.

Als ich dann später auf ähnlich unvorhersehbaren Wegen mit C. G. Jungs Werk in Berührung kam, erhielt ich zum ersten Mal ein tieferes Verständnis für solche Vorgänge. Und nun tat sich regelrecht ein Tor für mich auf. Denn hier gab es auf einmal eine Offenheit für die überraschenden und zunächst unerkennbaren Wege der Individuation und vor allem eine Kultur, wie wir uns darin bewegen können. Der Umgang mit Träumen, Imaginationen und dem I Ging sind mir darin wichtige Begleiter geworden, gerade in den schwierigsten und dunkelsten Erfahrungen. Mein Berufsweg ist nur ein Beispiel und ganz sicher nicht das Bedeutsamste in meinem Leben geworden, wo sich dieses Vertrauen in die Dynamik des Unbewussten bewährt und bestätigt hat.

Vor diesem Hintergrund verstehe ich C. G. Jungs Antwort „I don't need to believe, I know" inzwischen ganz anders, als ich das früher getan hätte. Es wurde ihm damals vorgeworfen, dass er damit eine naive oder infantile Glaubensgewissheit transportiere. Folgt man aber seinen weiteren Ausführungen dazu, wird rasch klar, dass es hier um alles andere als ein blindes Gottvertrauen geht, sondern um ein an vielen Abgründen des Lebens erprobtes Vertrauen auf die im Unbewussten sich konstellierenden Potenziale, die in Gestalt durchkreuzter Lebenswege wie in archetypischer Gewalt durchbrechender Forderungen erlebt wurden.

Angesichts der Erfahrung solcher machtvollen Dynamiken gesteht sich hier ein Ich-Bewusstsein ein, dass es von Kräften bestimmt wird, die seine eigenen übersteigen. So liegt in diesem Satz auch ein weiterer Aspekt des Vertrauens, der anerkennt, dass es etwas Größeres gibt. Dieser ließe sich am ehesten mit Demut benennen. Es handelt sich dann aber um eine Demut, die nichts Demütigendes hat, weil sie das Ich-Bewusstsein nicht ungebührlich klein macht, sondern lediglich die Anerkennung ausspricht, auf eine andere Dimension zu vertrauen, welchen Namen diese auch tragen mag.

In besonders treffender Weise wird diese Haltung zum Ausdruck gebracht in der Kreuzigungsszene des Isenheimer Altars von Matthias Grünewald. Hier deutet Johannes der Täufer mit einem überproportionierten Arm auf den sterbenden Christus, neben ihm tauchen aus dem dunklen Hintergrund die Worte auf: „Illum opportet crescere, me autem minui." – „Jener muss wachsen, ich aber muss abnehmen."

Dieses Bild schließt nun den Kreis zur eingangs erwähnten Überlegung, dass eine Quintessenz, wozu es sich lohne zu leben, nur im Bewusstsein der eigenen Sterblichkeit gezogen werden kann. Sehr wahrscheinlich ändert sich die Antwort auf diese Frage im Laufe des Lebens, vielleicht aber auch nicht. Vertrauen zu können und Vertrauen zu erleben als Grundlage eines von Sinn und Liebe getragenen Lebens kann eine Voraussetzung für das Leben sein wie auch sein Ergebnis und scheint mir angemessen als – vorläufige – Antwort.

Brigitte Romankiewicz, Jahrgang 1945, Stuttgart.
Studierte Kunst, Deutsch und Religion für das Lehramt und war zwanzig Jahre als Lehrerin tätig. Weitere intensive Studien auf dem Gebiet der Religions- und Kulturgeschichte und der Psychologie führten sie zur Bildsprache des Symbolischen. Langjährige Dozentin am C. G. Jung-Institut Stuttgart und an anderen Institutionen.
Homepage: opus-magnum.com > Autoren

Veröffentlichungen u. a.:
Romankiewicz, B. (2019). *Der Blick des Christophorus oder Was ist Christus? Versuch einer Annäherung.* Stuttgart: opus magnum.
Romankiewicz, B. (2018). *Ohne Maria kein Christus: Maria als Symbol spiritueller Erfahrung und Raum der Individuation.* Stuttgart: opus magnum.
Romankiewicz, B. (2016). *Sophia kehrt zurück: Evangelische Mystik im Schatten Luthers.* Freiburg: Herder.

Brigitte Romankiewicz

„Quintessenz – Wozu es sich lohnt zu leben"

Eine ganz schön hohe Herausforderung für mich, dieser Titel! Habe ich, obwohl über siebzig, denn bisher mehr als den Zipfel einer Ahnung davon erwischt?

Quintessenz: In der *Alchemia Mystica* die „schwer erreichbare Kostbarkeit" schlechthin. Für das Menschenleben der erfüllende, ja erleuchtende Sinn, die vollendete Individuation, der Schatz, welcher vom Suchenden mit viel Hingabe, Leiden und Seufzen in einem mühevollen Prozess verwandelnder Erfahrungen mit der „Urmaterie", also mit den gegebenen Lebensbedingungen, gefunden wird.

Die Frage ist: Wird sich einer, der mit sich, seinem Leben und seinen Lebensumständen arglos im Reinen ist, überhaupt fragen, ob sich das Leben „lohnt" (worin immer auch ein Blick auf einen „Ertrag" mitschwingt)? Müsste nicht für diesen Glücklichen das Leben in allen seinen Erscheinungen einfach seinen Lohn in sich selbst tragen?

> *Es scheint im Leben aufs Leben selbst anzukommen,*
> *nicht auf einen Ertrag desselben.*

So befand einst der allweise Rat Goethe – ein Spruch, der lange an der Pinnwand in meiner Küche hing. Wären es also vor allem die weniger Glücklichen, vom Leben sich eher geplagt Fühlenden, die sich aufmachen, durch Mühsal, Dunkelheit und „Dreck" hindurch (in dem nach einem alten Alchemistenspruch der je eigene „Stein der Weisen", alias Quintessenz, schließlich gefunden werden kann) nach einem Lohn zu forschen? (Nebenbei gesagt: Auch Herr Goethe muss solche Sinn-Plagen gekannt haben, sonst hätte er keinen „Faust" geschrieben.)

Von der Not der Sinn-Suche kann sicherlich jeder Therapeut viele Lieder singen. Brachte sie ihn vielleicht selber einst dazu, diesen Beruf zu ergreifen? Mag sein. Ganz sicher aber war immer ein Motiv dabei, das auch mir vertraut ist: Nämlich jener „leidenschaftliche Drang zu verstehen", von dem C. G. Jung in seinen Erinnerungen (Jung/Jaffé, 1962, S. 324) spricht. Gewiss könnte dieser leidenschaftliche Drang auch andere Wege führen als den psychologisch-analytischen: Kein Philosoph, kein Theologe, kein Künstler kommt ohne ihn aus, keine „Schatzsucherin" und Schreibende wie ich, für die das Schreiben Welterkundung und Kontursetzen im Wogenden, Wabernden, Uferlosen zugleich ist. Aber auch das kostbare Abenteuer, im Ein- und Untertauchen ins Uferlose etwas zum Vorschein zu bringen, das so zuvor nicht bewusst war: einen Schatz herauftauchen, eine Perle, einen Glanz, eine neue, wunderbare, „lohnende" Sicht auf das Leben. Darum würde ich für mich noch hinzufügen: Mein leidenschaftlicher Sinn zu verstehen ist gepaart mit dem leidenschaftlichen Drang, zu *entdecken*.

Unzählige Märchen und Geschichten handeln von solchen Abenteuern und Schatzsuchen, unzählige Weisheitssucher widmen ihr Leben noch heute dem Erforschen verborgener Geheimnisse. Und doch kam der Philosoph Peter Sloterdijk anlässlich einer Preisverleihung einmal zu dem Schluss: „In den Archiven der Menschheit liegen Briefe verborgen von Weisen, die nicht mehr zugestellt werden können, weil keine Empfänger mehr dafür vorhanden sind."

Das ist Kritik und Appell zugleich, Appell an alle, die den leidenschaftlichen Drang zu verstehen und zu entdecken in sich spüren. Und dazu zähle ich mich, zumal leidenschaftliche Briefschreiberin der altmodischen Art, von handschriftlichen Briefen, angereichert mit sinnlich-haptischen Qualitäten und Ingredienzen aller Art.

Das Lied von der Perle und vom Weisheitsbrief, der Wunder wirkte

Darum möchte ich hier auch eine Weisheits-Erzählung, ein Lied „aus den Archiven der Menschheit" ins Zentrum meines Quintessenz-Beitrags stellen, das von beidem handelt: Von der „schwer erreichbaren Kostbarkeit" und einem wunderbar sinnlichen Brief, der ihr Wiederfinden ermöglicht. Denn ich bin nicht ganz so pessimistisch wie Peter Sloterdijk, dass es überhaupt keine Empfänger mehr für diese Weisheitsbotschaften gäbe. Ich denke eher, dass es zu unseren Aufgaben gehörte, die Aufmerksamkeit für solche Briefe wieder zu wecken – und dass es sich lohnt, dafür zu leben! Denn im Grunde ist diese Weisheit als „archetypisches Herzenswissen" jedem von uns eingeprägt als unser „Selbst", als sophianische innere Stimme, der sich viele Mystiker anvertrauten, als „Herzbild" (Michelangelo sprach von einem „Immagine del cuor") als „Ruf der Weisheit" (Spr 8), wie ihn auch andere biblische Weisheitstexte bilderreich beschreiben.

Das *Lied von der Perle* und vom Weisheitsbrief, der Wunder wirkte, findet sich in den apokryphen sogenannten *Thomasakten* (gefunden 1945/46 in Oberägypten, verfasst vermutlich Anfang 1. Jh n. Chr.). Wie der Kommentator anmerkt, wurde es wohl einst wirklich als Lied, als Hymnos gesungen, wie es in alter Zeit mündlicher Tradition bei festlichen Anlässen üblich war: Wandernde Sänger überbrachten „gesungene Weisheitsbriefe", trugen sie von Ort zu Ort weiter.

Dieses Lied beginnt damit, dass es einen Königssohn seine wundersame Geschichte berichten lässt: Wie er einst am (himmlischen) Königshof seines Vaters weilte und eines Tages ausgesandt wurde, um eine prächtige Perle wiederzufinden, die aus der Krone des Vaters verlorengegangen war. Es folgt eine Schilderung seiner reichen Ausstattung, aber auch, dass die Eltern ihm sein „Strahlenkleid" und seinen „safranfarbenen Mantel" vor der Reise fortnahmen (zit. n. Hörmann, 1990, S. 98 ff.).

Aber:

Dann besprachen sie mit mir eine Übereinkunft
und schrieben auf mein Herz, sie nicht zu vergessen:
„wenn du nach Ägyptenland hinabgehst
und von dort die eine Perle zurückbringst, die dort im Meere liegt,
das die schlingende Schlange bewacht,
darfst du dein Strahlenkleid wieder anziehen. "

Zunächst von zwei Führern begleitet, macht er sich auf den Weg. Ägypten liegt, da er „aus dem Osten", also aus dem Reich des Lichts kommt, im Westen, dort, wo die Sonne untergeht und die Menschen in geistiger Finsternis leben. Das letzte Stück muss er allein gehen. Nun begibt er sich schnurstracks zur Höhle der Schlange (in anderen Übersetzungen ein Drache), bereit dort zu wachen, bis sie müde würde, damit er die Perle entwenden könne. Doch obwohl er sich bemühte, nicht als Fremder aufzufallen, wurde er doch als solcher erkannt, und man mischt ihm „mit trügerischer List" eine Speise – von der er „in bleiernen Schlaf" fällt und seinen Auftrag vergisst. Doch die Eltern bemerken von Ferne, was geschieht, und „erlassen wurde eine Schrift", nämlich der entscheidende, wunderwirkende Brief, von allen Würdenträgern des Reiches gesiegelt:

Auf, werde nüchtern vom Schlafe
Und höre auf die Worte dieses Briefes.
Erinnere dich. Du bist ein Prinz ...

Erinnere dich deines Strahlenkleides …
Erinnere dich der Perle, worum du nach Ägypten niederstiegst …
Erinnere dich deines Schimmermantels …

Vier mal nacheinander mahnt der Brief das „Erinnere dich", sodass es wie ein Mantra, eine magische Formel, ein mächtiger Zauberspruch gegen das Vergessen wirken muss. Dann aber kommt der (für mich) faszinierendste Teil der Geschichte und es heißt:

Der Brief aber flog wie ein Adler,
Wie der König der Vögel flog er,
Und wurde ganz zum sprechenden Wort.
Bei seinem Anflug und Reden schreckte ich auf,
erhob mich vom Schlafe,
empfing und küsste ihn.
Und wie es auf mein Herz geschrieben stand,
Genauso waren die Worte meines Briefes.
Und ich erinnerte mich, dass ich ein Prinz war,
Und meine Freiheit drängte nach ihrer Art.
Ich erinnerte mich der Perle,
worum ich nach Ägypten gesandt gewesen war.

Man möchte diesen Liedteil am liebsten Wort für Wort mit dicken Ausrufezeichen versehen! Das ungeheure Bild: Ein Brief, der wie ein Adler, der „König der Lüfte" flog: Welche Wucht liegt in dem Anflug und Reden der überirdischen Macht! Und die Verse formulieren genau, was passiert, wie genau das getroffen wird, was uns als innerste Wesen „ins Herz geschrieben" ist und zum Leben erwacht, wenn ein Impuls sie „syneidetisch" (d. h. „im übereinstimmenden Bild" – im Neuen Testament ist das griechische Wort für „Gewissen" „syneidesis"!) berührt. Dann wird es wieder geweckt, das ins Unbewusste gefallene Bild des Ziels aller Hoffnung, das nichts anderes ist als „die Perle", Bild des innersten Selbst, des Heiligen Grals, des *lapis*, der „Quintessenz", der „tausendnamigen Kostbarkeit." Ihr Bild im Innern wird geweckt: Er-Innerung. Aber zugleich wird auch die Herausführung geschildert, die jetzt folgen muss: Das ausgesprochene Königswort bannt die Schlange, die Perle kann entwendet werden, und wieder ist es der Brief, der zum zweiten Mal den Weg heraus zeigt: Glänzend und

„auf leuchtende Seide geschrieben" flog er auf dem ganzen Rückweg voraus: „Und durch sein Wort führte er mich."

Die „Quintessenz", das wesenerweckende Wort, der „Logos" hat mit dem Leuchten die idg. Wurzel leukh gemeinsam.

Was für eine Geschichte, die man immer wieder lesen muss, sie hören, zur Erinnerung, warum unser Leben lohnt: Um das Geheimnis unserer Herkunft aus einer anderen Dimension zu erkennen, für welche das Bewusstsein verloren gegangen ist! (Die Bibel spricht in Apg 17, 29 explizit aus, dass wir „von Gottes Art" stammen.) Und damit sowohl unser eigenes „Angeschlossensein" an diese Dimension zu erkennen als auch unsere Verbundenheit mit allem, was die Welt ausmacht. Denn es gilt auch zu entdecken, dass die Worte, „die uns ins Herz geschrieben sind", die Quintessenz, genauso in alles was uns begegnet eingeschrieben ist: in jeden Baum, jeden Stein, jeden Hund, jede Katze, jedes Kind, jede Frau, jeden Mann, jedes Ding, und sei's ein achtlos weggeworfenes – aus allem spricht etwas „Quintessentielles" zu uns, von überallher könnte uns die Schwungfeder eines Adlerflügels zuwinken …

Das ist die „große" Botschaft des Gleichnisses. Und unsere Aufgabe ist es, seine Botschaft auf unser kleines, persönliches Leben zu übertragen – und in der Praxis zu leben.

Doch geht es im Prinzip für uns nicht um dasselbe wie für den Königssohn? Zu erkennen, wie sehr wir uns von unserem persönlichen Herzbild, „Stimme des Herzens" haben ablenken lassen? Vor allem aber müssen wir bereit sein, in die unheimliche Tiefe des unbewusst gewordenen Geistes zu tauchen, wo die „schlingende Schlange" haust, unsere unbewussten Affekte, unsere Angst, unser Unbehagen, unsere Schwäche und Ohnmacht und alles, was wir sonst noch nicht mögen oder fürchten.

Theoretisch kennen wir alle die Notwendigkeit dieses „Abstiegs". Was mich an diesem wunderbaren Märchen aber elektrisiert, ist das diesen Abstieg erst ermöglichende Bild: Das Bild des durch die Lüfte fliegenden Briefs. Des Briefs, der sich in einen Adler verwandelt, des Briefs, der die weckende, rettende Botschaft enthält, das Zauberwort, mit dem es dem Prinzen gelingt, wie Perle zurückzuholen. Dieser Brief ist Symbol und Träger der Inspiration, das entscheidende, poetische Symbol für die Winke aus der alles überwölbenden Dimension, des „Königreichs". Das Symbol, das zum Hören und Spüren der quintessentiellen Botschaft führt, die auch uns von

Anfang an „ins Herz geschrieben" ist. Die Botschaft dieser Inspiration durch allen Lärm der Welt durchzuhören und durchzuspüren, hieße, dem Drachen die Perle abzulisten. Und das ist unsere Aufgabe.

Dem Drachen die Perle ablisten

Wenn ich also tatsächlich sagen sollte, was im Leben mir lohnend erscheint, ist es genau das: Die Aufmerksamkeit für solche „Briefe" und Winke wachzuhalten, und dass mir immer wieder das „Durchhören" ihrer Botschaft vom „Königreich" in allen Dingen gelingt, wenn auch mal mehr und mal weniger.

Der religiöse Ideenhimmel aller Zeiten und Kulturen ist voll von Schilderungen und Hymnen auf dieses Königreich, das uns Erfüllung und Ganzwerdung verspricht, die Erfahrung der „Quintessenz" – wenn wir darauf bezogen sind. Glücklich, wenn es einem vergönnt ist, wenigstens hin und wieder eine Ahnung davon zu erhaschen! In solchen Momenten können wir uns wirklich als Königssöhne und Königstöcher fühlen!

Doch jeder weiß auch: Meist ist dieses größte aller Glücksgefühle nicht von Dauer. Immer wieder fällt die Perle (oder die Ahnung davon) hinunter ins dunkle Meer des Unbewussten, in die Klauen des Drachen. Immer wieder verschwindet das Bewusstsein der „Quintessenz" in ägyptische Finsternis.

Es gilt also bescheiden zu werden.

Im praktischen Leben scheint die Quintessenz auch zu beinhalten, dass sich die Perle, die errungene Quintessenz, nicht festhalten lässt.

Wozu aber lohnt es sich dann noch zu leben?

Eben auch dafür: Für das Aushalten der Finsternis, des Versinkens in Orientierungslosigkeit und Knechtschaften des Alltags, in Depression, in Müdigkeit, Gereiztheit und Frustration, in Unlust und dem Gefühl, nichts Rechtes zustande gebracht zu haben – den Augenblick nehmen, wie er nun eben mal ist. Das ist leichter gesagt als getan. Aber vom lebensklugen Herrn Goethe stammt auch ein Sätzlein, das er seiner Frau Christiane am 5. 8. 1798 anriet: „Tue nur jeden Tag das Nötige, weiter bleibt uns in guten und bösen Zeiten nichts übrig."

Ich widerstehe der Versuchung hier weitere durchaus inspirierte Proben aus meinem Zitatenschatz aus meinem vor langer Zeit dafür angelegten Büchlein auszubreiten, mit dem ich zuweilen Glückwünsche und Briefe garniere und kehre noch einmal zurück zum Versuch eines persönlichen Resümees. Wohlverstanden: Ich tue das für mich selber, für meine ganz persönliche „Bilanz".

Mein persönliches Resümee

C. G. Jung hat einmal gesagt, worauf es ihm ankäme, sei, den Ratsuchenden dazu zu bringen, *mit seinem Wesen zu experimentieren* (C. G. Jung, GW 16, § 99).

Mit seinem Wesen und Leben experimentieren! Was für eine Erlaubnis, was für eine Befreiung! Wahrlich ein „Brief" mit Adlerflügeln!

Allerdings: Gerade wer experimentiert, muss mit Drachen und Abstürzen rechnen. Auch wenn er – wie ich – in der ersten Lebenshälfte „das Nötigste" getan hat, um seinem Leben zu einer „bürgerlichen Grundlage" zu verhelfen. Immer wieder erwischte ich dabei doch ein Zuviel an „ägyptischer Speise" und verfiel einer nicht ganz harmlosen Finsternis des Funktionierens.

Etwa ab der Lebensmitte konnte das dann besser werden. Die Kinder waren größer, und ich konnte mir wieder mehr Freiheiten nehmen, um den Drachen zu überlisten. Meine Hoffnung auf das Wiederfinden des Zauberworts und dass das Experimentieren lohnt, wuchs. Ich fing an Collagen zu machen, Gedichte zu schreiben, neue Freundschaften zu knüpfen, Gesprächsrunden zu initiieren, in Religions- und Kulturgeschichte einzutauchen (meine Studienfächer waren Kunst, Deutsch und Religion gewesen) und mich in die Welt der jungschen Psychologie mit ihrem Symbolverständnis zu vertiefen. Ich wurde geradezu zur Symbolforscherin und fing an Bücher zu schreiben, Vorträge zu halten.

Dabei wurde schnell auch klar: Experimentieren an sich reicht nicht aus: Für uns Erdenmenschen, die wir eben doch nur archetypisch-gleichnishafte Ähnlichkeit mit den Königssöhnen oder Königstöchtern des Mythos haben, steht viel Arbeit an, um unseren Visionen Boden unter den Füßen zu verschaffen! Und das Tauchen in die Tiefe will geübt werden, immer und immer wieder neu, und ist nicht ohne Risiken. Auch Drachen sind listig. Immer wieder wechseln sie die Gestalt. So leicht geben sie ihren Schatz nicht her.

Ohne den Beistand und die Geduld meines Mannes wäre das nicht möglich gewesen. Dafür bin ich dankbar, wie auch für viele andere Zu-Sprüche und Zu-Fälle. So fand ich mit der Zeit auch zu der entscheidenden Freiheit, nicht mehr nur nach der einen, der prächtigsten aller Perlen zu suchen, sondern mich auch für kleinere Funde zu begeistern. Denn die sieht man mit etwas Glück (und Übung!) immer wieder auch im ganz gewöhnlichen Leben aufblitzen.

Immer weniger muss ich seither danach fragen, ob sich das Leben „lohnt", sondern kann dem Goethe-Zettelchen des „Lebens um seiner selbst willen" hin und wieder einen freundlichen Erinnerungsblick zuzuwerfen ...

Es mehren sich auch zusehends die geflügelten „Briefe", das heißt, ich werde immer aufmerksamer dafür. Eine Ahnung, ein Zufall, ein Wink, eine Fantasie, ein Traum: Alles kann Zeichen sein zur Erkundung verschiedenster Möglichkeiten, zu experimenteller Auslotung neuer – und vor allem *eigener* Horizonte.

Je mehr ich eben diese Winke und Zeichen, von denen auch der Alltag durchwoben ist, beachte, desto deutlicher spüre ich auch staunend mein eigenes Angeschlossensein an jene den Alltag überwölbende Welt der Fülle und Inspiration, aus der unser mythischer Königssohn aus dem Perlenlied auf die Suche geschickt wird.

Und so hoffe ich, dass ich mit zunehmendem Alter auch immer mehr die Fähigkeit erwerben möge, den jederzeit möglichen Abstürzen und Traurigkeiten weniger Abwehr entgegenzusetzen, denn oft findet sich gerade da der entscheidende Wink oder Keim für eine tiefere Einsicht, wo es dunkel ist und man sie am wenigsten erwartet.

Natürlich sehne ich mich weiterhin nach Konfliktlosigkeit, Begeisterung, Glanz und Fülle – und ich sehe auch keinen Grund, diese Träume aufzugeben. Auch nicht, wenn sie eine Zeit lang ausbleiben, oder verschattet werden durch Krankheiten und zunehmende Altersmühsale, die den Bewegungsradius einschränken und allmählich mehr Aufmerksamkeit und Aufwand für Körper und Alltag erfordern, als mir lieb ist. Die „Quintessenz", weiß ich nun, wird davon nicht angegriffen, und die Herausforderung zum Experimentieren bleibt immer dieselbe, ob im Alter oder in der Jugend.

Je älter man wird, desto mehr lohnt es sich auch, immer entschiedener auf je eigene Art Ausschau zu halten nach dem Aufblitzen eines auch noch so schwachen Perlenschimmers oder zu lauschen auf den jederzeit möglichen Flügelschlag eines imaginären Briefes – und Freude zu haben etwa an den mit der Post eintreffenden realen „Wundertüten", Früchte der lohnenden Spielerei des Briefschreibens, die mein Leben bereichert und die ich mit Vergnügen weitertreibe.

Viele Dichter haben in ihrem Leben unzählige Briefe geschrieben. Und aus eigener Erfahrung bin sicher: Sie haben auch für sich selber Gewinn aus dieser äußerst wirksamen Form des In-Beziehung-Seins mit sich selber und anderen geschöpft und sind darin mancher „Quintessenz" nahe gekommen, die uns bis heute bereichern kann und unsere Fantasie und Experimentierlust beflügeln! (Mir selber ging es so, als ich eine zeitlang für die evangelische Briefseelsorge arbeitete.)

Und in diesem Zusammenhang kommen mir nun Rilkes *Briefe an einen jungen Dichter*, in den Sinn, wo er an einer Stelle (S. 11) schreibt:

> Wenn Ihr Alltag Ihnen arm scheint, klagen sie ihn nicht an; klagen Sie sich selbst an, dass Sie nicht Dichter genug sind, seine Reichtümer zu rufen; denn für den Schaffenden gibt es keine Armut und keinen gleichgültigen Ort.

Rilke schreibt das an einen „Dichter", vielmehr an einen, der es gern wäre und zählt ihn zu den „Schaffenden", den Schöpferischen, heute „Kreative" genannt, und mancher mag nun denken: „Ja, das mag zwar für die „Schaffenden" gelten, aber gilt das für mich auch?" Ja, es gilt ganz gewiss, denn im tiefsten schöpferischen Grund ist jeder von uns „ein Schaffender", jeder von uns schafft (wie ihm jeder Hirnforscher bestätigen würde) sein Weltbild allaugenblicklich neu!

„Das meiste hängt ja doch davon ab, wie wir die Dinge betrachten" (C. G. Jung, GW 16, § 96). Jeder ist Dichter seines Lebens, jeder kann sich als „Königssohn" oder Königstochter fühlen, jeder hat die königliche Anlage, „Reichtümer zu rufen", seinen Blick zu weiten für die offen zutage liegenden oder auch verborgenen Wunder der Welt! Entscheidend dafür ist seine Fantasie, seine Imaginationskraft, seine Begeisterung und Offenheit, auch mitunter die Bereitschaft zu einem radikalen Perspektivwechsel – vor allem aber die Entschlossenheit, mit seinem Leben zu experimentieren und seinem „Herzbild", seiner Fantasie, seiner inneren Weisheit zuzutrauen, dass sie ihm im richtigen Moment den richtigen „Brief" schickt, das richtige Zauberwort souffliert, um den Drachen zu bannen – und das eben immer von neuem.

Und so wird meine persönliche „Quintessenz", wozu es sich zu Leben „lohnt" also bis auf weiteres dies bleiben: Immer entschlossener Ahnungen, unauffälligen Winken und überraschenden Zeichen und Zu-Fällen folgen, ihrer Resonanz im innersten „Herzbild" nachspüren – und sehen, was passiert ...

Gert Sauer, Jahrgang 1942, Freiburg im Breisgau.
Erstberuf Theologe, Analytischer Psychotherapeut in freier Praxis,
Supervisor, Lehranalytiker, Dozent, auch in Osteuropa. Begründer –
zusammen mit seiner Frau – des „Netzwerks Osteuropa zur Förderung
der Analytischen Psychologie". Rege Vortragstätigkeit, z. B. „Sibirische
Vorlesungen über Analytische Psychologie" auf Russisch.

Veröffentlichungen u. a.
Bollin, E., Sauer, G. (2017). *Die Traumgruppe: Anleitung zur Traumbearbei-
tung in Gruppen.* Lübeck: BuchHandelsGes.

Sauer, G. (1992/2006). *Traumbild Schlange: von der Vereinigung der
Gegensätze.* Olten: Walter. Überarbeitete Auflage: Stuttgart: opus
magnum, kostenloser download.

Sauer, G. (2006). *Betrachtungen zur archetypischen Gestalt der Baba Yaga im
russischen Märchen und ihrer psychologischen Dimensionen.* Stuttgart: opus
magnum, kostenloser download.

Gert Oskar Alexander Sauer

Aphorismen über die persönliche Quintessenz meiner bisherigen Lebenszeit von 1942 – 2019

I. Wanderer kommst Du nach Zürich, dann sage den dortigen Leuten – auch Leutpriestern –, welchen Schatz sie mir gegeben haben in Haltung und Methode auf der Suche nach hilfreicher Weisheit in der Erfüllung meines Gesetzes.

II. Was immer du tust, mach es klug und bedenke das Ziel – ich hätte nie das erreicht, was ich heute erreicht habe. Nein, es ist nicht immer weise, klug zu sein.

III. Auch, wenn sie Geschenke bringen, fürchte ich die Danaer – Bombennächte im Äußeren und Bombennächte zwischen den Eltern, was wird nicht alles geschrieben und gesagt und geglaubt über Urvertrauen. Die Kinder, die angstgelähmt in den Betten liegen, werden nicht gefragt, was sie davon halten, wenn unheilbare Krankheiten ins Leben eingreifen. Wo ist Versöhnung? Dort, wo ein weinendes Kind erfasst, dass die Eltern auch einsame weinende Kinder waren.

IV. Wenn ich einst gestorben bin … setzt mir einen Leichenstein, schreibt darauf: „Es sollt wohl sein: Er konnte lieben." Das wäre mir die größte Freude.

V. Sie – war und ist mir Frau, Geliebte, Gefährtin, Mutter unserer Kinder – tiefster Gesprächspartner. Der Alltag drohte unsere Liebe immer wieder aufzufressen. Finanziell waren wir beide arm. Aber Liebe ist das Brot der Armen. Noch heute gönne ich sie Gott nicht und bitte ihn, sie mir nach so langer Zeit noch zu lassen, bin ich unersättlich im Lesen ihres Lebensbuches. Ganz und gar nicht weise.

VI. Sie – liebte ich zutiefst. Meine Freunde. Auch manchen Lehrer. Meine große Sehnsucht machte mich blind für ihren Schatten. Sie verrieten mich und lehrten mich Weisheit. Die Einsicht davon, dass eine große Fremdheit uns alle trennt.

V. Der Einsame sucht Trost bei Old Shatterhand und Winnetou, David und Jonathan, Achilleus und Patroklos. Tatsächlich gibt es das: tiefe, innige Freundschaft.

VI. Wie fühlt sich ein Leben an, das wie ein Puzzle aus verschiedenen Stücken zusammengesetzt ist, wie ein Mosaik verschiedener Kulturen? Bleibt unser Leben Stückwerk? Bleiben wir in uns und um uns Fremde? Offensichtlich ist Liebe wirklich eine Himmelsmacht. Sie schenkt Begegnung mit anderen Fremden gegen die drohende Vernichtung, die Abtreibung völkischer und anderer Art. Noch mancher Wanderer geht unter dem Himmelszelt und mancher ist noch auf dem Weg zu Dir.

VII. Also: Nenne mir Muse den Weg des Mannes, den du hast reifen lassen durch Schmerz und Glück. Hoffnung und Enttäuschung. Er wollte nicht kämpfen und musste lernen zu kämpfen. Er musste lernen, dass alles dieses sinnvoll und wichtig war. Auf dem Weg zu sich selbst und den anderen. Ohne diesen Weg wäre er nicht das, was er heute ist. Gert. Oskar. Alexander.

VIII. Achmatowa schreibt mitten im Krieg. Sie dichtete mit der Überschrift: *Mut.*

> *Wir wissen, was jetzt auf der Waage liegt*
> *Wir wissen, was jetzt sich vollzieht.*
> *Die Stunde des Mutes hat sich über unsere Stunde gelegt,*
> *Und unser Mut hat uns nicht verlassen.*
> *Es ist nicht schrecklich, unter tödlichen Schüssen zu liegen,*
> *und bitter das Blut hinausfließen sehen, -*
> *aber wir schützen dich russische Rede,*
> *gewaltiger russischer Laut.*
> *Frei und lauter geben wir Dich weiter,*
> *auch den Enkeln, und bewahren Dich aus und vor Gefangenschaft.*

Unsere Enkel werden diesen Mut wieder gebrauchen: Der deutsche Film *Wir Wunderkinder* schließt mit den Worten: „Wir mahnen die Lebenden."

Mario Schlegel, Dr. sc. nat. ETH, Zürich.

Psychotherapeut ASP in eigener Praxis. Lehranalytiker, Supervisor, Dozent, Leiter des Forschungskolloquiums am C. G. Jung-Institut Zürich. Vorsitzender der Wissenschaftskommission der Schweizer Charta für Psychotherapie und Co-Präsident des „Internationalen Netzwerkes Forschung und Entwicklung in der Analytischen Psychologie Dreiländergruppe" (INFAP3), Mitbegründer und Redakteur bei der Zeitschrift Psychotherapie-Wissenschaft.

Veröffentlichungen u. a.:

Schlegel, M. (2020). *Spiritualität – Eine evolutionäre und psychotherapie-wissenschaftliche Perspektive*. Spiritual Care 9(1), S. 13-24.

Schlegel, M. (2011). *Psychotherapien: ein Führer der Schweizer Charta für Psychotherapie für die in ihr vertretenen tiefenpsychologischen, humanistischen und integrativen Psychotherapieverfahren*. Hrsg. Mario Schlegel, Isabelle Meier, Peter Schulthess. Zürich: Schweizer Charta für Psychotherapie.

Schlegel, M. (2006). *Seele und Forschung: ein Brückenschlag in der Psychotherapie*. Hrsg.: G. Mattanza, I. Meier, M. Schlegel. Basel: Karger.

Mario Schlegel

Sternenstaub

Wozu lohnt es sich zu leben? Eine existenzielle Frage! Man bringt mit ihr das eigene Leben mit „Lohnen" in Verbindung, meist spielerisch zwar, wie wenn es ein Handel mit dem Schicksal wäre und man auf das Leben verzichten könnte. Aber wirklich ernst gemeint, scheint mir dies nur in existenziellen Lebenssituationen legitim. Das ist eigentlich schon meine Antwort auf diese Frage.

Eigentlich wollte ich deswegen nicht weiter auf sie eingehen, musste es aber doch tun, weil gerade zwei meiner Freunde mich wegen ihrer Krankheit gebeten hatten, sie bei ihrem Freitod in der Sterbehilfe zu begleiten. So konnte ich nicht umhin, als mich mit ihr auseinander zu setzen. Dabei drängte sich auch die Frage in den Vordergrund, warum wir uns solche existenziellen Fragen stellen und auf welcher Grundlage wir dies überhaupt können.

Die Frage, wozu es sich lohnt zu leben, halte ich trotzdem nicht für gerechtfertigt, ganz einfach, weil wir leben, und weil unsere Existenz, wenn man vom Anbeginn von Raum und Zeit herschaut, vom Urknall vor fast vierzehn Milliarden Jahren, so unwahrscheinlich war, dass es ein Wunder ist, dass es uns gibt.

Legt man die kosmische Geschichte auf ein Jahr um und setzt den Urknall bei der Mitternacht von Silvester fest, erscheint unsere Sonne und die Erde erst Anfang September, und wir Menschen betraten die Bühne des Welttheaters erst am 31. Dezember. In dieser unvorstellbaren Zeitspanne verdichtete sich durch die Schwerkraft vorerst der entstandene Wasserstoff zu Milliarden von Sternen, in denen er zu all den schwereren Elementen fusionierte, die wir kennen. Als ungefähr vier Milliarden Jahre später ausgebrannte Sterne explodierten, entstand der Sternenstaub. Aus diesem bildeten sich neue Galaxien mit Sternen, Planeten und Monden, auf denen bei günstigen Bedingungen Leben hätte entstehen können oder tatsächlich entstanden ist. Somit bestehen auch wir aus Sternenstaub.

Dass es uns gibt, hing seit dem Urknall an Unwägbarkeiten. Wenn jemand zu Beginn dieses Prozesses die Wahrscheinlichkeit, dass einmal eine Spezies „Mensch" existieren wird, hätte angeben müssen, wäre sie so unendlich klein gewesen wie das Universum groß ist. Unendlich viele Zufälle waren notwendig, wie zum Beispiel der

Einschlag des Meteoriten, der die großen Dinosaurier auslöschte und damit kleinen, mausgroßen Säugern die Chance gab, die frühesten Vorfahren aller Säugetiere zu werden.

Das alles wissen wir, weil wir als Menschen nur durch die Fähigkeit zu beobachten, zu kombinieren, zu denken und Schlüsse zu ziehen überleben können. Dies tun wir auf zwei Arten. Die ursprüngliche ist intuitiv. Eine solche ist beispielsweise die Annahme, dass eine Gottheit die Welt und die Menschen erschaffen hat. Solche Bilder versteht jedes Kind, erlebt es doch seine Eltern auch als übermächtig. Diese Bilder beantworten die existenzielle Frage nach dem Woher und Wohin des Menschen. Nur – zum Mond fliegen kann man mit dieser Art von Vorstellungen über die Materie nicht. Sie haben sich aber seit über vierhunderttausend Jahren bewährt, wenn man davon ausgeht, dass bereits Frühmenschen sich Geschichten erzählt haben. Sie haben auch die Natur nicht zerstört, sondern standen mit ihr in einem ausgeglichenen, kulturell begründeten Verhältnis des Gebens und Nehmens.

Die andere Art ist die naturwissenschaftliche. Sie führte zu dem astronomischen Wissen und den dazu nötigen technischen Vorrichtungen. Auch die Erkenntnisse über die Evolution des Lebens gehören dazu. Sie beruht auf nicht zielgerichteten Mutationen im Erbgut und deren Auslese über eine verbesserte Anpassung an die Bedingungen der Umwelt. Diese Art des Wissens ist kontraintuitiv, jeder einzelne Mensch muss es sich mühsam durch Lernen aneignen, wenn er an unserer Kultur – insbesondere auch der wissenschaftlichen – teilnehmen will. Und – mit dieser Art von Wissen über die Materie kann man zum Mond fliegen, aber auch die Natur zerstören.

Ist es denn überhaupt nötig, zum Mond zu fliegen? Eine müßige Frage, denn wir tun es, weil wir es können und weil wir über alle Maßen neugierig sind. Und – es hat sich außerordentlich gelohnt. Von hier aus konnten wir, symbolisch gesprochen, zum ersten Mal die Perspektive Gottes einnehmen: den Blick auf die Erde von außen. Wir sehen unsere Heimat als wunderschöne blaue Kugel, als Paradies in der Schwärze und Leere des unendlichen Universums. Wenn jemand bei diesem Anblick die Frage stellen würde, „Wozu lohnt es sich zu leben?" wäre dies ein unverzeihliches Sakrileg, eine Entweihung des Augenblicks des Erkennens unseres Ortes, unserer Heimat in der Unendlichkeit.

Ist diese Frage nicht auch unverzeihlich, wenn wir nicht auf dem Mond sind, sondern auf der Erde? Wir können ja nicht so tun, als ob wir die Erde nie vom Mond aus gesehen hätten, und wir können auch nicht so tun, als ob wir nie in die Augen eines Affen oder Menschenaffen geschaut hätten und uns dabei selbst im Spiegel gesehen haben. Auch im „Angesicht zu Angesicht" mit einem Affen überkommt uns ein heiliger Schauer angesichts der Tatsache, dass wir uns am vorläufigen Endpunkt der Entwicklung der Hominiden befinden – aber auch Freude darüber, dass dieser Haufen von Sternenstaub, aus dem wir bestehen, zu einem selbstreflexiven Bewusstsein erwacht ist. Darum ist auch hier die Frage, wozu es sich lohnt zu leben, unverzeihlich, denn DIES ist das wahre Wunder: Es GIBT jeden einzelnen von uns! Die Frage, wozu es sich lohnt zu leben, ist reine Hybris!

Dem Schicksal, oder dem Zufall gegenüber dankbar zu sein, ist im Augenblick solcher Erkenntnisse unvermeidbar. „Glück gehabt" kann man stattdessen auch sagen, wenn man nur an den Zufall glaubt.

Wie kommt es zu dieser Hybris? Unser neugieriges Gehirn verlangt nach Erklärung, denn nur mit Erklärungen können wir uns in dieser komplexen Welt einrichten und überleben. Der Mondflug ist ein atemberaubendes und ein extremes Beispiel für unseren Mut, den Pionier- und Entdeckergeist und unsere Fähigkeit zu kooperieren. Nur – diese Pioniertat ist qualitativ auf der Linie der Erfindung von Werkzeugen wie zum Beispiel Faustkeile, Schaber und Messer aus der Steinzeit. Künstlerisch genial dargestellt ist dies in Stanley Kubriks Film *Odyssee 2000*, wo ein Frühmensch eine Keule in den Himmel wirft, die sich in ein Raumschiff verwandelt.

Qualitativ neu ist beim Mondflug der Blick zurück auf die Erde. Dieser hat unsere existenziellen Fragen nach dem Woher und Wohin des Menschen grundlegend verändert, indem das theoretische Wissen über die Erde im Weltraum um das Erlebnis des Sehens der Erde im Weltraum erweitert wurde. Die räumliche Distanzierung von unserem Heimatplaneten ist eine Art Selbstdistanzierung im kosmischen Bereich. Sie geht durchaus mit der Selbstdistanzierung unseres selbstreflexiven Bewusstseins zusammen. Auch im psychischen Kosmos entspricht die Fähigkeit zur Selbstdistanzierung dem Durchbruch in eine neue Dimension. Psychologisch ausgedrückt geht es um die Repräsentation von Repräsentationen, wie zum Beispiel in Descartes Äußerung „Ich denke, also bin ich". Das Denken nimmt sich selbst zum Gegenstand und schafft damit die Freiheit des Denkens und Handelns.

Die Konsequenzen der Freiheit der Gedanken werden mit dem Bild des Baumes der Erkenntnis des Guten und des Bösen im Paradies aufgezeigt. Diese Freiheit dient nur dann dem Überleben, wenn zwischen Gut und Böse unterschieden werden kann. Wir sind nicht mehr wie die Tiere ausschließlich von den Instinkten geleitet. Die Freiheit macht uns gottähnlich. Die Frage, wozu es sich zu leben lohnt, ist aus dieser Freiheit geboren, und um sie vernünftig beantworten zu können, müssen wir den Apfel gegessen haben. Es ist eine gefährliche Frage, weil das „Wozu" auch das „Ob" enthält, und weil sie den Einzelnen von der Gemeinschaft abkoppeln kann. Zielt die Frage auf den eigenen Bauchnabel, geht es um mich selbst, geht es um die Anderen, um das Gemeinwohl, oder soll ich mein Leben beenden? Auch Letzteres ist eine Konsequenz der Freiheit. Die Frage kann nicht generell beantwortet werden, sie ist prinzipiell dem Einzelnen und seinen Werten anheimgestellt und auch der Gefahr ausgesetzt, sich gegen den wunderbaren Zufall zu versündigen, dass es uns gibt.

Bevor ich hier meine Reflexionen abschließe, mache ich es wie der berühmte TV-Ermittler Columbo, der sich nach seinen investigativen Fragen an die Verdächtigen verabschiedet und sich beim Gehen unter der Tür mit seinem „Eine letzte Frage noch" umdreht. Meine Frage lautet: „Gibt es eine PFLICHT im Leben?" Eine Antwort geben zum Beispiel die Schülerinnen und Schüler die gegenwärtig für die Rettung der paradiesischen blauen Kugel im schwarzen Universum jeden Freitag die Schule schwänzen, um öffentlich gegen die Zerstörung des Lebens auf unserem Planeten zu protestieren.

Damit sind wir vom „Lohnen" zum „Sinn" gelangt, und diese Frage, die Frage nach dem Sinn ist durchaus gerechtfertigt. Aber auch sie ist der Selbstdifferenz durch die Metakognition unterworfen, der Notwendigkeit, sich persönlich entscheiden zu müssen. Verbunden mit einem höheren Prinzip ist sie nur durch die Moral, die auch ein Resultat der Evolution und die Basis unserer Einbettung in die Gemeinschaft mit anderen Menschen und dem Leben auf diesem Planeten ist.

Ich bin eine Feder am hellen Himmel
Ich bin das blaue Pferd das über die Ebene jagt
Ich bin der Fisch der glänzt und sich im Wasser tummelt
Ich bin der Schatten der einem Kinde folgt

Ich bin das Abendlicht – die Wonne der Wiesen
Ich bin ein Adler der mit dem Winde spielt
Ich bin eine Traube aus strahlenden Tropfen
Ich bin der fernste Stern

Ich bin die Kühle des Morgens
Ich bin das Tosen des Regens
Ich bin das Glitzern auf dem verharschten Schnee
Ich bin die lange Spur des Mondes auf dem See

Ich bin eine Flamme aus vier Farben
Ich bin das Reh dessen Bild sich im Dämmerlicht des Abends verliert
Ich bin der Winkel im Flug der Wildgänse am winterlichen Himmel
Ich bin der Hunger des jungen Wolfes

Ich bin der umfassende Traum dieser Dinge

Verstehst du – ich lebe – ich lebe
Ich steh in guter Beziehung zur Erde
Ich steh in guter Beziehung zu den Göttern
Ich steh in guter Beziehung zu allem was schön ist
Verstehst du – ich lebe

i c h   l e b e.

Freudengesang des Tsoai Tallee, des Kiowa-Indianers N. Scott Momaday

Dieter Schnocks, Jahrgang 1949, Stuttgart.

Dipl.-Psych., Analytischer Psychotherapeut in eigener Praxis, Dozent, Supervisor und Lehranalytiker am C. G. Jung-Institut Stuttgart, dort ehem. 1. Vorsitzender, ehem. Mitgründer und Vorsitzender der C. G. Jung-Gesellschaft Köln. Organisator der C. G. Jung-Gesellschaften Deutschland, Österreich und Schweiz.

Homepage: schnocks.de

Veröffentlichungen u. a.:

Schnocks, D. (2013). *Mit C. G. Jung sich selbst verstehen: acht Erkenntnis-aufgaben auf unserem Individuationsweg.* Stuttgart: Kohlhammer.

Schnocks, D. (2007). *Was unsere Träume sagen wollen: Botschaften aus dem Raum der Seele.* Freiburg: Herder.

Schnocks, D. (2002). *Modellvorstellungen der Analytischen Psychologie.* Stuttgart: opus magnum, kostenloser download.

Dieter Schnocks

Mit Begeisterung leben

Einleitung

Die Anfrage zu dem Artikel zum Thema Quintessenz kam für mich gerade in der Zeit, als ich dabei war, eine neue, meine letzte Lebensphase zu beginnen. Ich habe meine Arbeit als 1. Vorsitzender des Jung-Instituts Stuttgart nach acht Jahren aufgegeben und bin dabei, mich umzustellen, weniger als bisher aktiv mitzumischen und auch deutlich weniger mit Patienten und Ausbildungskandidaten zu arbeiten.

Ich habe zuerst viel Widerstand gegen einen Rückblick zum jetzigen Zeitpunkt empfunden, mich aber doch schließlich darauf eingestellt. Ich werde aus dem jetzigen Moment heraus versuchen, schlicht und einfach aufzuschreiben, was mir bisher in meinem Leben lebenssinnvoll und lohnend war.

Katholische Kindheit und Jugend in meiner rheinischen Heimat

Mein Elternhaus war für mich eine emotional warme Welt. Mein Vater war Schneider und die dörfliche Welt schwappte täglich zu ihm in seine Werkstatt. Meine Mutter organisierte Exerzitien für die Frauen der Gegend. Das Dorf war in unserem Haus immer präsent. Alles, was an gelebten Leben in unserem mittelgroßen rheinischen Dorf passierte, wurde kommentiert und mit Bauernschläue psychologisch gedeutet.

Im Mittelpunkt des Dorflebens stand die schöne alte Kirche mit einem wundervollen gotischen Altar. Die Veranstaltungen der Gemeinde waren zentraler Mittelpunkt des Lebens. Die Gottesdienste waren in den ersten zehn Jahren noch nach altem Ritus. Oft war ich als Messdiener dabei, war fasziniert – insbesondere in den Messen frühmorgens – von einer oft besonderen und geheimnisvollen Atmosphäre. Das Kirchenjahr mit seinen rituellen Höhepunkten und starken Symbolbildern bestimmte stark unser emotionales Leben. Dazu kam die jährliche Karnevalzeit, die unsere rheinische Heiterkeit während des Jahres bündelte und auf einen Höhepunkt brachte.

Insbesondere die Musik war es, die von Kind an eine besondere Rolle spielte. Im Kirchenchor, und bis zur Pubertät auch als Solosänger mit einer schönen Sopranstimme, kam ich mit herz-erwärmender klassischer Kirchenmusik in Verbindung. Ich ahnte wohl schon damals, dass Musik eine tiefergreifende Seelensprache spricht.

Die Kirchengemeinde hatte Kontakt zu einem Missionar in Brasilien, einem Sohn unserer Gemeinde und Jugendfreund meines Vaters. Seine Heimatbesuche (auf dem Wege zum Konzil in Rom brachte er sogar einmal seinen Bischof mit) gaben uns ein Gefühl der Verbundenheit mit der großen, weiten Welt.

Zudem gab es Kontakt zum Benediktinerkloster Trier. Mönche und der damalige Abt von dort kamen zu Predigtreihen, die beeindruckten. Mit dem Abt konnte ich als achtzehnjähriger nach Rom reisen, wo durch den Vatikan mir das Großartige der Weltkirche vor Augen geführt wurde. Als dieser Abt als Klosterleiter des Benediktinerklosters in Jerusalem eingesetzt wurde, konnte ich dort ein Praktikum machen und die Texte und Bildsprache des Alten Testaments in Jerusalem vertiefend erfahren.

Fazit: In den ersten zwanzig Jahren meines Lebens lebte ich geborgen im katholisch-christlichen Mythos. Ich erlebte aber auch, dass der Mikrokosmos meines Dorfes einen Makrokosmos als Gegenüber hatte: unsere kleine Dorfwelt und die große weite Welt. Pflichterfüllung, Gottesdienst und Heiterkeit waren die Sinnelemente, wofür es sich unhinterfragt lohnte zu leben.

Soziales Engagement

Zum Studium der Sozialarbeit verließ ich mein Dorf und ging nach Köln. Die Dynamik der 68er Bewegung beeinflusste das Studium sehr stark. In vielen Diskussionen wurden viele soziale Fragen auf neue Weise angesehen. Auf dem Hintergrund meiner katholischen Erziehung wuchs ich in die soziale Arbeit hinein und engagierte mich vielfältig, zuerst im Bildungsbereich mit Jugendlichen, dann arbeitete ich in einem Jugendgefängnis. Die Arbeit dort und die Auseinandersetzung mit der dunklen Seite der Seele war sehr intensiv für mich und katapultierte mich aus meiner damaligen jugendlich-naiven Weltsicht heraus.

Dies brachte mich in eine psychoanalytische Gruppentherapie, in der ich über alle aufgeworfenen Fragen und über all das, was die soziale Arbeit mit mir machte, vertieft reflektieren konnte. Hier begann mit Anfang zwanzig meine eigene Selbsterfahrung, die später noch viel Raum einnehmen sollte.

Es wurde mir klar, dass ich noch Psychologie studieren wollte, nicht zuletzt, um die in der Gefangenenarbeit aufgeworfenen Grundfragen vertiefter weiter verfolgen zu können. Neben dem Studium war ich weiter sozial tätig aktiv. Studium und Sozialarbeit sowie Beziehungssuche und -finden füllten damals mein Leben. Nach Ende des Studiums arbeitete ich als Diplom-Psychologe in der Kölner Erziehungsberatungsstelle. Bei einer Fortbildungsveranstaltung in Stuttgart kam ich mit dem Sandspiel von Dora Kalff in Kontakt. Die Auseinandersetzung und Arbeit mit dem Sandspiel, den Fantasiebildern der Kinder mit ihrer beeindruckenden Symbolsprache haben mich damals für die Seelenhintergründe menschlichen Verhaltens wach gemacht.

Im Nachhinein betrachtet war die Kölner Zeit eine goldene Zeit in meinem Leben. Sie war von Suche nach Liebe und gelingender Partnerschaft, Studium und sinnvoller sozialer Arbeit geprägt. Ein Dreiklang, der für mich damals viel Sinn machte.

Begegnung mit der Tiefenpsychologie C. G. Jungs

Als Psychologiestudent hatte ich einen beeindruckenden Traum, der mich sehr beschäftigte. Im Traum fiel Feuer vom Himmel. Ich versuchte mich zu schützen und mit einem alten Mann zusammen die herabgefallene Glut beiseite zu schaufeln. Der Psychoanalytiker, der meine Gruppentherapie leitete, sprach von einem archetypischen Traumbild. Der Begriff „Archetypus" führte mich schließlich zur Psychologie C. G. Jungs.

An der Universität Bonn hörte ich Vorlesungen zu Jungs Analytischer Psychologie. Ich war begeistert von Jungs Ideen und seinen Vorstellungen zur Psyche des Menschen, und ich blieb schließlich dabei, las bis auf die damals mir zu schwierigen Alchemiebücher fast alles aus dem Gesammelten Werk.

Ergänzt wurde das Lesen der jungschen Werke durch die Erfahrung mit dem Sandspiel. Eigene Selbsterfahrung mit dem Sandspiel, aber insbesondere die vielen Bilder, die die Kinder in der Erziehungsberatungsstelle bauten, machten mir die Symbolsprache der Seele deutlich, und ich bekam eine kleine Ahnung von der archetypischen Dimension der Psyche. Jedenfalls wurden mir die Sandbilder zum starken Erlebnis.

Ich hatte damals das Gefühl, dass durch Jungs Werke, seine Ideen und durch sein breites philosophisches Wissen, ich etwas vom Ausspruch von Goethes Faust „Wissen, was die Welt im Innersten zusammenhält" erahnen könnte.

Schweren Herzens nahm ich schließlich von meinem Leben und Arbeiten in meiner geliebten Wahlheimat Köln Abschied und ging nach Stuttgart, um am C. G. Jung-Institut zu studieren. Da ich vom Institut vorerst keine Studienplatzzusage hatte, war der Umzug ein großes Wagnis, und mit viel Unsicherheit fing ich in

Stuttgart mein neues Leben an. Zum Glück kam ich bald in Kontakt mit der damaligen „Grande Dame" des Jung-Instituts Frau Dr. Ursula Eschenbach, zu der ich in Lehranalyse ging, und somit kam ein intensiver und langer Selbsterfahrungsprozess auf den Weg.

Fast zehn Jahre konnte ich mit meiner Lehranalytikerin all das reflektieren, was ich in der Ausbildung am Institut erfuhr, was ich in meinen Studien in Jungs Werken erlas und was an Fragen in den Patientenbehandlungen und in meinem persönlichen Leben sonst an Fragen aufkam.

In der Kandidatenzeit wuchs ich dann in die analytische therapeutische Arbeit hinein, und ich lernte, Menschen in ihren analytischen Prozessen zu begleiten.

Diese zehn Ausbildungsjahre am Jung-Institut waren für meine Persönlichkeitsentwicklung sehr intensiv und prägend. Die Auseinandersetzung mit den Inhalten der Analytischen Psychologie (AP) und deren Anwendung in den analytischen Begleitungsprozessen, gaben mir auf diesem Wegabschnitt meines Individuationsprozesses ein starkes Gefühl von Sinnhaftigkeit.

Missionarischer Eifer mit eigener Vertiefung

Nach der Ausbildungszeit in Stuttgart wollte ich gerne in meine Heimat nach Köln zurück. Ich kam auf den Gedanken, in Köln eine jungsche Dependance oder ein Institut zu gründen. Es zeigte sich, dass an Institutsgründung aus vielen Gründen nicht zu denken war. Es gab in Köln bereist eine kleine Gruppe von Sozialarbeiter*innen, meist aus Beratungsstellen, die über Fortbildungen zum Sandspiel die Ideen der AP kennengelernt hatten.

Mit Ihnen zusammen gründeten wir eine C. G. Jung-Gesellschaft Köln e.V., an der alle an der jungschen Psychologie Interessierten an Vorträgen, Seminaren und Fortbildungen teilnehmen konnten. Mit großer Begeisterung gingen wir in Köln ans Werk. Schnell hatte die neue Gesellschaft über dreihundert Mitglieder.

Ich machte die Erfahrung, dass im Großraum Köln sehr viele Menschen an der jungschen Tiefenpsychologie interessiert waren, und ich bekam das Gefühl, dass hier eine wichtige Aufgabe auf mich wartete. In dieser Zeit träumte ich: „In der Küche meines Elternhauses (in der Nähe von Köln) saßen und standen viele Dorfbewohner. C. G. Jung saß am Küchentisch und sprach über seine psychologischen Ideen." Was mich schon im Traum wunderte war, dass alle konzentriert zuhörten, wobei dies nicht unbedingt die Art meiner rheinischen Landsleute ist. Ich verstand aus diesem

Traum, dass es lohnte, die AP auch Nichttherapeuten, also allgemein psychologisch Interessierten, zu vermitteln.

Mit der Zeit entwickelte ich einen starken missionarischen Eifer, machte in Köln unzählige Seminare und hielt Vorträge. Ich schrieb ein kleines Buch zum Traumverstehen und ein allgemein verständliches Lehrbuch über die Konzepte der der AP. Zudem unterstützte ich viele Neugründungen von Jung-Gesellschaften in deutschen Städten und schließlich die gute Idee, dass sich alle deutschsprachigen Jung-gesellschaften einmal im Jahr treffen und austauschen. Es waren ca. vierzehn Gesell-schaften, oder man könnte auch sagen „Freundeskreise", für die jungsche Psychologie entstanden. Alle fühlen sich der Idee verpflichtet, die Konzepte und den Wissens-schatz der AP unter die Leute zu bringen.

Im Nachhinein muss ich sagen, dass ich ganz persönlich viel Gewinn von diesem missionarischen Tun hatte. Die Konzepte musste ich intensiv erarbeiten und gedank-lich durchdringen, um sie anderen verständlich mitteilen zu können. Ich glaube, dass ich bei vielen Seminaren und Vorträgen selbst am meisten profitierte, da ich in immer neuen Formulierungen den Inhalten vertieft näher kam und sie persönlich für meinen Individuationsweg wirksam werden lassen konnte.

Als es zu meinem vieljährigen Bedauern nicht gelang, nach Köln zurück zu siedeln, wurde ich in Stuttgart am Jung-Institut aktiv und übernahm schließlich für acht Jahre den 1. Vorsitz des Instituts. Auch hier kam meine missionarische Inten-sion zum Tragen. Mit einem sympathischen und fähigen Kollegenteam schafften wir es, das Jung-Institut zukunftsfähig zu machen. Als sogenanntes großes Ausbil-dungsinstitut mit zur Zeit mehr als 110 Ausbildungskandidaten können wir davon ausgehen, dass die Konzepte, Methoden und Haltungen der AP im Diskurs der Therapiekonzepte für die Zukunft bleiben.

Auch diese zehn Jahre meines engagierten Arbeitens für das Jung-Institut habe ich als sehr wertvoll empfunden. Es machte mir Freude zu sehen, dass die Ideen der jungschen Psychologie auch für junge Menschen in ihr Denken integrierbar sind und viele mit der Basis der AP zu einfühlsamen und klugen Therapeuten und Analytiker wurden. Ich habe das Gefühl, dass diese Dekade meines Lebens sehr erfüllt waren von verantwortungsvoller Tätigkeit. Unzählige Patienten profitierten vom Therapieangebot unseres Ausbildungsinstituts und der bei uns Ausgebildeten, und sie werden das auch in Zukunft tun.

Im Rückblick kann ich sagen, dass das vielfältige Engagement für das Institut in Verbindung mit der Vertiefung der Erkenntnisse von Jungs tiefenpsychologischer Lehre eine Zeitspanne meines Lebens war, auf die ich durchaus mit Stolz zurückblicke.

Schluss

Zum Abschluss meiner Betrachtungen muss ich noch erwähnen, dass ich von Anfang an besonderes Interesse an Jungs religionspsychologischen Ideen hatte. Dabei haben mich insbesondere seine Gedanken zu Gottes dunkler Seite sehr inspiriert. Durch intensive Auseinandersetzung habe ich versucht, für meine persönliche Spiritualität Gewinn zu ziehen.

Es scheint mir heute so, als ob ich durch mein Engagement für die Analytische Psychologie persönlich viel erfahren habe. Ich war sehr begeistert für die Inhalte und Sichtweisen der AP, habe Jungs Werke intensiv studiert und dann versucht, das Erkannte weiterzugeben.

Begeisterungsfähigkeit scheint mir ein wirklich guter Lebensbegleiter! Ich glaube auch, dass ich durch meine emotionale Herangehensweise viel Wissen in meiner Persönlichkeit verankern konnte. Ich würde mich freuen, wenn das erfahrene Wissen sich zu so etwas wie einer „kleinen Altersweisheit" verdichten würde.

Neben dem hier im Fokus stehenden beruflichen Werdegang gab es in meinem Leben viele Reisen, insbesondere unzählige Aufenthalte im wunderschönen Südnorwegen. In einem kleinen Haus mit Boot konnte ich das Meer und ruhige Natur erfahren. Daneben gab es viele Reisen in den Orient, den ich sehr mag und wovon ich viel Inspiration für mein Leben erhielt und noch weiter erhalte. Jedenfalls schien und scheint es mir sehr wichtig, neben der Beschäftigung mit so vielen psychologischen Problemen meiner Patienten privat ein möglichst buntes Leben zu leben.

Auch die Musik hat, nach den Anfängen in meiner Kindheit, in meinem Leben immer eine große Rolle gespielt. Musik hat mich begleitet und neuerdings organisiere ich kleine Konzerte auf Palliativstationen. Ich erfahre dabei, wie sehr Musik Menschen berührt und archetypische Emotionalitäten aufruft und wie sehr sie bereichern kann.

Wenn ich die Frage aufnehme, ob mein bisheriges Leben gelohnt hat, so muss ich sagen, dass ich als Lohn Momente von Zufriedenheit, warmer Heiterkeit und ein gutes Gefühl für meine Mitmenschen und Umwelt empfinde.

Ich lernte in meiner Kindheit: Der Mensch braucht Ziele. Heute gefällt mir die Idee, dass das Ziel des Lebens sein könnte, ein Leben gelebt zu haben, was sich rundet. Das heißt für mich, auf meinem Individuationsweg zu einem Gefühl eines erfüllten Lebens zu gelangen. Hierbei kann es natürlich nur ein „auf dem Wege sein" geben. Es gibt noch so Vieles zu erleben, zu erfahren, zu integrieren und zu lieben.

Zum Schluss, bezogen auf diese Zielidee, folgendes Jung-Zitat (GW 16, § 400):

> Das Ziel ist nur als Idee wichtig,
> wesentlich aber ist das *opus*, das zum Ziel führt.
> Es erfüllt die Dauer des Lebens mit einem Sinn.

Ang Lee Seifert, Jahrgang 1938, Augsburg.
Ehem. Mitarbeiterin an der Forschungsstelle für Psychotherapie in Stuttgart, Transaktionsanalytikerin für Psychotherapie, Trainerin und Supervisorin in Transaktionsanalyse, Mitarbeiterin und Dozentin der Lindauer Psychotherapiewochen und der Internationalen Gesellschaft für Tiefenpsychologie, vielfältige Seminar-, Supervisions- und Vortragstätigkeit zu Themen ihrer Veröffentlichungen.
Homepage: opus-magnum.com > Autoren

Veröffentlichungen u. a.

Seifert, A. L. (2019). *Mut, Kraft und Zuversicht bestimmten unser Leben: Biografien von Angela und Theodor Seifert*. Stuttgart: opus magnum.

Seifert, A. L. & Seifert, T. (2013). *Die beste aller Zeiten ist jetzt! Gegenwart bewusst erleben*. Bern: Huber.

Seifert, A. L. (1999). *Jetzt pack ich's an! Wie Sie Ihr verborgenes Lebens-Skript entdecken, umschreiben und endlich glücklich werden*. Stuttgart: TRIAS.

Ang Lee Seifert

Selbstverantwortung

Seele lerne fliegen,
Geist erhebe dich
aus deinem Schlaf,
der dich vor der Blindheit der Welt schützte.
Es dämmert der Morgen
der Erkenntnis.
Wissend kannst du nicht tun,
als sähest du nicht.
Das Herz, von dem die Angst gewichen,
lässt dich erwachen.
Betrete schauend
die Brücke des Lichts
und werde
wozu du geboren: Frei!
Ang Lee Seifert

Nicht jeder Mensch macht, wenn er als Winzling in diese Welt kommt, die gleichen Erfahrungen. Wie auch? Hat er/sie doch Eltern, die genau wie einst deren Eltern, eigene Bedingungen vorgefunden haben, als diese in ihr Leben traten. Zwar heißt es manchmal: „Genau wie Onkel Karl! Oder Tante Marie! Das wird mal ein echter XYZ!", doch lässt sich nicht bestreiten, dass dieses Wesen sich schlussendlich nach ureigenen Gesetzen, einer guten, ja, einer Pracht-Mischung dieser Familie, dieses Clans entwickeln wird. Und so ist bereits – bei aller Übereinstimmung die Einmaligkeit eines jeden Menschen gegeben und spätestens nach ein paar Monaten auch sehr deutlich zu erkennen.

Ich habe diesen Abschnitt vorausgeschickt, um zu zeigen, dass der Bereich, der für einen Menschen später in fortgeschrittenen Jahren ein Herzensanliegen ist und seine Geschichte hat, bereits über einen längeren Lebensweg hinweg gereift ist: für mich ist es die Selbstverantwortung. Die habe ich ja nicht von Anfang an mitgebracht in dieses Leben, war wie jedes Kind zunächst abhängig von meinen Eltern, sondern habe sie mir im Laufe meines Lebens aufgebaut. Das war nicht immer einfach, doch tief in meinem Inneren habe ich gespürt, dass nur sie das ist, was für mich stimmt. Heute liebe ich sie, weil sie mir deutlicher als alles sonst den Weg gewiesen hat in ein Alter hinein, zu dem ich heute „Ja" sagen kann – aus vollem Herzen. Dazu muss ich zunächst einige Skizzen aus meinem Leben zu schildern:

Beginn der Selbstverantwortung

Als meine jungen Eltern ihr erstes Kind erwarteten – mich – war für meinen Vater von Anfang an klar, dass dieses Kind seine Tochter wird, die er Angela nennen wird.

Ich wuchs also mit dem Wissen auf: „Ich gehöre meinem Vater". Als ich dann mit neunzehn Jahren gegen seinen ausdrücklichen Willen einen Mann geheiratet habe, den er als unpassend für mich ablehnte, legte ich, damals mir nicht bewusst, den Grundstein für meinen Lebensweg, den ich mit „Selbstverantwortungs-Steinen" pflasterte.

Als ich zehn Jahre alt war, wurde bei meiner Mutter – drei Jahre nach dem 2. Weltkrieg – eine offene Lungentuberkulose diagnostiziert, was bedeutete, dass sie viele Wochen in verschiedenen Sanatorien zubrachte und, wenn sie zu Hause war, nur von ihrem eigenen Geschirr, eigens für sie zubereitete Mahlzeiten essen durfte. Da mein Vater beruflich oft auf Reisen war, übernahm ich die Aufgabe, für meine Mutter, meinen Bruder und für mich sorgen, zu kochen, so gut ich konnte und neben der Schule Haushaltsangelegenheiten zu erledigen. So waren diese Kinder- und Jugendjahre prägend für meine weitere Lebenseinstellung, sie stellten den Beginn meiner Selbstverantwortung dar.

Und es gab weitere Gegebenheiten, die mich, ohne dass mir dies damals bewusst gewesen wäre, zur Haltung der Selbstverantwortung brachten: Mein Vater war ein bekennender Atheist und erklärte mir: „Wenn man das Universum in seine festen Bestandteile zerlegen würde, passte es in einen Fingerhut." Natürlich glaubte ich ihm – er sagte nie etwas Dummes. Viele Jahre später las ich das Buch *Die Welt in einer Nussschale* von Stephen Hawking und *Die Welt in einem einzigen Atom* vom derzeitigen Dalai Lama. Spätestens da wusste ich, dass mein Vater mir schon in jungen Jahren das Interesse für die Naturwissenschaften vermittelt hatte.

Im Januar 1945 beschloss meine Mutter, dass sie, mein Bruder und ich vor den Russen nach Süddeutschland fliehen sollten. Mein Vater war schon mit seiner Truppe nach Burghausen/Salzach abkommandiert, wo er einen Betrieb leitete, in dem die Uniformen der Wehrmacht gereinigt wurden. Meine Eltern verabredeten, dass sie sich dort an der österreichischen Grenze treffen wollten.

Begegnung mit der christlichen Konfession

So kamen wir im April 1945 nach langen, entbehrungsreichen Fluchtwegen, frierend und hungernd dort an, wo ich meinen siebten Geburtstag feierte. Nach Ostern kam ich in die zweite Schulkasse, und ich erlebte, wie meine Schulkameradinnen am Sonntag nach Ostern in wunderschönen weißen Kleidern und langen, weißen, mit Schleifen verzierten Kerzen, in die Kirche zu ihrer ersten Kommunion gingen. Ich war furchtbar neidisch, weil mir diese Pracht versagt blieb. Was mich aber am meisten verwunderte, war, dass die Kinder am Tag vor der Kommunion in die Kirche zur Beichte gingen und in der Zeit danach so frech waren wie zuvor. Auf meine verwunderten Fragen meinten sie: „Ich kann es ja wieder beichten."

Das konnte ich nicht. Ich musste stets selbst verantworten, was ich getan hatte und verhielt mich deshalb meistens so, dass man mir nichts vorwerfen konnte. Für mich gab es diesen lieben Gott, der ihnen ihre Sünden vergab, nicht. Für mich gab es gar keinen Gott. Wo auch? Außerdem sah ich nicht ein, warum er der „liebe" genannt wurde – zu uns Flüchtlingen war er ganz und gar nicht lieb. Ich, mein Bruder und meine Mutter hatten viel Schlimmes erlebt in dieser Zeit. Außerdem passte er sowieso nicht in „meinen Fingerhut".

Ich bin bis heute ganz gut ohne ihn ausgekommen und werde es auch weiterhin – was aber nicht heißt, dass ich mich nicht immer wieder mit dem Gottesbegriff beschäftigt hätte. Im Gegenteil. Ich habe mir in meiner Kindheit und erst recht während der Pubertät viele Gedanken um das Wesen der Religion gemacht, habe entsprechende Literatur gelesen, bin als Kind regelmäßig in den Kindergottesdienst gegangen, war geradezu süchtig nach Lesestoff, gleichgültig welcher Art.

Als Vierzehnjährige – ich war inzwischen in einer Mädchen-Oberrealschule – wollte ich wie die evangelischen Mitschülerinnen konfirmiert werden und meldete mich kurzentschlossen zum Konfirmationsunterricht an. Mir war damals als – altersgerecht-sentimental schwärmerischer Jugendlicher wichtig, einmal im weißen Brautkleid an der Seite eines Bräutigams unter Orgelklängen an den Traualtar treten zu können. (Was ich sechs Jahre später auch tat.)

315

Da ich nicht getauft war, was mein Vater abgelehnt hatte, ließ ich mich, als er einmal wieder auf einer seiner ausgedehnten Reisen war, mit Unterstützung meiner Mutter taufen, lernte den Katechismus auswendig und ließ mich zusammen mit den anderen konfirmieren. Der Pfarrer, ein gutmütiger älterer Herr, der meinen Fleiß lobte, gab mir den Psalm Nr. 23: „Der Herr ist mein Hirte...“

Geschadet hat es mir nicht, dass ich seither dachte, ja, es gibt Kräfte, die auf mich achten. Das Bild eines imaginären Hirten, der mich wie eines seiner Schafe schützt und schaut, dass und wie ich gut genährt werden kann, hat für mich etwas Beruhigendes. Dieses Bild entspricht für mich jedoch nicht dem des christlichen Gottes, der meiner Logik nach, nicht für alle Menschen auf diesem Planeten zuständig sein kann, weil ja die verschiedenen Kulturen ganz eigene Vorstellungen einer sie lenkenden Kraft entwickelt haben.

Allein die Menschen, die der Lehre Buddhas folgen, können mit dem Christentum nichts anfangen. Außerdem wurden im Namen dieser christlichen Religion so entsetzlich viele und schlimme Grausamkeiten verübt – nicht nur an wehrlosen Jugendlichen und früher an Ungläubigen und an weisen, „wissenden“ Frauen, die oft auf dem Scheiterhaufen endeten – ohne dass dieser Gott, um den es damals ging und in heutiger Zeit auch geht, eingeschritten wäre. So ist es mir unmöglich, diese Religion als heilbringend anzuerkennen.

Ich kann mich – als den Naturwissenschaften verpflichtet, wozu ich auch die Psychoanalyse rechne – dem Glauben an den christlichen Gott nicht nur deshalb nicht anschließen, weil er der Vernunft und den Naturgesetzen widerspricht. Denn es gibt vieles, was nicht vernünftig ist – Märchen, Sagen und Mythen stimmen auch nicht mit der äußeren Realität überein – sie behaupten es aber auch nicht. Ich liebe sie. Denn sie erzählen uns viel über eine Realität, die nicht in der äußeren Welt begründet liegt, sondern in der Natur der Seele.

Ich lehne den Glauben an den Gott, wie die Kirche ihn beschreibt, auch deshalb ab, weil er Angst verbreitet und – blinden – Gehorsam verlangt, also das eigene Denken verbietet – und auch den vielen Jugendlichen nicht gestattete, sich gegen die seelischen und körperlichen Übergriffe der geilen Kirchenmänner zu wehren. Diese Mischung aus Angst und Gehorsam haben auch die Schergen des Nationalsozialismus angetrieben. Wie viel Leid und Grausamkeit ist so über die Welt gegangen. Und keine höhere Macht hat dies verhindert.

Frei vom Glauben

Welche Wohltat ist es dann, wenn man sich – zeitgerecht! – mit der Quantenphysik beschäftigt, z. B. mit Hans-Peter Dürr (2016, S. 113):

> Aus der Sicht der Quantenphysik, in meiner Interpretation, gibt es keinen isolierten Gott. In gewisser Weise sind Schöpfung und Schöpfer dasselbe, ein zeitlich offenes, lebendiges Beziehungsgefüge ohne Obrigkeit, das „All-Eine" oder besser in Sanskrit „A dvaita! Advaita bedeutet dabei mehr als die Negation „Nicht-Zweiheit". Es ist die Abwesenheit der Qualität der Trennung (...). Gleichnishaft empfinden wir ein Bedürfnis und ein Bestreben, uns weiter und höher zu entwickeln, um das „Andere" besser wahrzunehmen, verbunden mit der Vorstellung eines möglichen Emporsteigens: Ich möchte dem Buddha näherkommen. Doch aus „neuer" Sicht ist Alles unauftrennbar miteinander verbunden, also nicht nur das von uns zunächst wahrgenommene Irdische, sondern das allumfassende Kosmische, eben die Wirklichkeit als Advaita. Für einen Vergleich passt mir deshalb vielleicht als Leitbild besser das Symbol eines Boddhisattva: Ich will nicht nur mich aelbst weiter entwickeln, sondern Alles anheben, denn ich bin ja nicht ein Teil, sondern Teilhabender, Teilnehmer, aber auch Mitwirkender an der gemeinsamen dynamischen Wirklichkeit und damit auch Mitträger der Evolution des Lebendigen.

Eine bessere Beschreibung, ja, in gewisser Weise eine „Rechtfertigung" für die Entscheidung zur Selbstverantwortung gibt es wohl nicht.

Es wird ja auch argumentiert, dass die christliche Religion wichtig für das ethische Empfinden der Menschen sei. Dem habe ich stets widersprochen, weil es erstens unlogisch ist, wenn man sich die Inhalte der beiden Testamente unserer Bibel, die dieser Religion zugrunde liegen – vor allem des ersten – genau anschaut, und zweitens hat man heute durch viele Untersuchungen nachweisen können, dass nicht nur kleine Kinder, sondern auch Menschen anderer Kulturkreise und sogar viele Tierarten durchaus ethisch bedingte Reaktionsweisen zeigen. Jeder, der dies tut – auch ein Tier, dem Viele heute noch ein ihnen gemäßes Bewusstsein absprechen – reagiert im Sinne einer Selbstverantwortung, nicht einer höheren Weisung entsprechen. Diese brauchen wir nicht „Gott" zu nennen, denn sie gründet in unseren hundert Milliarden

Gehirnzellen, die sich übrigens selbst, aus sich heraus steuern. Ohne Chef, ohne eine übergeordnete, alles steuernde Instanz. In der Natur gibt es keine Hierarchie – eine solche ist immer von Menschen gemacht.

In unserer Zeit ist Menschenkindern leider nicht möglich ohne von Eltern, Lehrern und später Vorgesetzten gegängelt zu werden. Immer ist da jemand, der ständig alles besser weiß. Wirklich? Nein, es werden sich heute auch Menschenkinder wie die Schwedin Greta Thunberg, durchsetzen, die dazu aufruft, dass jeder sich für die Luft, die er atmen will, verantwortlich fühlt.

Und ich erinnere mich an Dr. Ursula Eschenbach, die damalige, zu ihrer Zeit „Grande dame" des C. G. Jung-Instituts Stuttgart. Sie pflegte zu sagen: „Die Kinder sind die Weisen unserer Zeit."

Da mein Vater streng und mitunter rechthaberisch war, rief er bei mir – vor allem während der Pubertät – heftige Gegenwehr hervor. Ich empörte mich und opponierte. In dieser Zeit entschied ich mich sehr bewusst, meinem Vater nicht aus Schwäche oder Denkfaulheit klein beizugeben. Wir diskutierten manchmal stundenlang. Meistens trennten wir uns erst spät abends, wobei aber keiner von uns auf seinem Recht haben bestand. Wir konnten uns immer auf ein „Unentschieden" einigen und unsere verschiedenen Standpunkte stehen lassen. Sie ergaben die Ausgangspunkte zu weiteren Diskussionen am nächsten Tag.

Über die Demut

Dafür bin ich meinem Vater noch heute dankbar. Denn inzwischen weiß ich, dass es immer zwei oder mehr Ansichtsweisen zu ein und derselben Sache gibt. Was aber noch wichtiger war: Ich lernte in dieser Zeit auch, gegebenenfalls meine Sichtweise als falsch oder einseitig zu erkennen und zuzugeben. Und ich lernte, mich zu entschuldigen, wenn ich allzu heftig auf meinem Standpunkt verharrt oder den anderen irgendwie damit gekränkt hatte.

Dabei erfuhr ich auch etwas über die Haltung der Demut: da ich, wenn ich ehrlich genug war, die Standpunkte meines Vaters mit meinen zu vergleichen, erkannte, welch ein weites Wissen er hatte, lernte ich, mich vor diesem zu verneigen.

Erst sehr viel später las ich bei dem christlichen Philosophen Josef Pieper im Hinblick auf die Demut über das erhebende Gefühl der „Hochgemutheit", welches die echte Demut begleitet. Da heißt es u. a. dass derjenige, der seinen Geist auf das

Höchste spannt, in den Zustand der Hochgemutheit gelange. Das kann ich aus eigenem Erleben nachvollziehen.

Ich meine, dass die Selbstverantwortung, die ich mir aus immer neuen Einsichten, welche ich im Laufe meines Lebens gesammelt habe, aufbauen konnte, in den zwei unterschiedlichen Charakteren meiner Eltern als auch in meiner Bereitschaft, sie in mir zu vereinen, wurzelt. Damit erfülle ich auch den Prozess, den C. G. Jung „Individuation" genannt hat. Jung betonte, dass es hierbei nicht um Vollkommenheit, sondern um Vollständigkeit geht.

Das erfüllt mich mit Dankbarkeit für mein Schicksal. Und es wird mir, da sich mein Leben heute nicht mehr im Auf- sondern im Abbau befindet, auch zur Verpflichtung meinen Nachkommen gegenüber. Da ich vieles gewonnen habe in diesem Leben, will ich auch einiges davon meinen Erben hinterlassen. Und für mich ist das Wertvollste das, dass ich stets bereit war – und weiter bin – für mein Tun oder Lassen grade zu stehen und zu wissen, dass ich eines Tages dann auch einfach „Ja" sagen kann, wenn es gilt Abschied zu nehmen von dieser Welt.

Gefühlschaos

Doch die schwierigste Prüfung hatte ich – sprichwörtlich! – in der Lebensmitte zu bestehen: Als ich in meinem vierzigsten Lebensjahr nach zwanzig Jahren Ehe, in der ich drei Kinder geboren hatte, meinen späteren zweiten Ehemann, Theodor Seifert, kennenlernte und wusste, dass ich meine bisherige Ehe, wenn ich mir treu bleiben wollte, nicht weiterführen konnte, stürzte mich diese Situation in ein absolutes Gefühlschaos. Ich weiß, dass es Theodor Seifert ebenso ging. Natürlich fühlten wir uns unseren Partnern, mit denen wir jeweils verheiratet waren, verpflichtet.

Es war sowohl eine berauschende, aber auch eine tief verzweifelte Zeit, zumal noch fünf halbwüchsige Kinder betroffen waren. Heute kann ich sagen, dass wir alle damals miteinander sehr belastende, aber auch intensive Gefühlsarbeit geleistet haben, begleitet von hilfreichen Analytikern und verständnisvollen Freunden auf beiden Seiten. Dafür bin ich sehr dankbar, zumal wir alle heute ausgesprochen gute, herzliche Beziehungen zueinander leben. Ich selbst bin dann auch Psychotherapeutin geworden und konnte während der folgenden dreißig Jahre meiner psychotherapeutischen Tätigkeit ebenfalls vielen Menschen helfen, entsprechende schwierige Lebenssituationen zu meistern.

Wenn mich heute jemand fragt, was das Wichtigste sei, dass es in schwierigen Lebenssituationen zu beachten gilt, sage ich: Ehrlichkeit sich selbst und Anderen gegenüber, sowie die Bereitschaft, die jeweilige Situation und gegebenenfalls die Schuld, die damit verbunden ist, anzunehmen, nicht vor ihr davonzulaufen und – mit noch so großer Angst und starkem Schmerz – „durchzuarbeiten". Das war auch einst die Maßgabe von Sigmund Freud für die von ihm entwickelte psychoanalytische Behandlung: dass der Hilfesuchende zu seiner Belastung steht, seine Angst/Schuld annimmt, sein Trauma erinnert, es gefühlsmäßig wiederholt und im Nacherleben durcharbeitet.

Hierbei ist professionelle Hilfe eigentlich unbedingt erforderlich, sie erleichtert nicht nur diese Arbeit, sie garantiert auch – wenn die Hilfe seriös ist, also aufgrund der dazu notwendigen langjährigen Ausbildung erlangt wurde – ein wirkliches Freiwerden vom Leiden und meistens auch eine Umstrukturierung der gesamten Persönlichkeit zugunsten von mehr Flexibilität, Optimismus sowie innerer und äußerer Selbst-Sicherheit. Dieser Prozess kann mitunter einen längeren Zeitraum in Anspruch nehmen, doch dieser Zeit- (und Geld-) Aufwand lohnt sich. Immer! Ganz selten habe ich einmal erlebt, dass sich jemand so einem Prozess entzieht, eine Therapie für sich ablehnt oder abbricht, und das hat mich stets sehr traurig gestimmt, weil dieser Mensch nicht weiß und später auch nicht merken kann, welchen „Schatz" an Selbsterkenntnis, neuem Selbstbewusstsein und Lebensfreude er/sie sich damit entgehen ließ.

Die beiden Gedichte, die ich an den Anfang und das Ende dieser Arbeit gestellt habe, stammen übrigens aus dieser Zeit meiner Analyse – sie „flogen" mir regelrecht zu. Öfter habe ich auch bei verschiedenen Klienten erlebt habe, dass in Lebenssituationen, in denen man sich mit sich selbst auseinandersetzt, die tieferen Schichten der Psyche sich öffnen und auf eine bestimmte Weise kreativ werden. Manche beginnen auch zu malen oder Kunsthandwerk zu fertigen. Und plötzlich erinnert man sich auch vermehrt an seine nächtlichen Träume. Somit wird die Zeit der anfänglich tiefen Verzweiflung im Laufe solch eines Prozesses zur vertieften Auseinandersetzung mit sich selbst und damit auch zu einer Zeit der schöpferischen Fülle.

Behutsamkeit

Dass Selbstverantwortung auch mitmenschliche Verantwortung einschließt, durfte ich bei der Urnenbeisetzung meines Mannes erleben: Nachdem unsere kleine Feier in der Aussegnungshalle beendet war, kam der „Totengräber" – ein junger, schwarzhäutiger Mann – nahm mit unendlicher Behutsamkeit, die geradezu zärtlich wirkte – die Urne in seine beiden Hände und trug sie zu der offenen Grabstelle. Ich war sehr berührt von der liebevollen Ausstrahlung dieses großen, kräftigen Mannes, von seiner aufrechten Gestalt, die Stärke, Hingebung und Zartheit zugleich ausstrahlte. Dann bettete er die Urne langsam und vorsichtig, als sei es das Wertvollste, das es gibt, in die Erde, verneigte sich tief und trat zur Seite.

Später erwähnte ich dieses Erlebnis dem Friedhofsverwalter gegenüber, als wir uns einmal trafen, nachdem ich bei Theo's Grab war. Er sagte sehr freundlich und ernst: „Ja, wir fühlen uns den Lebenden und den Toten gegenüber verpflichtet. Nicht nur das Leben, auch das, was von uns übrig bleibt, kommt von Gott, ist unser höchstes Gut. Das gilt es zu ehren."

Für mich waren die Behutsamkeit und Zärtlichkeit in dieser Situation sehr wohltuend und ich wünschte, solch eine Geisteshaltung sollte viel weiter verbreitet sein, zum Beispiel im Umgang mit Kindern. Wenn ich manchmal sehe, wie überlastete Mütter ihre kleinen, eigentlich spielen wollenden Kinder hinter sich her durch die Einkaufsgassen in den Warenhäusern ziehen, oft auch zerren, denke ich, dass in unserer Gesellschaft einiges – sehr bedeutungsvolles! – schiefläuft. Wo bleiben im ganz normalen täglichen Leben Zärtlichkeit und Behutsamkeit?

Ich zumindest will sie noch bewusster in meinen Alltag einziehen und walten lassen. Das fängt morgens im Bad mir selbst gegenüber an und endet abends mit dem sanften Abschließen der Haustüre.

Als ich in meinem einundvierzigstem Lebensjahr aufgrund von Theo Seiferts Empfehlung das Glück hatte, bei dem bekannten Arzt und Psychiater Dr. Rüdiger Rogoll – er brachte die Transaktionsanalyse als erster von Amerika nach Deutschland – die Ausbildung zur Psychotherapeutin machen zu können, fühlte ich mich im Denken des humanistischen Menschenbildes, das die im sonnigen Kalifornien entwickelten Psychotherapie-Methoden hierher in die „alte" Welt brachte, sofort vertraut – es ist klar, aufrecht und lebensbezogen.

Eric Berne

Für Eric Berne, dem Begründer der Transaktionsanalyse, zählt das selbstständige, realitätsbezogene Denken, und er definiert den gesunden, den „wirklichen" Menschen als einen, der sich stets seiner selbst bewusst ist, autonom handelt, seine natürliche Spontaneität zulässt und über ein hohes Maß an Intuition verfügt: Diese sagt ihm auch, wann es gut ist, besonders behutsam und/oder zärtlich zu sein. So ein Mensch schielt nicht verdruckst und/oder verängstigt nach einem „höheren Wesen", das ihm etwas zu erlauben oder zu verbieten hätte. In seinem Buch *Spiele der Erwachsenen* hat Berne die Mechanismen beschrieben, die Menschen – unbewusst! – anwenden, um nicht zu ihrer inneren Wahrheit stehen zu müssen oder auch nicht zu dürfen (Berne, 2008).

Ich betrachte die Möglichkeit, mit einundvierzig Lebensjahren noch eine Ausbildung machen zu können, als „Geschenk des Schicksals", aber auch als Möglichkeit, die ich mir, zwar mit entsprechender Unterstützung, selbst erarbeitet habe: indem ich nie „aufgab", wenn es auch manchmal schwierig war; indem ich stets an Möglichkeiten, die sich mir bieten, wenn es Zeit ist, geglaubt habe. Ich hatte wohl aufgrund meiner entsprechenden Gene und Eltern die Kraft, gelegentlichen Anwandlungen, mich in eine Depression oder Krankheit fallen zu lassen und darin „unterzugehen" – wie immer diese ausgesehen hätten – zu widerstehen. Auch dafür bin ich dankbar. Theodor Seifert und ich, wir liebten beide die alte „Tugendlehre" nach Thomas von Aquin: „Klugheit, Tapferkeit, Gerechtigkeit, und Maß". Theo meinte diesbezüglich oft: Man müsste noch als fünfte die „Dankbarkeit" hinzunehmen. Ich pflichtete ihm stets bei.

MDMA und LSD

Dankbar bin ich auch für die wirklich große Chance, die das Schicksal mir zuteil werden ließ, indem es mich zu Dr. Samuel Widmer Nicolet nach Solothurn/Schweiz schickte, um unter dessen profunder Anleitung Erfahrungen mit psycholytischer Therapie zu machen. In der esoterisch ausgerichteten Zeitschrift *Connection* fand ich Anfang 1993 einen Artikel über ihn, rief ihn an und fragte, ob ich in eine seiner Gruppen kommen dürfte. Ich durfte. Und lernte dort schon in der ersten Sitzung – es folgten noch weitere – Seelen- und Geisteszustände kennen, die ich zuvor nicht für möglich gehalten hätte. Mein Bewusstsein öffnete sich unter der Substanz MDMA tief in den innerseelischen Raum meiner Liebesfähigkeit hinein und dann, nach einer winzigen Gabe LSD so weit in den kosmischen Raum hinaus, das mir das Phänomen der allgegenwärtigen und allumfassenden Energie selbstverständlich wurde. So weiß ich aus eigener Erfahrung, dass Liebe Energie ist und Energie als Liebe wahrgenommen wird. Sie sind die eine Essenz, aus der das Universum hervorgegangen ist und sich ausdehnt bis in eine von uns unfassbare Unendlichkeit hinein.

Leider hatte Dr. Widmer, so wie einige seiner Schweizer Kollegen der Ärztegesellschaft für Psycholytische Therapie nur bis Ende 1993 die Erlaubnis, mit psychoaktiven Substanzen zu arbeiten. Ich bedaure, dass entsprechend ausgebildete Psychotherapeuten – gerne auch unter Supervision – nicht weiter mit diesen Substanzen arbeiten dürfen. Dass die „Drogen" für den „wilden" Gebrauch, gerade von Jugendlichen, tabu sind, halte ich für richtig.

Mir geht es gut, wenn ich meine Lebensbilanz betrachte: Meine jungen Jahre waren wirklich kein „Zuckerschlecken": der Krieg mit seinen Schrecken und Leiden, meine kranke Mutter, mein strenger, unerbittlicher Vater ...

Widder im Fische-Haus

Heute weiß ich, dass dies alles nichts Schlechtes, sondern etwas Gutes gewesen ist – in der Art, dass es mich gelehrt hat, mich zu behaupten, mitunter auch meinen Willen durchzusetzen, Schwierigkeiten nicht zu umgehen, sondern als Herausforderungen zu betrachten, sie zu meistern und daran zu wachsen. Erst so, also um meine Stärken und meine Kraft zu wissen, kann ich in entsprechenden Situationen auch einfach nur behutsam und zärtlich sein.

Aber ich musste auch manches Mal einsehen, dass ich mich verrannt oder überschätzt hatte, sah mich genötigt, „die Segel zu streichen", mich zu entschuldigen. Das fiel mir oft schwer. Als „Widder"-Frau, die prädestiniert schien, einfach nur nach vorne zu stürmen, waren dies stets bittere Zeiten. Doch unser Freund und „Hof-Astrologe" (wie Theo und ich ihn scherzhaft nannten) Claus Riemann, erklärte mir einmal, dass die Sonne in meinem Grund-Horoskop im 12. Haus steht. Das ist das letzte der zwölf Häuser und symbolisiert die „Fische", die sich dort in der Tiefe des Unbewussten aufhalten. Ich habe oft mit dieser Konstellation gehadert, denn oberflächlich betrachtet, gehört der doch im Frühling vorpreschende „Widder" mit dem der Jahreskreislauf beginnt, in das erste Haus. Doch ich lernte im Laufe meines jetzt einundachtzigjährigen Lebens gerade diese Paradoxie anzunehmen und zu schätzen.

So schließe ich gerne mit einem Zitat von C. G. Jung (GW 12, § 18) „[...] Nur das Paradoxe vermag die Fülle des Lebens annähernd zu fassen, die Eindeutigkeit und das Widerspruchslose aber sind einseitig und darum ungeeignet, dass Unerfassliche auszudrücken."

Ich habe die Zeit der Verzweiflung verlassen,
barfuß ging ich durchs Distelfeld.
Die kleinen Wunden fangen an zu verblassen,
die großen sind die Wunden der Welt.

Nun zieh ich hinaus in ein helleres Land,
im Rücken das Grau der Vergangenheit.
Es liegt ein breites, silbernes Band
zwischen gestern und heute, lachen und Leid.
Ang Lee Seifert

Theodor Seifert, Dr. biol. rer. hum., 1931-2018.
Analytischer Psychotherapeut in eigener Praxis, Supervisor,
Dozent, Lehranalytiker des C. G. Jung-Instituts, ehem. leitender
Mitarbeiter der Psychotherapeutischen Klink, Stuttgart, der Lindauer
Psychotherapiewochen und der Internationalen Gesellschaft für
Tiefenpsychologie.
Homepage: opus-magnum.com > Autoren

Veröffentlichungen u. a.:
Seifert, A. L. & Seifert, T. (2006/2011). *Intuition – die innere Stimme.*
   Düsseldorf: Walter. Neuherausgabe: Stuttgart: opus magnum, kostenloser
   download.
Seifert, T. & Seifert, A. L. (2004/2011). *So ein Zufall!: Synchronizität und der
   Sinn von Zufällen.* Neuherausgabe: Stuttgart: opus magnum, kostenloser
   download.
Seifert, T. (1981/2003). *Lebensperspektiven der Psychologie: Wege, Schnittpunkte,
   Gegensätze.* Olten: Walter. Neuherausgabe: Stuttgart: opus magnum,
   kostenloser download.

Theodort Seifert

Transparenz[1]

Jeder nachdenkliche Mensch hat sich einmal diese Frage gestellt: Was macht mein Leben eigentlich lebenswert? Vielfältige Antworten sind möglich, sind oft über Jahre hinweg Weg weisend und bilden eine tragende Grundlage in schwierigen Situationen, vermitteln Kraft und Hoffnung.

Für mich war das Thema Herausforderung, die Antwort war gar nicht leicht zu finden. So möchte ich Sie, liebe Leserinnen und Leser, zu Beginn anregen, sich selbst diese Frage einmal und möglichst über längere Zeit immer wieder zu stellen, denn sie entwickelt sich langsam.

Jede Antwort ist persönlich, aber zugleich von allgemein-menschlicher Natur. Sie hat mit dem Wertekontext der Gesellschaft zu tun, mit der Ethik, die ich vertrete oder der Religion, die für mich maßgeblich ist, und nicht zuletzt, mit meinem bisher gelebten Leben und den Erfahrungen, die ich bisher allein oder zusammen mit anderen Menschen und der mich umgebenden Welt und Natur gemacht habe.

Wenn ich mir überlege, dass die Fülle des Lebens erst das Leben lebenswert macht, kann ich nicht umhin, die dunklen und schrecklichen Seiten des Lebens auf Erden mit einzubeziehen. Inwieweit könnten diese aber das Leben lebenswert machen, wo sie doch nur Angst und Leid nach sich ziehen?

Hier tauchte in mir die Idee der Transparenz auf, und ich bin für mich zu dem Ergebnis gekommen, dass Transparenz das Leben lebenswert macht. Mit Transparenz meine ich, „durch die Dinge hindurchzuschauen", mich nicht am Vordergründigen allein zu orientieren, sondern dahinter zu schauen, was in oder hinter den Dingen lebt und wirkt. Und wenn ich diesen „Durchblick" habe oder mir Schritt für Schritt erarbeite, dann erlebe und sehe ich auch die dunklen Seiten des Lebens; sie gehören zur Ganzheit der menschlichen und damit auch meiner Existenz.

So ist für mich die Transparenz, die Durchlässigkeit und Durchsichtigkeit für die Ganzheit meiner Existenz, die Basis dafür, dass mein Leben lebenswert ist. Nur

---

1 Dieser Beitrag ist ein überarbeiteter und gekürzter Vortrag, den Theo Seifert zum Thema „Quintessenz" zur Verfügung gestellt hat.

das komplexe Zusammenspiel der hellen und dunklen Seiten, die ja auch in hohem Maße von dem sozialen und kulturellen Kontext mit bedingt sind, in dem wir leben, ermöglicht ein lebenswertes Leben.

C. G. Jung hat immer wieder darauf hingewiesen, dass es in der menschlichen Entwicklung nicht um Vollkommenheit, sondern um Vollständigkeit geht. Vollständigkeit heißt aber, dass ich, natürlich nur in kleinen Entwicklungsschritten, die Ganzheit meines Lebens verwirkliche. In der Analytischen Psychologie haben wir hierfür das Konzept der Individuation, der schrittweisen Ausgestaltung meines Lebens, wie es mir nun einmal in die Wiege gelegt wurde. Das ist angesichts des enormen Drucks der sozialen und kollektiven Mächte und Kontexte, in denen wir leben, leichter gesagt als getan. In der Regel beginnen wir unser Leben ja in der Anpassung an das, was uns von den Menschen, die für unsere Entwicklung Sorge tragen, gegeben wird. Anders finden wir unseren Weg nicht in die Gesellschaft, in der sich unsere Zukunft gestalten kann.

Eigentlich ist der Weg der Individuation ein Weg des schrittweisen Erwachens, ein Ausdruck, der mir besser gefällt als der von uns üblicherweise verwendete Ausdruck „Bewusstwerdung".

Beim Abschluss meines Studiums am C. G. Jung-Institut in Zürich feierten wir nach bestandenem Examen im Sommer 1967. Am frühen Morgen, die Sonne war über Zürich aufgegangen, trat ich auf den Balkon der Wohnung. Und in dem Moment war mir, ich kann es nicht anders sagen, als erwachte ich erst richtig und die Welt wurde transparent. Es war, als hätte ich plötzlich mein Leben und mein Leben in dieser Welt als eine große, sinnvolle Einheit gesehen, ein Erlebnis, das mich bis heute trägt.

Licht, Gegenwart, Intensität

Beim Nachdenken über das Thema wurde mir wieder deutlich, wie zentral das so schwer beschreibbare Phänomen der Transparenz ist, und als ich diesen Vortrag niederschrieb, fand ich im Sinne einer Synchronizität – auch dies ein Transparenz ermöglichendes Thema in meinem Leben – ein Erlebnis von Eugène Ionesco (1989):

> Ich befand mich, diese Geschichte habe ich schon oft erzählt, in einer kleinen Provinzstadt, früh morgens im Juni. Plötzlich wurde das Licht blendend weiß, viel strahlender als die Sonne. [...] Und vor allem spürte ich diese

Gegenwart, die mich denken und sagen lässt: „Nie wieder werde ich Angst vor dem Tod haben. Und wenn ich alt bin, werde ich mich an diesen Augenblick erinnern und keine Angst haben." [...] Solche Erfahrungen sind selten. Voller Licht und Intensität. Genau das bewahrt einen vor dem Sterben, läßt einen hoffen, trotz der Schrecklichkeit der Welt.

Die drei Worte: Licht, Gegenwart, Intensität geben genau wieder, was mir an jenem frühen Morgen in Zürich widerfahren, ich würde sagen, was mir „geschenkt" worden ist. Das Erlebnis wird in seiner Bedeutung noch durch die Synchronizität, die für mich sinnvolle Verbindung von zwei Ereignisketten, verstärkt, zeigen sich doch hier große Verbindungslinien im Leben in den Zeit übergreifenden Synchronizitäten.

Dialektik

Von Anfang an hat mich die Auffassung einer dialektischen Psychologie und Psychotherapie, wie sie von der Analytischen Psychologie vertreten wird, fasziniert. Die Dialektik, wie sie von Hegel ursprünglich formuliert worden ist, ist für mich als ein Rahmenthema meines Lebensverständnisses Weg leitend geworden. Es ist mir nicht möglich, eine Position zu denken, ohne zugleich das Gegenteil zu formulieren.

Ich habe in der Tiefenpsychologie gelernt, dass jede Form von Einseitigkeit kompensatorisch das Gegenteil hervorruft und dann, zu das Leben vielfach belastenden und krankhaften Entwicklungen führen kann. Der ganze analytische Prozess beschäftigt sich ja Schritt für Schritt damit, das aus dem Unbewussten wieder lebendig werden zu lassen und an das Bewusstsein anzuschließen, was bisher am Mitleben gehindert wurde oder überhaupt noch nicht ins Bewusstsein treten durfte.

Vor diesem Hintergrund wird das kleine Wörtchen „und" sehr wichtig. Es ist eben immer das Eine und das Andere, es ist hell und dunkel, es ist heiter, leicht, fröhlich und traurig und belastend. Das Wörtchen „und" ist eigentlich der Schlüssel zur Transparenz.

Um die zum Teil kaum erträgliche Spannung zwischen diesen Gegensätzen – ist die Welt nun so oder so? – auszuhalten, bleibt mir die Rückkehr auf den mittleren Punkt. Der mittlere Punkt ist aber nur der Ausgangspunkt, das Leben wird mich immer wieder dahinführen, nach rechts oder nach links zu schauen. Vom mittleren Punkt aus wird das Leben transparent, ich kann seiner Ganzheit gewahr werden, sehe auch die Gefahren, wenn ich mich mit der einen oder anderen Hälfte zu lange identifiziere, habe aber immer wieder die Chance, den kompensatorischen Ausgleich zu finden.

Paradoxie und die Fülle des Lebens

Wer die Unerträglichkeit der Vollständigkeit des Lebens erlebt und sich z. B. als Psychotherapeut damit beschäftigt, wird Jungs Standpunkt zustimmen müssen:

> Die Paradoxie gehört sonderbarerweise zum höchsten geistigen Gut; die Eindeutigkeit aber ist ein Zeichen der Schwäche. Darum verarmt eine Religion innerlich, wenn sie ihre Paradoxien verliert oder doch mindert; deren Vermehrung aber bereichert, denn nur das Paradoxe vermag die Fülle des Lebens annähernd zu fassen, die Eindeutigkeit und das Widerspruchslose sind einseitig und darum ungeeignet, das Unerfaßliche auszudrücken.
> (C. G. Jung, GW 12, §18)

Das Wort „Paradoxon" kommt vom griechischen „das Unerwartete" und bezeichnet eine der allgemeinen Meinung entgegenstehende Aussage oder eine unlogische, unsinnige und widersprüchliche Behauptung, die aber bei genauerer gedanklicher Analyse auf eine höhere Wahrheit hinweist. Soweit das Lexikon. Für mein Thema heißt das, dass die Transparenz den Umgang mit Paradoxien und damit auch den Zugang zu den eben zitierten höheren Wahrheiten ermöglicht und eröffnet.

Toleranz

Die Transparenz hat mir auch den Zugang zu einer Lebenshaltung eröffnet, die als „Toleranz" bekannt ist. Nun hat Toleranz mindestens zwei Seiten. Da ist einmal das Anerkennen der verschiedensten menschlichen Verhaltensweisen, im Sinne von das eine und das andere sehen und zunächst zulassen und anerkennen. Da ist zum anderen aber auch die Gefahr einer Standpunktlosigkeit im Sinne von „everything goes", womit Tür und Tor geöffnet wären für alle Formen menschlicher Destruktivität, die dann im Sinne der Toleranz zuzulassen wären.

Insofern ist, wie so oft, ein einzelnes Konzept ungeeignet, die Fülle des Lebens einzufangen, weshalb zur Toleranz notwendigerweise die ethische und moralische Frage gehört, der Wertekanon und die Realisierung allgemein anerkannter Werte, wenn Toleranz ein hilfreiches Konzept zur Lebensführung werden soll. Transparenz und Toleranz gehören notwendigerweise zusammen und bedingen sich gegenseitig. Gerade, wenn die Welt transparent wird, zeigt sich auch die unbedingte Notwendigkeit klarer lebenserhaltender Wertsysteme, z. B. im Sinne einer Ehrfurcht vor dem Leben.

Sie kennen wahrscheinlich alle die indische Weisheit, an die ich mich in vielen Situationen erinnere. Sie lautet: „Gott schläft im Stein, atmet in der Pflanze, träumt im Tier und erwacht im Menschen."

Gott schläft im Stein [...]

Jeder, der einmal in den Bergen gewandert ist, wird hier und da einen Stein gesehen haben, der ihn besonders ansprach. Was ist an diesen Steinen so faszinierend? Einmal ist es die Schönheit, der Reichtum an Formen, Farben, Mustern, Proportionen. Es ist, als ob sich in einem noch so kleinen Stein in seiner Besonderheit die Schönheit dieser Welt gewissermaßen punktförmig offenbart und von diesem Punkt ausgehend die Schönheit der ganzen Schöpfung.

Erwähnen möchte ich die symbolische Verbindung des Steines mit der Zeit, die sich ganz besonders im Grabstein zeigt. Er verweist auf die Möglichkeit einer Unendlichkeit, einer Ewigkeit und Zeitlosigkeit. Wir wissen natürlich heute, können es sogar sehr genau berechnen, dass und wann die Sonne ihre Energie verbraucht haben und explodieren wird. Für das unmittelbare Erleben sind diese Perspektiven zwar mathematisch genau berechenbar, aber nicht zugänglich. Da bleibt der Stein ein Bild der Ewigkeit und der Satz „Hier ruht in Frieden" wird von dieser Erkenntnis der Vergänglichkeit nicht angetastet.

[...] atmet in der Pflanze [...]

Die Blume war schon immer transparent für in Worten Unsagbares. In der Blume erscheint die ganze Fülle der Leere. Rilke, dem die Symbolik der Rose in seinem Leben viel bedeutete, ließ auf seinem Grabschein eingravieren: „Rose, o reiner Widerspruch, Lust, Niemandes Schlaf zu sein unter so viel Lidern."

In schwierigen persönlichen Situationen, in denen wir uns nicht genug beachtet oder gewürdigt fühlen – und wer kennt solche Situationen und Erlebnisse nicht? – hat mir dieses Bild sehr geholfen. Wenn ich auch nicht sagen konnte, worin die eigentliche Hilfe bestand – plötzlich wurden die Umstände des Lebens wieder transparent, ich konnte Sinn darin entdecken und fand mich wieder in einer Form von neuer Geborgenheit.

Es klingt sehr einfach, und das gilt im Grunde für alle großen mystischen Erlebnisse und Zugänge, dass eine Blume den Horizont unseres Bewusstseins so bis ins Unendliche, bis hin zu den ewigen Wahrheiten erweitern kann. Und dass eine Blume vergänglich ist, mindert ihre Schönheit keinesfalls, im Gegenteil. Mir ist es immer sehr wichtig, Blumen auch am Strauch oder in der Vase verwelken zu lassen, als wollten sie mir tröstlich zuwinken und sagen: „So wie ich gekommen bin, so gehe ich, ganz leise ohne große Dramatik."

[...] träumt im Tier [...]

Jeder Mensch, der mit einem Tier zusammengelebt hat, weiß von diesem Traum und dem Zugang zum Göttlichen in den Augen eines Tieres, dort allerdings noch unerlöst und auch seufzend, wie Paulus es in seinem Brief an die Römer beschreibt. An dieser Welt, bis hin zum Göttlichen, haben wir über unsere persönlichen und die Träume und Fantasien der Menschheit teil. Über sie wird ein Teil des Kosmos transparent. Das Tier ist in der unendlichen Vielfalt seiner Gestalten und Lebensmöglichkeiten ein Höhepunkt der Evolution und ein Ausgangspunkt für das Erwachen des Göttlichen im Menschen, das sich mit jeder Geburt neu vollzieht. Aus dem Traum erwacht das Bewusstsein, vielleicht ein Aspekt der Bewusstwerdung Gottes, die Jung in seiner *Antwort auf Hiob* vermutet.

Über unsere Träume wird nicht nur der Zugang zum persönlichen Unbewussten, zur eigenen Biografie und der Vergangenheit möglich, sondern auch zu den großen Themen des kollektiven Unbewussten und der Archetypen. Traumarbeit macht Zusammenhänge des eigenen Lebens bewusst und damit transparent, die für die Gesundung, die persönliche Weiterentwicklung, die Überwindung von Schwierigkeiten oder die Lösung von Konflikten wichtig und wegweisend sind.

[...] und erwacht im Menschen.

C. G. Jung hat sich zeitlebens darum bemüht, die komplexe Phänomenologie des Selbst als mittleren Punkt zwischen der großen Idee des kosmischen Selbst und der persönlichen Verwirklichung einzuordnen. Für mich war es immer wichtig, um diesen inneren Goldkeim, ein Symbol des Selbst, zu wissen.

In vielen Träumen oder Fantasien von Menschen in Not wurden mir die mitgeteilten Bilder transparent hin zu diesem Zentrum, zu dem „Goldkeim" der alten Schöpfungsmythologie. Das hat mir immer Mut und Kraft und vor allem auch Toleranz ermöglicht, mit der Zeit zu gehen, die der jeweilige Mensch brauchte und, wie C. G. Jung es einmal ausdrückte, dem „Gefälle der Libido" zu folgen. Man kann den „Goldkeim" im Auge behalten. Den Blick auf den „Goldkeim" zu eröffnen, bedeutet, dass ich die Hoffnung und die Möglichkeit, den Goldkeim zu erkennen, weitergebe. Die Schöpfungsmythen bieten eine Fülle von Bildern, die dieses Vertrauen rechtfertigen. So wird z. B. vom kleinen Krishna Folgendes berichtet:

Die Pflegemutter des Gottessohnes, Yashoda, nahm den Krishna einst auf ihren Schoß mit süßer Lust und liebevoll gab sie dem Kind, das trinken wollte, ihre Brust. Der Knabe trank und öffnete den Mund, mit leichtem Gähnen dann, liebkosend sah die Mutter da das schöne Antlitz zärtlich an. Und wunderbar! Mit einem Blick sah sie die Welt, Luft, Sonne, Mond, das Sternenmeer am Himmelszelt. Meer, Erde, Berg, Fluss, alles, was die Erde hegt, jedwedes Ding, das in der Erde sich ruht und regt. Helläugig sah sie zitternd alles das im Nu, und lieblich lächelnd schloss sie dann die Augen zu. (zit. n. Waiblinger, 1986, S. 130)

Ich möchte noch ein persönliches Beispiel einfügen: Wenn morgens im Frühling schon um etwa halb fünf die Amsel zu singen beginnt und mit der Zeit andere Vögel in diesen Gesang einstimmen, so sind das für mich Augenblicke, in denen über den Klang und damit auch letztlich über die Musik, die Welt transparent wird. Ich kann nicht sagen, was mir in dem Augenblick geschieht oder auch bewusst wird, es ist wieder das Unnennbare und Unsagbare, das sich aber trotzdem ereignet. Das Gleiche geschieht am Abend, und ich bin diesen kleinen Vögeln und ihrem schier unermüdlichen Eifer zu singen, sehr dankbar.

Dankbarkeit

Überhaupt ist die Dankbarkeit für mich ein Weg zur Transparenz geworden. Wenn uns, z. B. beim warmen Duschen am Morgen, neben der Selbstverständlichkeit, dass das Wasser in einer angenehmen Wärme fließt, deutlich wird, was uns, unverdientermaßen, jeden Tag neu geschenkt wird, so wird vielleicht nicht die Welt transparent. Es eröffnet sich über die Dankbarkeit aber ein Bezug zu dieser Welt. Und eben auch zu der dunklen Seite, denn ich weiß natürlich, dass viele Menschen sich einen Eimer Wasser am Wasserwagen mühsam holen und über lange Strecken bis in ihre Hütten schleppen müssen.

Einmal stand ich an einem See, ich war mit meinem Hund unterwegs und schaute aufs Wasser. Es fing langsam und vorsichtig an zu regnen, sodass ich die einzelnen Tropfen noch beobachten und zusehen konnte, wie sich aus dem Punkt, aus der punktmäßigen Berührung des Tropfens mit dem Wasser des Sees, ein Bild immer größer werdender Kreise entfaltete, die sich dann in der Wasseroberfläche auflösten.

Die alte indische Vorstellung von dem Vergehen des menschlichen Bewusstseins als Tropfen im Ozean kam mir, aber ich brauchte nicht diese alten mythologischen Bilder zu bemühen, sondern war unmittelbar berührt und konnte eine innere Verbindung zu diesem Wassertropfen herstellen.

Es ist wirklich möglich, in vielen kleinen Alltagssituationen die Transparenz der Welt zu erleben. Der Zugang ist überall möglich. Voraussetzung hierfür sind Bereitschaft, Offenheit, Achtsamkeit, es ist immer alles schon da, es kommt allein auf die Einstellung, die Bewusstwerdung und den Beobachter an. Die Transparenz existiert nur durch den Beobachter, aber sie ist immer möglich.

Liebe

In der Liebe zweier Menschen gibt es immer wieder Augenblicke, in denen nicht nur ihre persönliche Welt, sondern die Welt überhaupt transparent wird. Es ist, als wird mir das Ganze, das große Eine zugänglich. Schauen Sie in die Augen eines Kindes, auch in die Augen der hungernden Kinder, die uns über die Medien anschauen. So wird auch hier die Welt transparent, hier in ihren dunklen Aspekten, für die wir als Menschen verantwortlich sind.

Vielleicht haben Sie auch einmal in die Augen einer Kuh geschaut, die aus den schmalen Fenstern des Tiertransporters herausschaute, als Sie diesen Wagen auf der Autobahn überholt haben. Es war mir manchmal fast nicht möglich, weiter zu fahren, so tief hat mich der Augen-Blick dieses Lebewesens, dieses Mitgeschöpfs berührt. Es ist ja leider nicht immer so, dass die Erkenntnis der dunklen Seite der Welt, die in solchen Erlebnissen sich buchstäblich aufdrängt, schon dazu führen kann, dass mir Möglichkeiten zur Verfügung stehen, dieses mich unmittelbar berührende Elend zu verändern. Andererseits differenzieren wir dadurch unsere Einstellung, und die immer wieder betonte Einheit von Gedanke, Wort und Tat wird angeregt. Habe ich es erkannt, werde ich auch darüber nachdenken und sprechen. Spreche ich darüber, so setze ich zumindest einen kleinen Prozess in Gang, der zu einer Änderung hier oder da führen wird.

Atmen

In solchen belastenden Augenblicken nehme ich meine Zuflucht zum Atem. Schon die einfache Formel „Ich atme ein und weiß, dass ich einatme, und ich atme aus und weiß, dass ich ausatme" ermöglicht einen guten Einstieg in meine unmittelbare Gegenwart. Oder: „Ich atme ein und bin ganz in meinem Körper, ich atme aus und lächle ihm zu." Oder: „Während ich einatme, lächle ich und während ich ausatme, lasse ich los." Dieses Lächeln kann man lernen, es erleichtert das Leben wirklich. Im Grunde ist der Weg zum Loslassen einfach und damit auch der zum inneren Frieden. Und nur aus diesem inneren Frieden heraus werde ich immer wieder handlungsfähig, vermeide Depression und Resignation, die ja oft so nahe liegen.

Damit bin ich wieder bei einem paradoxen Punkt: Über das Hineinschauen in einen Viehtransporter wird mir ein Aspekt der Ganzheit unserer Welt bewusst. Über den Atem finde ich wieder zum Frieden, und aus dem Frieden und seinem Lächeln werde ich handlungsfähig.

Frieden

Es ist schon so, wie Jung es formuliert hat, dass der Mut und der Blick auf die Vollständigkeit bis an die Grenze des dem Menschen Erträglichen führen kann. In dieser enormen Gegenwartsspannung wird auch der Friede transparent.

Mir war im I Ging immer das Zeichen Nr. 11, „Der Frieden", sehr wichtig. Das Zeichen „Der Frieden" wird in der Strichkombination dadurch gezeigt, dass der Himmel unten und die Erde oben steht; sie stehen gewissermaßen verkehrt herum zueinander, denn die Erde sinkt normalerweise mit der Schwerkraft nach unten und der Himmel steigt nach oben, so aber können sie sich vereinen. Hier ist die ganze Gegensatzspannung oder die umfassende und weit gespannte Polarität von Himmel und Erde enthalten, die sich im Kosmos und in der menschlichen Seele abbildet, aber auch ihre Vereinigung. Sie werden eins, das Eine wird transparent, wir treten in eine große innere Ruhe ein. Ähnliche Gedanken finden sich im Tao Te King des Laotse (Kap. 42):

Aus dem Tao wird die Eins,
aus Eins wird Zwei,
aus Zwei wird Drei
und aus Drei entstehen die zehntausend Dinge.

Das beschreibt in prägnanter Kürze, was uns immer widerfährt: Aus dem großen Einen treten wir heraus in die unendlich weite Welt möglicher Polaritäten, in die Zwei, und aus dieser Spannung entstehen die Drei und die zehntausend Dinge, mit denen wir uns pausenlos beschäftigen und in die wir uns verwickeln mit allen Freuden und Leiden, aus denen wir dann wieder zurückkehren werden. Mit diesem Bild kann die persönliche Entwicklung des Menschen beschrieben werden, wenn er den Mutterleib verlässt, aber auch seine gesamte Weiterentwicklung bis hin zum Tod, in dem wir uns wieder mit dem Großen Einen verbinden, dort wieder ankommen, jenseits aller Dualität und Gegensatzspannung, mit allen Freuden und Leiden, aus denen wir dann wieder zurückkehren können und müssen

Geworfen sein ins Dasein und Individuation

Nach dem Ende des letzten Krieges hatten viele von uns einen unmittelbaren Zugang zu Sartres existentialistischer These, die das Leben als ein „Geworfensein ins Dasein" bezeichnet, womit die Verzweiflung dieser Generation treffend gekennzeichnet war. Vor diesem Hintergrund war mir das von Jung formulierte Individuationsprinzip so wichtig und hilfreich. Das Wissen, dass nicht nur das, sondern auch mein persönliches Leben ein Zentrum hat und trotz allem weiter gehen wird, half mir immer und tut es noch heute, die Stunden der Verzweiflung durchzustehen und das Leben weiterhin und trotzdem als lebenswert zu sehen.

Jung sprach auch von einer „Individuation der Menschheit". Ich gehe davon aus, dass die uns Menschen zur Verfügung stehenden Möglichkeiten sich weiter differenzieren und uns über die gewesenen und wohl auch noch kommenden Katastrophen hinausführen und tragen. Jung hoffte, dass zum Schluss der Sinn überwiegt. Das macht mein Leben bis heute lebenswert und gibt Freude, Kraft und Hoffnung.

Ehrfurcht und die Einheit des Lebens

Ich möchte mit einem Zitat von Albert Schweitzer (2003) abschließen.

336

Dem Menschen, der zur Ethik der Ehrfurcht vor dem Leben gelangt ist, ist jedes Leben als solches heilig. Er hat eine Scheu davor, ein Insekt zu töten, eine Blume abzureißen. Den Wurm, der auf der gepflasterten Straße verschmachtet, errettet er, indem er ihn ins Gras legt.

Dieses Zitat war und ist mir besonders wichtig und tröstlich, weil ich Regenwürmer, die am Morgen nach regenreicher Nacht auf den asphaltierten Wegen liegen, oft zurück ins Gras lege und mich dabei manchmal fast ängstlich umschaue, ob mich auch keiner sieht.

In der Ehrfurcht vor dem Leben deutet sich ein ganz besonderer Bezug zum Leben an. Für mich ist heute die Bereitschaft zur Transparenz der Weg oder das Tor hin zur mystischen Einheit des Seins, zur „Unio mystica", zum „Unus mundus", wie Jung ihn formuliert hat, und zu einem entsprechenden Eingebettetsein meines persönlichen Lebens in eine umfassende, sicher auch liebevolle Ordnung, zu der mir auch der Regenwurm immer wieder den Weg weist.

Murray Stein, Ph.D., Jahrgang 1943, Goldiwil.
Analytischer Psychotherapeut, Gründungsmitglied der Inter-Regional
Society of Jungian Analysts und der Chicago Society of Jungian
Analysts. Ehem. Präsident der International Association for Analytical
Psychology (2001-4) und President of The International School of
Analytical Psychology-Zurich (2008-2012).
Homepage: murraystein.com

Veröffentlichungen u. a.
Stein, M. (2016). *Soul: treatment and recovery: the selected works of Murray Stein*. New York: Routledge, Taylor & Francis Group.

Stein, M. (2014). Minding the self: Jungian meditations on contemporary spirituality. New York: Routledge, Taylor & Francis Group.

Stein, M. (2011). C. G. Jungs Landkarte der Seele: eine Einführung. Ostfildern: Patmos.

Murray Stein

Reflexionen im Herbstlicht[1]

Das Herbstlicht ist nicht so hell wie das Sommerlicht; es blendet die Augen nicht und lässt sie nicht blinzeln. Der September bringt eine mildere Sonne, die die Haut nicht verbrennt, und die Schatten zeigen sich in größerer Länge und auf größeren Flächen. Ich bin im September geboren und liebe das Licht im Herbst.

Ich stelle mir vor, dass ich jetzt im Herbst meines Lebens bin, noch nicht im Winter. Für mich ist dies eine Zeit der Rückkehr zu den Wurzeln. Energien fließen so stark wie eh und je, werden aber jetzt anders gelenkt. Der schöpferische Impuls bleibt bestehen, aber er nimmt eine andere Wendung, nach unten, mehr zur Reflexion als zur Handlung. Es ist eine Jahreszeit, die sich für den Weg nach innen, zum Selbst, eignet. Und ich meine das im jungschen Sinne des Wortes: Selbst.

Im Älterwerden – ich bin jetzt Mitte meines achten Jahrzehnts auf Erden – blicke ich zurück auf die Motivationen, Leidenschaften und Aktivitäten, die mich während meines ganzen Lebens durchgängig angetrieben und unterstützt haben, und ich frage mich: Sind sie heute noch dieselben wie früher? Wenn ich versuche, ihre gegenwärtige Kraft zu erspüren – die Dinge ändern sich mit zunehmendem Alter des Körpers erheblich – scheint es mir, dass einige Antriebe, die früher im Leben dringend waren, an Intensität verloren haben, während andere stärker und beharrlicher geworden sind. Was das Leben früher interessant und sinnvoll gemacht hat, ist nicht unbedingt das, was jetzt zählt. „Liebe und Arbeit ... Arbeit und Liebe, das ist alles, was es gibt", fasste Freud in einer berühmten Sentenz zusammen, und aus diesen beiden Hauptquellen fließen die Flüsse der „Bedeutung", die für Jung so zentral waren. Aber das Verständnis dieser Begriffe ändert sich im Verlauf des Lebens.

Gibt es einen Mythos, nach dem ich mein ganzes Leben lang konsequent gelebt habe? Ist derselbe Mythos, der meinem Leben in meiner Jugend und in der Mitte des Lebens Kohärenz, Richtung und Sinnhaftigkeit gegeben hat, im Älterwerden noch bestimmend? Oder lebe ich heute nach einem anderen Mythos? Wir brauchen einen Mythos, nach dem wir leben, das hat Jung in der Mitte seines Lebens richtig

---

1 Dieser Beitrag wurde auf Englisch verfasst und von Lutz und Anette Müller übersetzt.

beschrieben, aber wir wissen nicht immer, was er ist oder wann er sich unmerklich oder sogar manchmal radikal auf etwas Neues hin orientiert. Wir sind uns vielleicht nicht bewusst, wie sich die Dinge ändern, wenn wir altern und alt werden: „Als ich ein Kind war, habe ich als Kind geredet, ich habe als Kind verstanden, ich habe als Kind gedacht: Aber als ich ein Mann wurde, habe ich kindische Dinge weggelegt." So schreibt der heilige Paulus in seinem Brief an die Korinther. Das ist auch meine Erfahrung.

Die Feier des Weihnachtsfestes zum Beispiel bewegt mich heute überhaupt nicht, während es in meiner Kindheit eine Zeit der intensiven Vorfreude und Aufregung war. Das meiste, was kommerziell und im Handel erhältlich ist, lässt mich heute kalt. Ein neues Auto? Nicht interessiert. Eine Reise zu einem exotischen Ziel? Ich kann passen. Reisen, einst so attraktiv und verlockend, ist langweilig geworden, und die Aussicht, Flughäfen zu passieren und in Hotels zu übernachten, egal wie luxuriös oder besonders sie sein mögen, ist wenig attraktiv. Was meine Säfte in früheren Jahren in Schwung brachte, hat nicht mehr die gleiche Wirkung. Das deprimiert mich nicht, denn ich habe viel gesehen und viel getan. Das Leben ist jetzt einfach anders. Neue Objekte (Spielzeug, Menschen, Nachkommen) in meine Sammlung aufzunehmen und neue Erfahrungen zu machen, scheint nicht mehr so wichtig zu sein.

Was also macht das Leben jetzt interessant und lohnend? Einige Interessen bleiben konstant und bilden die Grundlage für die Kontinuität mit der Vergangenheit. Ich weiß, dass eine meiner größten Freuden die Freude am Lernen war, und das bleibt so überzeugend und nachhaltig wie immer, vielleicht sogar noch mehr. Ich bin genauso neugierig auf Ideen und Werke der Imagination (die „wahre Imagination") wie in meiner Jugend und im Erwachsenenalter. Viele Jahre lang träumte ich nach meinem Abschluss an der Yale University 1965 mit dem Hauptfach Anglistik und der Yale Divinity School 1969 davon, an diese geliebten Orte zurückzukehren – die Straßen, die heiligen Hallen, die glorreichen Bibliotheken – und dort wieder studieren zu können, wie ich es als junger Mann tat. Das waren Träume, aus denen ich mit einem Gefühl von Nostalgie und Trauer erwachte. Ich wünschte, sie wären wahr, dachte ich. Tatsächlich habe ich im Nachhinein auch festgestellt, dass meine Lehrer an Gymnasien, Universitäten und dem Jung Institut in Zürich wunderbare Wegweiser durch das Leben des Geistes waren.

Dieses Lesen und Lernen befriedigt mich auch in meinem achten Lebensjahrzehnt noch, und so lese ich bis heute weiter. Lesen und Lernen hat mir in der Vergangenheit viel Freude bereitet und tut es noch immer, und ich hoffe und bete, dass ich dies auch in Zukunft tun werde. Schreiben ist fast eine Sucht. (Ich hoffe, es ist eine positive!)

Lernen macht das Leben lebenswert und mehr! Das Leben mit den großen Köpfen der Vergangenheit – und hier schließe ich natürlich auch C. G. Jung ein – und mit anregenden Denkern der Gegenwart ist heute ein zentraler Bestandteil meines Alltags, und das gibt mir einen starken und anhaltenden Impuls, von Tag zu Tag weiterzuleben. Ich bin so dankbar für meine inspirierenden Lehrer, und ich erinnere mich fast jeden Tag einzeln an sie. Ich wünsche diese Erfahrung auch den nächsten Generationen und hoffe, dass auch meine Enkelkinder mit ähnlich inspirie-renden Führern in das Leben des Geistes gesegnet werden.

Natürlich gibt es auch das Leben des Körpers, ohne das wir kein Leben des Geistes haben könnten. Sicherlich ist eine gute Gesundheit eine Grundvoraussetzung, um mit zunehmendem Alter die Aussicht auf mehr Leben im Alltag zu genießen. Ich frage mich manchmal: Was sind „hungrige Geister", wie diejenigen, die Jung heimsuchten und um Antworten auf ihre Fragen baten? Worauf haben sie Hunger? Es scheint mir, dass sie hungrig nach sinnlichen Freuden sein könnten – nach Geschmack, Geruch, Klang und Berührung. Dann frage ich mich: Was werde ich vermissen, wenn meine Tage des Lebens auf Erden zu Ende sind? Ich habe keine Antwort. Aber das lässt mich erkennen, wie sehr ich mich auf gute Mahlzeiten freue, auf Spaziergänge in den Hügeln von Gold-iwil, wo wir leben, auf das Vergnügen, klassische Musik zu hören, auf ein Glas Wein am Abend mit meiner Frau vor einem gemütlichen Feuer im Kamin. Die Freuden des Fleisches verschwinden nicht mit dem Alter, obwohl sie sich ändern. In gewisser Weise vertiefen sie sich sogar. Der Schlüssel zum sinnlichen Genuss ist Achtsamkeit, die sich die Zeit nimmt, den Moment des sinnlichen Erlebnisses zu genießen. Ich finde, dass dies eng mit den Freuden des Geistes verbunden ist: Ein sorgfältiges sinnliches Genießen ist wie tiefes Lesen.

Was ist mit der Ästhetik? Ich würde nicht sagen, dass ich absolut für Schönheit lebe, wie ein Ästhet wie Oscar Wilde, aber es ist mir trotzdem wichtig, wenn auch auf einem einfacheren Niveau. Ich glaube nicht, dass ich in einer hässlichen Welt leben möchte. Ich bin kein echter Stoiker, obwohl es in meinem Blut von der Seite meiner Mutter aus in der Familie liegt, die im 19. Jahrhundert als deutsche baptis-tische Pioniere in der Wildnis von Saskatchewan in Kanada lebten. Ich suche nach Schönheit und finde sie an vielen Orten: in der Natur, in der schönen Stadt Zürich zu bestimmten Tageszeiten im Kalenderjahr (vor allem im Herbst und Winter), in dem schönen asiatischen Zuhause, das meine Frau für uns im Berner Oberland geschaffen hat, in Musik und Kunst, im Kino, in edlen Tieren. Ich bin fasziniert vom menschlichen Gesicht, und wenn ein Lächeln ein düsteres Gesicht weit öffnet und die Augen funkeln lässt, fühle ich Freude in meinem ganzen Wesen. Ich beobachte Gesichter im Zug, auf der Straße, in Geschäften, in meinem Büro, im Klassenzimmer. Überall und an allen Orten, die ich je besucht habe, gab es schöne Gesichter, Frauen und Männer.

Derzeit zieht die Aussicht auf „Erleuchtung" meine Aufmerksamkeit und mein Interesse mehr als in der Vergangenheit auf sich. Ich frage meine alternden Freunde und gelegentlich auch mich selbst: Kann man mit Recht davon ausgehen, dass man mit dem Alter an Weisheit wächst? Ich glaube nicht, dass es automatisch geschieht, dass es zwangsläufig zur menschlichen Natur gehört, denn ich habe oft gesehen, dass Menschen im fortgeschrittenen Alter ohne die Gnade einer erkennbaren Erleuchtung gestorben sind. Diese Entwicklung scheint davon abhängig zu sein, Achtsamkeit und Vorstellungskraft auf eine bestimmte Weise zu fördern.

Ich persönlich meditiere nicht im traditionellen Sinne, wie z. B. in der Praxis des Zen-Buddhismus, indem ich stundenlang auf einem Kissen sitze und an nichts denke (die Leere). Stattdessen praktiziere ich die Aktive Imagination, die ich in Jungs Schriften kennengelernt und vertiefend anhand des Roten Buches untersucht habe. Diese Praxis der aktiven Fantasie hat sich ausgezahlt, und sie hat mir das Gefühl einer inneren Gemeinschaft gegeben. Und natürlich bringen mich meine eigenen Träume und die anderer, die ihre Träume mit mir teilen, oft zu einem Augenblick der Erleuchtung, so wie als meine Frau mir kürzlich den nachfolgenden Traum erzählte:

Ein Freund von mir trägt eine Statue des gekreuzigten Christus, die hoch oben an einer Stange montiert ist. Als er sich auf den Weg zu einer Scheune macht, sehe ich die Jungfrau Maria in der Luft neben der gekreuzigten Gestalt schweben. Eine andere Figur, die als biblischer Hiob identifiziert wird, begleitet sie. Als sie die Scheune erreichen, gehen die drei biblischen Gestalten hinein, und mein Freund und ich bleiben draußen. Die drei – Christus, Maria und Hiob – werden zu riesigen, lebenden Personen, die jeweils mindestens fünf Meter hoch sind. Plötzlich ertönt eine Stimme und spricht die Worte: „Alles, was zerbrochen ist, wird zu einem Ganzen!" Ein Donnerschlag und ein heller Lichtblitz, der die Szene in der Scheune strahlend beleuchtet, folgen. Wir können die Stimme deutlich hören und das Licht durch die Risse in der Wand der Scheune sehen. Wären wir drinnen gewesen, wären wir geblendet worden.

Solche erstaunlichen Botschaften aus dem Unbewussten kommen von Zeit zu Zeit, ungewollt, unaufgefordert, völlig überraschend. Sie geben mir Denkanstöße und vermitteln ein numinoses Gefühl (Mysterium tremendum et fascinans) des Heiligen in unserer Mitte. Sie suggerieren Erleuchtung, wenn auch in einem Bereich jenseits des Ich-Bewusstseins.

Manchmal kommen solche Offenbarungen auch aus den Träumen, die Analysanden in meine Praxis einbringen. Ich freue mich auf meine wöchentliche Arbeit mit Analysanden. Der kontinuierliche und langfristige Kontakt mit Menschen in psychologischer Tiefe ist, wie ich finde, immens nährend. Ihre Träume faszinieren mich und geben mir viel zum Nachdenken. Und welche tiefe Zufriedenheit können wir miteinander teilen, wenn wir erleben, wie sich Komplexe entwirren, Zwänge sich auflösen, Beziehungen sich stabilisieren, Feindseligkeiten innerer und äußerer Art neutralisiert werden – kurz gesagt, wenn wir gemeinsam erleben, wie sich die Psyche auf ihr angeborenes Ziel zubewegt, ganz und vollständig verwirklicht zu werden.

Das bringt mich nun zum Gedanken an die Bedeutung von „Dienen" in meinem Leben. Das ist eine bleibende Motivation, die mich auch bei hohen Wellen und tiefen Tälern weiterbringt. Von meinem Vater und meiner Mutter erbte ich ein unermüdliches Gefühl des Dienens. Mein Vater war ein Pastor, und die letzten Worte, die ich ihn sprechen hörte, als er im Sterben lag und einige andere Pastoren ihn im Krankenhaus besuchten, waren: „Ich wäre trotzdem gerne zu Diensten!" Das sagte er mit Tränen in den Augen. Ich hatte das gleiche Gefühl der Bereitschaft, einer Gemeinschaft zu dienen, und in meinem Fall war es die Gemeinschaft der Jungianer weltweit. In der Vergangenheit geschah dies zum Teil durch die Arbeit in den verschiedenen Institutionen wie Ausbildungsinstituten und der IAAP, und jetzt tue ich dies vor allem durch Schreiben und Lehren. Dieser Wunsch nimmt nicht ab, er ist eine der Kontinuitäten in meinem Leben.

Ein zentraler Bestandteil und die Grundlage für ein zufriedenstellendes Leben für mich ist, ist Beziehung – Familie, Frau, Kinder, Freunde, Kollegen, Studenten, Analysanden und Nachbarn. Wenn die Beziehung zu einem von ihnen gestört ist, besonders, wenn es sich um nahe Menschen handelt, verliere ich schnell die Lebensfreude. Meine emotionale Stabilität ist absolut angewiesen auf enge und harmonische

Beziehungen. Davon hängt alles andere ab – Kreativität, sinnliche Freude, Freude am Lernen, ein Gefühl des Dienens und alles, was meinem Leben Interesse und Sinn gibt. Ohne Beziehungen gibt es keinen Boden unter meinen Füßen, erlebe ich einen Abgrund der Leere und Vergeblichkeit.

Es ist seltsam, denn ich bin kein Gefühlstyp. Vielleicht liegt es daran, dass ich mit festen und liebevollen Beziehungen von Kindheit an gesegnet bin. Ich hatte auf dem ganzen Weg liebe Freunde, und meine Familie war, wenn auch nicht ohne Probleme und Konflikte, die Quelle jeder Widerstandsfähigkeit, die ich in mir trage. Meiner Meinung nach kommt die eigentliche Bewährung und Reife der Individuation aus der Beziehungsfähigkeit. Das bedeutet zu lieben, Verzweiflung auszuhalten, zu ertragen, zu halten, zu unterstützen, und es fordert, aus tiefen, kraftvollen und oft widersprüchlichen Interaktionen mit anderen Menschen zu lernen. Das ist meiner Meinung nach die Bewährungsprüfung und das Meisterwerk des Individuationsprozesses.

Ich habe den Ausdruck „Amor fati" im Laufe der Jahre verwendet, um ein bestimmtes Gefühl auszudrücken, das ich oft gegenüber meinem Leben habe. Mit all seinen Wendungen, Anfängen und Enden, Öffnen und Schließen von Türen und Fenstern zeigt sich in meinem Leben ein ausgeprägtes Muster von sinnvollen Zufällen. Ich nenne das „Gnade".

So begann beispielsweise mein Interesse an der Analytischen Psychologie zufällig bei einer Gartenparty an einem Sonntagnachmittag im Jahr 1968. Während eines Gesprächs über den Krieg, der damals in Vietnam tobte, brachte ein Bekannter den Namen Jung ins Gespräch und schlug vor, dass ich mich mit seiner Theorie der Schattenprojektion beschäftigen solle. Der Name Jung war mir bekannt, aber ich hatte mich nie ernsthaft in seine Arbeit vertieft. Aus Lust und Laune ging ich am nächsten Tag in eine lokale Buchhandlung und fragte nach allem, was sie von C. G. Jung, dem Schweizer Psychoanalytiker, auf Lager hätten. Sie hatten nur eine Kopie von *Erinnerungen, Träume, Gedanken* (in Paperback). Ich kaufte es, nahm es mit nach Hause und begann es an diesem Abend zu lesen.

Als Ergebnis dieser zufälligen Begegnung nahm mein Leben eine völlig neue Richtung. Ich war fasziniert von Jungs Geist und Lebenseinstellung. Die Bedeutung von Träumen in der Art und Weise, wie er von ihnen sprach, wurde in keinem meiner früheren Schulkurse berücksichtigt. Einige Monate später traf ich einen Professor an der Yale Divinity School, der im Jahr zuvor ein Sabbatjahr in Zürich am Jung Institut verbracht hatte, und ich kam mit ihm in ein Gespräch. Seine Begeisterung für Jung war spürbar. Er erzählte mir von dem Beruf des Analytikers, in dem man dort ausgebildet werden könne. Ich hatte noch nie davon gehört, wusste überhaupt nicht, dass es einen solchen Beruf gibt. Ich war fasziniert und schrieb einen Brief an James Hillman, damals Ausbildungsleiter am C. G. Jung - Institut in Zürich, um nach Studienmöglichkeiten zu fragen. Er schrieb sofort zurück und ermutigte mich, nach Zürich zu kommen.

Ein Jahr nach meiner ersten Begegnung mit Jungs Schriften nahm ich am Ausbildungsprogramm des Jung - Instituts in Zürich teil, um Analytiker zu werden. Dies ist nur ein Beispiel für Synchronitäten, die meinen Weg gekreuzt und mein Leben verändert haben. Es waren Zufallsbegegnungen und Treffen, die ich allein aus meiner Unwissenheit heraus nicht hätte planen können. Plötzlich leuchte ein neues Licht im Dunkeln, und ich konnte eine abrupte Wendung machen und eine neue Richtung auf meiner Lebensreise einschlagen. Im Rückblick würde ich sagen, dass die meisten, wenn nicht sogar alle der wichtigsten Entscheidungen in meinem Leben das Element der Synchronizität in sich trugen.

Infolgedessen habe ich das starke Gefühl, dass eine verborgene Hand mein Schicksal bestimmt hat. Beiläufige Begegnungen haben sich in lebensverändernde Ereignisse verwandelt und haben mich in Gebiete gebracht, die ich nie mit Hilfe von Willen oder Absicht entdeckt hätte. So hat sich mein Leben entwickelt, nicht durch bewusste Planung und Gestaltung meinerseits, sondern durch plötzliche Öffnungen, durch Boten des Sinns, durch Engel, die in Gestalt von Fremden auf dem Lebensweg erscheinen. Sie sind es, die Möglichkeiten für Liebe und Arbeit, Dienst und Kreativität und letztlich für Sinn und Bedeutung geschaffen haben. Das Ego hat mit ihnen zusammengearbeitet, aber unsichtbare Kräfte waren mit am Werk, haben das Muster im schwachen Hintergrund, im Unbewussten, festgelegt. Ich verdanke es Jung, dass ich überhaupt etwas von einem so mysteriösen Prozess verstehe. Das hat mich davon überzeugt, dass Bedeutung nicht durch die Hände des Ichs, sondern aus dem „nächsten und notwendigsten Schritt" entsteht, wie er sich im Laufe des täglichen Lebens zeigt.

Dies bringt mich dazu, über den „Mythos der Rückkehr" nachzudenken, eine Reise ähnlich Homers Odyssee, die das Muster meiner späteren Jahre bestimmt hat. Im Jahr 2003, im Alter von sechzig Jahren, kehrte ich nach einem dreißigjährigen Zwischenspiel in den Vereinigten Staaten nach dem Abschluss des Jung - Instituts in Zürich 1973 in die Schweiz zurück.

Aber die „Rückkehr" war mehr als nur geografisch. Es war eine „Rückkehr" zur spirituellen Quelle und zum Zentrum meines Lebens als Jungianer. Hier wurde ich in den Beruf hineingeboren und in der Art und Weise erzogen, wie ich im täglichen Kontakt mit dem Unbewussten lebe, indem ich mich um Träume kümmere und Aktive Imagination praktiziere. Wenn mich die Leute fragten: „Warum in aller Welt bist du in deinem Alter in die Schweiz gezogen?", würde ich scherzhaft sagen, „wegen einer Liebesaffäre". So seltsam es auch erscheinen mag, das ist mein Zuhause. Ich liebe es.

Aber das Thema „Rückkehr" hat noch mehr zu bieten. Kurz nachdem meine Frau und ich in unsere Wohnung in Zürich eingezogen waren, ging ich zufällig in eine Ausstellung in der Großmünsterkirche anlässlich des 500. Geburtstages von Heinrich Bullinger, dem Nachfolger von Huldrych Zwingli, dem großen protestantischen Reformator. In der Ausstellung wurden Bullingers lange Karriere als Pastor der Großmünsterkirche und seine herausragenden Beiträge als führender Theologe seiner Zeit vorgestellt. Eines der Themen, die in diesem umfangreichen Bericht über die protestantische Reformation in Zürich behandelt wurden, war die bösartige Verfolgung der kleinen Sekte „Täufer" (Anabaptisten, Wiedertäufer), die im nahe gelegenen Dorf Zollikon lebte. 1527 wurden Felix Manz und mehrere andere Führer der Täuferbewegung auf einem Boot in die Limmat gebracht und auf Veranlassung der Zürcher Reformatoren gewaltsam ertränkt. Als Folge der Verfolgungen flohen die Täufer aus der Schweiz und zogen nach Norden in deutsche Länder, und schließlich wanderten viele nach Nordamerika aus.

Als ich diese ausgestellten Materialien studierte, wurde mir plötzlich klar, dass dies meine Vorfahren waren. Mütterlicherseits war der Familienname Reiman, und zu meinem Erstaunen entdeckte ich, dass dies auch der Name einiger Schweizer Täufer war. (Bis heute ist der Name in der Region Zürich bekannt.) Ich erkannte, dass ich mit dem Umzug nach Zürich in einem tieferen Sinne nach Hause zurückgekehrt war, als ich dachte! Jetzt scheint mir, dass ein Kreis geschlossen wurde, ein Familienkreis, der fünfhundert Jahre gedauert hat.

Es gibt noch eine weitere Dimension des Mythos der Rückkehr, den ich seit meinem sechzigsten Lebensjahr lebe. Die Rückkehr in die Heimat der Analytischen Psychologie bedeutete im persönlichen Sinne auch eine Rückkehr zu den ursprünglichen Quellen dieses Feldes, nämlich den Schriften von C. G. Jung. Die dreißig Jahre zwischen dem Verlassen und der Rückkehr, die ich in den Vereinigten Staaten verbrachte und während der ich hauptsächlich in Chicago lebte, waren gefüllt mit Studien in vielen Bereichen der Analytischen Psychologie und mit der Entdeckung und Integration anderer Schulen der Tiefenpsychologie in die Theorie und Praxis der jungschen Psychoanalyse.

Während dieser Zeit beschäftigte ich mich sehr stark mit der Gründung neuer jungianischer Gesellschaften in den Vereinigten Staaten (die Interregionale Gesellschaft und die Chicago Society of Jungian Analysts), und als Mitglied des IAAP Executive Committee (1989-2004) und schließlich als Präsident (2001-2004) war ich viel auf Reisen, um die weltweite jungianische Gemeinschaft zu fördern. Diese Jahre waren geprägt von der Erweiterung meines persönlichen und beruflichen Horizonts. Die „Ausflüge" in die internationalen Besonderheiten der Analytischen Psychologie führten zu einer echten Wertschätzung vieler verschiedener Merkmale des zeitgenössischen jungianischen Werks und seines Platzes in der Berufswelt der Tiefenpsychologie.

Die Rückkehr nach Zürich im Jahr 2003 eröffnete eine Rückkehr zur Quelle und zum Kern der Analytischen Psychologie. Als 2009 das *Rote Buch* erschien, zog es mich an, wie so viele andere auch, und in den letzten zehn Jahren habe ich mich häufig mit diesem Primärtext auseinandergesetzt, habe seine Beziehung zu Jungs späteren Schriften und seine Interpretation für unsere Zeit zu erfassen versucht. Dies hat, glaube ich, meinem langjährigen Interesse am Thema Individuation, über das ich im Laufe meiner Karriere ausführlich geschrieben habe, eine neue Dimension der Tiefe verliehen.

Das Alter verstärkt den Fokus auf das Zentrum und bringt die wesentlichen Dinge und Werte klarer in den Vordergrund, lässt sie weniger getrübt durch Fremd- und Nebeninteressen erkennen. Es ist eine Rückkehr zum Selbst. Für mich waren diese späteren Jahre eine Zeit des Zusammentragens und der Auseinandersetzung von zuvor aus so vielen Quellen angesammelten Inhalte wie in einem Destillations- prozess. Man hofft, dass ein *Grande Cru* dabei herauskommt. Dieses Werk erfordert Geduld und Konzentration, Auswahl und Unterscheidung, Ablehnung der Fremd- bestimmung und ständige Aufmerksamkeit für das Wesentliche. Es ist eine Arbeit in Arbeit, mit der ich in die zweite Hälfte meines achten Jahrzehnts gehe.

Ralf T. Vogel, Prof. Dr. phil., Jahrgang 1962, Ingolstadt.
Analytischer Psychotherapeut und Verhaltenstherapeut in freier
Praxis. Honorarprofessor für Psychotherapie und Psychoanalyse an
der Hochschule für Bildende Künste in Dresden. Dozent, Supervisor
und Lehranalytiker an mehreren verhaltenstherapeutischen und
psychodynamischen Ausbildungseinrichtungen.

Veröffentlichungen u. a.:
Vogel, R. T. (2018). *Analytische Psychologie nach C. G. Jung.* Stuttgart: Kohl-
    hammer.
Vogel, R. T. (2017). *Individuation und Wandlung: der „Werdensprozess der
    Seele" in der Analytischen Psychologie C. G. Jungs.* Stuttgart: Kohlhammer.
Vogel, R. T. (2016). *C. G. Jung für die Praxis: Zur Integration jungianischer
    Methoden in psychotherapeutische Behandlungen.* Stuttgart: Kohlhammer.

Ralf Vogel

Quintessenz

Das Dao ist jenes, das einmal das Dunkle und
einmal das Lichte hervortreten lässt.
Als Fortsetzender ist das Dao gut,
Als Vollender ist es das Wesen selbst.
I Ging nach R. Wilhelm, Zweites Buch, Kap.5

„Ein persönlich gehaltener Essay über meine Lebensthemen und was mir das Leben lebenswert macht." Diese Aufforderung des Herausgebers klang einfach. Endlich einmal keine Literatur wälzen, exakt zitieren oder den neuesten Stand der Forschung erfassen müssen, sondern frei drauflos schreiben. So hatte ich gedacht. Rasch aber kam die Ernüchterung: Über meine „Quintessenz", mein „fünftes Seiendes" also mein Wesentliches und meine Hauptsachen zu schreiben wurde zur Herausforderung.

Zum einen war (und bin) ich mir unsicher, ob das Wissen um das von mir als bedeutsam Erkannte für andere nützlich sein könnte. Und wenn das Ganze nicht in einer Aneinanderreihung von Sprüchen fürs Poesiealbum enden sollte, dann mündete das Projekt doch in richtige Arbeit. Und zwar in innere Arbeit, „Inner Work", wie der amerikanische jungianische Autor Robert A. Johnson sein Buch über Träume und Aktive Imagination nannte. Denn jedes Mal, wenn ich mich an den Text setzte, musste ich ehrliche Innenschau betreiben und nicht selten standen da Textpassagen, die beim zweiten Lesen unpassend und daher zu löschen waren. Immer wieder kamen Erinnerungen an schwere Zeiten hoch, die das letzte Mal in meiner Lehranalyse Thema waren.

Aber rasch wurde auch Positives deutlich: Ich bin mit meinem Leben zufrieden. Sehr sogar. Sehr vieles von dem, was heute mein Leben ausmacht, war lange Zeit für mich undenkbar.

Herkunft und „zufällige" Begegnungen

Ich stamme aus sehr einfachen Verhältnissen. In der Familie meines Vaters war ich der erste überhaupt, der eine höhere Schulbildung erhielt. Finanzielle Knappheit ist mir vom Kleinkindalter an vertraut. Und auch mein Beruf und meine darin deutlich gewordenen innersten Interessen haben – wie sollte es anders sein – einen klaren Bezug zu meinen frühen Jahren.

Wie in jeder guten Lehranalyse, so wurde auch mir im Laufe dieser Jahre klar, warum ich Psychologe und später (analytischer) Psychotherapeut wurde. Der Schatten des Todes lag über meinem Leben seit meiner Geburt; ein Schicksalsschlag, der meine Familie traf, ist dafür verantwortlich. Das hatte Auswirkungen auf meine Eltern und, direkt oder über sie vermittelt, auf mich.

Später kam hinzu, dass die Schule, das Leistenmüssen und das Gemessenwerden an der Leistung, für mich eine beständige Qual darstellte. In den meisten Schuljahren nach Übertritt aufs Gymnasium war ich ein schlechter, oft miserabler Schüler. Auf meinem Gymnasium gab es körperliche Bestrafungen, v. a. aber Beschämungen und Beleidigungen der Schüler als Erziehungsmittel. Kompensatorisch zu diesem schwierigen Alltag entwickelte sich aber ein reges imaginatives Fantasieleben, das sich, vermittelt durch zufällige Begegnungen mit Quai Chang Caine aus der damaligen Fernsehserie *Kung Fu* oder Shingo, dem halb-chinesischen Helden einer billigen Romanheftreihe, bald in Richtung Ostasien, namentlich in Richtung China ausrichtete. Schon früh gab es also „eskapistische" Fantasien, nach China zu reisen oder gar dort zu leben.

Ich erlernte verschiedene ostasiatische Kampfkünste und begann so ca. mit dreizehn oder vierzehn Jahren, erste Bücher über ostasiatische Religionen und Philosophien zu lesen, von denen ich oberflächlich in den Trainingsstunden oder der Fernsehserie gehört habe. V. a. die daoistische Denkweise faszinierte mich quasi auf Anhieb, sie war damals in Deutschland ziemlich unbekannt und hatte eine direkte Verbindung zu zahlreichen Kampfkunstsystemen. Der Begriff des Dao (alte Schreibweise Tao) ist seitdem und bis heute der zentrale Bezugspunkt meines Denkens. Rasch entdeckte ich dann auch den Schriftsteller, der für mich bis heute die stärkste Inspirationsquelle blieb, den englischen Religionsphilosophen und Autor der kalifornischen Hippie-Kultur Alan Watts (1915-1973).

Drei prägende Denkfiguren

Das Ganze zeigte Wirkung, und ich wurde selbstsicherer und weniger belastet durch weiterhin bestehende schlechte Zensuren und all dem, was damit verbunden ist. Seit dieser Zeit wohl etablierten sich in mir drei grundlegende Erkenntnisse, die u. a. gemeint sein könnten, wenn es um eine persönliche Quintessenz geht: Ich war zwar

350

im katholischen Bayern aufgewachsen und erinnere auch eine Zeit intensiven Kirchgangs und der Bewunderung eines alten Religionslehrers, eine wirklich religiöse Erziehung hatte ich aber nicht bekommen. Trotzdem stellte ich fest, dass eine spirituelle Grundhaltung und ein auch einfaches „philosophisches" Nachdenken über die Welt von deren Alltäglichkeiten entlastet, ja diese in einen größeren, sie relativierenden Zusammenhang stellen konnte.

Und ich bemerkte, dass eine Ausrichtung auf ein evtl. zunächst rein fantasiertes Ziel hin (China und all das, was ich mit diesem Sehnsuchtsort verband), dem Leben auch in harten Zeiten eine Sinnperspektive abzuringen vermag. Schließlich wurde mir drittens klar, dass sich eine innere Stärke entwickeln konnte parallel und gleichzeitig zu schwierigen inneren und äußeren Verhältnissen. Diese Erfahrung der Koexistenz innerer (und äußerer) Gegensätzlichkeiten fand ich ebenso im ostasiatischen Gedankengut auf den Punkt gebracht, und zwar durch das Yin und Yang System und der damit verbundenen grundsätzlich bipolaren aber doch geeinten Weltsicht.

Wichtig wurde mir aber auch, dass diese Denkfiguren, die ja auch stark affektiv aufgeladen sind, eine alltäglich, handlungsmäßige Entsprechung erfahren müssen, um wirklich wirksam zu sein. Dies waren in meinen Jugend- und jungen Erwachsenenjahren die Kampfkünste (und mit ihnen verbunden ein positives Körpergefühl), Tai Chi, Meditationen etc. Die Ausrichtung nach vorne führte auch, wie bei vielen jungen Leuten in den Siebzigern, zu einem Misstrauen den Plänen der großen Politik gegenüber und zu einem Engagement für die Friedens- und Ökologiebewegung, denen ich mich bis heute verbunden fühle. Und noch heute würde ich sagen, dass der chinesische philosophische Daoismus am ehesten meine Stellung zu den Menschen, zur Welt und „zu den Göttern" einzufangen vermag, auch wenn ich inzwischen festgestellt habe, das dieses Denken in weiten Teilen nicht exklusiv chinesisch und in vielen Aspekten überall auf der Welt aufzufinden ist, wenn man die maßgeblichen Denker eines Kulturkreises nur genau genug liest und ihnen aufmerksam zuhört. Über diesen Umweg kam es schließlich auch zu einer beginnenden (Wieder-)Annäherung an christliche aber auch in meiner Heimat verbreitete alte, etwa keltische oder germanische Grundlagen.

Hinzu kommt: Ich wuchs als Einzelkind in einem Arbeiterviertel auf und hatte von klein auf eine stabile Peergroup um mich herum, die verhinderte, dass ein Geschwister mir hätte fehlen können. Beziehungen zu Freunden und bald auch zu ersten Liebschaften wurden mir eine entscheidende Lebenssäule und Trennungen waren nie einfach für mich. (Meine Vorliebe für enge und langandauernde Beziehungen waren neben der zugrundeliegenden Welt- und Menschensicht sicher eine große Motivation, Psychoanalytiker zu werden.)

Ausgestattet mit diesem Rüstzeug erschlossen sich andere Lebensbereiche, die auch heute noch von großer Bedeutung für mich sind. Dazu gehören erste und sämtlich für mich entwicklungsfördernde Partnerschaften, für die ich noch heute dankbar bin. Und dann die Großzügigkeit meiner Eltern, mir zu ermöglichen, mit fünfzehn ein Mofa und mit sechzehn ein erstes kleines Motorrad fahren zu dürfen. Motorräder begleiten mich seitdem durchs Leben. Und die Biker- und durchaus auch Rockerszene ist mir bis heute ein wichtiger Lebensbereich, quasi komplementär zu psychotherapeutischer Praxis und Hochschule. Die darin hochgehaltenen Werte von Freiheit, Solidarität, gegenseitigem Respekt aber auch mutigem Einstehen für das Authentische und Eigene haben mich irgendwie auch an daoistische Grundlagen des mitmenschlichen Lebens erinnert und sind zu erstrebenswerten Lebensthemen geworden, auch wenn es nicht immer leicht ist, sich in den relevanten Situationen konsequent daran zu halten.

Themen des Todes

Meine Biografie (wie vielleicht der Lebenslauf eines jeden Menschen) kann auch gelesen werden anhand von Etappen der Todeskonfrontation. Nachdem „mein" Todesthema sich schon vor meiner Geburt in meiner Familie konstellierte – was mir erst im Laufe meines psychoanalytischen Werdegangs bewusst wurde – kam es durch gefährliche Unfälle und bedrohliche Erkrankungen und den damit verbundenen Krankenhausaufenthalten und schließlich durch die, sich glücklicherweise nicht bewahrheitende Verdachtsdiagnose einer Krebserkrankung, immer wieder zu massiven Memento-mori-Zeiten. Sie lösten zunächst eine verstärkte Hinwendung zu spirituell-philosophischen Gebieten aus, später führten sie dann auch zu einer intellektuellen Befassung, dem Schreiben entsprechender Aufsätze und Bücher und einer fast als „Spezialisierung" zu nennenden therapeutischen und supervisorischen Arbeit im Umfeld existenzieller Themen und v. a. des Todes. Das „Memento mori" ist damit zum ständigen Begleiter geworden, was ich als eine leichte „Melancholisierung" aber auch als wertvolle Vertiefung meines Lebens erfahre.

Eine weitere Quintessenz meines Lebens, so könnte man sagen – der philosophische Daoismus – hat eine klare, auf wenig metaphysische Spekulation angewiesene Todeslehre hervorgebracht, die mir bei meinen freiwilligen und unfreiwilligen Memento-mori-Zeiten gute Dienste geleistet hat. Die letzten beiden Zeilen des 16. Kapitels des Dao De Jing, des wichtigsten daoistische Grundlagentextes ließen sich folgendermaßen übersetzten:

Das Dao kennen, bedeutet lange Dauer
Das Vergehen der Person ist keine Bedrohung

Der Sinologe Hans-Georg Möller übersetzt:

Das Dao ist die Unbeschadetheit von der Vergänglichkeit des Leibes.

Diese Sätze, die nicht billig trösten, sondern ein ernsthaftes Bemühen um so etwas Numinoses wie das Dao verlangen, hatten und haben es für mich in sich! Neben der daoistischen Philosophie sind mir Elemente der Sterbelehre des tibetischen Buddhismus mit ihrer Idee des Bardo, des Übergangsreiches, hinduistische Rituale, aber auch und zunehmend mehr die Thanatopsychologie C. G. Jungs eine wertvolle Begleitung geworden. Dazu später noch mehr. Seit Jahrzehnten praktiziere ich in diesem Zusammenhang auch eine wahrlich „integrativ" zusammengebastelte todesbezogene „Einschlafmeditation", nutzend, dass Thanatos und Hypnos brüderlich verbunden und die Einstimmung auf die Nacht, wie wir aus der Romantik wissen, eine praktikable Einstimmung auf den Tod sein kann. Mozart in ähnlichem Tenor 1787 in einem Brief an seinen Vater:

Ich lege mich nie zu Bette, ohne zu bedenken, daß ich vielleicht (so jung als ich bin) den andern Tag nicht mehr sein werde, und es wird doch kein Mensch von allen, die mich kennen, sagen können, daß ich im Umgang mürrisch oder traurig wäre, und für diese Glückseligkeit danke ich alle Tage meinem Schöpfer und wünsche sie von Herzen jedem meiner Mitmenschen.

Dass ich gerade für diesen Teil meiner psychologischen Arbeit, der theoretischen und praktischen Tätigkeit im Umfeld des Todes, so viel Zuspruch und Dankbarkeit erfahre, erfüllt mich mit besonderer Freude, ist doch dies eineTeil meiner Generativität und damit wiederum ein Teil meiner eigenen Todesauseinandersetzung.

Überhaupt: Meine psychologische Arbeit. Entgegen des Rates meines gesamten Umfeldes und allen Numerus-Clausus-Hürden zum Trotz schaffte ich es nach Abitur und Zivildienst auf Umwegen, einen Studienplatz in Psychologie zu ergattern. Die Motivation dazu war vielfältig. Natürlich waren da Wünsche nach einem tieferem Verstehen meiner Selbst und dem Inneren der Anderen und das Anliegen einer helfenden und damit auch sinnerfüllten Existenz. Aber sicher gehörten dazu auch erhebliche (damals völlig unbewusste) Selbsthilfefantasien und auch narzisstische Ursächlichkeiten, war die Psychologie als akademische Disziplin doch zu meinen Schuljahren etwas ungewöhnlich-exotisches einerseits, aber auch etwas, das anderen einen ängstlichen Respekt einflößte, wie ich schnell bemerkte, wenn ich dieses mein Vorhaben in meiner Peergroup kommunizierte.

Egal: Das Psychologiestudium war wohl die beste Entscheidung, die ich in meinem Leben getroffen habe – und, auf einer ganz anderen Ebene, die Beziehung zu meiner nun schon jahrzehntelangen Lebensgefährtin.

„Meine ärztliche Erfahrung sowohl wie mein eigenes Leben haben mir unaufhörlich die Frage nach der Liebe vorgelegt, und ich vermochte es nie, eine gültige Antwort zu geben.", so Jung in seinem Erinnerungsbuch (Jung/Jaffé, 1962, S. 356). Irgendwie habe ich den Eindruck, dass wir beide mit unserer erarbeiteten ganz eigenen Form einer Ko-Evolution, eine Antwort gefunden haben. Und auch meine ganz wenigen, aber so nahen, mit dem etwas verkitschten Begriff der manchmal unerklärlichen „Seelenverwandtschaft" trotzdem am besten beschriebenen Männer-Freundschaften gehören hierher. Sie geben eine andere, aber auch eine Antwort auf die Frage der Liebe.

Zusätzlich zu diesem nur teilweise den persönlichen Handlungen und Entscheidungen unterworfenen Beziehungsleben (Jung nannte die Liebe die „Schicksalsmacht par excellence") ermöglichte mir aber eben auch meine Berufswahl eine Existenz und einen Lebensstil ganz nach meinem Geschmack. Dass sich auch noch akademische Titel ansammelten, war zunächst gar nicht geplant, ermöglichte mir aber den Gegenbeweis (vor mir und der Welt), dass die Lehrer meines Gymnasiums mit ihrer Einschätzung meiner intellektuellen Möglichkeiten (ein beispielhaftes Zitat: „Vogel! Eher wohl Hilfsschule als Gymnasium.") falsch lagen. Ich glaube in diesem Zusammenhang tatsächlich, dass ich ein Beispiel dafür abgebe, wie zunächst komplexhaftdefensiv begründete Interessen und Richtungsentscheidungen den Ausgangspunkt für gelungene Selbstentwicklungen bilden können, ähnlich C. G. Jungs Feststellung, dass das Gold im Schatten zu finden sei und quasi bestätigend, was er wohl u. a. mit der kompensatorischen, Einseitigkeiten ausgleichenden Funktion der Psyche meinte.

Daoismus und Analytische Psychologie

Jung begegnete mir übrigens schon sehr früh, schon im Teenageralter, in der Lektüre der Bücher von Allen Watts, der sich immer mal wieder respektvoll auf ihn bezog. Dann aber kamen eher zufällige Entdeckungen der Schriften von Ingrid Riedel und bald auch schon von Verena Kast hinzu. Ich wechselte die Universität, um einen psychoanalytischen Studieninhalt zu bekommen, später auch, um zusätzlich zur Psychologie auch eine geraume Zeit Sinologie zu studieren.

Zunächst faszinierte mich bei Jung die auch im Daoismus zu findende Bevorzugung der Innerlichkeit.

Nach innen geht der geheimnisvolle Weg.
In uns oder nirgends ist die Ewigkeit mit ihren Welten,
die Vergangenheit und Zukunft.

so fasst Novalis schon Ende des 18. Jahrhunderts diese Sichtweise zusammen. Inneres Arbeiten, so Lao Tse und Jung gleichermaßen, geht der äußeren Aktion voraus, bedingt sie. Das kam meinen Lebenserfahrungen von Kindheit an entgegen. Und in C. G. Jung schienen sich all meine Lebensthemen zu verbinden: Eine spirituelle Selbst- und Weltsicht, das Interesse für die innerseelischen Gegensätzlichkeiten, für die Zielgerichtetheit und gleichzeitige Todesdurchdrungenheit des Daseins; ja sogar die Hochachtung vor der asiatischen, namentlich chinesischen, daoistischen Kultur ohne die eigenen kulturellen Wurzeln zu verleugnen, alles war bei ihm auch gedacht, aber zusätzlich in herrliche und überzeugende Worte gefasst, mit vielen Erweiterungen versehen und zu einer Berufs- ja Identitätsbezeichnung geformt, der des Analytischen Psychologen.

„Jede Psychologie ist ein persönliches Bekenntnis.", meinte Jung einmal, und ich hatte und habe bis heute den Eindruck, mein Bekenntnis zu großen Teilen in seiner Psychologie finden zu können. Das C. G. Jung-Institut in München war zum Zeitpunkt meines Berufseinstieges noch nicht gegründet, in meiner Tätigkeit als

Kinderpsychologe und später in der Akutpsychiatrie benötigte ich rasch anwendbare Methoden, so dass ich mich zunächst, aber immer bereits als vorläufig definiert und vor dem Hintergrund des an der Universität bereits erworbenen psychoanalytischen Grundwissens, der Verhaltenstherapie zuwandte. Bald aber begann ich dann die Ausbildung zum Psychoanalytiker in München an just dem Institut, an das das in Gründung begriffenen C. G. Jung Institut sich anschloss. Dieser Umstand ermöglichte mir ein psychoanalytisches Doppelstudium mit einem Abschluss gleichermaßen in moderner Psychoanalyse und in Analytischer Psychologie. V.a. durch die Seminare von Verena Kast und durch den mir sehr wertvollen späteren persönlichen Kontakt mit ihr konnte und kann ich die damals nach der Ausbildung erst rudimentär vorhandenen Kenntnisse des jungschen Gedankenguts erweitern. Dabei schälen sich spezifische Interessen heraus, die mir heute auch bereits in meinen frühen Auseinandersetzungen mit den als bedrohlich empfundenen Lebenssituationen angelegt erscheinen.

Quintessenz des Werkes von C. G Jung

Die Individuationstheorie, die Schattenpsychologie und Jungs Thanato-Tiefenpsychologie in ihren jeweiligen subjektiven und kollektiv-archetypischen Ausfaltungen und damit in ihren klinischen und gleichermaßen spirituellen Bezügen faszinieren mich bis heute am meisten und stellen für mich auch die „Quintessenz" des jungschen Oevres dar. C. G. Jung ermöglichte es mir „auf Unendliches bezogen" sein zu wollen, im „Tod ein Ziel zu erblicken, nach dem gestrebt werden sollte", zu entdecken, „dass das Ich nur ein Anhängsel des Selbst ist und nur locker mit ihm verbunden" und schließlich, einen Zustand der Flüssigkeit, der Veränderung und des Werdens anzustreben.

Jungs Gottesverständnis versöhnte mich zudem mit meinen vernachlässigten und zeitweise sogar verpönten christlich-kulturellen Wurzeln.

Die symbolisierende Einstellung der Analytischen Psychologie und die „eckhartsche" Sichtweise Jungs auf Gott als einer „Funktion der Seele" führte im Gegenteil zu einem neuen, gesteigerten, allerdings zu dem ursprünglich als das Religiöse erfahrenen sehr verschiedenen Verhältnis. Gleichzeitig bescherte mir Jung und seine noch lebenden Nachfolger*innen die von mir inzwischen absolut bevorzugte Methode der spirituellen und bisweilen auch therapeutischen Selbstarbeit, die Aktive Imagination. Sie wurde mir zur Königsdisziplin der Innenschau und lief Gebet, Meditation und Tai Chi den Rang ab. Das Hinabtau-chen in den mundus imaginalis, in die bildhaften Schichten der Seele, wurde mir zu einem unschätzbaren Mittel der Selbsterforschung und -entwicklung, denn „Wenn die Seele etwas erfahren will, wirft sie ein Bild vor sich hin und tritt in dieses hinein." So wirbt Meister Eckhart schon lange vor Jung für ein solches Vorgehen.

Genau übrigens wie Allen Watts, so war auch C. G. Jung für Idealisierungszwecke recht ungeeignet. Zuviel wusste ich über seine gelebten Schattenaspekte, als dass er zu einer Ikone hätte stilisiert werden können. Aber gerade diese Anteile von Jungs Person und auch seiner Psychologie, die Skepsis, Weiterentwicklung und sogar Widerspruch herausfordern, machen mir das Ganze besonders wertvoll. Theoretisch und praktisch lehrt uns Jung die Notwendigkeit eines grundlegenden Skeptizismus (vielleicht die nächste Quintessenz?), einer, wie ich später herausfand, spannenden philosophischen Grundausrichtung.

Jung bestand darauf „der einzige Jungianer" zu sein und zwingt damit seine Schüler*innengenerationen, sich zu ureigenen und einzigartigen Psycholog*innen zu entwickeln, was mir bis heute äußerst sympathisch ist. Mit Erschrecken nahm ich dann aber bald wahr, dass die Analytische Psychologie – trotz Hundertausender-Auflagen der populären Bücher Verena Kasts – im wissenschaftlich-psychologischen, im psychoanalytischen und auch im gesellschaftspolitischen Kontext nur eine kleine und oft übersehene Randerscheinung darstellte.

Gleichzeitig stellte ich ein breites Interesse innerhalb und außerhalb der Psycho-therapeut*innenschaft an den zentralen Ideen Jungs fest, und ich begann, über die Analytische Psychologie Vorträge und Vorlesungen zu halten und Bücher zu schreiben. Dabei muss ich manchmal schmerzlich feststellen, dass meine Kompetenzen zwar das ein oder andere Mal in der Aufbereitung und Vermittlung, in der Zusammenschau und der Anwendung jungscher Theorien liegen mögen, selten aber in der akribischen Einarbeitung in einzelne Theoriesegmente und deren völliger intellektueller Durch-dringung mit der Möglichkeit, diese dann einer wohldurchdachten und innovativen Weiterentwicklung zuzuführen.

Heinz Kohut, der Begründer des Selbstpsychologie, war es wohl, der von der Notwendigkeit einer „Aussöhnung mit der eigenen Mittelmäßigkeit" gesprochen hat, die nicht nur hier als schmerzliche Notwendigkeit in mein Leben tritt – ein anspruchsvolles und rückfallgefährdetes Unterfangen, das ich aber auf jeden Fall auf die Liste meiner Quintessenzen setzen möchte. In eine ähnliche Richtung aber viel weiter geht auch das von Jung immer wieder (z. B. in seiner Archetypenpsychologie oder Individuationstheorie) betonte Erkennen des Größeren, Unverfügbaren, uns Übersteigenden und Schicksalhaften, das nicht verändert, sondern nur angenommen werden kann, sei es akzeptierend oder hadernd. Die Vergegenwärtigung dieses „deo concedente" ist mir in meiner beruflichen Praxis und in meinem gesamten Leben ein wichtiges Instrument für ein zufriedenes Leben geworden.

Begegnung mit dem Du und Anderen

Einen letzten Akzent möchte ich noch auf das kollektive Verortetsein von uns allen setzten. Die daoistische Yin-Yang-Philosophie und die Analytische Psychologie entsprechen sich in ihrer Wertschätzung der Zweiheit, sei es in der Beachtung der inneren Gegensätzlichkeiten und Bipolaritäten, die nur gemeinsam das Ganze bilden können, sei es in der Feststellung der Unterschiedenheit von Ich und Selbst oder sei es in ihrer Beachtung des unterschiedenen Anderen.

> *Da, plötzlich, Freundin! wurde eins zu zwei –*
> *– Und Zarathustra ging an mir vorbei...*

so eines der Nietzsche-Zitate die Jung besonders schätzte. Dieses Zweite und Andere, das Fremde, findet sich als Schattenhaftes und „Objektiv-Psychisches" in uns, aber auch in unserer Umgebung. Das Zusammenleben mit Tieren etwa, das ich seit meinen Studientage genieße, übt die eigene In-Beziehungs-Setzung zum Anderen ein, das Tier verliert auf diese Weise den Ding-Charakter, es entstehen Ich-Du Beziehungen (ein buberscher Topos, den ich sehr mag) und das Tiere-Essen wird unmöglich, ja mehr und mehr sogar unerträglich. Dieses Gebiet ist eines der vielen Beispiele für die Aktualität, teilweise sogar Post-Modernität der Analytischen Psychologie: Die Arbeit an der Beziehung zum Anderen ist das, was heute die Arbeit an der Empathie- und Mentalisierungsfähigkeit genannt wird und die moderne psychoanalytische Debatte bestimmt.

Gesellschaftlich begegnet uns das Andere derzeit vor allem auch in den Geflüchteten und Einwandernden. Politisches Interesse und Engagement bestimmten lange und wichtige Phasen meines Lebens. Mein Interesse an der Psychoanalyse und der Analytischen Psychologie wuchs dementsprechend, als ich deren gesellschaftspolitische Aussagekraft und das ihnen innewohnende Veränderungspotenzial nicht nur für die individuelle sondern auch für die soziale Psyche erkannte.

Vor allem – aber nicht nur – die Schattenpsychologie C. G. Jungs und Erich Neumanns und deren Weiterentwicklungen halte ich für einen gewinnbringenden tiefenpsychologischen Beitrag zum Verständnis von Feindbildern, Gewalt und (Fremden-)Hass, zusätzlich zu soziologischen, ökonomischen oder historischen Erklärungslinien. Ich finde es daher eine Selbstverständlichkeit, zu versuchen, diese tiefenpsychologischen Aspekte in die gesellschaftspolitische Debatte einzubringen. Dies mag die letzte Quintessenz sein, die mir zum jetzigen Zeitpunkt meines Lebensweges einfällt, dass die Wertschätzung der Andersheit nicht nur zu einem innerseelischen, sondern auch zu einem sozialen Frieden beiträgt, dass das eine ohne das andere nicht denkbar ist, dass aber auch hier die innere Arbeit zur äußeren Aktion zumindest parallel verlaufen, ja ihr wahrscheinlich sogar voranzugehen hat.

Nun haben sich doch eine ganze Reihe von Quintessenzen angehäuft (ich weiß gar nicht, ob hier ein Plural überhaupt möglich ist), eine sehr subjektive und keinerlei Allgemeingültigkeit beanspruchende Liste, die zusammengelesen eine kleine persönliche Lebensphilosophie darstellt.

Dies ist mein ureigenster Weg mit Hilfe von Tiefenpsychologie, Philosophie und Spiritualität meinem Leben Sinn und Bedeutung zu geben. Die Lesenden werden auch wieder einmal meine Tendenz, bei Themen, die mich wirklich betreffen, vom Stock zum Stöckchen zu kommen, bemerken und mir hoffentlich verzeihen. Sicher wird diese Aufzählung in den mir verbleibenden Lebensjahren noch eine gewisse Veränderung, vielleicht auch Ergänzung erfahren und die innere Rangfolge dieser meine Welt- und Selbstsicht bestimmenden Aspekte wird sich verändern. Wenn ich aber das letzte halbe Jahrhundert überblicke, dann sind all diese Wertsetzungen und deren Entwicklungslinien doch deutlich aus meiner Biographie herausgewachsen und bleiben, wohl auch deshalb, doch erstaunlich beständig.

Der Herausgeberin und dem Herausgeber dieses Bandes möchte ich dafür danken, mich durch die Anfrage und Motivation zu diesem Beitrag auf eine Spurensuche und damit Bewusstmachung dieser oft impliziten, meine Identität im tiefsten Grunde aber bestimmenden Quintessenzen gebracht zu haben.

Gerhard M. Walch, Jahrgang 1960, Lochau (Österreich).

Dipl. Leib-, Atem-, Stimm-, Tanz- und Psychotherapeut (ECP), Dozent an den C. G. Jung Instituten Zürich, Stuttgart und Dresden sowie an der Stiftung Eranos in Ascona und in Schloss Hofen, Mitarbeiter der Internationalen Gesellschaft für Tiefenpsychologie, Herausgeber von Werken Erich Neumanns, Internationale Vortrags- und Seminartätigkeit, Autor zahlreicher Publikationen in den Bereichen Tiefenpsychologie und ganzheitliche Spiritualität.

Homepage: walch.jetzt und opus-magnum.com > autoren

Veröffentlichungen u. a.

Walch, G. M. (2018). *Leib – Atem – Stimme – Zen-Meditation: auf dem Weg der Wandlung zum inneren Himmel.* Stuttgart: opus magnum.

Walch, G. M. (2010). *Wandlungen des Bewusstseins: Erich Neumanns Tiefenpsychologie der Kultur.* Stuttgart: opus magnum.

Walch, G. M. (2007). *Wandlung zum inneren Himmel: Gedichte, Texte, Fotografien.* Hohenems: Bucher.

Gerhard M. Walch

Die Frage nach des Lebens Sinn

Die folgenden Gedichte sind Auszüge aus: Gerhard M. Walch – „Wandlung zum inneren Himmel – Gedichte, Texte, Fotografien", Bucher-Verlag, A-Hohenems, 2007 mit freundlicher Genehmigung und Empfehlung des Verfassers.

Die Frage nach des Lebens Sinn

Ach sag, wohin du gehst, oh Leben!
Ach sage, was du willst von mir!
Zeig mir, wofür sich lohnt das Streben!
Zeig mir den wahren Sinn in dir!

Du kannst mich zur Verzweiflung bringen,
fängst mich in Oberflächlichkeit,
trotz meinem noch so langen Sinnen
bring ich es doch noch nicht so weit.

Es gibt so viele Lebenswege
für dieses eine Leben nur,
das ich hier in die Schale lege;
was bringt mich auf die richt'ge Spur?

Ist es das Leben, das mich lehret?
Ist es die Liebe, die mich führt?
Ist es ein Mensch, der mich begehret?
Ist es das Leid, das mich berührt?

Ja, langsam schein ich zu begreifen,
obwohl es anfangs schwer erscheint,
beginn ich heute noch zu reifen
und spür, was damit ist gemeint.

Das Leben trägt schon alles in sich,
die Liebe und der Menschen Leid;
den wahren Sinn legt es schon in mich,
wenn ich fürs Leben bin bereit.

(Geschrieben mit Anfang 20,
vor der Ausbildung zum Psychotherapeuten)

Lebe!

Vergänglichkeit ist Leben.
Die Wandlung ist das Sein.
Statt nach dem Ew'gen streben,
auf's Leben lass dich ein.

Dort ist schon alles drinnen:
Das Dunkel und das Licht.
Mit allen deinen Sinnen
erleb sein Angesicht.

Das Angesicht des Lebens
blickt dich aus allem an.
Kein Mühen ist vergebens,
nichts ist umsonst getan:

Das mühelose Mühen,
Gelassenheit im Tun,
das absichtslose Blühen,
das In-Bewegung-Ruh'n.

Tauch ein in dieses Leben,
das dich persönlich meint.
Empfang den tiefsten Segen,
der dich mit allem eint.

Tritt ein in das Geheimnis,
das offen vor dir liegt
und das für den geweiht ist,
der mit Hingabe liebt.

So lebe deine Liebe
und lieb das Leben ganz.
Im Herzen ist der Friede.
Das Leben wird zum Tanz.

(Geschrieben Mitte 40 nach über 15 Jahren Praxis als Psychotherapeut)

Nur Wandlung ist beständig

Was kommen mag soll kommen.
Was gehen mag soll gehn.
So ist das Herz gewonnen,
das niemals bleibet stehn.

Es pocht im Takt der Wandlung.
Es fließt und strömt im Blut
auch ohne äußre Handlung,
nur von der innren Glut.

So ist's mit allen Dingen:
Sie wandeln sich im Stehn.
Den Klang des Ewgen singen
sie schon beim Untergehn.

Wer untergeht darf bleiben,
denn er ist schon befreit
von Angst und Leidvermeiden,
zur Wandlung jetzt bereit.

Nur Wandlung ist beständig.
Sie ist der einzge Gott.
Sie ist allein lebendig.
Alls andre ist der Tod.

Der Tod, das ist ihr Bruder,
lässt niemand aus der Hand.
Er reißt herum das Ruder
grad in das Wandlungsland.

Dort gehen wir zu Grunde.
Dort ist der Wandlungsraum.
Dort hören wir die Kunde,
gleich einem großen Traum.

Von Grunde auf verwandelt
bezeugen wir die Kund,
vollziehn die Wandlung handelnd
jetzt und in jeder Stund.

Das Stundgebet im Kloster
ist in der Wandlungszeit;
wir feiern täglich Ostern,
zum Auferstehn geweiht.

Du bist die Auferstehung,
du bist die Wandlung nun.
Du bist die Seins-Erhebung
im Ruhen und im Tun.

Der Himmel ist in Dir

Einige Variationen zu „Halt an, wo läufst du hin, der Himmel ist in dir: Suchst du Gott anderswo, du fehlst ihn für und für" von Angelus Silesius

Der Himmel ist in dir, doch du bist nicht daheim.
Er möchte auch für dich die wahre Heimat sein.

Der Himmel ist in dir dein eigner Seelengrund,
in dem dir nichts mehr fehlt, wo du bist eins und rund.

Der Himmel ist in dir mit seiner ganzen Pracht.
Er möchte leuchten dir bei Tag und auch bei Nacht.

Der Himmel ist in dir. Des ganzen Kosmos Kraft
fließt ein, indem sie dich aus Sternenstaub erschafft.

Der Himmel ist in dir und Sonne, Mond und Sterne.
Sie möchten in dir glühn, nicht nur in äußrer Ferne.

Der Himmel ist in dir. Er ist der Geist der Erde.
Auf dass die Erd in dir einst wieder Sonne werde.

Der Himmel ist in dir, nicht außen und nicht oben,
er ist mit deiner Tiefe ganz innerlich verwoben.

Der Himmel ist in dir; soll er dich ganz umhüllen,
so musst du dich mit ihm bis zu den Poren füllen.

Der Himmel ist in dir vom Kopf bis zu den Zehen;
im Blut will er pulsiern, im Atem durch dich wehen.

Der Himmel ist in dir. Statt dich vom Lärm betören,
so solltest du viel mehr die innre Stimme hören.

Der Himmel ist in dir. Du kannst ihn in dir schauen.
Du darfst in Achtsamkeit an seinem Tempel bauen.

Der Himmel ist in dir dein eignes Gotteshaus,
bei dem du allezeit kannst gehen ein und aus.

Der Himmel ist in dir. Mit seinem ewgen Sein
verwandelt er dich ganz aus deinem falschen Schein.

Der Himmel ist in dir dein eigentliches Leben,
das sich aus allem Schein will mehr und mehr erheben.

Der Himmel ist in dir die absichtslose Liebe;
sie löset dich heraus aus hektischem Getriebe.

Der Himmel ist in dir die wahre Gottnatur;
er nimmt dich wie du bist, denn er kann lieben nur.

Der Himmel ist in dir, es gibt nichts zu erreichen;
durch Leistung wird er dir aus deinem Blick entweichen.

Der Himmel ist in dir, mach nichts Besondres draus;
egal, ob nah, ob fern, bei ihm bist du zuhaus.

Der Himmel ist in dir, er will nicht heilig sein,
sonst wird er all zu schnell zum falschen Heilgenschein.

Der Himmel ist in dir, er ist die innre Quelle;
in ihm ist beides eins, das Dunkel und das Helle.

Der Himmel ist in dir, er ist das innre Licht,
das alle Form durchdringt, das innre Ur-ge-dicht.

Der Himmel ist in dir die Nabe und das Rad,
das Nichts, das alles ist, das Ziel und auch der Pfad.

Der Himmel ist in dir das ewige „Ich bin!",
das aus dem Ursprung schallt, in ihm findst du den Sinn.

Oh großer Traum

Oh großer Traum
du nächtliches Gedicht.

In dir verdichten sich nicht nur die Bilder des Tages,
sondern auch die Erfahrungen der Ahnen,
der Frühzeit und des Ursprungs
zum Symbol.

Du reichst heran an die Stimmungen der Vorzeit,
die du uns, die wir uns vom Anfang entfernt haben,
darbringst, auch wenn sie von uns un-erhört bleiben.

Wir sind uns selbst fremd und fern geworden,
sodass wir unser Ur-Eigenstes, von dem du uns kündest,
nicht mehr wieder erkennen.

Aus dem Raum vor dem Raum
und aus der Zeit vor der Zeit stammend
verbinden sich in dir Her-kunft und Zu-kunft
zur Wirk-lichkeit.

Alltägliches wird allnächtlich
in dir und durch dich
zum All-Tag.

Ursula Wirtz, Dr. phil., Jahrgang 1946, Zürich.
Analytische Psychotherapeutin in eigener Praxis, Dozentin, Lehranalytikerin und Supervisorin am Internationalen Seminar für analytische Psychologie Zürich, ISAP und Ausbildnerin für Jungsche Psychologie in Osteuropa. International in Lehre und Ausbildung tätig, forscht und publiziert zu den Themen sexuelle Gewalt, Trauma, Ethik und der Verbindung von Psychotherapie und Spiritualität.
Homepage: wirtz.ch

Veröffentlichungen u.a.:
Wirtz, U. (2018). *Stirb und werde: die Wandlungskraft traumatischer Erfahrungen.* Ostfildern: Patmos,

Wirtz, U. (2005). *Seelenmord: Inzest und Therapie.* Stuttgart: Kreuz.

Wirtz, U. & Zöbeli, J. (1995). *Hunger nach Sinn: Menschen in Grenzsituationen – Grenzen der Psychotherapie.* Zürich: Kreuz.

Ursula Wirtz

Das Mysterium des „Stirb und Werde"

Venedig, 5. April – der geeignete Ort und der stimmige Moment über die Quint-essenz meines Lebens nachzusinnen. Heute ist mein dreiundsiebzigster Geburtstag und wieder hat mich der Zauber dieser Lagunenstadt ergriffen, seine morbide Schön-heit meine Lebensthemen anklingen lassen, die Dialektik von Werden und Vergehen, und das Ineinanderverwobensein von Liebe, Tod und Vergänglichkeit.

Ich bin ja in das Haus des Hades hineingeboren, ein Haus der Trauer; meine Mutter trug schwarz bei meiner Geburt, war doch gerade ihr Mann, mein Vater, wenige Wochen vor meiner Geburt plötzlich erkrankt und verstorben, und auch der Tod des gemeinsamen Sohnes, der als Baby im Jahr davor starb, war noch nicht verwunden. Vielleicht rührt mein Thaumazein – mein Staunen, das etwas ist und nicht nichts –, von dieser früh konstellierten Matrix von Werden und Vergehen als derselben Kurve. Sie hat mich schon im Mutterleib geprägt und meinem Leben Sinn und Richtung gegeben.

„Das Sein ist ein Mysterium", schreibt der französische Philosoph André Comte-Sponville, und dieses Mysterium hat in mir den „Mut zum Sein" (Tillich) und die Liebe zum Leben als eine zu hütende Kostbarkeit geweckt.

Ich wollte nicht sterben, ohne gelebt zu haben, wollte nicht auf dem Totenbett wie Iwan Iljitsch (Tolstoij, 1904, S. 61) die erschütternde Frage stellen müssen: „Wie, wenn in der Tat mein ganzes bewusstes Leben nicht das Wahre gewesen wäre?"

Ich spürte früh, dass ich mein Leben zu verantworten habe, und es den Sinn haben wird, den ich ihm gebe und den ich in ihm finde. Innerlich begleitet hat mich das Deutsche Requiem von Brahms mit den Psalmworten: „Herr lehre doch mich, dass mein Leben ein Ziel hat und ich davon muss."

Früh erlebte ich das Leben als ein „Sein zum Tode", eine Einübung ins Sterben, und psychische Reifung als den Prozess, lebensfähiger und todesfähiger zu werden. Dieses Mysterium des „Stirb und Werde" wurde zum Leitmotiv meines Lebens, Liebens und Arbeitens. Das Wissen um die Ganzheit von Leben und Tod hat mich durch die Grenz- und Verlusterfahrungen meiner persönlichen Lebensgeschichte, aber auch durch die seelischen Unterweltserfahrungen und Todeslandschaften der

Seele meiner traumatisierten Patientinnen und Patienten hindurchgetragen, verankert in der Erfahrung und dem Wissen um „das Unsichtbare, das keinen Namen hat, das keine Materie hat und doch Wirkung" (Paracelsus).

Für das Buch der Quintessenz meiner inzwischen neunundreißigjährigen traumatherapeutischen Arbeit „Stirb und Werde" habe ich als Titelbild ein Bild des russischen Malers Alexey Jawlensky gewählt, das auch den Titel *Abstrakter Kopf. Mysterium* trägt. Dieses Gemälde ist für mich ein Symbol der Ganzheit im Gebrochenen, eine Balance von Fragmentierung und Integration, ein Ausdruck der numinosen Schönheit des Mysterium fascinans et tremendum.

Tiefendimension von Schönheit

Meine Liebe zu Venedig, der Serenissima, hat mit dieser Tiefendimension von Schönheit zu tun. Hier kommt vieles zusammen, was mein Leben ausmacht: Den Wellenschlag meines Herzens unisono mit dem ewigen Atem des Meeres am Lido spüren, wenn ich mit meinem Liebsten am leicht nebligen vereinsamten Strand entlanglaufe und Muscheln suche. Angerührtsein vom Numinosen und dem Widerhall des Ewigen in den stillen dunklen Kirchen mit ihrer großartigen Kunst. Die Faszination der Allgegenwärtigkeit einer mythischen, symbolischen Welt in den üppigen Skulpturen und den Tableaus von Tizian, Tintoretto und Tiepolo; hier in Venedig ist das Schöne, Gute und Wahre erlebbar gemeinsam mit dem hässlichen Antlitz des Verfalls; die Lebens- und Genussfreude auf den Märkten trotz aller Bedrohung durch den Untergang. Grandezza, Bellezza und Morbidezza sind eins: das große Schweigen auf San Michele, der Toteninsel, und das Geschnatter der Touristen auf der Rialtobrücke.

So vieles von dem, für das es sich für mich zu leben lohnt, kann ich hier finden: Musik, Oper im Teatro Fenice, Konzerte, Kunst, Freundschaften. Hier in dieser Stadt der Masken bin ich ganz in Kontakt mit meinem inneren Seelenraum, in dem so viele Fragen auftauchen: Was ist der innerste Seinsgrund, aus dem wir entstanden sind und in den wir wieder eintauchen? Was ist das Woher, Wohin und Wozu alles Bestehenden und Geschehenden, der Sinn und Ziel des Leidens? Das Bezogensein auf Unendliches hat mein In-der-Welt-Sein geprägt, und meiner spirituellen, therapeutischen, sozialen und politischen Haltung Ausrichtung gegeben.

Das Meer, Venedig und die Wüsten – ewige Sehnsuchtsorte des Heimkommens für mich. Beim Reiten durch die Wüste lernte ich von den Beduinen eine alte Beduinen-Weisheit: Es genügt das Fehlen eines Sternes, damit die Karawane die Richtung verliert. Mein Nachdenken über die Quintessenz meines Lebens wird darum zu einer Annäherung an meinen inneren Stern, der meinem Leben Richtung gab.

Suche nach meinem Nordstern

Auf der Suche nach meinem Nordstern, nach Selbst- und Weltdeutungen in Philosophie und Literatur bin ich im ersten Semester Kafka begegnet, und es waren seine Erzählungen, die mir zuerst die Tür zur Analytischen Psychologie geöffnet haben. Ich schrieb meine erste Seminararbeit mit neunzehn über „Traum, Märchen und Wirklichkeit in Kafkas Erzählungen". Besonders *Ein Landarzt* hatte es mir angetan, die traumähnliche Atmosphäre des Liminalen, die sich auflösenden Grenzen zwischen Innen und Außen, Raum und Zeit, Fantasie und Realität – Elemente, die mir aus meiner eigenen Traumwelt vertraut waren. Kafka verkörperte für mich jemand, der das Undenkbare zu denken wagte, daheim in der Welt der Paradoxie und der Symbole, eine kostbare Welt, die sich mir später im Studium der Analytischen Psychologie noch tiefer erschloss und für mein ganzes Leben bedeutsam wurde.

Ich hatte einen wunderbaren Philosophielehrer in der Schule, von Caprivi, ein Mann von tiefsinnigem Humor, voller Würde und Weisheit, der in mir die Passion für das Denken weckte, sodass ich später in München Philosophie studierte. Das Ganze der Welt zu denken, sich auf das Ganze auszurichten, das begegnete mir zuerst bei Schopenhauer und Nietzsche, die ich zusammen mit Kierkegaard in meinen ersten Philosophiesemestern las. Später, in meiner Auseinandersetzung mit der Analytischen Psychologie lernte ich zwischen dem Ganzheitsideal und dem destruktiven Machtaspekt des Ganzheitsschattens zu differenzieren.

Mein Interesse für Bewusstseinsphilosophie war früh geweckt und im Kontext des Studiums klinischer und anthropologischer Psychologie entdeckte ich Jung als frühen Vorläufer der Bewusstseinspsychologie. Seine Überzeugung: „Unbewusstheit ist die größte Sünde", und sein Auftrag der Bewusstwerdung, metaphorisch formuliert: „ein Licht anzuzünden in der Finsternis des bloßen Seins" bedeutete für mich einen Auftrag zu Selbst- und Welterkenntnis, eine spirituelle Verpflichtung.

Neben der Philosophie bildeten Literatur, Musik und Kunst die wegweisenden Koordinaten meines Lebenskompasses. Zugang zum Unsagbaren in mir fand ich in der Poesie; Rilke war prägend und sein Brief an einen jungen Dichter mit dem Rat, Geduld zu haben gegen alles Ungelöste im eigenen Herzen und „die Fragen selbst liebzuhaben". Fragen und Hinterfragen war mir immer ein hoher Wert beim

Ausloten der Grenze zwischen Sagbarem und Unsagbarem. In der Philosophie lernte ich von Heidegger: „Fragen ist die Frömmigkeit des Denkens" und von Jung: „Ich selber bin eine Frage, die an die Welt gerichtet ist, und ich muss meine Antwort beibringen."

„Verantwortetes Dasein" – Mitgestaltung der Welt und kollektive Individuation

Dieser Gedanke des verantworteten Daseins, das Sich-Öffnen für das, was innerlich zur Verwirklichung und zur Mitgestaltung der Welt drängt, ist für mich ein Kern des Individuationsprozesses. Ich verstehe auch meinen Beruf nicht nur als Sorge um individuelle Transformationsprozesse, sondern ich bin davon überzeugt, dass ich auch als Therapeutin zur Mit- und Umgestaltung des politischen, ökonomischen und sozialen Lebens Verantwortung trage und zu einer kollektiven Individuation beitragen kann.

Mir ist beides wichtig: an mir selbst, meinem eigenen Wesen zu arbeiten, aber auch an der Vermenschlichung unserer Gesellschaft mitzuwirken. Das ist auch mein Wunsch für die junge Generation: das Leben auf die Erfüllung der eigenen Existenz auszurichten, Verantwortung für den seelischen Innenraum zu übernehmen und gleichzeitig verantwortetes, engagiertes, solidarisches Dasein zu pflegen. Ich halte es für wichtig, dass sich die jungen Menschen in einer Zeit der fake news den kritischen Geist bewahren, sich nicht vom Zeitgeist vereinnahmen lassen und zu den drängenden Problemen der Gegenwart (Ökologie, Geschlechterdebatte, kulturelle Komplexe, soziale und politische Marginalisierung) ihre eigene Meinung bilden.

Ich habe Martin Buber geschätzt und gelernt, dass nur, wenn ich mit mir selbst in Fühlung bin, ich auch dem Du des anderen Menschen authentisch und glaubwürdig begegnen kann. Authentizität und Integrität sind Werte, die für das Arbeiten mit Menschen in existenziellen Grenzsituationen unerlässlich sind. Grenzübergreifende prägende Erfahrungen machte ich während meiner jungianischen Ausbildungstätigkeit in den baltischen Ländern und in Russland. In Tschechien konnte ich erleben, was der Mut eines Einzelnen, für die Wahrheit und die Kraft des Geistigen einzustehen, für eine ganze Gesellschaft leisten kann. Vaclav Havel war jemand, dessen Leben und Schreiben geprägt war vom Glauben an die Existenz eines „absoluten Horizonts", sein Denken über die Bestimmung des Menschen umfasste den Bezug zur Transzendenz, und er plädierte für die Verantwortung des Menschen dem gegenüber, was größer ist als unser kleines Ich. Er ist für ein Menschenbild eingestanden, in das die so oft verlorene Würde des Menschseins integriert werden kann. Er hat gezeigt, wie in einer Zeit zunehmender Individualisierung, Globalisierung und Sinnentleerung, einer Zeit der Haus- und Heimatlosigkeit des Einzelnen und metaphysischer Obdachlosigkeit, das Hineinragen der transpersonalen Dimension in das Menschliche als Raum zum Wesentlichen erfahren werden kann, wie trotz allem Dunklem und Bösem die Schönheit gesehen und Seele und die Würde des Humanen zu bewahren sind.

Als ich in Capetown als visiting scholar am Jung-Institut zu einem Vortrags- und Seminarzyklus eingeladen war, hatte ich Gelegenheit, die Welt von Nelson Mandela besser zu verstehen. Für ihn galt, dass es nicht genug ist, einfach gelebt zu haben, sondern sich zu fragen, was für einen Unterschied wir für das Leben der anderen gemacht haben. Das wird die Bedeutung des Lebens, das wir führen, bestimmen.

Mandela verkörpert für mich die griechische Weisheit Pathei manthanein, durch Leiden lernen, eine Weisheit, die auch in den Symbolsystemen unserer Märchen, Mythen und Religionen mit den Leidensprozessen von Zerstückelung, Zerrissenwerden, von Tod und Auferstehung bebildert wurde.

Die erschütternden Zeugnisse der Kriegskameraden des Südafrikaners Laurens van der Post während der vierjährigen Internierung in Indonesien durch die japanische Armee zeugen auch davon, wie sich die Würde und Humanität eines einzigen Menschen auf ihren Überlebensmut ausgewirkt hat. Seine geistige Haltung, seine auch unter den extremen Bedingungen des Lagers nicht zerstörbare Menschlichkeit, sein Wertekosmos hat den Mitgefangenen Hoffnungshorizonte eröffnet, Halt gegeben und das Überleben ermöglicht. Er inkarnierte den Archetyp des Sinns als Chiffre für das Beheimatetsein in einer letzten Ordnung, dem tiefsten Seinsgrund.

Bewusstseinstransformation und Weisheit

Mit meinem Liebsten, Jürg Zöbeli, haben wir gemeinsam den „Hunger nach Sinn" erforscht, nach Wegen durch das Labyrinth des Un-sinns gesucht und auf die Bedeutung der Werte und der Spiritualität für den Umgang mit dem Bösen und der menschlichen Gewalttätigkeit verwiesen. Die Psychotraumatologie war ein Schwerpunkt meiner therapeutischen Tätigkeit und die Erkenntnisse, die ich in der Begleitung extrem traumatisierter Menschen und Gesellschaften gewonnen habe, haben mich von der Notwendigkeit einer Bewusstseinstransformation überzeugt, wie sie auch von den verschiedenen Weisheitstraditionen als lebens- und überlebenswichtig vertreten werden; wenn unser Planet und wir mit ihm überleben wollen, brauchen wir einen weiseren Umgang mit uns selbst und der Schöpfung.

„Wage es, weise zu sein", habe ich bei Horaz (sapere aude) gelernt, aber die Kant'-sche Interpretation, die für die Aufklärung programmatisch wurde: „Habe Mut, Dich Deines eigenen Verstandes zu bedienen", hat einer Hypertrophie der Ratio und einer „seelenlosen" Wissenschaft den Weg geebnet. Uns fehlt die Weisheit als Schlüssel-kompetenz und Kraftquelle des geistigen Lebens, mit deren Hilfe wir die Komple-xität des Lebens erfassen können und der Zerbrechlichkeit all unserer Konstrukte gewahr werden.

Wir brauchen Weisheit als „existenzielles Expertentum", als Herzenswissen und liebende Erkenntnis des Ganzen, um uns von eingefleischten Denk- und Wahrneh-mungsgewohnheiten zu ent-identifizieren und heilsamere, lebensförderliche Denk- und Fühlmuster zu entwickeln.

Es ist Weisheit, die uns lehrt, die Wandlungskräfte des Lebendigen zu respektieren und Unsicherheiten auszuhalten. Ich sehe Berührungspunkte der Weisheitstraditi-onen mit der Quantenphilosophie; beide betonen die Wechselbeziehung in dem alles Seiende miteinander steht, Entstehen und Vergehen, Form und Leere; ein Denken des Ganzen, das auf die Einheit des Seins verweist und darum äußerst verwandt und befruchtend für die Analytische Psychologie ist.

Wir brauchen die Weisheit einer Scheherazade, der Verkörperung des weiblichen Prinzips, das den Drachen nicht tötet, sondern zähmt. Wir brauchen die Weisheit der Sophia, die für Gerechtigkeit eintritt. Ich sehe die Krise unseres kollektiven Daseins in der Unterdrückung des Weiblichen, die zu Selbstentfremdung aber auch zur Ausbeutung und Entfremdung von der Natur führt. Wir brauchen das weib-liche Prinzip als Wandlungsenergie und Herzensöffnung, die Erosfunktion als Fähig-keit des liebenden und fürsorglichen Bezugs zu Mitwelt und Umwelt, als Perspektive sinnstiftender Zusammenhänge. Wenn wir der globalen Krise der Gegenwart kreativ begegnen wollen, müssen wir an einer Balance unserer rechts- und linkshemisphä-rischen Seinsweisen arbeiten, an der Komplementarität von Wissen und Weisheit.

Wir leben in einer Zeit, in der die Herrschaft der Rationalität über eine ganz-heitliche Seinsweise triumphiert und gleichzeitig gefährdet ist, ins Irrationale umzu-schlagen. Freud fürchtete sich vor der Schlammflut des Irrationalen und Okkulten, heute müssen wir uns vor den Exzessen einer hypertrophen Rationalität fürchten, die das Ganze aus dem Auge verliert und sich am Partikularen, am Zählen und an Zahlen festhält. Wir müssen unsere Machbarkeitsillusionen loslassen, um wirklich „wesentlich" zu werden.

Zur Irrationalität des Rationalen gehört für mich die zunehmende „MacDonaldisierung der Gesellschaft" (George Ritzer): Effizienz, Berechen-barkeit, Vorhersagbarkeit, Kontrolle. Der Blick auf unsere Politik und Ideologien macht klar, dass individueller und kollektiver Narzissmus, fundamentale Nationalismen und irrationale pseudoreligiöse Dogmatismen handlungsleitend sind. Es geht darum, den Mythos zu entlarven, dass der Mensch als rationales Wesen fehlerfrei auf Grundlage rationaler Überlegungsprozesse seine Entscheidungen trifft.

Wahr ist hingegen, dass der Mensch sich in einem ungeahnten Ausmaß irrational verhält. Fremdenfeindlichkeit und Xenophobie als Angst und Abwehr des Anderen, Vorurteile und Feindbilder gegenüber ethnischen oder religiösen Gruppen haben irrationale Wurzeln. Die Dämonisierung des Fremden verrät die eigenen abgewehrten schattenhaften Anteile, die nur in der Projektion auf den Anderen ausgelebt werden und als eigene Anteile unbewusst bleiben. Schattenintegration ist darum sowohl individuell als auch gesamtgesellschaftlich ein wichtiger Beitrag, Fremdenhass und Gewalt zu verhindern.

Die Einseitigkeit der menschlichen Vernunft lässt uns nicht die grundlegende Erfahrung der Einheit und Allverbundenheit machen, des „Eigentlichen" von dem Jung (Jung/Jaffé 1962, S. 11) als dem Rhizom spricht. „Ich habe nie das Gefühl verloren für etwas, das unter dem ewigen Wechsel lebt und dauert. Was man sieht, ist die Blüte, und die vergeht. Das Rhizom dauert."

Weisheit als Logik des Herzens und innere Wirklichkeitserfahrung

Weisheit bedeutet Wissen um das Rhizom, die paradoxe Struktur der Wirklichkeit zu erfahren, unsere dualistischen Konstrukte zu durchschauen und die Nicht-Dualität des Wirklichen zu erkennen, von der die Mystik und die Weisheitraditionen sprechen. Wir sind gewohnt in entweder-oder-Schablonen zu denken und nicht in sowohl-als-auch. Unser Denken ist dualistisch; wir ziehen Grenzen zwischen bewusst und unbewusst, Gut und Böse, menschlich und göttlich, Körper und Geist, heilig und profan, endlich und unendlich. Konfrontiert mit dem Paradox der Wirklichkeit sind wir gezwungen, diese gewohnheitsmäßige Denkweise aufzugeben und das Korsett unserer dualistischen Ego-Perspektive zu sprengen.

Weisheit als Logik des Herzens ergänzt die Logik des Verstandes und ist unverzichtbare Quelle echter Erkenntnis. Sie ermöglicht mit Paradoxien umzugehen, der Einseitigkeit rein rationaler Verstehenshorizonte zu entrinnen, und die innere, spirituelle Erfahrung als legitimes Erkenntnisinstrument wertzuschätzen.

Für die innere Wirklichkeitserfahrung, die auf eine über mein kleines Ich hinausgehende größere Wirklichkeit verweist, ist mir Rückzug in die Stille wichtig, Kontemplation, Meditation, Innehalten. Mein Weg nach innen ist durch die Zen-Meditation geprägt; im Zazen lerne ich das Sitzen in der Stille. Ich bin katholisch sozialisiert, und die erste Begegnung mit Zen und Pater Enomia Lassalle geschah im jesuitischen Kontext. Später wurde Silvia Ostertag, Rin'un Roshi der Sanbô-Kyôdan-Schule, meine Zen-Meisterin. Die Übung der Meditation hilft mir, eine tiefere Balance zwischen Innen und Außen zu finden, durchlässiger und achtsamer zu werden für mich selbst und das Du der Welt. Das Sitzen in der Stille ist für mich ein Weg zur Erfahrung der Wesenswirklichkeit, der Gegenwärtigkeit des Seins jenseits aller Konzepte.

In Rütte bei Karlfried Graf Dürckheim habe ich gelernt, den „Alltag als Übung" zu begreifen, um für das Transzendente durchlässiger zu werden. Zur Alltagsspiritualität gehört mein eigenes Unfertigsein anzunehmen, und sich mit den eigenen inneren Tatsachen auszusöhnen, die persönliche „Gleichung" zu finden und zum Wolf in mir „Schwester" zu sagen. Die Bedeutsamkeit des Übens ist Bestandteil der Quintessenz meiner Lebenseinsichten, das Loslassen, Sicheinlassen und Zulassen als Vorbedingung für einen liebevollen, achtsamen Umgang mit mir selbst und der Schöpfung als Ganzem. Freiheitsräume eröffnen sich erst dann, wenn ich mein Anhaften durchschauen und überwinden kann, wenn ich mich sein lassen kann und das Werden zulasse.

Natürlich kann ich mich im Lebensvollzug verfehlen, aber letztlich kann ich mir selbst und der Erkenntnis, dass ich aus „krummem Holz geschnitzt" (Kant) bin, nie entkommen; darum ist das Abenteuer der Innenschau, das Dranbleiben in der Übung so wertvoll für den Entwicklungsweg zur Wahrheit des eigenen Seins vorzustoßen, die zu werden, die ich zu sein gemeint bin. Orientiert habe ich mich an William Blake's poetischer Formulierung: „Wir müssen nur die Türen unserer Wahrnehmung reinigen, und wir werden die Dinge sehen, wie sie sind – unendlich."

Auch in den berührenden Versen von Rumi, finde ich diesen Gedanken, dass wir die Wirklichkeit und das Verborgene immer nur im Verhältnis zur Klarheit unseres eigenen Herzens sehen, und das hängt davon ab, wie sehr wir unser Herz gereinigt haben. Reinigung des Herzens und Reinigung der Pforten der Wahrnehmung sind für mich Prozesse gelebter Spiritualität und dazu gehören Individuationserfahrungen auf dem Pfad der Tat, dem Pfad der Liebe, dem Pfad der Erkenntnis und dem Pfad der Verinnerlichung.

Spiritualität jenseits einer kirchlichen Dogmatik hat für mich eine integrative Funktion; sie verbindet mich tiefer mit mir selbst und meiner Um- und Mitwelt und wird damit zu einem Antidot gegen die verschiedensten Formen der Selbstentfremdung und Fragmentierung. Wir brauchen eine „undogmatische Spiritualität" (Walach), die unseren Bewusstseinszustand erweitert und zu vertieftem Erkennen führt, uns wirklichkeitswacher werden lässt, denn die Menschen sind „glaubensmüde, aber erfahrungshungrig".

Viele Menschen der Postmoderne suchen nach einer neuen, mystischen Spiritualität, wie sie der Vision des großen Theologen Karl Rahner (1980, S. 161) entspricht: „Der Fromme von morgen wird ein Mystiker sein oder er wird nicht mehr sein."

Undogmatische, transreligiöse Spiritualität

Die neue Spiritualität wendet sich von den traditionellen Verkrustungen des religiösen Lebens ab und einer warmen, verlebendigten Religiosität zu. Gesucht wird eine Spiritualität, die Wissen und Erkenntnis in unser Fühlen integriert und sich im Alltag manifestiert in der Art wie wir leben, lieben und arbeiten. Menschen wollen aus der spirituellen Sackgasse heraus, in die dogmatische Religiosität und die einseitige Priorität des Denkens gegenüber der Erfahrung geführt haben. Die Hypertrophie der Ratio hat den aufgeklärten Menschen in einem zerstörerischen Narzissmus erstarren lassen und Seelenverlust produziert. Das vereinzelte, einsame Ich ist nicht länger in einem Sinnkosmos beheimatet und leidet an einer transzendentalen Obdachlosigkeit.

Wir haben uns in unserer Einseitigkeit in einen Seelennotstand hinein manövriert, der unsere Gesellschaft als Ganzes wandlungsbedürftig macht. Im Zuge neuer spiritueller Strömungen wird aber ein Bewusstsein geweckt, dass der Mensch nicht nur vom Brot allein lebt, sondern sein Alltagsbewusstsein transzendieren muss, um zur Wahrheit und Essenz vorzustoßen, die heilend wirkt. Wertvoll ist die transformative Potenz einer neuen Religiosität, die uns unbedingt angeht und eine spirituelle Sinndeutung der Wirklichkeit ermöglicht. Sie ist kein esoterisches fast-food-

Angebot, sondern Antwort auf den Orientierungsbedarf, den „Hunger nach Sinn" als kollektive Sehnsucht nach Heilwerden in einer heillosen Zeit.

Diese neue undogmatische, transreligiöse Spiritualität verheißt Umbruch und Aufbruch zu einem Bewusstsein, dass meine eigene Mitte und die Mitte der Welt letztlich als eine Mitte und Wirklichkeit erfahren werden kann. Es liegt Trost in diesem erneuerten Verständnis von Spiritualität, da sie erfahrbar macht, dass wir ein Teil der großen Kette des Seins sind und unser individuelles personales Ich am transpersonalen Ganzen teilhat. Verantwortlich praktiziert, führt diese Spiritualität zu einer Haltung dem Leben gegenüber, die von Liebe und Verantwortung geprägt ist und politisch, ökologisch und sozial wirkt, weil sie um die letztliche Verbundenheit und Vernetzung alles Seienden weiß.

Unsere postmoderne Gegenwart braucht die dynamische Potenz des Eros, den liebenden Blick auf alles Unerlöste in uns und der Welt, die Liebe als kreative spirituelle Wandlungskraft, die Möglichkeitsräume eröffnet und unsere quälende Daseinsverlorenheit zu transzendieren vermag. Das ist die Quintessenz meiner Lebenserfahrungen: „Omnia vincit amor", die Liebe besiegt alles (Vergil).

Ich empfinde Dankbarkeit und eine sanfte Ausgesöhntheit mit meinem Leben, so wie ich es gelebt habe. Mit Gottfried von Einem (1996) möchte ich sagen:

Enden werde ich leise,
ins Licht entschwindend,
mit allem schwerelos verbunden.
Es wird erfüllte Stille sein.

Literatur

Abrams, J. (Hrsg). (1996). *Die Befreiung des inneren Kindes.* München: dtv.

Abrams, J. (Hrsg). (1997). *Die Schattenseite der Seele.* München: dtv.

Adam, K. U. (2003). *Selbstregulation.* In: Müller, L, Müller A. (2003). *Wörterbuch der Analytischen Psychologie.* Düsseldorf: Walter.

Ahrendt, H. (2005). In der Gegenwart. Zit. n. Kurt Sontheimer, *Hannah Arendt.* München: Piper, S. 139.

Ausländer, R. (1977). *Gesammelte Gedichte.* Köln: Literarischer Verlag Braun.

Berne, E. (1970). *Spiele der Erwachsenen.* Reinbek: Rowohlt.

Bollas, C. (1989). *Forces of Destiny. Psychoanalysis and Human Idiom.* London: Free Association Books.

Brantschen, N. (2010). *Die Kultur der Stille ist der Anfang der Weisheit.* In: Dorst, B., Neuen, C., Teichert, W. (2010). *Wissen und Weisheit – interdisziplinär.* Düsseldorf: Walter.

Brunnert, G. (1973). *Glaubenserfahrung und Psychotherapie – Predigten eines Psychoanalytikers.* München: Claudius.

Buber, M. (1987). *Die Erzählungen der Chassidim.* Zürich: Manesse.

Cohn, R. C. (1983). *Von der Psychoanalyse zur Themenzentrierten Interaktion.* Stuttgart: Klett-Cotta.

Bibel (1995). Einheitsübersetzung. Ostfildern: Schwabenverlag.

Dimitri (2005). *Humor. Gespräche über die Komik, das Lachen, der Narr.* Dornach: Verlag am Goetheanum.

Dorst, B. (2014). *Der therapeutische Eros und die heilende Kraft der Liebe.* In: Dorst, B./Neuen, C./Teichert, W. (Hrsg.) *Liebe – die transformierende Kraft in Beziehungen und Gesellschaft.* Ostfildern: Patmos, S. 47 ff.

Dorst, B. (2018). *Alles beginnt mit Sehnsucht und Suche. Herzensbildung auf dem Sufi-Weg.* Ostfildern: Patmos.

Dürr, H.- P. (2016). *Geist, Kosmos und Physik.* Amerang: crotona

Ende, M. (1979). *Die unendliche Geschichte.* Stuttgart: Thienemann.

Eurich, C. (2016). *Aufstand für das Leben, Vision für eine lebenswerte Erde.* Petersberg: Via Nova.

Farau, A., Cohn, R. (1984). *Gelebte Geschichte der Psychotherapie.* Stuttgart: Klett-Cotta.

Franz, M. L. von (1985). *Die Suche nach dem Selbst*. München: Knaur.

Fischer, E. P. (2004). *Brücken zum Kosmos*. Konstanz: Libelle.

Fromm, E. (1956). *Die Kunst des Liebens*. Frankfurt am Main: Ullstein.

Fromm, E. (1957). *Märchen, Mythen, Träume*. Konstanz: Diana.

Fromm, E. (1974). *Die Anatomie der menschlichen Destruktivität*. Stuttgart: DVA.

Fromm, E. (1999). *Die moralische Verantwortung des modernen Menschen*. In: ders.: *Gesamtausgabe in zwölf Bänden*. Hrsg. von R. Funk. Stuttgart und München: DVA und dtv., S. 319 ff.

Gödde, G.; Loukidelis, N.; Zirfas, J. (Hrsg.) (2016). *Nietzsche und die Lebenskunst. Ein philosophisch-psychologisches Kompendium*. Stuttgart: J. B. Metzler.

Goldbrunner, J. (1955). *Personale Seelsorge: Tiefenpsychologie u. Seelsorge*. Freiburg: Herder.

Gottfried von Einem (1996), Gravur auf dem Gabstein.

Govinda, L. A. (1999). *Grundlagen tibetischer Mystik – Die Geheimlehre des Großen Mantra*. München: Barth Verlag.

Guggenbühl-Craig, A. (1980). *Die Ehe ist tot – lang lebe die Ehe*. Zürich: Schweizer Spiegel-Verlag.

Hillman, J. (1975). *Abandoning the Child*. In Hillman, J. (1975). *Loose Ends*. Dallas: Spring Publications.

Hillman, J. (1996). *Charakter und Bestimmung*. München: Goldmann.

Höper, C. J., Kutzleb, U., Stobbe, A., Weber, B. (1976). *Die spielende Gruppe*. München: Jugenddienstverlag und Pfeiffer.

Hörmann, W. (Hrsg. und Übers.) (1990). *Gnosis – das Buch der verborgenen Evangelien*. Augsburg: Weltbild.

I Ging. (1924). In der Übersetzung von R. Wilhelm. Düsseldorf: Diederich.

Ionesco, E. (1989). Zit. nach: *Eugène Ionesco im Interview mit Ulrich Wickert. ionesco.de/interview.html*

Jacobi, J. (1971). C. G. Jung. Mensch und Seele. Zürich: Rascher

Jung, C. G. (1971 ff.). *Gesammelte Werke (GW). 20 Bde*. Hrsg. von L. Jung-Merker/E. Rüf/L. Zanker et. al. Olten/Düsseldorf: Walter.

Jung, C. G. (1921). *Psychologische Typen*. GW 6. Olten: Walter.

Jung, C. G. (1926). *Geist und Leben*. In: GW 8. Olten: Walter.

Jung, C. G. (1934). *Vom Werden der Persönlichkeit*. GW Bd. 17. Olten: Walter.

Jung, C. G. (1954/1984). *Mysterium Coniuctionis*. GW Bd.14/I. Olten: Walter.

Jung, C. G. (1972/1973). *Briefe 1-3*. Olten: Walter

Jung, C. G. (1981). *Das Symbolische Leben*. GW 18. Olten: Walter.

Jung, C. G. (1998). *Nietzsche's Zarathustra. Notes of the Seminar Given in 1934 – 1939*. 2 Bde. Hrsg. von J. L. Jarret. Princeton: University Press.

Jung, C. G. (2009). *Das Rote Buch*. Ostfildern: Patmos.

Jung, C. G., Jaffé, A. (1962). *Einnerungen, Gedanken, Träume*. Olten: Rascher.

Kabat-Zinn, J. (2013). *Full catastrophe living: using the wisdom of your body and mind to face stress, pain, and illness; the mindfulness-based stress reduction (MBSR) program used in medical centers worldwide*. New York: Bantam Books.

Kassel, M. (1992). *Biblische Urbilder – Tiefenpsychologische Auslegung nach C. G. Jung*. Freiburg: Herder.

Kast, V. (2002). Schöpferisch werden. Wege und Ziele des Individuationsprozesses. In: H. Egner (Hrsg.). *Das Schöpferische. Von der Überwindung der Resignation*. Düsseldorf: Walter, S. 17 ff.

Kerényi, K. (1943/1967). Hermes der Seelenführer. In O. Fröbe-Kapteyn: *Das hermetische Prinzip*. Eranos-Jahrbuch 1942. Zürich: Rhein.

Kluge, W. (1999). *Etymologisches Wörterbuch der deutschen Sprache*. Berlin: De Gruyter.

Kuptz-Klimpel, A. (o. J). Stichwort *Spinnen*. symbolonline.de.

Laitenberger, D. (o. J) Stichwort *Holle*. symbolonline.de

Llull, R. (1985). *Die Kunst, sich in Gott zu verlieben*. Freiburg: Herder.

Milosz, C. (2001). To. Kraków : Wydawn. Literackie.

Macy, Joanna (2003/2015). Die Welt als Geliebte. In: Von Lüpke, G. (2015). *Politik des Herzens. Nachhaltige Konzepte für das 21. Jahrhundert. Gespräche mit den Weisen unserer Zeit*. Uhlstädt-Kirchhasel: Arun.

Metzinger, T. (2014). *Der Ego-Tunnel: eine neue Philosophie des Selbst: von der Hirnforschung zur Bewusstseinsethik*. München: Piper.

Meier-Seethaler, C. (2001). *Gefühl und Urteilskraft*. München: Beck

Meier-Seethaler, C. (2007). *Macht und Moral* . Zürich : Xanthippe-Verl.

Moltmann-Wendel, E. (2010). Die Wiederkehr der Weisheit in der Theologie. In: Dorst, B., Neuen, C., Teichert, W. (2010). *Wissen und Weisheit – interdisziplinär*. Düsseldorf: Walter, S. 69-83.

Müller, L., Müller, A. (Hrsg.) (2003). *Wörterbuch der analytischen Psychologie*. Düsseldorf: Walter.

Müller, L., Müller, A. (Hrsg.) (2011). *Der mittlere Weg zwischen Himmel und Erde. Eine Festschrift für Theodor Seifert.* Stuttgart: opus magnum.

Müller, A. (o. J.) Stichwort *Brot.* www.symbolonline.de.

Neumann, E. (1955). Zit. nach: Müller, L. (2016). *Das Schöpferische bei C. G. Jung und Erich Neumann.* In: Jung Journal 35, 2016, S. 29.

Neumann, E. (1965). *Der schöpferische Mensch.* Darmstadt: Wissenschaftliche Buchgesellschaft. Kostenloser download bei opus-magnum.com.

Neumann, E. (1973). *Tiefenpsychologie und neue Ethik.* München: Kindler. Kostenloser download bei opus-magnum.com.

Nietzsche, F. (1982). *Ecce Homo. Wie man wird, was man ist.* Werke in drei Bänden. Hrsg. v. Karl Schlechta. Bd. II. Darmstadt: Wissenschaftliche Buchgesellschaft.

Pfaller, R. (2012). *Wofür es sich zu leben lohnt.* Frankfurt: Fischer.

Rahner, K. (1980). *Zur Theologie und Spiritualität der Pfarrseelsorge.* In: Schriften zur Theologie. Band 14. Zürich: Benziger.

Renz, M. (2013). *Der Mystiker aus Nazareth.* Freiburg: Kreuz.

Riedel, I. (1992). *Maltherapie. Eine Einführung auf der Basis der Analytischen Psychologie von C. G. Jung.* Stuttgart: Kreuz.

Riedel, I. (2009). *Die innere Freiheit des Alters.* Düsseldorf: Patmos.

Rilke, R. M. (1929). *Briefe an einen jungen Dichter.* Leipzig: Insel.

Roesler, C. (2017). Der Sinn von Paarkonflikten – Ein Modell Jungscher Paartherapie. *Analytische Psychologie,* 48 (2), 392-413.

Rogoll, R. (2001). *Nimm dich, wie du bist.* Freiburg: Herder.

Ronnberg, A. & Martin, K. (Hrsg.) (2011). *Das Buch der Symbole.* Köln: Taschen.

Rückert, F. (1882). *Poetische Werke.* 2. Buch.

Ruland, J. (2009/2014). *Das Geheimnis der Rauhnächte: Ein Wegweiser durch die zwölf heiligen Nächte.* Darmstadt: Schirmer.

Sagan, C. (1996). *Blauer Punkt im All.* München: Droemer Knaur.

Scharfenberg, J. (1970) *Sigmund Freud und seine Religionskritik als Herausforderung für den christlichen Glauben.* Göttingen: Vandenhoeck u. Ruprecht.

Schiller, F. (1795). Ueber die ästhetische Erziehung des Menschen. In: Friedrich Schiller (Hrsg.): *Die Horen.* Band 1, 2. Stück. Tübingen. S. 51–94.

Schimmel, A. (1987). Anmerkungen. In: Ibn Ata Allah. *Bedrängnisse sind Teppiche voller Gnaden.* Übersetzt und eingeleitet von Annemarie Schimmel.

Schliephacke, B.P. (1979). *Bildersprache der Seele. Kleines Lexikon zur Symbolpsychologie.* Berlin: Telos.

Schmid, W. (2007). *Mit sich selbst befreundet sein. Von der Lebenskunst um Umgang mit sich selbst.* Berlin: Suhrkamp.

Shah, I. (1981). *Die Sufis. Botschaften der Derwische, Weisheit der Magier.* Düsseldorf: Diederichs.

Spitzer, M. (2004). Musik im Kopf. Stuttgart: Schattauer.

Stein. M. (1988). *Leiden an Gott Vater – C. G. Jungs Therapiekonzept für das Christentum.* Olten: Walter.

Stern, D. (2005). *Der Gegenwartsmoment.* Frankfurt: Brandes und Apsel.

Tolstoij, L. (1904). *Der Tod des Iwan Iljitsch.* Wien: Wiener Verlag.

Tweedie, I. (1989). *Der Weg durchs Feuer. Tagebuch einer spirituellen Schulung durch einen Sufi-Meister.* Interlaken: Ansata.

Waiblinger, A. (1986). *Große Mutter und göttliches Kind. Das Wunder in Wiege und Seele.* Stuttgart: Kreuz. Kostenloser download bei opus-magnum.com (unter Seifert, Ang Lee).

Weber, R. (2012). *Alles Leben ist Eins – Die Begegnung von Quantenphysik und Mystik.* Amerang: Crotona.

Wehr, G. (1977). *Angelus Silesius. Der Cherubinische Wandersmann.* Schaffhausen: Novalis.

Wehr, G. (2003). Stichwort *Coniunctio.* In: Müller, L, Müller A. (2003). *Wörterbuch der Analytischen Psychologie.* Düsseldorf: Walter.

Weihs, A. (1981). *Freies Theater.* Hamburg: Rowohlt.

Wilder, T. (1955). *Die Brücke von San Luis Rey.* Frankfurt: Suhrkamp.

Wilhelm, R. (1924). *I Ging.* Düsseldorf: Diederich.

Wittgenstein, L. (1991). Ethik. In: Wittgenstein, L: *Geheime Tagebücher* 1914-1916. Wien: Turia & Kant.

Wolff, H. (1978). *Jesus als Psychotherapeut.* Stuttgart: Radius.

Yamada Kôun Roshi (2004). *Die torlose Schranke. Mumonkan: Zen-Meister Mumons Koan-Sammlung.* München: Kösel.

Zahrnt, H. (1974). *Jesus und Freud – Ein Symposion von Psychoanalytikern und Theologen.* München: Piper.

Zeki, Z. (2010). *Glanz und Elend des Gehirns.* München: Reinhardt.

Wenn Ihnen dieses Buch Freude gemacht hat, werden Ihnen sicher auch die folgenden Werke aus unserem Verlag (www.opus-magnum.com) gefallen:

Lutz Müller / Anette Müller (Hrsg.)
Quintessenz – Wozu es sich lohnt zu leben. Band 2. Weisheitslehrer, Philosophen und Psychologen
Ca. 400 S., ISBN 978-3-95612-027-5
In Vorbereitung

Religionen, Weisheitstraditionen, berühmte Philosophen und Psychologen versuchen, eine Antwort auf die Frage nach dem Sinn zu geben, u. a. Heraklit, Sokrates, Plato, Seneca, Epikur, Montaigne, Kant, Shopenhauer, Nietzsche, Freud, Adler, Jung, Fromm, Maslow, Rogers ...

Lutz Müller / Anette Müller (Hrsg.)
Ein Stern kommt auf die Erde
Die spirituelle Symbolik von Weihnachten
204 S., € 19,90; ISBN 78-3939322078

Renommierte Psychotherapeuten umkreisen in diesem Buch vom christlichen wie vom symbolischen Standpunkt aus das Mysterium der Menschwerdung des Göttlichen und geben dem Weihnachtsfest eine zeitgemäße Deutung. Es geht ihnen dabei um die Bewusstwerdung und Feier des inneren Selbst und des Göttlichen Kindes in jedem Menschen.

Lutz Müller
Trotzdem ist die Welt ein Rosengarten – Zum Glück des Seins erwachen und das Wunder des Lebens feiern
244 S., € 16,90, ISBN 78-3939322535

Wir selber sind das Wunder, das wir immer gesucht haben! Die Einsicht, dass wir bereits hier, in diesem Augenblick, so wie wir gerade sind, unmittelbar Anteil haben an einem der unfassbarsten Ereignisse, das sich denken lässt, vermag dem Leben Glanz, ungeahnte Fülle und tiefen Sinn zu vermitteln.

Lutz Müller
Lebe Dein Bestes! Die Quintessenz der Lebenskunst und Selbstverwirklichung auf der Basis universeller Symbole
284 S., viele farbige Abb., € 24,90, ISBN 978-3939322665

Die großen Symbole der Menschheit, wie sie sich in den Religionen, Mythen und der Kunst zeigen, sind auch einKompedium der Lebensweisheit und Lebenskunst aller Zeiten.